国家出版基金项目
NATIONAL PUBLICATION FOUNDATION

"十三五"国家重点图书出版规划项目

排序与调度丛书 （二期）

流水作业调度算法设计与性能分析

白丹宇 任 涛 著

U0368241

清华大学出版社
北京

内 容 简 介

本书针对若干带有释放时间的流水作业调度模型，设计了分支定界算法对小规模问题进行最优求解，同时应用智能优化算法对中等规模问题进行近似求解，其中将精确算法与智能优化相结合的方法为求解类似问题提供了新思路。

本书可作为系统工程、应用数学、运筹学与控制论、计算机软件与理论、工业工程、管理科学与工程等相关专业的教师、研究生、高年级本科生以及科研人员的参考书。

图书在版编目（CIP）数据

流水作业调度算法设计与性能分析/白丹宇，任涛著.—北京：清华大学出版社，2023.11
（排序与调度丛书. 二期）
ISBN 978-7-302-64964-9

Ⅰ. ①流… Ⅱ. ①白… ②任… Ⅲ. ①流水生产－生产调度－算法设计 Ⅳ. ①F406.2

中国国家版本馆 CIP 数据核字（2023）第 243204 号

责任编辑：陈凯仁
封面设计：常雪影
责任校对：薄军霞
责任印制：沈　露

出版发行：清华大学出版社
　　　　　网　　址：https://www.tup.com.cn，https://www.wqxuetang.com
　　　　　地　　址：北京清华大学学研大厦 A 座　　　邮　　编：100084
　　　　　社 总 机：010-83470000　　　　　　　　　邮　　购：010-62786544
　　　　　投稿与读者服务：010-62776969，c-service@tup.tsinghua.edu.cn
　　　　　质量反馈：010-62772015，zhiliang@tup.tsinghua.edu.cn
印 装 者：三河市龙大印装有限公司
经　　销：全国新华书店
开　　本：170mm×240mm　　　印张：20.5　　　字　　数：379 千字
版　　次：2023 年 11 月第 1 版　　　　　　　印　　次：2023 年 11 月第 1 次印刷
定　　价：129.00 元

产品编号：084360-01

《排序与调度丛书》编辑委员会

丛书序言

我知道排序问题是从 20 世纪 50 年代出版的一本名为 *Operations Research*（《运筹学》，可能是 1957 年出版）的书开始的。书中讲到了 S. M. 约翰逊（S. M. Johnson）的同顺序两台机器的排序问题并给出了解法。约翰逊的这一结果给我留下了深刻的印象。第一，这个问题是从实际生活中来的。第二，这个问题有一定的难度，约翰逊给出了完整的解答。第三，这个问题显然包含着许多可能的推广，因此蕴含了广阔的前景。在 1960 年左右，我在《英国运筹学》（季刊）（当时这是一份带有科普性质的刊物）上看到一篇文章，内容谈到三台机器的排序问题，但只涉及四个工件如何排序。这篇文章虽然很简单，但我也从中受到一些启发。我写了一篇讲稿，在中国科学院数学研究所里做了一次通俗报告。之后我就到安徽参加"四清"工作，不意所里将这份报告打印出来并寄了几份给我，我寄了一份给华罗庚教授，他对这方面的研究给予了很大的支持。这是 20 世纪 60 年代前期的事，接下来便开始了"文化大革命"，倏忽十年。20 世纪 70 年代初我从"五七"干校回京，发现国外学者在排序问题方面已做了不少工作，并曾在 1966 年开了一次国际排序问题会议，出版了一本论文集 *Theory of Scheduling*（《排序理论》）。我与韩继业教授做了一些工作，也算得上是排序问题在我国的一个开始。想不到在秦裕瑗、林诒勋、唐国春以及许多教授的努力下，跟随着国际的潮流，排序问题的理论和应用在我国得到了如此蓬勃的发展，真是可喜可贺！

众所周知，在计算机如此普及的今天，一门数学分支的发展必须与生产实际相结合，才称得上走上了健康的道路。一种复杂的工具从设计到生产，一项巨大复杂的工程从开始施工到完工后的处理，无不牵涉排序问题。因此，我认为排序理论的发展是没有止境的。我很少看小说，但近来我对一本名叫《约翰·克里斯托夫》的作品很感兴趣。这是罗曼·罗兰写的一本名著，实际上它是以贝多芬为背景的一本传记体小说。这里面提到贝多芬的祖父和父亲都是宫廷乐队指挥，当贝多芬的父亲发现他在音乐方面是个天才的时候，便想将他培养成一名优秀的钢琴师，让他到各地去表演，可以名利双收，所以强迫他勤学苦练。但贝多芬非常反感，他认为这样的作品显示不出人的气质。由于贝多芬有如此的感受，他才能谱出如《英雄交响曲》《第九交响曲》等深具人性的伟大乐章。我想数学也是一样，只有在人类生产中体现它的威力的时候，才能显示出数学这门学科的光辉，也才能显示出作为一名数学家的骄傲。

任何一门学科，尤其是一门与生产实际有密切联系的学科，在其发展初期那些引发它成长的问题必然是相互分离的，甚至是互不相干的。但只要研究继续向前发展，一些问题便会综合趋于统一，处理问题的方法也会与日俱增、深入细致，可谓根深叶茂，蔚然成林。我们这套丛书已有数册正在撰写之中，主题纷呈，蔚为壮观。相信在不久以后会有不少新的著作出现，使我们的学科呈现一片欣欣向荣、繁花似锦的局面，则是鄙人所厚望于诸君者矣。

越民义

中国科学院数学与系统科学研究院

2019 年 4 月

前　言

2013 年,德国政府提出了"工业 4.0"概念,自此智能制造成为大多数工业化国家的热门话题。智能制造的目标之一就是以最有效的方式利用生产资源。在离散制造业中,流水作业调度为提高生产效率、降低运营成本起到了重要作用。例如,宝马汽车公司沈阳制造工厂拥有目前世界上最先进的流水装配线之一,能够同时生产不同型号的小汽车。先进的制造、信息和优化技术,使得该制造工厂实现了零库存生产。其汽车装配过程是信息技术下典型的流水作业调度模型,具有生产柔性大、定制水平高、鲁棒性强等特点。

一般来说,绝大多数流水作业调度问题都具有 NP-难性质,无法在多项时间内求得最优解,因此,一直以来此类问题都是学术界与工业界共同关注的焦点。在学术研究上,一般是采用精确算法(如分支定界、动态规划等)在限定时间内求得小规模问题的最优解,旨在为评价近似算法性能构造标准测试集;在实际应用中,一般是利用近似算法(如智能优化、调度规则等)快速求得较大规模问题的近似解,旨在保证生产过程的连续性。针对一系列复杂流水作业调度问题,作者所在课题组围绕优化性质、算法设计、性能分析等方面展开深入研究。其中,为了模拟动态调度环境,设定每项任务具有各自的释放时间,并在此基础上研究模型的优化性质,设计相应的算法加速策略。

本书是作者研究团队近年来代表性研究成果的总结,重点讨论如何应用分支定界以及智能优化算法求解流水作业调度问题,同时也对某些基于调度规则的启发式进行了渐近性能分析。全书共分为 7 章,主要内容概述如下:第 1 章为绪论,简要介绍调度问题的描述与求解方法、算法及性能分析方法;第 2 章介绍带有释放时间的流水作业调度问题,其中考虑了非线性目标函数;第 3 章介绍了考虑处理器阻塞的流水作业调度问题,其中研究了与客户满意度相关的目标函数;第 4 章介绍了考虑学习效应的流水作业调度问题,其中证明了基于最短处理时间优先启发式的渐近最优性;第 5 章、第 6 章介绍了双代理流水作业调度问题,其中研究了一类基于优势代理优先启发式的理论性能。第 7 章介绍了考虑学习效应的混合流水作业调度问题。

本书的部分研究成果由作者与清华大学张智海副教授合作完成。感谢国家自然科学基金-面上项目(61873173)对本书的资助与支持。在本书的撰写过程中,东北大学软件学院博士研究生王心悦,硕士研究生张妍、杨丹丹、张钧桓,大连海事大学博士研究生白校源、杨洁、刘天一,硕士研究生张钰琛、李婉宁、李艳慧做了大量工作;在本书的出版过程中,得到了清华大学出版社编辑的支持与帮助,在此一并表示衷心的感谢!

　　由于作者水平有限,书中的错误和不妥之处在所难免,恳请广大读者批评指正!

作　者

2023 年 6 月

目　录

第1章 绪 论

排序与调度(scheduling)又称为排程,主要研究如何将有限的资源(resource)实时地分配给任务(task),目的是优化给定的目标函数(objective function)。在实际中,资源和任务会呈现不同的表现形式。例如:资源可能是工厂机床、码头起重机、医院手术室等;任务可能是零件毛坯、集装箱、手术医生等。排序与调度是组合优化中的一个重要分支,最早起源于制造业,现在已逐渐发展成为运筹学、系统科学、控制科学、管理科学和计算机科学等多个领域的交叉学科,广泛应用于工程技术和运营管理的各个领域。

流水作业调度(flowshop scheduling)是排序与调度中一类复杂的多阶段决策过程,具有约束条件复杂、加工环节多、生产连续性强等典型特征,应用背景非常广阔。钢铁冶金、机械制造、港口物流等行业的生产、装配、装卸等环节均可归结为流水作业调度模型。1901 年,美国人 Ransom 首次提出了流水装配线概念,并建立了世界上第一条现代汽车装配线,用于大规模汽车生产,这是第一个流水作业模型。1954 年,约翰逊(Johnson)发表了第一篇关于流水作业调度问题的论文,这也是排序与调度领域的第一篇学术论文。此后,经过近 70 年的发展,流水作业调度已成为运筹与管理领域的研究热点。不过,除了一些特殊情况,绝大多数流水作业调度问题都具有 NP-难性质(即无法在多项式时间内求得最优解),相关的理论与应用研究还亟待丰富。

1.1 调度问题的符号与定义

排序与调度问题通常由处理器、任务和目标函数三个要素构成。任务的数量记作 n,处理器的数量记作 m。在本书中,指标 j 表示任务,指标 i 表示处理器。若任务有多道工序(operation),则采用 (i,j) 表示任务 j 在处理器 i 上执行。通常,有如下与任务 j 相关的参数。

加工时间(processing time) $p_{i,j}$:表示任务 j 在处理器 i 上执行所需的时间。若任务 j 只在一台处理器上加工,则记为 p_j。在确定性调度问题中为非负实数;在随机调度中为非负随机变量。

释放日期(release date) r_j:又称为就绪时间。离线环境中,其表示任务 j

最早可以开始执行的时刻;在线环境中,其表示任务 j 到达系统的时刻。

交付期(due date) d_j:又称为交货期或工期,表示事先与客户约定好的交付期限。任务可在交付日期之后完成,但是会导致相应的惩罚,如信誉的损失等。通常,任务的交付日期要大于其释放时间与处理时间总和。

截止日期(deadline) $\bar{d}_j$:表示绝对不允许延误的交付日期。

权重(weight) w_j:是一个优先因子,表示任务 j 相对于系统内其他任务的重要性,也可以表示将任务保留在系统中而产生的实际费用。

运送时间(delivery time) q_j:表示产品完成生产环节之后,用车辆运送到客户手中的时间。对于带有运输的调度问题,运送时间应该与处理时间规模大致相同。若处理时间远大于运送时间,则简化为调度问题;反之,则简化为车辆运输问题。

目前,调度问题通常使用 Graham 等(1979)提出的"三参数表示法"(standard three-field notation)来描述。该表示法记为 $\alpha|\beta|\gamma$:α 规定处理器环境,一般只包含一项;β 描述加工的特征和约束的细节,可能省略,也可能包含多个项目;γ 表示需要优化的目标函数。

α 域中规定的处理器环境有以下内容。

单机(single machine) 1:在调度系统中只有一台处理器,是最简单的机器环境,如订单调度问题。在实际中,单机调度问题并不多见。针对单机调度所进行的最优性质及近似算法研究,主要是为多机调度问题构造下界(lower bound)、设计算法等提供研究思路。

并行机(parallel machine):系统中所有的处理器具有相同的功能,任务 j 只需要在其中任意一台处理器上执行即可。

同速机(identical machine) P_m:所有的处理器具有相同的执行速度。

恒速机(uniform machine) Q_m:处理器的执行速度不同,但每台处理器的速度都是常数。

变速机(unrelated machine) R_m:处理器的执行速度取决于被执行的任务。

车间作业(shop):又称多工序作业,指每项任务有多道工序,需要经过一系列串行处理阶段执行。在同一时刻,每台处理器只能执行一项任务,而且每项任务只能被一台处理器执行。若省略 m,则表示处理器或处理阶段个数为变量。

流水作业(flow shop) F_m:又称为流水车间,其中每项任务需要经过 m 台处理器执行,而且所有任务都必须遵循相同的加工路径(即必须首先在第一台处理器上执行,然后是第二台处理器,以此类推)。

柔性流水作业(flexible flow shop) FF_m:由一系列处理阶段构成,每个阶段有多个并行处理器,其中某些阶段可能只有一个处理器,但至少有一个阶段存在两个及以上的并行处理器。所有任务按照相同的顺序经过各处理阶段,某道工序只要在相应处理阶段中的任一处理器上执行即可。柔性流水作业调度是经典的并行机调度与流水作业调度问题的融合与扩展。钢铁冶金、港口物流等行业的生产、装卸等环节都可归结为该调度模型。

自由作业(open shop) O_m:又称为开放车间,其中每项任务需要经过 m 台处理器执行,某些工序的处理时间可以为零。每项任务的加工路径没有限制,不同的任务可以有不同的加工路径。调度者需要同时确定每项任务的加工路径及每台处理器的加工顺序。

柔性开放作业(flexible open shop) FO_m:由一系列处理阶段构成,每个阶段有多个并行处理器,其中某些阶段可能只有一个处理器,但至少有一个阶段存在两个及以上的并行处理器。每项任务经过各阶段的顺序并不固定,某道工序只要在相应处理阶段中的任一处理器上执行即可。柔性开放作业调度是经典的并行机调度与开放作业调度问题的融合与扩展。车辆服务、医疗管理等行业的检测维修、导诊导检等环节都可归结为该调度模型。

异序作业(job shop) J_m:又称为作业车间,其中每项任务按照其预先确定的加工路径在系统中的处理器上执行。若规定所有任务的加工路径完全相同,则异序作业转换为流水作业,即流水作业是异序作业的特殊情况。

β 域中说明的加工约束和特定限制可能包括以下多个选项。

释放时间 r_j:任务有各自不同的释放时间。按照任务释放前对其信息的了解程度,又可分为如下两种调度环境。

离线(off-line)环境:该环境中任务的所有信息(如任务的数量、处理时间及释放时间等)都预先知道,调度者可以据此做出全局决策。

在线(on-line)环境:在该环境中,任务的信息不完备,所有的参数只有在其进入系统之后才知道,调度者不知道后续将会发生的情况。在线环境较为符合动态生产环境中任务实时到达的情况。在线环境又分为两种:①任务按释放时间到达(over time);②任务按列表逐个到达(over list)。本书中研究的在线环境均指任务按释放时间到达。

如果 β 域中不出现 r_j 或在线,则说明所有任务在零时刻都可以利用,属于离线环境。

中断(preemption) prmp:某任务在执行过程中,若允许被其他任务抢占而中断,并在稍后恢复处理,则称该任务可以中断。根据中断后恢复处理的不同方式,可以分为两种情况:①若中断后该任务的处理时间不受影响,则称为可续性中断;②若中断后该任务的处理必须重新开始,则称为重复性中断。当 prmp

不在 β 域中时，表示不允许中断。

同顺序(permutation) prmu：也称为排列或置换，是流水作业调度的一种排序方式。它要求所有任务按照先入先出(first-in，first-out)规则经过每个处理器，这样各台处理器上任务的执行顺序完全相同。这种调度方式的好处是，在对给定的流水作业调度问题进行编码、解码时，只要考虑第一台处理器上的序列即可，大大节约了计算资源。由于本书所研究的流水作业调度模型中只考虑排列排序，故省略该项。

无等待(no-wait) nwt：是一种作业调度中的实际需求，规定任务不能在相邻两道工序之间等待。换言之，任务一旦开始加工，就必须连续进行，直到所有工序完成为止。例如，在轧钢过程中，加热至轧制温度的钢坯必须直接送至轧钢机进行加工，不允许等待，否则会引起钢坯温度下降，一旦温度低于轧制温度，就需要重新加热，这样会消耗大量的能源。

阻塞(block) block：在作业调度中，若处理相邻两道工序的处理器之间缓存容量已满，则上游处理器上已完工的任务无法进入缓冲区等待，只能继续占用该处理器直至下游处理器空闲为止，此现象称为阻塞。通常，在任务体积较大或工序之间需要运输衔接的情况下会发生阻塞现象。

优先约束(precedence constraint) prec：出现于单机或并行机环境中，在某项任务开始执行之前，另一项或多项任务必须已经完工。有几种优先约束的特殊形式：若每项任务最多有一项先行任务和一项后继任务，则称为链式；若每项任务最多有一项后继任务，则称为入树；若每项任务最多有一项先行任务，则称为出树。当 prec 不在 β 域中时，表示任务没有优先限制。

γ 域中表示需要优化的目标函数。目标函数分为正则函数与非正则函数。本书只考虑正则目标函数，它又分为两类：使最大的费用最小(minimax criteria)及使总的费用和最小(minsum criteria)。对于给定的排序，用 C_j 表示任务 j 的完工时间。常见的目标函数主要有如下几种形式。

最大完工时间(makespan) $C_{\max}$：又称为制造期或时间表长度。对于给定的时间表，所有任务中完工时间的最大值称为最大完工时间，即最后一项任务离开系统的时刻。优化该目标函数能够有效地平衡多机调度问题中机器的负载，旨在降低生产成本，减少能源消耗。在实际调度过程中，该目标函数对于最长处理时间优先(longest processing time first，LPT)规则比较敏感。

加权完工时间和(total weighted completion time) $\sum w_j C_j$：对于给定的时间表，表示所有任务的完工时间(线性加权)总和。优化该目标函数能够有效降低在制品库存，减少库存成本。在实际调度过程中，该目标函数对于(加权)最短处理时间优先([weighted] shortest processing time first，[W]SPT)规则比较敏感。若所有任务的权重都相等,则称为完工时间和(total completion time),记为 $\sum C_j$。

完工时间 k 次方和(total k-power completion time,$k \geqslant 2$) $\sum C_j^k$: 所有任务完工时间求 k ($k \geqslant 1$)次方后的总和。该目标函数可以作为连接最大完工时间和总完工时间的桥梁。当 $k \to \infty$ 时,该目标等价于最大完工时间。例如,设 3 个任务的完工时间分别为 1.02、1.01 和 1,令 $k = 365$,则有 $1.02^{365} \approx 1377.41$,$1.01^{365} \approx 37.78$ 和 $1^{365} = 1$,显然,此时除了最大完工时间其余可以忽略不计。当 $k = 1$ 时,该目标等于总完工时间。

最大延迟(maximum lateness) $L_{\max}$: 定义为 $L_{\max} = \max\{L_j\}$,其中 $L_j = C_j - d_j$ 是任务 j 的延迟时间。优化该目标函数能够有效降低延误率,提高客户满意度。在实际调度过程中,该目标函数对于最早交付日期优先(earliest due date first,EDD)规则比较敏感。

最大送达时间(maximum delivery-completion time) $Q_{\max}$: 任务的完工时间与运送时间之和称为送达时间。对于给定的时间表,所有任务中送达时间的最大值称为最大送达时间。该目标函数考虑了任务的物流环节,能够有效平衡完工时间与运送时间,旨在节约物流成本,提高客户满意度。在实际调度过程中,该目标函数对于最长运送时间优先(longest delivery time first,LDT)规则比较敏感。

最大拖期(maximum tardiness) $T_{\max}$: 定义为 $T_{\max} = \max\{T_j\}$,其中 $T_j = \max\{L_j, 0\}$ 是任务 j 的拖期时间。

总加权拖期(total weighted tardiness) $\sum w_j T_j$: 表示所有任务拖期时间的加权和。若所有任务的权重都相等,则称为总拖期(total tardiness),记为 $\sum T_j$。

加权误工任务数(weighted number of tardy tasks) $\sum w_j U_j$: 定义为
$$\sum w_j U_j = \sum_{j=1}^{n} w_j U_j, \quad \text{其中} \ U_j = \begin{cases} 1, & C_j > d_j \\ 0, & C_j \leqslant d_j \end{cases}$$
。若所有任务的权重都相等,则称为误工任务数(number of tardy tasks),记为 $\sum U_j$。

1.2　调度问题的求解方法

对于给定的排序与调度问题,首先要从计算复杂性的角度来判断其难易程度。计算复杂性是 20 世纪 70 年代以计算机科学为基础建立起来的理论,从算法的角度定义了问题的"难"和"易"。在计算复杂性理论中,根据问题是否能采用多项式时间算法最优求解来判定其难易程度。若一个判定问题的任何验证都能在多项式时间内完成,且实例为假时,验证结果总是假,当实例为真时至少有一个验证为真,则称其为非确定性多项式(nondeterministic polynominal, NP)问题。显然,P问题是NP问题的子集,因为存在多项式时间解法的问题,总能在多项式时间内验证它。而NP-难(NP-hard)问题是指所有的NP问题都能归约到它,但是它不一定是一个NP问题。根据其难度的不同,又可分为强NP-难(strong NP-hard)和一般NP-难(ordinary NP-hard)两类,其中任何强NP-难问题不存在伪多项式时间算法。

一方面,若某调度问题是P问题,即存在多项式时间算法,则主要任务就是尽可能地降低最优法的时间复杂性;或在算法时间复杂性较高时,采用近似算法求解大规模问题。另一方面,若某调度问题是NP-难问题,则根据算法求解的时间效率将该问题分成小、中、大三种规模进行处理。

(1) 针对小规模问题,可以利用精确算法,如分支定界(branch and bound)、动态规划(dynamic programming)等进行最优求解。

分支定界是一种基于枚举的搜索方法,可用于求解整数线性规划等最优化问题。基本思想是将原问题的可行解集不断地分解为多个子集,直至不可再分为止。分支定界算法中三个极其重要的步骤为分支、定界和剪支。分支是分解可行解集的过程。定界是估计子集目标值的过程,其中松弛某些约束条件求得最优的估计值称为下界(lower bound),而可行解的目标值则称为上界(upper bound)。剪支是根据上界与下界的大小关系剪掉非(或重复)最优解分支的过程。该算法的性能主要取决于分支规则、剪支策略与下界的有效性。

动态规划是一种求解多阶段决策过程的最优化数学方法,其核心思想是将原问题转化为一系列互相联系的单阶段子问题,然后逐个加以解决。应用该方法的关键在于恰当地选取状态变量和决策变量及定义最优值函数,正确地写出基本递推方程,将全局优化问题转化成一族同类型的子问题。然后,从边界条件开始,逐段递推寻优,在每一个子问题的求解中,均利用了它前面的子问题的最优化结果,最后一个子问题所得的最优解,就是整个问题的最优解。

Benders 分解方法是一种基于松弛和投影映射的数学规划方法。其核心思想是将难以求解的原始问题松弛为仅包含整数变量的易于求解的 Benders 主问题,用包含整数变量和连续变量的目标函数项和约束构建 Benders 子问题。子问题生成 Benders cut 并将其加入主问题使下界逐步逼近最优解。Benders 分解方法的核心难点在于数学建模策略的选择和 Benders cut 的生成方法的设计。好的数学建模策略能够有效减少算法迭代次数,加速问题收敛。Benders cut 的生成使得主问题解空间逐步收紧,逼近原问题的解空间。通过对问题特征的分析,采取合适的建模策略并设计高效的求解方法,设计高质量有效不等式和 Benders cut,引入有效的求解策略,可以加速问题求解,节约计算资源。

拉格朗日松弛算法是一种基于松弛的数学规划方法。其核心思想是将原问题中复杂的约束以惩罚的形式松弛到目标函数中,通过求解拉格朗日对偶问题更新拉格朗日乘子使松弛问题下界逐步逼近原问题的最优解。拉格朗日松弛算法的关键在于拉格朗日乘子的更新方法与拉格朗日上界构造方法的设计。高质量的拉格朗日乘子能够帮助松弛问题获得更紧的下界,对于缩小对偶间隙、节约计算资源有很大的帮助。上界构造方法通过启发式策略将松弛解转化为原问题的高质量可行解,高效的构造方法能够有效地减少问题的迭代次数。本书拟通过对问题特征的分析,采取合适的建模策略并设计高效的乘子更新方法来加速问题收敛。设计基于问题性质的上界构造启发式算法,生成高质量可行解,缩小对偶间隙。拉格朗日松弛算法也可以与其他数学规划算法相结合,例如:与 Benders 分解方法结合,设计广义 Benders 分解算法求解非线性规划问题。

列生成算法是一种基于重构的数学规划方法。其核心思想是将原问题模型重构为 D-W 分解主问题和列生成子问题,其中列生成子问题用以生成主问题的变量。直接应用列生成算法只能获得原问题的松弛解,将其嵌入分支定界算法,设计分支定界算法,可以获得该问题的精确解。列生成算法设计的关键在于原问题与主问题的建模方法和子问题的求解方法。问题的建模方法直接影响该问题能否应用分支定界算法与如何设计子问题的求解算法。子问题的计算效率直接影响单个节点的计算速度。本书拟通过对原问题与定价子问题结构特征的分析,采取合适的建模策略并设计高效的子问题求解方法,设计高质量有效不等式与对偶稳定性公式,引入有效的求解策略加速问题求解,节约计算资源。

(2)针对中等规模问题,由于输入规模的增加使得很难在允许的时间内求得最优解,因此研究的重点集中在如何利用智能优化(metaheuristic)算法,如差分进化(differential evolution)、粒子群优化(particle swarm optimization)、蚁群优化(ant colony optimization)等算法,在给定时间内快速求得近优解。

差分进化算法通过群体内个体之间的相互合作与竞争产生的群体智能来指导优化搜索的方向。该算法的基本思想是从某一随机产生的初始群体开始,利用从种群中随机选取的两个个体的差向量作为第三个个体的随机变化源,将差向量加权后按照一定的规则与第三个个体求和而产生变异个体,该操作称为变异(mutation)。然后,变异个体与某个预先决定的目标个体进行参数混合,生成试验个体,这一过程称为交叉。如果试验个体的适应度值优于目标个体的适应度值,则在下一代中试验个体取代目标个体,否则目标个体仍保存下来,该操作称为选择(selection)。在每一代的进化过程中,每一个体矢量作为目标个体一次,算法通过不断地迭代计算,保留优良个体,淘汰劣质个体,引导搜索过程向全局最优解逼近。

粒子群优化算法模拟了鸟群的捕食行为:鸟群在某个区域里随机搜索食物(只有一块食物),每只鸟都不知道食物的位置,只知道当前的位置与食物的距离。那么找到食物的最优策略的就是在当前离食物最近那些鸟的周围区域进行搜寻。在该算法中,每个优化问题的解都是搜索空间中的一只鸟,称为“粒子”。所有的粒子都有一个由被优化的函数决定的适应值,每个粒子还有一个速度决定它们飞翔的方向和距离。然后粒子们就追随当前的最优粒子在解空间中搜索。该算法通过初始化(initialization)得到一群随机粒子(随机解),然后通过迭代找到最优解。在每一次迭代中,粒子通过跟踪两个“极值”来更新自己。一个是粒子本身所找到的最优解,这个解叫作个体极值;另一个极值是整个种群目前找到的最优解,这个极值是全局极值。

蚁群优化算法是一种用来寻找优化路径的概率型算法,具有分布计算、信息正反馈和启发式搜索的特征,其灵感来源于蚂蚁在寻找食物过程中发现最短路径的行为。该算法求解优化问题的基本思路为:用蚂蚁的行走路径表示待优化问题的可行解,路径较短的蚂蚁释放的信息素量较多,随着时间的推进,较短的路径上累积的信息素浓度逐渐增高,选择该路径的蚂蚁个数也越来越多。最终,整个蚂蚁群会在正反馈的作用下集中到最佳的路径上,此时对应的便是待优化问题的最优解。

(3)对于大规模问题或者在线环境,一般是构造基于指派规则的启发式(heuristic)算法在较短时间内求得可行解。启发式算法或称为调度规则是一种基于直观或经验构造的算法,是多项式时间算法,可以快速地求得调度问题的可行解。由于启发式算法构造简单,便于理论分析,所以一般都有性能上的保证。经典的启发式算法主要有:约翰逊规则、CDS 算法、Palmer 算法、Gupta 算法、NEH 算法。

约翰逊规则是 Johnson 在 1954 年针对最简单的两机流水作业调度问题提出一种调度规则。考虑每个任务都要在两台机器(或阶段)上加工的情况。假设每台机器一次只能处理一个任务,每个任务必须由第一台机器处理后,再由第二台机器处理。任务在机器上的处理时间是已知的,并且所有任务在机器上加工的次序相同。对于这类问题,约翰逊规则步骤如下。

步骤 1 把任务按工序加工时间分成两个子集: $\xi_1 = \{J_j \mid p_{1,j} < p_{2,j}\}$,

$\xi_2 = \{J_j \mid p_{1,j} > p_{2,j}\}$。对于满足 $p_{1,j} = p_{2,j}$ 的任务可以分在两个子集中的任一个。

步骤 2　先将集 ξ_1 中的任务按 $p_{1,j}$ 不减排列（SPT 规则），再将集 ξ_2 中的任务按 $p_{2,j}$ 不增排列（LPT 规则）。

为了便于读者理解约翰逊规则的具体用法，下面结合一个例子来进行说明：

例 1-1　考虑排序问题 $F_2 \parallel C_{\max}$ 其中 $n = 5$。

	J_1	J_2	J_3	J_4	J_5
M_1	4	4	30	6	2
M_2	5	1	4	30	3

根据约翰逊规则可得，$\xi_1 = \{J_1, J_4, J_5\}$，$\xi_2 = \{J_2, J_3\}$，$\xi_1$ 中任务按 $p_{1,j}$ 不减排列：$\{J_5, J_1, J_4\}$，ξ_2 中的任务按 $p_{2,j}$ 不增排列：$\{J_3, J_2\}$，所以最优排序为 $\{J_5, J_1, J_4, J_3, J_2\}$，时间表长为 $C_{\max} = 47$（图 1-1）。

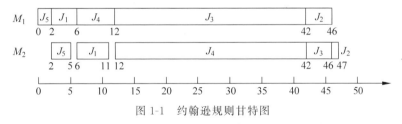

图 1-1　约翰逊规则甘特图

需要说明的是，不满足约翰逊规则的排序也有可能是最优排序，如下面的例 1-2 所示。

例 1-2　考虑排序问题 $F_2 \parallel C_{\max}$ 其中 $n = 4$。

	J_1	J_2	J_3	J_4
M_1	4	4	8	1
M_2	5	1	4	20

由约翰逊规则可得最优排序为 $\{J_4, J_1, J_3, J_2\}$，$C_{\max} = 31$。容易验证，排序 $\{J_4, J_3, J_2, J_1\}$ 也是最优排序，但不满足约翰逊规则。

CDS 算法扩展了约翰逊规则，考虑了流水车间两端机器处理时间对最大完工时间影响较大，适合用于机器规模较大的情况。其步骤如下所示。

步骤 1　假设机器数量为 m，将流水车间第 1 个机器与第 n 个机器组成一个集合，记录为 $\{A_1, A_2\}$。

步骤 2　找到集合 $\{A_1, A_2\}$ 中的当前最小处理时间对应的机器 a、任务 b，若机器 a 属于 A_1，则任务 b 先加工；若机器 a 属于 A_2，则任务 b 后加工。若最小处理时间不唯一,则随机选择一个即可。

步骤 3　将排序后的任务在集合中剔除,重复步骤 2,直到将所有任务排序完成,得到一种序列和对应的最大完工时间 $C_{\max}$。

步骤 4　将机器 $2,3,\cdots,n-1$ 与机器 $n-1,n-2,\cdots,2$ 分别逐渐加入集合 A_1 和 A_2,集合 A_1 和 A_2 的处理时间为集合内任务处理时间和,更新集合 $\{A_1,A_2\}$。重复步骤 2,得到 $n-1$ 个序列与对应最大完工时间。

步骤 5　选择所有序列中最大完工时间值最小的序列作为最终序列。

为了便于阐述 CDS 算法的具体用法,下面结合一个例子来进行说明。

例 1-3　流水问题 $F_7 \parallel C_{\max}$,其中 $n=8,m=7$。

	M_1	M_2	M_3	M_4	M_5	M_6	M_7
J_1	13	79	23	71	60	27	2
J_2	31	13	14	94	60	61	57
J_3	17	1	0	23	36	8	86
J_4	19	28	10	4	58	73	40
J_5	94	75	0	58	0	68	46
J_6	8	24	3	32	4	94	89
J_7	10	57	13	1	92	75	29
J_8	80	17	38	40	66	25	88

首先,将第 1 个机器和第 7 个机器组成集合 $\{A_1,A_2\}$,见表 1-1。

表 1-1　例 1-3 求解流程(1)

任务编号	A_1	A_2
1	13	2
2	31	57
3	17	86
4	19	40
5	94	46
6	8	89
7	10	29
8	80	88

集合中最小处理时间为 2,属于集合 A_2,所以对应任务 J_1 最后一个加工;除任务 J_1 之外,此时集合中最小处理时间为 8,属于集合 A_1,所以对应任务 J_6 第一个加工;再除去任务 J_6,此时集合中最小处理时间为 10,属于集合 A_1,所

以对应任务 J_7 第二个加工;再除去任务 J_7,此时集合中最小处理时间为 17,属于集合 A_1,所以对应任务 J_3 第三个加工;再除去任务 J_3,此时集合中最小处理时间为 19,属于集合 A_1,所以对应任务 J_4 第四个加工;再除去任务 J_4,此时集合中最小处理时间为 31,属于集合 A_1,所以对应任务 J_2 第五个加工;再除去任务 J_2,此时集合中最小处理时间为 46,属于集合 A_2,所以对应任务 J_5 倒数第二个加工;得到序列 $\{J_6,J_7,J_3,J_4,J_2,J_8,J_5,J_1\}$,最大完工时间 $C_{max}=618$。

然后,将第 1、2 个机器与第 7、8 个机器组成集合 $[A_1,A_2]$,见表 1-2。

表 1-2　例 1-3 求解流程（2）

任务编号	A_1	A_2
1	92	29
2	44	118
3	18	94
4	47	113
5	169	114
6	32	183
7	67	104
8	97	113

集合中最小处理时间为 18,属于集合 A_1,所以对应任务 J_3 第一个加工;除去任务 J_3,集合中最小处理时间为 29,属于集合 A_2,所以对应任务 J_1 最后一个加工;除去任务 J_1,此时集合中最小处理时间为 32,属于集合 A_1,所以对应任务 J_6 第二个加工;再除去任务 J_6,此时集合中最小处理时间为 44,属于集合 A_1,所以对应任务 J_2 第三个加工;再除去任务 J_2,此时集合中最小处理时间为 47,属于集合 A_1,所以对应任务 J_4 第四个加工;再除去任务 J_4,此时集合中最小处理时间为 67,属于集合 A_1,所以对应任务 J_7 第五个加工;再除去任务 J_7,此时集合中最小处理时间为 67,属于集合 A_1,所以对应任务 J_8 第六个加工;得到序列 $\{J_3,J_6,J_2,J_4,J_7,J_8,J_5,J_1\}$,最大完工时间 $C_{max}=628$。然后,得到表 1-3 中的信息。

表 1-3　例 1-3 求解流程（3）

序号	A_1	A_2	序列	C_{max}
1	M_1	M_7	$[J_6,J_7,J_3,J_4,J_2,$ $J_8,J_5,J_1]$	618
2	M_1,M_2	M_6,M_7	$[J_3,J_6,J_2,J_4,J_7,$ $J_8,J_5,J_1]$	628

续表

序号	A_1	A_2	序列	$C_{\max}$
3	M_1,M_2,M_3	M_5,M_6,M_7	$[J_3,J_6,J_4,J_2,J_7,$ $J_8,J_5,J_1]$	596
4	M_1,M_2,M_3,M_4	M_4,M_5,M_6,M_7	$[J_3,J_4,J_6,J_7,J_2,$ $J_8,J_5,J_1]$	632
5	M_1,M_2,M_3,M_4,M_5	M_3,M_4,M_5,M_6,M_7	$[J_6,J_3,J_4,J_7,J_2,$ $J_8,J_1,J_5]$	605
6	$M_1,M_2,M_3,M_4,$ M_5,M_6	$M_2,M_3,M_4,M_5,$ M_6,M_7	$[J_3,J_6,J_4,J_7,J_8,$ $J_2,J_1,J_5]$	584

可知最优序列是 $\{J_3,J_6,J_4,J_7,J_8,J_2,J_1,J_5\}$，$C_{\max}=584$（图 1-2）。

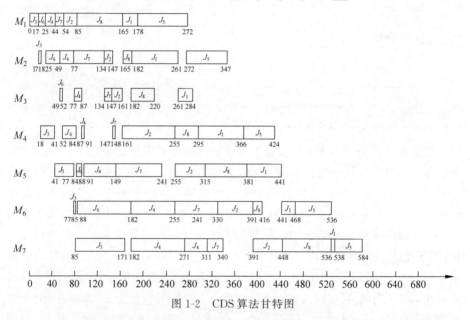

图 1-2　CDS 算法甘特图

Palmer 启发式 由 Palmer 于 1965 年提出，该算法根据任务加工时间的斜度顺序指标(slope order index)来调度任务。考虑 n 个任务 m 台机器的情况，每个任务按相同的顺序经过各个机器，目标是在极小化最大完工时间。该算法在排序过程中，按机器的顺序，加工时间趋于增加的任务被赋予较大的优先权数；反之，加工时间趋于减少的任务被赋予较少的优先权数。任务 i 的斜度指标(slope index) $S(i)$ 定义为

$$S(i)=\sum_{j=1}^{m}\left(j-\frac{m+1}{2}\right)t_{ij},\quad i=1,2,\cdots,n$$

式中，m 为机器数；t_{ij} 为任务 i 在机器 j 上的加工时间。按照 $S(i)$ 非增的顺序排列任务，获得一个近优调度。为便于阐述算法，给出例 1-4。

例 1-4 考虑流水问题 $F_3 \parallel C_{\max}$，其中 $n=4, m=3$。

	J_1	J_2	J_3	J_4
M_1	1	2	6	3
M_2	8	4	2	9
M_3	4	5	8	2

首先计算各个任务的斜度指标：

$$S(1) = -1 \times 1 + 0 \times 8 + 1 \times 4 = 3$$
$$S(2) = -1 \times 2 + 0 \times 4 + 1 \times 5 = 3$$
$$S(3) = -1 \times 6 + 0 \times 2 + 1 \times 8 = 2$$
$$S(4) = 1 \times 3 + 0 \times 9 + 1 \times 2 = -1$$

然后根据 $S(i)$ 非增的次序排列任务，可得序列 $\{J_1, J_2, J_3, J_4\}$ 与序列 $\{J_2, J_1, J_3, J_4\}$，易证，这两个序列均为最优调度。

Gupta 算法 于 1972 年提出，用于快速求解流水车间最大完工时间问题。Gupta 考虑到最大完工时间与机器空闲时间和机器间的相互作用密切相关，提出 MINIT 算法、MICOT 算法和 MINIMAX 算法。

MINIT 算法 利用空闲时间对每台机器的完工时间分别最小化，步骤如下。

步骤 1 在 n 个任务中选择两个任务 (a, b) 进行排序，计算所有机器 $M(1, 2, \cdots, m)$ 的机器空闲时间 $E(ab, M)$，并找到机器 m 的最小空闲时间 $E(ab, m)$。

步骤 2 若 $E(ab, m)$ 的值唯一，则对应的 ab 作为确定的初始顺序 σ；若 $E(ab, m)$ 的值不唯一，则选择机器 $m-1, m-2, \cdots, 1$ 上的最小的空闲时间，选择最小值对应的 ab 作为确定的初始顺序 σ。若所有机器的空闲时间都相同，则选择机器 $m, m-1, \cdots, 1$ 上完工时间最大值对应的 ab 作为确定的初始顺序 σ。

步骤 3 在未确定顺序的任务中，检查每个任务，计算所有机器的 $E(\sigma c, m)$。

步骤 4 若 $E(\sigma c, m)$ 值唯一，则将任务 c 加入确定的初始顺序，更新 abc 为确定的初始顺序 σ；若 $E(\sigma c, m)$ 值不唯一，选择机器 $m-1, m-2, \cdots, 1$ 空闲时间最少的 c 加入确定的初始顺序，更新 abc 为确定的初始顺序 σ。

步骤 5 循环步骤 4，若剩余两个任务则停止循环，比较两种不同的排序，选择最大完成时间较小者作为最终顺序。

MICOT 算法 与 MINIT 算法相似，只是 MICOT 算法不使用空闲时间，直接对每台机器的完成时间分别最小化，步骤如下。

步骤 1 在 n 个任务中选择两个任务 (a, b) 进行排序，计算所有机器 $M(1, 2, \cdots, m)$ 的机器完成时间 $C(ab, M)$，并找到机器 m 的最小完成时间 $C(ab, m)$。

步骤 2　若 $C(ab,m)$ 的值唯一,则对应的 ab 作为确定的初始顺序 σ;若 $C(ab,m)$ 的值不唯一,则选择机器 $m-1,m-2,\cdots,1$ 上的最小的完成时间,选择最小值对应的 ab 作为确定的初始顺序 σ。若所有机器的完成时间都相同,则选择机器 $m,m-1,\cdots,1$ 上完工时间最大值对应的 ab 作为确定的初始顺序 σ。

步骤 3　在未确定顺序的任务中,检查每个任务,计算所有机器的 $C(\sigma c,m)$。

步骤 4　若 $C(\sigma c,m)$ 值唯一,则将任务 c 加入确定的初始顺序,更新 abc 为确定的初始顺序 σ;若 $C(\sigma c,m)$ 值不唯一,选择机器 $m-1,m-2,\cdots,1$ 完成时间最少的 c 加入确定的初始顺序,更新 abc 为确定的初始顺序 σ。

步骤 5　循环步骤 4,当剩余两个任务则停止循环,比较两种不同的排序,选择最大完成时间较小者作为最终顺序。

MINIMAX 算法是 Gupta 提出的启发式算法中最简单的一种,它模仿约翰逊规则在解决两机和特殊三机问题的概念,从两端建立时间表,将处理时间短的任务安排在前列,将处理时间长的任务安排在后列,具体步骤如下。

步骤 1　设 k 和 k' 分别表示前列和后列安排任务的数量,初始阶段令 $k=k'=0$。

步骤 2　找到在所有机器上处理时间最短的任务 a。若最短工作时间对应的任务不止一个,则选择在机器 $m,m-1,\cdots,1$ 具有最大处理时间的任务,记为 $a,k:=k+1$。

步骤 3　若 $k+k'=n$,则进行步骤 6,否则进行步骤 4。

步骤 4　找到在所有机器上处理时间最长的任务 b。若最长处理时间对应的任务不止一个,则选择在机器 $m,m-1,\cdots,1$ 具有最小处理时间的任务,记为 $b,k':=k'+1$。

步骤 5　若 $k+k'=n$,则进行步骤 6,否则返回步骤 2。

步骤 6　计算最大完工时间,得到最优顺序。

为了便于阐述 MINIT 算法、MICOT 算法和 MINIMAX 算法的具体用法,下面结合一个例子来进行说明。

例 1-5　考虑排序问题 $F_m \parallel C_{\max}$,其中 $m=3,n=6$,分别用 MINIT 算法、MICOT 算法和 MINIMAX 算法求解。

	J_1	J_2	J_3	J_4	J_5	J_6
M_1	5	6	30	2	3	4
M_2	8	30	4	5	10	1
M_3	20	6	5	3	4	4

（1）MINIT 算法

首先任选两个任务排序,计算每个机器的空闲时间(图 1-3),$E(12,2)=5$,$E(12,3)=13+(43-33)=23$。

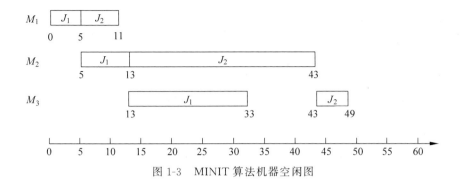

图 1-3　MINIT 算法机器空闲图

依次求得所有可能排序的 $E(ab,m)$，如表 1-4 所示。

表 1-4　例 1-5 求解流程（1）

任务对	$E(ab,m)$		$C(ab,m)$		
(a,b)	2	3	1	2	3
(1,2)	5	23	11	42	49
(1,3)	27	19	35	39	44
(1,4)	5	13	7	18	36
(1,5)	5	13	8	23	37
(1,6)	5	13	9	14	37
(2,1)	6	38	11	44	64
(2,3)	6	36	36	40	47
(2,4)	6	36	8	41	45
(2,5)	6	40	9	46	50
(2,6)	6	36	1	37	46
(3,1)	31	38	35	43	63
(3,2)	32	61	36	66	72
(3,4)	30	34	32	39	42
(3,5)	30	39	33	44	48
(3,6)	30	34	34	35	43
(4,1)	2	12	7	15	35
(4,2)	3	35	8	38	44
(4,3)	27	33	32	36	41
(4,5)	2	14	5	17	21
(4,6)	2	7	6	8	14

任务对	$E(ab,m)$		$C(ab,m)$		
(5,1)	3	17	8	21	41
(5,2)	3	39	9	43	49
(5,3)	23	33	33	37	42
(5,4)	3	14	5	18	21
(5,6)	3	13	6	14	21
(6,1)	8	13	9	17	37
(6,2)	9	36	10	40	46
(6,3)	33	34	34	38	43
(6,4)	5	7	6	11	14
(6,5)	6	13	7	17	21

由于 $\min E(ab,3)=E(46,3)=E(64,3)$，且 $E(46,2)<E(64,2)$，所以 $(4,6)$ 为初始顺序 σ，继续计算 $E(\sigma c,m)$，按步骤继续排序，如表1-5所示。

表 1-5 例 1-5 求解流程（2）

σ	a	$E(\sigma a,m)$		确定的顺序
		$m=2$	$m=3$	
46	1	5	12	$\sigma=465$
	2	6	35	
	3	30	33	
	5	3	12	
465	1	3	16	$\sigma=4651$
	2	3	38	
	3	23	32	

排序 $\{J_4,J_6,J_5,J_1,J_2,J_3\}$ 可得 $C_{\max}=68$，排序 $\{J_4,J_6,J_5,J_1,J_3,J_2\}$ 可得 $C_{\max}=86$，因此排序确定为 $\{J_4,J_6,J_5,J_1,J_2,J_3\}$（图1-4）。

（2）MICOT 算法

首先任选两个任务排序，计算每个机器的最大完工时间 $C(12,1)=11$，$C(12,2)=42$，$C(12,3)=49$ 依次求得所有可能排序的 $C(ab,m)$。由于 $\min C(ab,3)=C(46,3)=C(64,3)$，且 $C(46,2)<C(64,2)$，所以 $(4,6)$ 为初始顺序 σ。继续计算 $C(\sigma c,m)$，按步骤继续排序，如表1-6所示。

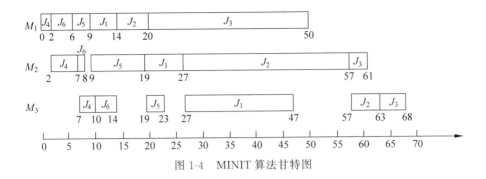

图 1-4　MINIT 算法甘特图

表 1-6　例 1-5 求解流程（3）

σ	a	$C(\sigma a, m)$			确定的顺序
		1	2	3	
46	1	11	19	39	
	2	12	42	48	$\sigma=465$
	3	36	40	45	
	5	9	19	23	
465	1	14	27	47	
	2	15	49	55	$\sigma=4651$
	3	39	43	48	

排序 $\{J_4, J_6, J_5, J_1, J_2, J_3\}$ 可得 $C_{\max}=68$，排序 $\{J_4, J_6, J_5, J_1, J_3, J_2\}$ 可得 $C_{\max}=86$，因此排序为 $\{J_4, J_6, J_5, J_1, J_2, J_3\}$（图 1-5）。

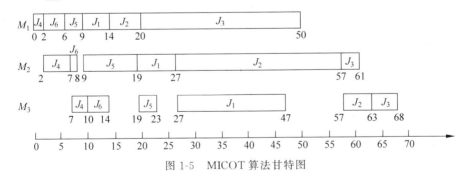

图 1-5　MICOT 算法甘特图

（3）MINIMAX 算法

首先找到最小处理时间为 1，对应任务 J_6，$k:=k+1=1$。此时，$k+k'=1<n$。最小处理时间为 30，对应任务 J_2 和任务 J_3。由于任务 J_3 在机器 3 上的处理时间比任务 J_3 小，则任务 J_3 为最后的任务，$k'=k'+1=1$。此时，$k+k'=2<n$，则继续循环。最终得到序列 $\{J_6, J_4, J_5, J_1, J_2, J_3\}$（图 1-6）。

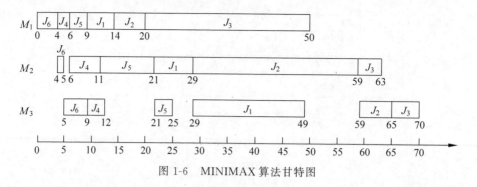

图 1-6　MINIMAX 算法甘特图

NEH 算法是一种构造性极强的启发式算法,被认为是针对流水作业现有的性能最好的启发式算法,对于置换流水作业问题有着较高的求解效率,该算法的求解时间取决于流水车间所考虑的任务数量。考虑到 n 个任务 m 台机器的情况,每个任务经过机器的顺序相同,目标是使其完工时间最小。

NEH 算法的枚举数为

$$\frac{n(n+1)}{2} - 1$$

其中,有 n 个枚举是完全序列,其余的是部分序列。其步骤如下所示。

步骤 1　计算各个任务在所有机器上的总加工时间之和 $T_i = \sum_{j=1}^{m} t_{i,j}$。

步骤 2　按总加工时间之和 T_i 降序排列所有任务。

步骤 3　取出步骤 2 中产生的序列中的前两个任务,并通过计算这两个任务的完工时间来找出这两个任务的能使完工时间最小的加工顺序,在剩余步骤中,不改变这两个工作相对于对方的位置。此时设 $i=3$。

步骤 4　对于剩余任务 $i=3,4,\cdots,n$,每次将步骤 2 产生的序列中的第 i 个任务插入到步骤 3 产生的局部最优序列中的所有可能的 i 位置上,不改变已经分配的任务彼此的相对位置来实现最佳序列。此步骤的枚举数为 i。

步骤 5　如果 $i=n$,则结束;否则 $i:=i+1$,重复步骤 4。

为便于阐述 NEH 算法具体过程,现以例 1-6 进行说明。

例 1-6　考虑流水问题 $F_5 \parallel C_{\max}$,其中 $n=4,m=5$。

	J_1	J_2	J_3	J_4
M_1	5	9	9	4
M_2	9	3	4	8
M_3	8	10	5	8
M_4	10	1	8	7
M_5	1	8	6	2

步骤 1 计算得各个任务在所有机器上的总加工时间之和为

$$T_1 = 5 + 9 + 8 + 10 + 1 = 33$$

$$T_2 = 9 + 3 + 10 + 1 + 8 = 31$$

$$T_3 = 9 + 4 + 5 + 8 + 6 = 32$$

$$T_4 = 4 + 8 + 8 + 7 + 2 = 29$$

步骤 2 得到排序$\{J_1, J_3, J_2, J_4\}$。

步骤 3 选择任务J_1与任务J_3并找到这两个任务最优的排序,如图 1-7、图 1-8 所示,显然可得$\{J_3, J_1\}$为部分最优序列。在之后的步骤中,任务J_1与任务J_3的相对位置不再改变,设此时$i = 3$。

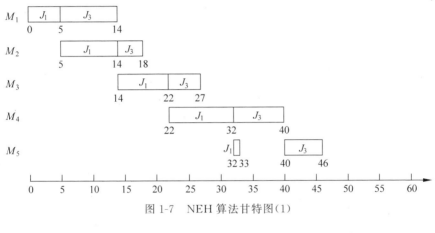

图 1-7 NEH 算法甘特图(1)

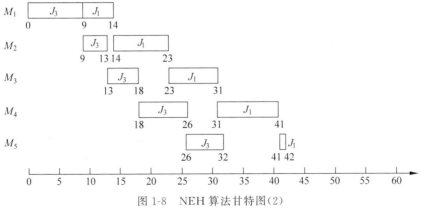

图 1-8 NEH 算法甘特图(2)

步骤 4 取步骤 2 所得序列中第 3 个位置的任务J_2,将任务J_2分别放置在步骤 3 中所得部分序列的三个可能位置。如图 1-9～图 1-11 所示,可得$\{J_3, J_1, J_2\}$为部分最优序列。

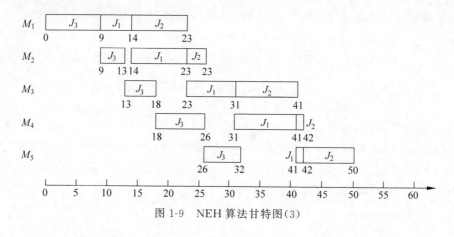

图 1-9　NEH算法甘特图(3)

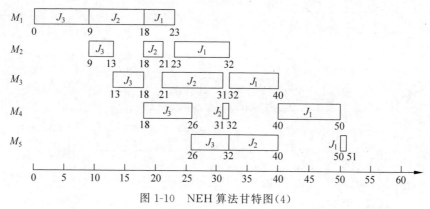

图 1-10　NEH算法甘特图(4)

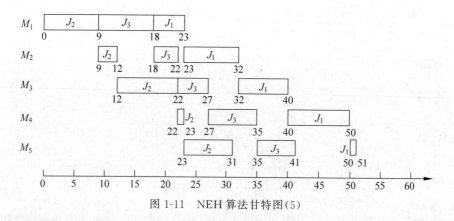

图 1-11　NEH算法甘特图(5)

步骤 5　由于此时 $i=3$ 不为 n，因此 $i:=i+1$，跳转回步骤4。

步骤 6　取步骤2所得序列中第4个位置的任务 J_4，将任务 J_4 分别放置在步骤 5 中所得部分序列的四个可能位置。如图 1-12～图 1-15 所示，可得 $\{J_4, J_3, J_1, J_2\}$ 为部分最优序列。

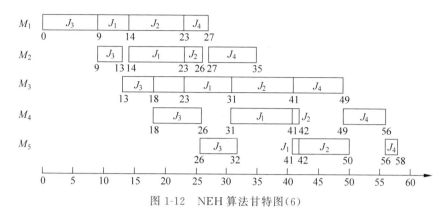

图 1-12　NEH 算法甘特图（6）

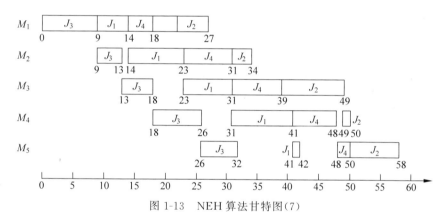

图 1-13　NEH 算法甘特图（7）

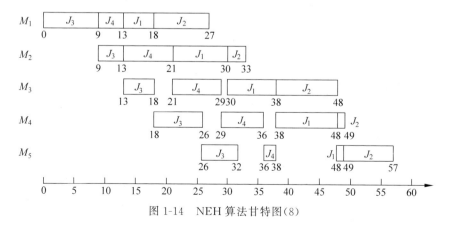

图 1-14　NEH 算法甘特图（8）

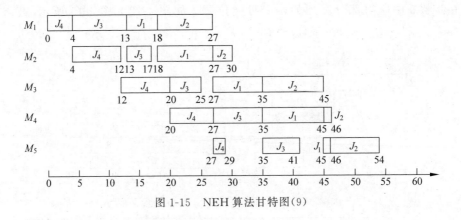

图 1-15   NEH 算法甘特图(9)

步骤 7   此时 $i=n$,停止。

通过枚举 $n!=24$ 种排序得,例 1-6 的最优序列为 $\{J_4,J_3,J_1,J_2\}$。而根据 NEH 算法只需要枚举 9 次,其中 4 个是完全序列,5 个是部分序列,大大节省了计算时间。对于大型流水车间问题,可以根据 NEH 算法由计算机进行计算。

同时,对于有些 NP-难问题,还可以给出一系列近似算法 $\{A_\varepsilon\}$。对于任意给定的 $\varepsilon>0$,$\{A_\varepsilon\}$ 是多项式时间算法,而且 $Z(A_\varepsilon)\leqslant(1+\varepsilon)Z(\mathrm{OPT})$,这里 $Z(A_\varepsilon)$ 和 $Z(\mathrm{OPT})$ 分别表示算法目标值和问题最优值,则称 $\{A_\varepsilon\}$ 为多项式时间近似策略(polynomial time approximation scheme,PTAS)。进一步地,如果 $\{A_\varepsilon\}$ 的时间复杂性是关于输入长度及 $1/\varepsilon$ 的某个二元多项式,则称其为全多项式时间近似策略(fully polynomial time approximation scheme,FPTAS)。目前普遍认为,强 NP-难的问题不存在 FPTAS 算法。因此对于强 NP-难的问题,若可以设计出 PTAS 算法,则认为该问题已经解决;若不知道复杂性的某问题已经设计出了 FPTAS 算法,则此问题至少不是强 NP-难的。而对一般意义 NP-难的问题,若已经设计出了 FPTAS 算法,则也认为此类问题已经解决。

1.3   调度算法及性能分析方法

1.3.1   调度算法

求解调度问题的**算法**(algorithm),简称调度算法,指一个预先制定的执行程序,对某个调度问题的任何一个具体的例子(简称为实例),依照这个程序运行后都可以得到一个可行的排序。按照对问题输入的了解程度,调度算法可分为两类。

离线算法,问题的所有输入预先给定,要求一次性对问题做出决策,用来求解离线问题。

在线算法,输入不是预先给定,而是随时间推移逐步得到的,算法未来可能的输入不可知,在任意时刻,当有输入时,算法必须对输入及时响应,并且算法一旦做出了决策,则在后续过程中不得改变,可以用来求解在线问题,以及带有释放时间的离线问题。

1.3.2　评价算法性能的主要方法

通过 1.2 节的讨论,可知对于那些不存在多项式时间最优算法的 NP-难的问题,往往放弃寻求最优解,转而寻找一个可以快速求得的可行解,把它作为最优解的近似值。因此,自然希望得到的近似解与最优解能够最大可能地接近,以增强算法的有效性。为了从理论角度衡量确定性算法得到的近似解与最优解的接近程度,一般叫以采用以下两种分析方法。

(1) **最坏性能分析**(若为在线算法,则称为竞争分析)。研究近似算法的目标函数值与离线环境下问题最优值之间的最大误差,通常采用比值的形式来衡量。对于极小化问题 π,记 I 是问题的实例,令 $Z^{A}(I)$ 表示在线算法 A 对于实例 I 的目标函数值,$Z^{*}(I)$ 表示实例 I 在离线环境下的最优值,则

$$R_{A}(\pi) = \inf\{\gamma \geqslant 1 \mid \text{对于所有的实例 } I, \text{有 } Z^{A}(I)/Z^{*}(I) \leqslant \gamma\}$$

其中,γ 称为算法 A 的最坏性能(竞争)比的上界。如果可以找到一个实例使上式中的比值取等号,或可以找到一个实例序列,使实例序列的比值收敛于 γ,则称其为紧(tight)界或最坏性能(竞争)比。最坏性能分析(竞争分析)主要是根据问题自身的特性,通过不等式的放缩求得算法目标函数值(或上界)与问题最优值(或下界)的比值。通常,每个算法的分析过程都大相径庭。对于同一个问题的不同算法,最坏性能比(竞争比)不一定相同,而且同一算法对于不同问题,最坏性能比(竞争比)也不一定相等。

一般认为最坏性能分析是一种很悲观的分析方法。用该方法评价某一算法的性能时,所研究的都是一些极端特殊的情况(或人为构造的实例),在实际的调度过程中几乎不会发生。特别是在工业生产中,机器每天要加工数以万计的任务,根据统计的规律,任务的加工时间都会服从某种概率分布,在这种情况下,最坏情况发生的概率为零。通过数值实验分析,同样可以验证,一个性能很不理想的启发式算法,在大规模实例测试中却能够表现出收敛性。为了描述算法在求解大规模问题时的性能,可以采用下面的分析方法。

(2) **渐近性能分析**(若为在线算法,则称为渐近竞争分析)。在概率极限意义下研究近似算法的目标函数值与离线环境下问题最优值之间的接近程度,通

常采用比值的形式来衡量。对于极小化问题 π，记 I 是问题的实例，令 $Z^A(I)$ 表示算法 A 对于实例 I 的目标函数值，$Z^*(I)$ 表示实例 I 在离线环境下的最优值，n 表示问题规模，n_0 表示一个给定的数值，则

$$R_A^\infty(\pi) = \inf\{\gamma \geqslant 1 \mid \text{存在 } n_0，\text{对于所有 } n \geqslant n_0 \text{ 的实例 } I，$$
$$\text{有 } Z^A(I)/Z^*(I) \leqslant \gamma\}$$

称为算法 A 的渐近性能（竞争）比。如果算法的渐近性能（竞争）比为 1，则称其具有渐近最优性（收敛性）。若某算法是渐近最优的，那么极限意义下（理想状态），该算法得到的可行解与问题的最优解是等价的。

在大规模工业生产环境中，算法如果具备了收敛性，就可以直接作为最优算法使用，能够为企业节省大量的计算时间。同时，有了收敛性的保证，可以进一步对算法进行改进，以期在合理的时间内获得最好的解。虽然渐近性能分析在理论与应用方面比其他方法更具优势，但是在具体分析过程中需要用到如概率分析和随机过程等复杂的数学手段。因此，即使对一些很简单的算法进行渐近性能分析，也会面临相当大的挑战。

1.4　相关调度问题研究现状

Johnson(1954)发表了第一篇关于流水车间的学术论文，证明了 $F_2 \parallel C_{\max}$ 问题可以通过著名的约翰逊规则在多项时间内求得最优解，这也是第一篇关于调度理论的研究论文。在流水车间中，除 $F_2 \parallel C_{\max}$、$F_2 \mid prmp \mid C_{\max}$（Gonzalez et al,1978）、$F_2 \mid nwt \mid C_{\max}$（Gilmore et al,1964）及少数多项式可解的特殊情况之外，其余都是 NP-难问题，而且绝大多数都具有强 NP-难性质。因此，精确算法仅围绕小规模问题讨论。Tomazella 等(2020)在流水作业调度问题中对分支定界算法进行了全面回顾并提出了进一步研究的指南和方向。而针对中等规模和较大规模的问题，主要的研究工作围绕构造启发式算法，运用智能优化算法及评价启发式算法的性能展开。Rubén 等(2005)通过基准集对 25 种启发式和元启发式算法进行了比较和评估，在不同算法的效率和有效性方面得到了具有参考性的结论。

近年来，流水作业调度相关领域的研究受到学界的广泛关注。Rossit 等(2018)综述了非置换流水作业调度问题的研究现状。Miyata 等(2019)详细阐述了带有阻塞约束的流水作业调度问题，全面总结了相关研究进展。Komaki 等(2019)综述了装配流水作业模型的求解方法及其在工业中的应用。Sun 等(2020)回顾了考虑位置相关学习效应的流水作业调度问题，目标为极小化总完工时间加权和。随着代工生产的逐渐发展，多代理（multi-agent）调度成为热门

的话题。以前的研究大多集中于单机情况,Bai 等(2022)将多代理问题推广至流水作业调度中,取得了突破性进展。为了更加贴近现代制造行业中的实际生产环境,混合流水调度逐渐引起学者们的注意,王凌等(2011)对混合流水线调度的研究进展做出了整合。此外,随着全球经济和分散经济的发展,大型制造企业出现了分布式生产,分布式流水车间的研究也引起了新的关注(Li et al,2021)。

在优化目标方面,多数研究针对完工时间相关的经济目标进行优化,如最大完工时间、完工时间和、提前与拖期、误工损失等。此类经济目标优化问题的相关研究大多是单目标优化问题,少数研究考虑了多目标优化问题。然而,在世界范围内不断增加的碳排放量正在加剧全球变暖问题,许多国家和国际组织已经开始关注这一问题,并建立了减少碳排放的机制,而且制造企业也越来越关注节能生产,因此,制造业的绿色调度已成为一个研究热点(Chen et al,2020)。相关研究大多同时考虑了经济目标和绿色目标,如总能耗等,此类问题是一类复杂程度较高的多目标优化问题。

1.4.1　渐近分析研究现状

渐近性能分析最初是用来研究求解装箱(bin packing)问题的近似算法(Coffman et al,1991),之后被引入调度算法理论分析领域。目前以所能查阅的文献来看,只有极少数学者从事近似算法的渐近性能研究,该方法的研究成果主要还是集中于确定性调度问题。本书将流水作业模型相关研究内容阐述如下。

目前调度算法及其渐近分析的相关研究主要关注经典的流水作业模型。Bai 等(2010)研究了 $F_m | r_j,(\text{online}) | C_{\max}$ 问题,证明了先到先服务(first-come,first-served,FCFS)规则的渐近最优性。针对 $F_m \| \sum w_j C_j$ 问题,Kaminsky 等(1998)证明其最优值渐近地等于相应的 $1 \| \sum w_j C_j$ 问题最优值,并指出 WSPT 算法的渐近最优性,而且他们还讨论了求解 $F_m \| \sum C_j$ 问题的 SPT 算法的渐近最优性(Kaminsky et al,2001)。Xia 等(2000)在鞅论的基础上给出了 SPT 算法渐近最优性的另一种证明方法,简化了 Kaminsky 等(2001)的证明。针对 $F_m | r_j | \sum w_j C_j$ 问题,根据单机 WSPTA 算法的思想,Liu 等(2005)分别给出了离线和在线近似算法,并证明了此类算法的渐近最优性。针对 $F_m \| \sum C_j^2$ 问题,Koulamas 等(2005)证明了 SPT 算法的渐近最优性。白丹宇(2015)研究了 $F_m | r_j,(\text{online}) | \sum C_j^2$ 问题,在工件释放时间与问题规模同阶的假设下,

证明了两个基于 SPTA 规则近似算法的渐近最优性。之后, Bai 等(2014)将上述结论推广至 $F_m \mid r_j \mid \sum C_j{}^k\, (k > 2)$ 问题。针对 $F_m \parallel D_{\max}$ 和 $F_m \mid r_j \mid D_{\max}$ ($D_{\max}$ 为最大运输完工时间)问题, Kaminsky(2003)分别提出了基于最长运送时间(LDT)规则的近似算法, 并证明了它们的渐近最优性。Iravani 等(2005)研究了单服务器流水车间问题(所有阶段的操作都由一台机器来完成), 目标函数是极小化调整和持有费用之和, 在持有费用与阶段编号一致非减的假设下, 证明了一类具有链式结构算法的渐近最优性。Chen 等(2007)研究了 $F_m \mid$ online, $p_{i,j} \sim$ sto $\mid \sum w_j C_j$ (sto 表示随机)问题, 在工件权重有界且加工时间为独立同分布随机变量的假设下, 证明了任意的非延迟(non-delay)算法都具有渐近最优性。针对 $F_m \mid$ prmu, $r_j \mid \sum C_j$ 问题, Li 等(2018)设计了 GSH 构造启发式, 其利用 SSH 启发式产生初始解, 设计影响力计算公式选出对目标值影响力较高的作业进行重新插入操作, 并验证了该算法在作业是否同时到达的两种情况下均保持了求解质量和计算时间的平衡性。针对 $F_m \mid$ prmu, $\mathrm{ST}_{\mathrm{sd}} \mid C_{\max}$ ($\mathrm{ST}_{\mathrm{sd}}$ 表示顺序相关准备时间, sequence-dependent setup times)问题, Sioud 等(2018)提出了一种基于准备时间的启发式算法。Bai 等(2018)研究了 $F_m \mid r_j, \mathrm{le} \mid C_{\max} / \sum C_j / \sum C_j{}^2$ 问题, 证明了一类基于 SPT 规则算法的渐近最优性。之后, 针对 $F_m \mid \mathrm{le}, r_j \mid L_{\max}$ 问题, Bai 等(2021)证明了基于最早交付日期优先(earliest due date available, EDDA)规则的渐近最优性。针对 $F_m \mid r_j \mid C_{\max}^a + \theta C_{\max}^b$ (目标函数为极小化两个代理的加权最大完工时间之和)问题, Bai 等(2022)设计了基于优势代理优先的启发式, 并证明其渐近最优性。针对 $F_m \mid$ prmu $\mid F_l(C_{\max}, \sum C_j)$ (F_l 表示两个目标的线性函数)问题, Li 等(2019)提出了基于当前和未来偏差的构造启发式, 分别使用两组权重解决完成时间上下界耦合偏差问题和双目标权衡问题。Wang 等(2019)提出了分别基于 ARB、SPT、NEH 和 FL(Framinan and Leisten)规则的启发式, 并验证了 NEH 和 FL 对于极小化最大完工时间问题的求解效果最好。而针对极小化加权完工时间和问题, FL 的求解效率最高。针对 $F_m \mid \mathrm{nwt} \mid C_{\max} + \theta \sum C_j$ (目标函数为极小化最大完工时间与完工时间和的加权之和)问题, Ye 等(2020)提出了一种权衡平衡启发式, 其中引入了因式分解方法来构造基于当前和未来空闲时间的初始排序, 并提出了一种新的估计方法进行不同目标的归一化。Puka(2021)针对 $F_m \mid$ prmu $\mid C_{\max}$ 问题提出 N-NEH+算法, 该算法提供了一个部分排序的候选列表, 其中每个候选排序均包含 N 个任务, 具有相等或相似的目标值。针对 $F_m \mid$ prmu, $\mathrm{le} \mid \sum w_j C_j$ 问题, 其中学习效应与工件加工位置相关, Sun 等(2021)分别提出了基于 ARB （arbitrary busy）规则和加权最短处理时间优先规则（weighted shortest processing time first）的两种启发式，并分析了它们的最坏情况误差界。针对工件具有对数截断学习效应的 $F_m | \text{prmu}, le | C_{\max} / \sum w_j C_j$ 问题，针对具有场景相关加工时间的两阶段 $\text{AF}_3 \| C_{\max}$（AF 表示装配流水车间"assembly flow shop"，装配流水车间包括两个阶段：加工阶段和装配阶段。加工和装配阶段均由一台或多台并行工作的机器组成。在加工阶段生产加工产品的不同组件，然后在装配阶段的装配机上组装形成最终产品）问题，Wu 等（2021a）提出了一系列基于约翰逊规则的启发式寻找鲁棒近优解，其中有些使用了成对交换方法。Wu 等（2021c）针对同时优化最大完工时间和机器利用率的阻塞流水车间调度问题，提出了结合峰型拟合方法的 NEH 启发式，其中设计了基于作业处理时间四分位偏差的优先级规则和断链规则。

少数研究关注了其他流水作业模型，包括混合流水车间、分布式流水车间和分布式混合流水车间。Koulamas 等（2000）研究了两阶段和三阶段 HF $(P_{m1}, P_{m2}) / (P_{m1}, P_{m2}, P_{m3}) \| C_{\max}$（HF 表示混合流水车间 hybrid flow shop）问题，设计了近似算法并证明了其渐近最优性；然后又将结论推广至 k 阶段的一般情况。之后，Kyparisis 等（2006）又将前面的近似算法进行了推广，用于解决多阶段 HF $(Q_{m1}, Q_{m2}, \cdots, Q_{mk}) \| C_{\max}$ 问题，并对其进行了渐近性能分析，得出了渐近最优的结论。针对 $\text{DF}_m | \text{prmu} | \sum C_j$（DF 表示分布式流水车间 distributed flow shop。分布式生产系统充分利用了不同国家和地区间多个工厂的资源，其通过原材料的有效分配、生产力的最优组合以及科学合理的资源共享等方式，以较低的成本实现产品的快速生产与制造）问题，Fernandez 等（2018）通过分析问题性质得到三个支配规则，设计了一类基于 NEH 的启发式，其中提出了两种解的表示方法和六种工厂分配规则，并设计了两种加速程序用于减少目标值的计算次数。针对 $\text{DHF} | \text{block}, \text{prmu} | C_{\max}$（DHF 表示分布式混合流水车间 distributed hybrid flow shop），Shao（2021）提出了改进 NEH 启发式，并设计插入改进策略对部分排序重新进行优化。

1.4.2　流水作业调度问题研究现状

求解流水作业调度问题目前大多采用"精确算法"和"智能优化"两类优化方法，下面分别综述各自的研究现状与发展动态。

1. 精确算法

1993 年，Karabati 等（1993）提出了基于拉格朗日松弛下界的分支定界算法求解生产调度问题，相关结论可以推广至其他以完工时间和作为目标的调度模型中。根据文献来看,应用精确算法求解流水作业调度问题的现有研究主要关注经典的流水作业模型,少量研究关注混合流水作业模型、装配流水作业模型和分布式流水作业模型,相关算法大多应用分支定界、动态规划、数学规划算法,相关内容阐述如下。

1)流水作业模型

(1)经济目标

① 双机

针对 $F_2 \parallel \sum Y_j$(目标函数为总误工损失"total late work",其中任务的误工损失是指对其交付期之后处理部分进行的惩罚)问题,Chen 等(2019)基于问题松弛版本 $F_2 | d_j = d | \sum Y_j$($d_j = d$ 表示所有任务具有公共交付期 d)的枚举求解方法,设计了分支定界算法,其中分别利用遗传算法和列表启发式确定初始上界和改进上界值,并提出了优势规则和新下界提高算法计算效率。之后,Chen 等(2022)总结了 $F_2 | d_j = d | \max\{\sum X_j\}$(目标函数为极大化总提前任务数"total early work",其中任务的提前任务数 X_j 指其交付期之前已处理完成的总任务数)问题的两个最优解性质用于设计动态规划算法,该算法只关注第二台机器上的任务分配,时间复杂度为 $O(n^2 d^2)$。针对具有非强制性空闲时间的 $F_2 | prmu | \sum(E_j + T_j)$(目标函数为极小化提前和拖期总和)问题,Schaller 等(2019)通过插入空闲时间减少部分工件的提前,证明了仅第二台机器需要插入空闲时间。他们推广了单机问题的下界和支配条件,并提出了两个分支定界算法进行求解。之后,针对 $F_2 | nwt | \sum(E_j + T_j)$ 问题,Schaller 等(2020)提出分支定界算法,设计了基于 EDD 的下界。针对考虑紧急任务的 $F_2 \left| r_{i \in J_A} \geqslant 0 \right| \alpha \cdot$

$(\sum_{i \in J_A} T_i) + (1 - \alpha) \cdot (\max_{i \in J_B} C_i) \sqrt{a^2 + b^2}$(任务根据紧急程度可被分为两类,紧急任务 A 类和正常(非紧急)任务 B 类。实际生产制造过程希望紧急任务尽可能在无须等待的情况下被处理。J_A 和 J_B 分别表示 A、B 两类任务的集合,目标函数为极小化非紧急任务最大完成时间与紧急任务总拖期的加权和)问题,Jeong 等(2020)证明了该问题的一些支配性质,提出了一种分支定界算法,其中利用两种列表调度算法和 4 种基于 NEH 或 FL 的构造启发式获得初始上界,并基于支配性质设计了剪支规则和下界。针对 $F_2 | l_j | C_{\max}$(l_j 表示时间延迟)问题,Mkadem 等(2021)提出了分支定界方法,扩展了搜索树中使用的最佳下界,并提出了基于局部搜索的上界和三个支配规则。针对 $F_2 | nwt, prpt | TADC$(prpt 表示比例,在比例流水车间中,每个作业的处理时间在所有机器上均相

等；目标函数为作业完成时间的绝对偏差总和"total absolute deviation of job completion times"），Kovalev 等（2019）证明存在一个关于作业处理时间的半 V 形最优序列，并提出了一个 $O(n^3)$ 时间的动态规划算法进行求解。

②多机

Shang 等（2018）针对 $F_3 \| C_{\max}$ 设计了动态规划算法，提出了一些支配条件。Kim 等（2019）针对具有重叠等待时间约束的 $F_3 | w_{i1}, w_{i2} | C_{\max}$（在第一台机器上完成加工的工件，必须在特定时间段内在第二台和第三台机器上进行处理。第一台和第二台机器之间的等待时间与第一台和第三台机器之间的时间存在重叠的现象，称为重叠的等待时间约束。任务 i 在前两台机器之间、第一台和第三台机器之间的等待时间分别受限于两个时间限制 w_{i1} 和 w_{i2}）问题提出了分支定界算法进行求解，其通过分析重叠等待时间约束来证明问题的一些支配性质，以减少问题的搜索空间，并推导了 7 个下界。

针对 $F_m | r_j, \mathrm{le} | C_{\max} / \sum C_j / \sum C_j^2$ 问题，Bai 等（2018）设计了分支定界算法，其中提出有效的分支规则和基于最短剩余处理时间优先规则的下界，加速算法收敛。之后，Bai 等（2021）针对 $F_m | \mathrm{le}, r_j | L_{\max}$ 问题设计了分支定界算法，其中提出了有效的分支规则和基于可中断 EDD 规则的下界。针对 $F_m | r_j | C_{\max}^a + \theta C_{\max}^b$ 问题，Bai 等（2022）设计了分支定界算法，其中提出基于释放日期的分支规则和基于可中断的下界。针对工件具有对数截断学习效应的 $F_m | \mathrm{prmu}, \mathrm{le} | C_{\max} / \sum w_j C_j$ 问题，Wang 等（2019）提出了分支定界算法，并推导了问题的两个下界。Gerstl 等（2019）研究了 $F_m \| \sum Y_j$，证明了一个最优解性质，针对该问题的两个版本分别设计有效的伪多项式动态规划算法，并验证其在大规模算例上的性能。Mor 等（2019）针对 $F_m | \mathrm{prpt}, \mathrm{rej} | C_{\max}: \sum_{j \in \bar{A}} e_j \leqslant \mathrm{E}$ 和 $F_m | \mathrm{prpt}, \mathrm{rej} | \sum_{j \in \bar{A}} e_j: \sum_{j \in A} p_j \leqslant K$（rej 表示工件可拒绝，$A$ 表示被接收工件的集合，$\bar{A}$ 表示被拒绝工件的集合）两个问题提出改进伪多项式动态规划算法进行求解。针对无等待置换流水车间调度，其中优化目标为最小化剩余工作内容（由于缺乏可用资源而无法完成的工作量）的条件风险价值（一种风险损失度量，用于量化不确定性因素所产生的风险），Urgo（2019）提出了分支定界算法获得问题的鲁棒解。针对具有简单线性退化效应的 $F_m | p_{ij} = b_{ij} t | \log C_{\max} / \sum \log C_j / \sum w_j \log C_j / \sum \log^2 C_j$（目标函数分别是最大完工时间的对数、完工时间的总对数、完工时间的总加权对数和完工时间的二次对数之和。这里的 p_{ij} 为实际处理时间，$b_{ij} > 0$ 为退化率）问题，Sun 等（2019）提出了分支定界算法，分别为 4 个优化目标

设计了下界。针对部分处理机零空闲的极小化总工期流水作业问题，Bektas 等（2020）采用 Benders 分解算法进行精确求解，提出基于邻域搜索的割生成算法，加速算法收敛。针对极小化机器空闲时间的置换流水车间调度问题，Liou（2020）探讨了正负机器空闲时间对流水车间的最大完工时间的影响，并提出了分支定界算法进行求解，其中设计了基于机器空闲时间的下界，提出一个与前后顺序无关的支配条件，以提高算法的运算效率。针对 $F_m \mid prmu \mid C_{\max}$ 问题，Gmys 等（2020）提出分支定界算法进行求解，该算法可在多核 CPU 上顺序或并行地进行树搜索，并通过结合动态分支和基于在线学习启发机制的下界，设计了新的节点分解方法。

Mor 等（2020）针对 $F_m \mid prpt, rej, le \mid C_{\max} / \sum T_j / \sum_m^{i=1} C_{\max}^{(i)} : \sum_{j \in R} e_j \leqslant E$（目标函数表示在总拒绝成本 $\sum_{j \in R} e_j \leqslant E$ 的条件下分别极小化 $C_{\max}$、$\sum T_j$ 和 $\sum_m^{i=1} C_{\max}^{(i)}$。其中 R 表示被拒绝工件的集合，$\sum_m^{i=1} C_{\max}^{(i)}$ 表示总负载，即所有机器上最后一个作业的完工时间总和）问题提出了伪多项式动态规划算法进行求解。Nagano 等（2020）针对 $F_m \mid block, prmu \mid \sum C_j$ 问题提出改进分支定界算法，其中设计了基于机器空闲和阻塞的下界。Koulamas（2020）针对比例 $F_m \mid prpt \mid \sum T_j$ 问题提出了一种伪多项式动态规划算法。之后，Koulamas 等（2021）针对工件可拒绝的 $F_m \mid nwt \mid C_{\max} + \sum e_j$（$\sum e_j$ 为总拒绝成本）问题提出了动态规划算法。Ren 等（2021）针对 $F_m \mid r_j \mid C_{\max} / D_{\max}$ 问题设计了分支定界算法进行精确求解，其中设计了下界和分支规则，显著地缩小了搜索空间。针对 $F_m \mid prmu, le \mid \sum w_j C_j$ 问题，其中学习效应与工件加工位置相关，Sun（2021）等分别提出了分支定界算法，设计了 4 个下界。针对带有不确定处理时间（处理时间在给定的时间间隔内变化）的鲁棒流水车间问题，Levorato 等（2022）扩展了确定性情况下的两个经典混合整数规划公式，并将其与列约束生成框架相结合，获得该问题在最坏场景下极小化最大完工时间的鲁棒解。此外，还开发了一种多项式时间动态规划算法，用于确定该问题的最坏场景。

（2）绿色目标

针对具有外包选择（作业外包用于解决生产能力不能满足需求的问题）的准时制节能 $F_m, R_m \parallel (TC, TEC)$（TC 表示生产总成本"total cost"，TEC 表示总能耗"total energy consumption"）问题，Tirkolaee 等（2020）提出了基于 ε 约束的多目标模糊数学规划技术，将所提出的双目标模型视为单目标混合整数线性规划模型，然后引入自适应人工鱼群算法辅助提供帕累托最优解。针对考虑能源循环利用的双目标随机优化绿色流水作业调度问题,Wang 等(2020b)设计了多目标数学规划算法,引入 L-shaped 方法更加高效地切割值域空间,降低算法迭代次数。

2) 其他流水作业模型

针对考虑能耗与经济指标的自动化码头调度问题,Xin 等(2014)利用两阶段算法将场景分解为宏观层面和微观层面。其中宏观层面将该问题抽象为极小化总工期的柔性流水作业调度问题,利用商业优化软件 CPLEX 求解;微观层面以极小化总工期为前提求解最小能耗的设备运作方案。针对考虑累积学习效应的两阶段 $AF_3 \mid le \mid \sum C_j$ 问题,Wu 等(2018a)提出分支定界算法,推导了支配性质和三个下界。针对具有位置相关学习效应的两阶段 $AF_3 \mid le \mid C_{\max}$ 问题,Wu 等(2018b)提出了分支定界算法,推导了一些支配性质和一个下界。针对考虑位置相关学习效应的两阶段双代理 $AF_3 \mid le \mid \sum_{j \in A} C_{3j}^A : \sum_{j \in B} C_{3j}^B < U_B$ (目标函数表示在第二个代理总完成时间给定上界的前提下,最小化第一个代理的总完成时间)问题,Wu 等(2019)推导了一些支配命题和三个下界,并用于设计分支定界算法。针对两阶段 $AF_3 \mid le \mid \sum C_j$ 问题,Wu 等(2020)提出了分支定界算法,证明了机器在有无空闲时间两种情况下的 10 个支配性质,并推导了下界公式。针对具有场景相关加工时间的两阶段 $AF_3 \parallel C_{\max}$ 问题,Wu 等(2021a)提出了分支定界算法获得鲁棒解,其中推导了一个支配性质和一个下界。针对具有截断学习效应的两阶段 $AF_3 \mid le \mid C_{\max}$ 问题,Wu 等(2021b)推导了支配规则、引理和一个下界,并将其应用于分支定界算法的设计。针对极小化总工期的分布式流水作业调度问题,Hamzadayi(2020)设计了 Benders 分解算法,提出基于问题特征的割生成算法,加速算法收敛。

2. 智能优化算法

智能优化方法是一类基于计算智能机制求解复杂优化问题的算法总称,能够在限定时间内获得作业调度问题的满意解。目前,应用智能优化算法求解流水作业调度问题的研究成果较多,主要关注经典流水作业、混合流水作业、装配流水作业和分布式流水作业及其组合模型,相关算法不仅包括遗传算法、蚁群算法、禁忌搜索算法等经典算法,还有近年来出现的一些新型智能优化算法,相关内容阐述如下。

1) 流水作业模型

(1) 经济目标

针对 $F_m \mid nwt \mid C_{\max}$ 问题,Engin 等(2018)设计了混合蚁群算法,该算法通

过引入遗传算法的交叉和变异机制跳出局部极小值,进行 5 种交叉机制(单点交叉、基于位置的交叉、次序交叉、部分映射交叉、线性次序交叉)和 5 种变异机制(反转变异、邻居交换变异、互换变异、插入变异、三联体变异)的组合实验,验证了基于位置的交叉和反转变异是求解该问题的最佳组合。针对同时考虑退化和学习效应的随机流水车间调度问题(作业的处理时间不确定且依赖于时间),Fu 等(2018)同时优化最大完工时间和总拖期两个目标,并开发了新型多目标离散烟花优化算法。该算法结合迭代搜索方法和学习搜索方法改进爆炸操作,其中基于模拟退火的迭代搜索方法可对种群中的较优解进行进一步优化,学习搜索方法用于引导劣解的优化方向。针对 $F_m|prmu,ST_{sd}|C_{max}$ 问题,Sioud 等(2018)提出了改进候鸟算法,提出基于交换和向前插入移动的自适应邻域搜索,引入禁忌表、重启机制,并设计考虑迭代次数的领飞鸟选择方法用于跳出局部最优。针对 $F_m|block|\sum T_j$ 问题,Ribas 等(2019)提出了迭代贪婪算法,设计了几种用于生成初始解的构造性启发式,并引入变邻域搜索调整作业的车间分配。针对 $F_m|nwt|C_{max}$ 问题,Zhao 等(2019)提出了具有变邻域搜索机制的混合生物地理学优化算法,其利用改进的 NEH 和最近邻机制生成初始种群。为了加快算法的收敛速度,他们设计了一种混合迁移算子,该算子结合了路径重链技术和基于块的自改进策略,并将迭代贪婪算法引入变异算子中,在开发阶段得到了很好的解;此外,他们还设计了一种基于块邻域结构和插入邻域结构的变邻域搜索策略,在每次迭代中围绕当前最优解进行局部搜索,并引入精英策略保留当前种群中的最优解。之后,针对 $F_m|prmu,nwt|\sum T_j$ 问题,Zhao 等(2020b)提出了混合离散水波优化算法。为了提高初始种群的质量,他们提出了一种基于新的优先级规则和改进 NEH 启发式的初始化方法。在传播阶段,引入了一种具有 11 种不同邻域结构的自适应选择邻域搜索策略,扩大了搜索范围,实现了探索与开发的平衡。在中断阶段,提出了一种基于变邻域搜索的局部强化方法搜索当前最优解周围的区域,并保持种群的多样性。在折射阶段,为了避免算法陷入局部最优,引入了扰动策略。针对 $F_m|le,r_j|L_{max}$ 问题,Bai 等(2021)设计了离散人工蜂群算法,其中提出基于 EDDA 规则的初始化方法和基于关键间隔邻域算子的混合邻域搜索机制,分别用于提高初始种群和最终解的质量。之后,针对 $F_m|r_j|C_{max}^a+\theta C_{max}^b$ 问题,Bai 等(2022)设计了离散人工蜂群算法,并提出 5 种邻域搜索策略改进雇佣蜂和跟随蜂阶段。针对考虑设备维护的 $F_m|prmu|C_{max}/ETP$(ETP 表示提前/拖期惩罚"earliness tardiness penalties")问题,Branda 等(2021)设计了带有精英保留策略的遗传算法,提出部分匹配交叉策略消除不满足问题约束的子代个体,并验证了该算法在不同问题规模上的性能;此外,他们还利用以上搜索过程得到的非支配解构建

并更新外部档案库,且基于外部档案库改进了选择策略。Libralesso 等(2021)研究了 $F_m | \text{prmu} | C_{\max} / \sum C_j$ 问题,并提出了迭代波束搜索算法,其分支策略引入了前向分支和双向分支。针对 $F_m | r_j | C_{\max} / D_{\max}$ 问题,Ren 等(2021)使用混合离散差分进化算法进行求解,提出基于种群划分的初始化方法,并设计基于插入邻域的破坏-重建策略,防止算法陷入局部最优。

(2) 绿色目标

针对运输时间可控的 $F_m | \text{prmu}, \text{ST}_{\text{sd}} | (C_{\max}, \text{TEC})$ 问题,Jiang 等(2019)改进了基于分解的多目标进化算法(multi-objective evolutionary algorithm based on decomposition, MOEA/D)进行求解,其中利用动态匹配策略进行问题分解和子问题求解。通过分析问题性质,提出了两种启发式生成总准备时间较小的解,用于设计局部搜索强化策略。针对考虑能效的 $F_m | \text{block}, \text{ST}_{\text{sd}} | (C_{\max}, \text{TEC})$ 问题,Han 等(2020)设计了一种离散进化多目标优化算法,其中采用可变单目标的启发式用于种群初始化,设计两种自适应开发和自适应探索的进化算子生成高质量的解,并提出了一种基于惩罚区间的插入局部搜索算法提高算法的开发能力。针对 $F_m | \text{prmu} | (\text{TF}, \text{TEC})$(TF 表示总流经时间“total flow time”)问题,Öztop 等(2020)提出了两种多目标迭代贪婪算法和一种多目标可变块插入算法,利用速度缩放方法降低能耗,并设计了相应的多染色体编码方法,包括一个作业向量和一个速度向量。针对存在动态速度缩放技术 $F_m | \text{nwt}, \text{prmu} | (C_{\max}, \text{TEC})$ 问题,Wu 等(2020)提出了自适应多目标变邻域搜索算法。通过分析问题非支配解的结构性质,开发了两个基本的速度调整启发式算法,可以在最大完工时间不会变长的前提下,降低解的总能耗;此外,还引入变邻域下降策略,并采用一种自适应机制来动态地确定邻域结构。为了进一步提高算法的性能,设计了扰动策略和加速策略。针对 $F_m | \text{nwt} | (C_{\max}, \text{TEC})$ 问题,Zhao 等(2020a)分析了问题的性质,提出具有问题特定知识的两阶段协同进化算法,该算法使用两个构造型启发式算法生成初始解。在算法第一阶段中,使用迭代局部搜索策略搜索潜在的极值解,并设计了混合邻域结构用于改善解的质量;在第二阶段中,提出基于关键路径知识的变异策略用于扩散极值解到整个已经找到的帕累托前沿面;在算法的迭代过程中,利用迭代局部搜索和变异策略形成了一个协同进化的闭环系统,并缩小了问题的搜索空间。针对考虑能效的两阶段 $F_2 | \text{prmu}, r_j, p\text{-batch}, \text{block} | (C_{\max}, \text{TEC})$($p\text{-batch}$ 表示并行批处理机)问题,Zheng 等(2020)提出了多目标混合蚁群优化算法,其中有最大-最小信息素限制规则和局部搜索规则,分别用于避免陷入局部最优和增强邻域搜索能力,并采用了两种分别基于 FIFO 和约翰逊规则的批处理调度规则。

2）装配流水作业模型

针对考虑累积学习效应的两阶段 $AF_3|le|\sum C_j$ 问题，Wu 等（2018a）提出了具有不同粒子速度和粒子位置更新公式的 6 种混合粒子群算法，并通过实验分析了速度和惯性权重之间的关系。针对具有位置相关学习效应的两阶段 $AF_3|le|C_{max}$ 问题，Wu 等（2018b）提出了 3 种基于云理论的模拟退火算法。针对考虑位置相关学习效应的两阶段双代理 $AF_3|le|\sum_{j\in A} C_{3j}^A : \sum_{j\in B} C_{3j}^B < U_B$ 问题，Wu 等（2019）提出了 4 种基于不同改进策略的混合粒子群优化算法。针对两阶段 $AF_3|le|\sum C_j$ 问题，Wu 等（2020）提出了 4 种元启发式算法，包括遗传算法、基于云理论的模拟退火算法、人工蜂群算法和迭代贪婪算法，其中引入迭代局部搜索策略的迭代贪婪算法的性能最优。针对具有场景相关加工时间的两阶段 $AF_3\|C_{max}$ 问题，Wu 等（2021a）提出了 4 个基于云理论的模拟退火超启发式算法获得鲁棒近优解，其中结合了 7 种邻域算子。针对具有截断学习效应的两阶段 $AF_3|le|C_{max}$ 问题，Wu 等（2021b）提出了动态差分进化算法、混合贪婪迭代算法和遗传算法，验证了动态差分进化算法在小规模实例上的性能更优，而混合贪婪迭代算法在大规模实例上的性能更优。针对考虑预防性维护和纠正性维护的 $AF_m|prmu|(C_{max}, TMC)$（TMC 为预防性维护和纠正性维护的总维修成本"total maintenance costs"），Zhang 等（2021）提出了考虑维护的评价指标，设计了基于预防性维护策略的重启迭代 Pareto 贪婪算法。他们首先提出两个改进 NEH 启发式生成两个较好初始解，利用局部搜索方法生成其他初始解。然后，为了提高算法性能，提出面向双目标的贪婪搜索策略用于寻找非支配解，引入了面向双目标的接受准则，并采用重启机制避免局部最优。

3）混合流水作业模型

（1）经济目标

针对 $HF_m, R_m|M_j|\sum T_j$（M_j 表示工件具有机器适用性约束，即工件 j 仅能分配给特定的一些机器，M_j 为工件 j 的适用机器集合）问题，Yu 等（2018）提出了遗传算法，其中设计了一种针对总拖期目标的解码方法获得紧凑的排序。更具体地说，通过分析两种广泛使用的解码方法，即排列排序和列表排序用于交付期相关优化目标时的不足，利用一种基于优先级的机器选择机制避免不必要的机器闲置。Costa 等（2020）研究了人力资源受限（分配至每个生产阶段的工人数量低于同一阶段的机器数量，其中工人负责执行顺序无关的准备操作）的多阶段 $HF\|C_{max}$ 问题，提出基于回溯搜索和禁忌搜索的混合算法，其中设计了多阶段编码结构用于禁忌搜索，采用基于列表调度方法的高效解码算法进行任务调度和人力资源分配，并利用重启机制增强算法的开发能力。针对考

虑人工技能水平、年龄因素、学习和遗忘效应的多阶段混合流水车间调度问题，其中目标函数是极小化最大完工时间和总流经时间的加权和，Marichelvam 等（2020）提出了改进粒子群优化算法来求解该问题，该算法结合 SPT 调度规则和 NEH 启发式进行种群初始化，并引入混合变邻域搜索算法改进粒子群算法产生的近优解。针对缓冲区容量有限的可重入混合流水车间调度，其中目标函数为极小化最大完工时间和平均流经时间加权和，Lin 等（2020）开发了一种基于和声搜索和遗传的混合算法进行求解，其利用遗传算法的交叉和变异算子增强局部寻优能力，利用和声搜索增强全局寻优能力，增强解的多样性。针对异速柔性流水作业问题，Aqil 等（2020）提出改进迭代贪婪与局部搜索两种算法，其中基于 NEH 启发式初始化的迭代贪婪算法在求解质量和收敛速度上有较好的效果。Lin 等（2021）针对多阶段 $HF \parallel C_{max}$ 问题提出了混沌增强模拟退火算法，其设计了混合解码机制和有效的邻域搜索机制来提高解质量，利用基于混沌的退火机制避免陷入局部最优，并通过使用混沌数来调整温度，有助于算法的快速收敛。Martins 等（2021）研究了柔性流水作业与车辆路径规划的联合问题，提出有偏随机迭代变量邻域下降算法，其中改进了编码策略、初始化方法和邻域生成算子。针对异速处理机带有调整时间的情况，Aqil 等（2021）提出了水波优化算法，其中采用了贪婪随机自适应搜索、路径链接技术等改进策略。针对考虑退化效应且缓存受限的双目标问题，Zheng 等（2021）提出了基于遗传、模拟退火和变邻域搜索算法的混合算法，通过对遗传算法变异算子和交叉算子的改进，较好地平衡了全局搜索和局部寻优。针对极小化最大完工时间与平均拖期问题，Gheisariha 等（2021）提出了多目标和声搜索算法进行优化，其中利用构造启发式算法生成初始解，并采用聚类算法进行进一步优化。

（2）绿色目标

针对考虑目标相对重要性和能效的 $HF \parallel (\sum T_j, C_{max}, TEC)$ 问题（总能耗目标的重要性低于其他目标），Li 等（2019）提出了提出一种新的帕累托支配定义用于衡量目标相对重要性，采用双层帝国竞争算法进行求解其中第一层为最强帝国，第二层由其他帝国组成，并设计了新的同化、革命和竞争方式。在所提出的帝国竞争方式中，最强帝国不参与帝国竞争，只有第二层的帝国相互竞争，从而避免早熟，且竞争阶段设置了一个记忆单元，用于避免在获胜帝国中直接加入最弱殖民地。在搜索过程中，在不同的帝国中以不同的同化和革命方式产生新的解，以保持种群的高度多样性，避免陷入局部最优。针对考虑能效的 $HF_m, R_m \parallel TEC$ 问题，Meng 等（2019）提出了一种改进遗传算法，设计了一种新的节能编码方法。针对考虑分时电价的两阶段 $HF_m \mid p\text{-batch} \mid (C_{max}, TEC)$ 问题，Wang 等（2020）提出了双目标禁忌搜索算法和双目标蚁群优化算法进行中大规模问题的求解,其中分别将这两种算法与带有局部搜索策略的构造启发式相结合,并验证了两种算法的性能。Chen 等(2020)研究了考虑能耗的混合流水车间批量调度问题,同时优化最大完工时间和电力能耗两个目标。他们采用NSGA-Ⅱ算法获得近似帕累托解,其中开发了一种多目标能效调度算法用于计算遗传算法中每个染色体的适应度,并利用用户定义的偏好向量控制搜索区域。针对考虑工人柔性和能效的柔性流水车间调度问题,Gong 等(2020)同时优化与绿色生产、处理时间和工人成本相关的目标,并提出一种混合进化算法进行求解。其中设计了有效的初始化方法、编解码算子、交叉算子和变异算子。为了提高算法收敛速度并充分开发算法解空间,设计了一种新的变邻域搜索策略,该策略包含两个邻域搜索算子,可从不同方向移动关键路径上的操作,增强算法的多目标优化能力。针对具有机器相关加工阶段(第一阶段的无关并行机技术水平不同,其中有一些是多功能的,可以对作业执行多个处理过程,即分配给这些机器的作业无须在下一个阶段进行处理)的双目标柔性流水车间调度问题,Hasani 等(2020)同时极小化总能耗和总生产成本,并提出了一种改进NSGA-Ⅱ算法进行求解。针对泛在环境下的多代理绿色混合流水车间动态调度问题,其中优化目标为同时极小化最大完工时间、总能耗和总碳排放量,Shi等(2021)提出了一种基于遗传算法的可变优先级动态调度优化方法,先利用基于两段编码、指标加权和的遗传算法生成预调度解,再通过基于事件驱动优先级权重的局部搜索策略动态地生成重调度解。Wang 等(2021)同时考虑最大总工期及设备总能耗目标,提出多目标鲸鱼算法求解帕累托前沿,其中给出一种动态编码方法,并改进了初始化策略、掠夺优化方法等组件。Jiang 等(2021)采用基于分解的多目标进化算法同时对总工期和总能耗进行优化,这里设计了根据非支配前沿的分布情况自适应修改权重向量的权重向量动态调整策略。

4) 分布式流水作业模型

(1) 经济目标

Li 等(2019)研究了考虑退化效应的 $DF_m, R_m \mid p\text{-batch}, p_{ij}^A = p_{ij} + \beta t \mid C_{max}$ ($p_{ij}^A = p_{ij} + \beta t$ 是考虑退化效应的工件实际处理时间,p_{ij} 和 t 分别是工件 j 在机器 i 上的正常处理时间、开始时间,β 是所有工件的共同恶化率)问题,并提出混合人工蜂群算法进行求解。首先基于批处理定理分别提出批次分配启发式和右移启发式,用于将作业划分到合适的批次中并进行调度。然后,针对分布式流水车间和平行批处理段设计了 5 种局部搜索算子,提高了算法的开发能力。此外,基于全局和局部最优解的相关信息提出了一种新型侦察蜂启发式,显著地提升了搜索性能。针对 $DF_m \mid prmu \mid C_{max}$ 问题,Ruiz 等(2019)提出了迭代贪婪算法,设计了初始化方法,并提出有偏破坏算子(用于删除 C_{max} 最

大工厂 50％的工件)和局部强化搜索方法。针对 $DF_m|prmu, ST_{sd}|C_{max}$ 问题，Huang 等(2020)提出了具有重启机制的迭代贪婪算法,他们通过分析问题性质提出了两种基于任务块移动的邻域结构用于局部搜索,其中第一种在关键工厂上操作,另一种在每个单独的工厂中使用。然后,基于问题性质舍弃了传统迭代贪婪中常用的类模拟退火接收准则,提出了一种具有 6 种邻域算子的重启方法,保证了解的多样性,有助于算法跳出局部最优。此外,在迭代贪婪搜索阶段,利用控制参数实现了算法开发和探索的平衡。针对具有有限缓冲区的 $DF_m|C_{max}$ 问题,Zhang 等(2019)分别提出了连续差分进化算法和离散差分进化算法进行求解,其中提出了两种构造启发式(分布式 SPT 和分布式 NEH)用于快速初始化。为了增强算法的局部搜索能力,设计基于关键工厂的邻域算子用于改进种群最优个体和随机个体,最后验证了离散差分进化算法的性能更优。针对具有交付期窗口的 $DF|prmu|TWET^{dw}$ (目标函数为极小化具有交付期窗口的提前和拖期加权和"total weighted earliness and tardiness with due windows")问题,Jing 等(2020)提出了带有空闲时间插入评价指标的迭代贪婪算法,其设计了基于单位提前和拖期权重、EDD 规则的 NEH 启发式用于种群初始化,并验证其有效性。然后,引入空闲时间插入思想使每个作业的完成时间在到期窗口内或尽可能接近到期窗口,并基于此思想设计了具有动态大小的破坏和重构策略和局部搜索方法,还给出了解的选择公式。针对 $DF_m|block|C_{max}$ 问题,Shao 等(2020a)提出了混合离散果蝇优化算法,其中根据问题特征重新设计了嗅觉觅食和视觉觅食算子。在嗅觉觅食阶段中,提出了一种新的基于插入的邻域算子用于全局搜索;在视觉觅食阶段中,引入了一种模拟退火接受标准来帮助算法跳出局部最优。之后,针对分布式阻塞流水车间模糊调度问题(处理时间不确定,用模糊数表示),其中优化目标为极小化所有工厂的模糊最大完工时间,Shao 等(2020b)首先基于问题特定知识和 NEH 分别提出了两个构造启发式,即 INEH 和 DPFNEH:INEH 利用模糊处理时间的扩展值来生成初始作业序列,DPFNEH 通过减少期望空闲时间总和及阻塞时间将部分任务分配给工厂。然后,提出了两种迭代贪婪算法,利用以上两个启发式产生高质量的初始解,引入基于高原探索的局部搜索来提高解的质量,并设计了基于模糊特征的改进接受准则,避免陷入局部最优。针对 $DF_m|prmu, block|C_{max}$ 问题,Zhao 等(2020c)提出了集成离散差分进化算法,该算法集成了两种启发式方法和一种随机策略,为分布式环境提供了一组理想的初始解,其中启发式方法考虑了前端延迟、阻塞时间和空闲时间。然后,重新设计变异、交叉和选择算子,辅助所提出算法在离散域中执行;此外,还在算法框架中引入了精英保留策略,平衡算法的开发和探索能力。针对具有预防性维护操作的 $DF_m|prmu|C_{max}$ 问题,

Mao 等(2021)提出了多起点迭代贪婪算法,该算法在 NEH2 中增加了一个删除操作生成高质量和高分散性的解,用于初始化和重新初始化。此外,提出了 3 种有效算子加强局部邻域解的开发,并设计了带有锦标赛选择方法的破坏策略和引入增强策略的重构策略避免陷入局部最优。针对具有批量流和结转顺序相关准备时间的异构 $DF_m | prmu, ST_{csd} | C_{max}$ (ST_{csd} 表示结转序列相关准备时间 "carryover sequence-dependent setup time",其依赖于待加工的作业和之前所有已加工完成的作业,而不仅是前一个作业)问题,Meng 等(2021)提出了改进人工蜂群算法,该算法利用改进 NEH2 启发式方法生成初始种群,在跟随蜂阶段设计了一种个体间的合作机制用于促进种群个体间优化信息的传递,并在侦察蜂阶段设计了种群重启策略。

(2) 绿色目标

针对考虑能效的 $DF_m | prmu, no\text{-}idle | (C_{max}, TEC)$ 问题,Chen 等(2019)总结了问题性质,并提出多目标协同优化算法进行求解,其中采用双启发式协同初始化方法保证种群的质量和多样性,设计了多个适用于双目标优化的顺序相关和速度相关邻域算子,分别针对非支配和被支配个体设计了不同的局部搜索强化策略,并对非关键操作设计速度调整策略改进总能耗目标。针对 $DF_m | prmu, ST_{si} | (C_{max}, TEC)$ (ST_{si} 表示顺序不相关准备时间 "sequence-independent set-up time")问题,Wang 等(2020)提出了基于自适应能效算子的多目标鲸鱼群算法,其编码包括作业排列、工厂分配和处理速度 3 个部分;为了提高解的质量,他们还设计了问题相关的局部搜索和更新开发机制,分别对最大完工时间和总能耗进行优化,并引入 NSGA-II 算法的非支配排序进行种群更新。针对考虑能效和异构工厂(工厂设置为置换流水车间或混合流水车间)的 $DF \| (C_{max}, TEC)$ 问题,Lu 等(2020)提出了混合多目标迭代贪婪算法,其嵌入了一种新的节能策略降低能耗和预防机器故障,并提出了一种协同启发式生成初始种群,不仅产生了 3 个高质量的初始解,而且能保证种群的多样性;此外,他们还基于问题性质设计了基于关键工厂和空闲时间间隔的局部搜索策略,提高了开发能力。针对考虑能效的分布式置换流水车间逆向调度问题,其中目标函数为同时极小化处理时间变化总和与总能耗,Mou 等(2022)提出了引入协同搜索机制的混合遗传算法,该算法利用改进 NEH 启发式方法和调度规则进行初始化,设计了符合问题特征的交叉和变异机制,并采用了基于双模局部搜索策略和学习机制的双种群协同搜索方法。

5) 分布式装配流水作业模型

针对 $DAF_m | prmu | C_{max}$ (DAF 表示分布式装配流水车间 "distributed assembly flow shop")问题,Pan 等(2019)提出了迭代贪婪算法,该算法基于

NEH 启发式生成初始解，使用变邻域搜索作为局域搜索方法，并提出了一些插入邻域加速计算公式。针对 $DAF_m|prmu|C_{max}$ 问题，Ferone 等（2020）提出了有偏随机迭代局部搜索算法，该算法引入基于蒙特卡洛模拟的有偏随机技术构建初始解，并在此基础上应用迭代局域搜索算法探索可行解空间。针对 $DAF_m|prmu|\sum C_j$ 问题，Huang 等（2021）提出了一种基于分组思想的改进迭代贪婪算法，利用分组思想不仅增加了解的多样性，而且扩大了搜索空间。该算法采用基于 Palmer 启发式的任务分配规则和基于 NEH 启发式的产品分配规则用于初始化。然后，为了提升算法的效率，基于两阶段算子针对产品和任务分别设计了破坏重构和局部搜索策略，其中在破坏阶段根据实例规模自适应地选择作业，并设计了考虑种群个体目标值和迭代次数的选择方法。针对两阶段 $DAF_m\|C_{max}$，Lei 等（2021）提出了教学协同优化算法。该算法将种群划分为多个班级增强了种群多样性，其整个搜索过程由两个阶段组成：所有班级在第一阶段独立进化，在第二阶段协同进化。每个阶段中设计了两个教学阶段和一个学习阶段并依次执行，充分利用了最优个体的潜在优势改善种群质量。第二阶段是最优班级和最差班级间进行交互学习的过程，其基于差异化搜索策略控制最差班级的搜索次数转移至最优班级，最优班级的搜索能力转移至最差班级，从而避免在最差班级上浪费计算资源，这种策略平衡了算法的探索和开发能力。

6）分布式混合流水作业模型

针对带多处理器任务的 $DHF\|C_{max}$ 问题，Cai 等（2020）提出了动态混合蛙跳算法，采用双字符串编码和基于多处理机任务性质的解码方法。该算法结合全局搜索和动态多邻域搜索算子，针对至少可改进两个解的族群进行动态搜索，避免计算资源的浪费，并根据邻域结构的历史优化效果对其进行动态选择。此外，针对族群最优解设计了破坏与重构方法，增强算法的局部搜索能力。之后，Cai 等（2021）研究了 $DHF|ST_{sd}|\left(C_{max}, \sum T_j\right)$ 问题，通过集成第一阶段的工厂和机器分配降低子问题的耦合程度，并提出考虑族群质量的混合蛙跳算法进行求解。该算法重新定义了族群解的评价指标，并设计基于族群解质量的新型动态搜索和基于族群进化质量的动态族群重构方法，平衡了算法的开发和探索能力。针对 $DHF\|C_{max}$ 问题，Shao 等（2020）设计了多邻域迭代贪婪算法，其利用多邻域算子来增强局部搜索能力，并结合变邻域下降框架来改进重构解。之后，针对 $DHF|nwt|C_{max}$ 问题，Shao（2021）设计了一种变邻域下降算法进行求解，其中提出了 3 个基于 NEH 的工厂分配规则和 14 条调度规则用于生成初始解，并根据分布式流水车间的特征设计了 5 种邻域搜索算子。针对 $DHF|block,prmu|C_{max}$ 问题，Shao（2021）提出了一种迭代贪婪算法，该算法利用改进 NEH 启发式产生初始解，设计基于问题特定知识的破坏-重建策

略进行探索和扰动,并提出 3 个局部搜索策略改进候选解。考虑到分布式制造系统中的不确定性,Zheng 等(2020)研究了具有模糊加工时间和模糊交付期的多目标模糊分布式混合流水车间调度问题,其中优化目标为同时极小化模糊总拖期和极大化鲁棒性,他们通过结合分布估计和迭代贪婪搜索算法,提出了一种具有问题特定策略的协同进化算法。该算法利用带有虚拟工件的特定编解码方法处理车间分配、作业排序和机器分配的强耦合关系。在分布估计模式搜索中,建立了问题特定的概率模型以缩小搜索空间,并提出了一种采样机制产生新个体。为了增强开发能力,他们设计了一个基于关键车间的局部搜索来提高非支配解的性能。在迭代贪婪模式搜索中,采用了破坏和重建方法,以进一步开发更好的解决方案。此外,为了平衡探索和开发能力,他们基于信息熵和精英解的多样性,设计了一种模式切换的协作方法。

针对异构 $\text{DHF}, R_m \mid \text{ST}_{sd} \mid C_{max}$ 问题,Li 等(2020)提出一种改进的人工蜂群算法,该算法采用双层编码和基于机器选择的解码方法保证解的可行性,并采用工厂分配规则和结合 NEH 的迭代贪婪规则生成高质量的初始解。他们还提出了新的解更新技术,包括基于关键工厂的局部开发策略,结合模拟退火和保留机制优点的混合搜索策略,这些技术可以保持解空间的多样性,提高计算效率。之后,针对 $\text{DHF}_m \mid \text{ST}_{sd} \mid C_{max}$ 问题,Li 等(2021)提出了离散人工蜂群算法。该算法采用双层编码和结合最早可用机器和最早完工时间规则的解码方法,并提出平均工厂分配策略和两种 NEH 算法用于生成初始种群,其中平均工厂分配策略可确保每个工厂至少被分配一项工作。

1.5 本书主要内容

本书是作者研究团队近年来代表性研究成果的总结,重点讨论如何应用分支定界及智能优化算法求解流水作业调度问题,同时也对某些基于调度规则的启发式进行了渐近性能分析。全书共分为 6 章,主要内容概述如下:第 1 章为绪论,简要介绍调度问题的描述与求解算法,算法性能分析方法;第 2 章介绍带有释放时间的流水作业调度问题,其中考虑了非线性目标问题;第 3 章介绍了考虑处理器阻塞的流水作业调度问题,其中研究了与客户满意相关的目标函数;第 4 章介绍了考虑学习效应的流水作业调度问题,其中证明了基于最短处理时间优先启发式的渐近最优性;第 5 章、第 6 章分别介绍了双代理流水作业调度问题和双代理阻塞流水作业及其扩展问题,其中研究了一类基于优势代理优先启发式的理论性能;第 7 章介绍了考虑学习效应的混合流水作业调度问题。

第 2 章　带有释放时间的流水作业调度问题

2.1　引言

流水作业调度是制造业中最常见的优化模型。例如：用于治疗冠心病的冠脉支架的生产过程，首先，使用激光切割机对钛合金管进行激光雕刻；其次，将半成品浸入酸性溶液去除表面氧化层；再次，经过机械研磨去除支架表面金属毛刺；最后，采用电化学抛光工艺增强支架表面的光亮度。显然，上述过程可以抽象为流水作业调度模型。企业的优化目标可能包括降低能耗、减小在制品库存或提高客户满意度等。

本章讨论带有释放时间的流水作业调度模型，其中目标函数分别为最大完工时间、最大送达时间与完工时间 $k(k \geqslant 2)$ 次方和，利用三参数表示法，可以分别表示为 $F_m \mid r_j \mid C_{\max}$、$F_m \mid r_j \mid Q_{\max}$ 和 $F_m \mid r_j \mid \sum C_j^k$（分别简记为问题 2.1、问题 2.2 和问题 2.3）。从工业意义上讲，最大完工时间指标能够有效减少机器负载进而降低能耗，是实现绿色制造的关键目标；最大送达时间指标综合考虑了生产与物流过程，是提高客户满意度的重要目标；完工时间 k 次方和指标能够同时降低生产能耗与在制品库存，避免双目标线性化之后与原问题之间的偏差。为了便于研究，通常假设流水作业调度模型中所有待处理任务同时可用，但这种情况是非常理想的状态，在实际调度过程中，任务是陆续释放到系统中。因此，考虑带有释放时间的流水作业调度模型更符合实际情况。

关于流水作业调度的研究工作主要集中于任务同时可用的情况，而任务带有不同释放时间的情况，相关文献并不多见。Lenstra（1977）证明了 $F_2 \mid r_j \mid C_{\max}$ 是强 NP-难问题，这说明处理器数多于两台的一般性问题无法在多项式时间内求得最优解，除非 P＝NP。Potts（1985）提出若干多项式时间算法近似求解 $F_2 \mid r_j \mid C_{\max}$ 问题。针对 $F_2 \mid r_j \mid C_{\max}$ 和 $F_3 \mid r_j \mid C_{\max}$ 问题，Tadei 等（1998）和 Cheng 等（2001）分别设计了分支定界（branch & bound，B&B）算法进行最优求解。但是，因为该算法中采用的优势规则与节点下界是为两台和三台处理器模型而特别设计，所以无法将其扩展用于求解 $F_m \mid r_j \mid C_{\max}$ 问题。Bai 等（2010）研究了 $F_m \mid r_j \mid C_{\max}$ 问题，证明了先来先做（first-come，first-served）规则具有渐近最优性。Zabihzadeh 等（2016）采用遗传算法和蚁群优化算法求解

$FF_m|r_j,block|C_{max}$ 问题。Kaminsky 等(2003)指出 $F_m|r_j|Q_{max}$ 为 NP-难问题,并在概率极限意义下证明了 LDT 启发式具有渐近最优性。考虑到 $d_j = -q_j$,即最大延误与最大送达时间有等价性,因此,这里提及有关最大延误目标的结论。针对 $F_m|r_j|Q_{max}$ 问题,Grabowski 等(1983)利用分支定界算法进行最优求解。但是,该分支定界只是一个普通的算法框架,并没有提出有效的剪支策略。

流水作业完工时间 k 次方和问题的研究工作主要集中于线性目标函数($k=1$)的情况,而有关非线性目标函数($k \geqslant 2$)的成果较少。Koulamas 等(2005)指出 $F_m\|\sum C_j^2$ 是 NP-难问题,并分析了最短处理时间优先(shortest processing time first,SPT)启发式的渐近最优性与最坏性能比。Xu 等(2008)利用 SPT 启发式求解考虑学习效应的流水作业极小化完工时间平方和问题,并对该算法进行了最坏性能分析,这里学习效应分别为线性函数与幂函数。Wang 等(2012)将 SPT 启发式的最坏情况比进一步推广至指数学习效应函数的情况。Bai(2015)指出 $F_m|r_j|\sum C_j^2$ 是 NP-难问题,并证明了可用最短处理时间(shortest processing time availble,SPTA)启发式具有渐近最优性。Bai 等(2014)将基于 SPT 和 SPTA 两类启发式算法的渐近最优性分别推广至 $F_m\|\sum C_j^k$ 和 $F_m|r_j|\sum C_j^k$ 问题。针对 $F_m\|\sum w_j C_j^2$ 问题,Ren 等(2017)分析了加权最短处理时间(weighted shortest processing time,WSPT)启发式的渐近最优性与最坏性能比,并利用离散差分进化(discrete differential evolution,DDE)算法求得近优解。

针对问题 2.1、问题 2.2 和问题 2.3,本章建立了混合整数规划(mixed integer programming,MIP)模型,用于商业优化软件求解;设计了分支定界算法进行最优求解小规模问题;采用离散差分进化算法近似求解中等规模问题;通过数值仿真验证这些算法的有效性。

2.2 问题描述与数学模型

在流水作业调度模型中,n 项不同的任务按照相同的工艺路线经过 m 台串联处理器加工。工序 $O_{i,j}$ 表示任务 j($j=1,2,\cdots,n$)需要经过处理器 i($i=1,2,\cdots,m$)执行。处理时间 $p_{i,j} \geqslant 0$ 表示执行工序 $O_{i,j}$ 花费的时间。任务 j 在释放时间 r_j 进入系统,这是该任务可以开始执行的最早时刻。运送时间 q_j 表示任务 j 完成处理之后交付给客户的时间。完工时间 $C_{i,j}$ 表示工序 $O_{i,j}$ 结束加工的时刻,$C_{m,j}$ 简记为 C_j。送达时间 $Q_j = C_j + q_j$,表示任务 j 交付给客户的时刻。每台处理器按照 FCFS 规则执行所有任务,即同顺序处理模式:这些任务按照相同的顺序经过每台处理器。任意两台相邻处理器之间的缓存能力是无限的。每项任务在处理过程中不允许中断，即某项任务一旦开始处理就要持续至其完工为止。在相同时刻，一台处理器只能执行一项任务，而且一项任务只能由一台处理器加工。优化目标分别为极小化最大完工时间 $C_{\max} = \max\{C_1,C_2,\cdots,C_n\}$，最大送达时间 $Q_{\max} = \max\{Q_1,Q_2,\cdots,Q_n\}$，与完工时间 k 次方和 $\sum C_j^k = \min\sum_{j=1}^n (C_j)^k$。本章的 MIP 模型是后续更加复杂的流水作业模型的基础。

为了建立 MIP 模型，给出下面一系列相关符号：

$S_{i,j}$：工序 $O_{i,j}$ 的开始时间，$i=1,2,\cdots,m$；$j=1,2,\cdots,n$；

$x_{j,j'}$：0-1 变量。若任务 j 为任务 j' 的紧后任务（紧接在该任务之后的任务），则为 1，否则为 0，$j \neq j'$；

θ：足够大的正数。

根据以上各定义，将上述问题表示为数学规划模型：

minimize $F(C_j)$，$F(C_j) \in \left\{C_{\max},Q_{\max},\sum C_j^k (k \geqslant 2)\right\}$

s. t. $\displaystyle\sum_{j=0}^n x_{j,j'} = 1$，$j' = 0,1,\cdots,n$ （2-1）

$\displaystyle\sum_{j'=0}^n x_{j,j'} = 1$，$j = 0,1,\cdots,n$ （2-2）

$\displaystyle\sum_{j=0}^n x_{j,j} = 0$，$j = 0,1,\cdots,n$ （2-3）

$x_{j,j'} + x_{j',j} \leqslant 1$，$j,j' = 0,1,\cdots,n$ （2-4）

$S_{i,j} - r_j \geqslant 0$，$i=1,2,\cdots,m$；$j=1,2,\cdots,n$ （2-5）

$S_{i,j} + p_{i,j} = C_{i,j}$，$i=1,2,\cdots,m$；$j=1,2,\cdots,n$ （2-6）

$C_{i+1,j} - C_{i,j} - p_{i+1,j} \geqslant 0$，$i=1,2,\cdots,m-1$；$j=1,2,\cdots,n$ （2-7）

$C_{i,j} - C_{i,j'} \geqslant p_{i,j} - \theta(1-x_{j,j'})$，$i=1,2,\cdots,m$；$j,j' = 1,2,\cdots,n$

（2-8）

$x_{j,j'} \in \{0,1\}$，$r_j \geqslant 0$，$p_{i,j} \geqslant 0$，$C_{i,j} \geqslant 0$，$i=1,2,\cdots,m$；$j=1,2,\cdots,n$

（2-9）

约束（2-1）～约束（2-4）限制了每项任务只能有一项紧前任务（紧接在该任务之前的任务），且每项任务也只能有一项紧后任务。为了保证约束的完整性，模型中假设存在一个虚拟任务 $j=0$，在所有处理器上的处理时间均为 0。该任务是第一项任务的紧前任务，是最后一项任务的紧后任务。约束（2-5）表示任务的开始时间不得早于其释放时间;约束(2-6)定义了任务在同一台处理器上的执行过程;约束(2-7)限定同一任务在相邻处理器之间的执行顺序;约束(2-8)描述相邻任务在同一台处理器上执行顺序。约束(2-9)定义了相关变量及参数的取值范围。

2.3 分支定界算法

分支定界是一种用于求解 NP-难问题的隐枚举算法框架,通过系统地搜索状态空间获得小规模问题的最优解。在搜索过程中,深度优先与广度优先技术是常用的两种重要分支策略。前者在回溯之前尽可能沿着搜索树的每个分支进行探索;后者首先探索当前深度的所有相邻节点,然后再探索下一个深度的节点。考虑到本书讨论的是同顺序流水作业调度模型,因此应用深度优先加回溯技术可以剪掉大量节点,节约计算资源。分支定界算法从搜索树的虚拟根节点(空任务序列)开始,沿着搜索树分支搜索每个候选节点,其中每个节点(根节点和叶子节点除外)表示一个给定的部分任务序列。虽然一般的分支定界算法不需要任何加速技术就能得到最优解,但是求解过程却要花费相当长的时间。为了提升分支定界算法的求解效率,常用的加速策略是设计有效的剪支规则和高质量的分支定界算法下界。本章基于任务释放时间的特性及单机最优调度规则,分别提出了剪支规则与分支定界算法下界来减少有效节点数量,进而提高算法求解速度。

2.3.1 剪支规则

考虑带有释放时间的流水作业调度模型中某个可行调度,若将某项已经释放的任务延迟至较晚释放任务完工之后开始处理,则必会人为地产生较多空闲时间,导致目标函数值恶化。这种情况可以归纳为如下性质。

性质 2.1 对于某个已经固定 $j-1$ 项任务顺序的部分序列,若其紧后任务 j 满足条件:

$$S_{i,j} \geqslant \min_{h \in N'} \{C_{i,h}\} \tag{2-10}$$

则剩余未调度任务的开始时间被延迟,目标函数值恶化。其中,N' 表示未调度任务集合,$i=1,2,\cdots,m,j=1,2,\cdots,n$。

显然,不等式(2-10)表明,若存在未调度任务 $h \in N'$ 能够在任务 j 开始之前结束其在所有处理器上的加工,则不必将任务 h 安排在任务 j 之后加工,否则将人为增加处理器空闲时间,导致目标函数值变差。若最后一台处理器不满足条件(2-10),则可以用以下性质替代。

性质 2.2　针对问题 2.1,若前 $m-1$ 台处理器满足条件(2-10),则将未调度任务安排在任务 j 之后处理会导致目标函数值恶化。

证明　最后一台处理器的调度问题可以简化为 $1\,|\,r_j\,|\,C_{\max}$ 问题,其中任务 j 的释放时间定义为 $\hat{r}_j=\max\{C_{m-1,j},C_{j-1}\}$,$j=1,2,\cdots,n$,已知利用 FCFS 规则可以求得其最优解。条件(2-10)表明有 $\hat{r}_h\leqslant\hat{r}_j$,即在处理器 m 上任务 h 的释放时间早于任务 j,由此可以推出性质 2.2。

性质 2.3　针对问题 2.2,若前 $m-1$ 台处理器满足条件(2-10)且 $q_h\geqslant q_j$,则将未调度任务安排在任务 j 之后处理会导致目标函数值恶化。

证明　最后一台处理器的调度问题可以简化为 $1\,|\,r_j\,|\,Q_{\max}$ 问题,在满足一致性条件的情况下,即 $q_1\geqslant q_2\geqslant\cdots\geqslant q_n$ 且 $r_1\leqslant r_2\leqslant\cdots\leqslant r_n$,根据 LDT 规则可以求得最优解。注意到 $\hat{r}_h\leqslant\hat{r}_j$ 且 $q_h\geqslant q_j$,即可推出性质 2.3。

性质 2.4　针对问题 2.3,若前 $m-1$ 台处理器满足条件(2-10)且 $p_{m,h}\leqslant p_{m,j}$,则将未调度任务安排在任务 j 之后处理会导致目标函数值恶化。

证明　最后一台处理器的调度问题可以简化为 $1\,|\,r_j\,|\,\sum C_j^{\,k}$ 问题,在满足一致性条件的情况下,即 $p_1\leqslant p_2\leqslant\cdots\leqslant p_n$ 且 $r_1\leqslant r_2\leqslant\cdots\leqslant r_n$,根据 SPT 规则可以求得最优解。注意到 $\hat{r}_h\leqslant\hat{r}_j$ 且 $p_{m,h}\leqslant p_{m,j}$,即可推出性质 2.4。

在分支过程中,将性质 2.1 分别与性质 2.2~性质 2.4 组合后,形成剪支规则 2.1~规则 2.3 用于求解问题 2.1、问题 2.2 和问题 2.3。针对搜索树上的每个候选节点,利用上述剪支规则判断是否需要进行分支。剪支规则剪掉的无效节点越多,分支定界算法的搜索空间就越小,求解效率越高。

2.3.2　分支定界算法下界

针对给定搜索树上每个有效的分支节点,分支定界算法下界的主要作用就是估计其中未调度任务可能的最好目标值。考虑目标函数为极小化的调度问题,每当求得某分支的上界且更新了当前最好上界之后,就要回溯剪支,删除那些下界值不小于当前最优值的节点。显然,分支定界算法下界越有效、越接近最优解,则剪掉的节点数越多。因此,充分利用给定问题的输入信息,设计高效的分支定界算法下界是提升分支定界求解效率的途径之一。

考虑某分支节点 $\pi(j)=([1],[2],\cdots,[j])$,$j\in N$,表示其中前 j 项任务已经做好安排,这里 N 表示系统中所有任务的集合,$[j]$ 表示位于第 j 位置的任务。不失一般性,假设包含未调度任务的部分序列可表示为 $\pi'(j+1)=([j+1],[j+2],\cdots,[n])$。工序 $O_{i,[h]}$ 的最早可用时间 $R_{i,[h]}$ 可以表示为如下形式,这里 $h\in N'$。

在第一台处理器上：

$$R_{1,[h]} = \max\{C_{1,[j]}, r_h\}$$

在第 i 台处理器上：

$$R_{i,[h]} = \max\{C_{i,[j]}, R_{i-1,h} + p_{i-1,h}\}$$

式中，$i = 2, 3, \cdots, m$。显然，若不考虑任务前后处理关系的约束，则求每台处理器上未调度工序的最优解问题可简化为带有释放时间的单机调度问题。在处理器 i 上，工序 $O_{i,[h]}$ 完工时间的可能估计值为

$$C_{[h]} \geqslant \max_{j+1 \leqslant x \leqslant h} \left\{ R_{i,[x]} + \sum_{u=x}^{h} p_{i,[u]} \right\} + \sum_{i'=i+1}^{m} p_{i',[h]} \tag{2-11}$$

在不等式(2-11)右端项中，除 $\displaystyle\sum_{u=x}^{h} p_{i,[u]}$ 与顺序相关外，其余项都是常数。根据 FCFS 规则可求得 $1|r_j|C_{\max}$ 问题最优解，容易得到分支定界求解问题 2.1 的分支定界算法下界 LB2.1，其目标值表示为

$$Z_{2.1}^{\mathrm{LB}} = \max_{1 \leqslant i \leqslant m} \left\{ \max_{j+1 \leqslant x \leqslant n} \left\{ R_{i,[x]} + \sum_{h=x}^{n} p_{i,[h]}^{\mathrm{FCFS}} \right\} + \min_{h' \in N'} \sum_{i'=i+1}^{m} p_{i',[h']} \right\}$$

式中，$p_{i,[h]}^{\mathrm{FCFS}}$ 表示工序 $O_{i,[h]}$ 按照 FCFS 规则进行调度。

根据可中断 LDT(PLDT)规则可求得 $1|r_j, \mathrm{prmp}|Q_{\max}$ 问题最优解，参考不等式(2-11)能够求得工序 $O_{i,[h]}$ 最大送达时间的可能估计值为

$$Q_{[h]}^{\mathrm{LB}} = \max_{1 \leqslant i \leqslant m} \left\{ \max_{j+1 \leqslant x_1 \leqslant x_2 \leqslant h} \left\{ R_{i,[x_1]} + \sum_{u=x_1}^{x_2} p_{i,[u]}^{\mathrm{PLDT}} + q_{[x_2]} \right\} + \min_{u' \in N'} \sum_{i'=i+1}^{m} p_{i',[u']} \right\}$$

式中，$p_{i,[h]}^{\mathrm{PLDT}}$ 表示工序 $O_{i,[h]}$ 按照 PLDT 规则进行调度。根据最大送达时间的定义，容易得到分支定界求解问题 2.2 的分支定界算法下界 LB2.2，其目标值表示为

$$Z_{2.2}^{\mathrm{LB}} = \max\left\{ \max_{1 \leqslant h_1 \leqslant j} Q_{[h_1]}, \max_{j+1 \leqslant h_2 \leqslant n} Q_{[h_2]}^{\mathrm{LB}} \right\}$$

根据最短剩余处理时间优先(shortest remaining processing time first，SRPT)规则可求得 $1|r_j, \mathrm{prmp}|\sum C_j^k$ 问题最优解(Bai et al，2014)，参考不等式(2-11)能够求得工序 $O_{i,[h]}$ 完工时间的可能估计值为

$$C_{[h]}^{\mathrm{LB}} = \max_{j+1 \leqslant x \leqslant h} \left\{ R_{i,[x]} + \sum_{u=x}^{h} p_{i,[u]}^{\mathrm{SRPT}} \right\} + \sum_{i'=i+1}^{m} p_{i',[h]} \tag{2-12}$$

式中，$p_{i,[u]}^{\mathrm{SRPT}}$ 表示工序 $O_{i,[h]}$ 按照 SRPT 规则进行调度。搜索树上的每个有效节点都包含已安排任务和未安排任务，于是目标函数可以表示为

$$\sum_{j=1}^{n} C_j^k = \sum_{h_1=1}^{j} C_{[h_1]}^k + \sum_{h_2=j+1}^{n} C_{[h_2]}^k \tag{2-13}$$

等式(2-13)右边第二项是未排任务的完工时间 k 次方和,将式(2-12)代入有

$$\sum_{h_2=j+1}^{n} C_{h_2}^{k} \geqslant \max_{1\leqslant i\leqslant m}\Big\{\sum_{h_2=j+1}^{n}(C_{[h_2]}^{\mathrm{LB}})^{k}\Big\}$$

$$=\max_{1\leqslant i\leqslant m}\Big\{\sum_{h_2=j+1}^{n}\big(\max_{j+1\leqslant x\leqslant h_2}\big\{R_{i,[x]}+\sum_{u=x}^{h_2}p_{i,[u]}^{\mathrm{SRPT}}\big\}+\sum_{i'=i+1}^{m}p_{i',[h_2]}\big)^{k}\Big\}$$

令 $\max\limits_{j+1\leqslant x\leqslant h_2}\big\{R_{i,[x]}+\sum\limits_{u=x}^{h_2}p_{i,[u]}^{\mathrm{SRPT}}\big\}=C_{i,[h_2]}^{\mathrm{SRPT}}$,则有

$$\sum_{h_2=j+1}^{n} C_{h_2}^{k}$$

$$=\max_{1\leqslant i\leqslant m}\Big\{\sum_{h=j+1}^{n}\big(C_{i,[h_2]}^{\mathrm{SRPT}}+\sum_{i'=i+1}^{m}p_{i',h_2}\big)^{k}\Big\}$$

$$=\max_{1\leqslant i\leqslant m}\Big\{\sum_{h=j+1}^{n}(C_{i,[h_2]}^{\mathrm{SRPT}})^{k}+\sum_{u=1}^{k-1}\prod_{\alpha=1}^{u}\frac{k-(\alpha-1)}{\alpha}(C_{i,[h_2]}^{\mathrm{SRPT}})^{k-u}\sum_{i'=i+1}^{m}(p_{i',h_2})^{u}+$$

$$\sum_{i'=i+1}^{m}(p_{i',h_2})^{k}\Big\}$$

$$\geqslant\max_{1\leqslant i\leqslant m}\Big\{\sum_{h_2\in N'}(C_{i,[h_2]}^{\mathrm{SRPT}})^{k}+\sum_{u=1}^{k-1}\prod_{\alpha=1}^{u}\frac{k-(\alpha-1)}{\alpha}\big(\min_{h_2\in N'}\big\{\sum_{i'=i+1}^{m}p_{i',[h_2]}\big\}\big)^{u}\times$$

$$\sum_{h_2\in N'}(C_{i,[h_2]}^{\mathrm{SRPT}})^{k-u}+\sum_{h_2\in N'}\big(\sum_{i'=i+1}^{m}(p_{i',[h_2]})\big)^{k}\Big\} \tag{2-14}$$

将式(2-14)代入式(2-13),即可得到分支定界求解问题 2.3 的分支定界算法下界 LB2.3,其目标值表示为

$$Z_{2.3}^{\mathrm{LB}}=\sum_{h_1=1}^{j}C_{h_1}^{k}+\max_{1\leqslant i\leqslant m}\Big\{\sum_{h_2\in N'}(C_{i,[h_2]}^{\mathrm{SRPT}})^{k}+$$

$$\sum_{u=1}^{k-1}\prod_{\alpha=1}^{u}\frac{k-(\alpha-1)}{\alpha}\big(\min_{h_2\in N'}\big\{\sum_{i'=i+1}^{m}p_{i',[h_2]}\big\}\big)^{u}\times$$

$$\sum_{h_2\in N'}(C_{i,[h_2]}^{\mathrm{SRPT}})^{k-u}+\sum_{h_2\in N'}\big(\sum_{i'=i+1}^{m}(p_{i',[h_2]})\big)^{k}\Big\}$$

式中,当 $i=m$ 时 $\sum\limits_{i'=i+1}^{m}p_{i',[h_2]}=0$。

2.3.3　算法流程

通常,采用调度规则生成分支定界算法的初始上界。令 $P_j = \dfrac{1}{m}\sum\limits_{i=1}^{m} p_{i,j}$,
$j \in N$。针对问题 2.1,采用可用 LPT 优先(LPTA)启发式生成初始解,即每当首台处理器出现空闲,在当前可用任务中优先安排 P_j 值最大的任务。针对问题 2.2,采用可用 LDT 优先(LDTA)启发式生成初始解,即每当首台处理器出现空闲,在当前可用任务中优先安排运送时间最长的任务。针对问题 2.3,采用可用 SPT 优先(SPTA)启发式生成初始解,即每当首台处理器出现空闲,在当前可用任务中优先安排 P_j 值最小的任务。在给定的搜索树上,分支定界算法沿着每个分支从根节点搜索到叶子节点,在此处能够获得新上界。若新上界值优于当前最好上界,则更新后者,并回溯删除无效节点。如果所有节点都被删除,那么当前最好上界就是问题的最优解。否则,重复上述过程,继续搜索具有优势下界值的节点。特别地,如果某节点的下界值等于当前最好上界值,则直接剪掉该节点。执行搜索过程,直至对全部有效节点完成探索。

为了描述算法方便,给出如下符号定义:Z_0^{UB} 表示初始上界值;Z^{UB} 表示当前最好上界值;在第 τ 层搜索树,$Z_{\tau,j}^{\mathrm{LB}}$ 表示位于任务 j 的下界值;在第 $\tau-1$ 层搜索树,$G_{\tau-1,h}$ 表示包括节点 h 全部有效后继节点的集合,其中 $j \in N, h \geqslant 0$,$\tau \geqslant 0$。该分支定界算法的主要步骤描述如下。

步骤 1　初始化。对于所有 $j \in N'$,令 $\tau:=0, N':=N, G_{0,h}=\varnothing, Z_{0,j}^{\mathrm{LB}}=0$。采用调度规则生成初始上界 Z_0^{UB},令 $Z^{\mathrm{UB}}=Z_0^{\mathrm{UB}}$。

步骤 2　分支判断。令 $\tau:=\tau+1$。若 $\tau \leqslant n-2$ 且节点 $j \in N'$ 满足剪支规则,令 $Z_{\tau,j}^{\mathrm{LB}}=\infty$,并将其他节点存入集合 $G_{\tau-1,h}$ 中,转至步骤 3。否则,转至步骤 5。

步骤 3　计算下界。计算每个有效节点 j 的下界值 $Z_{\tau,j}^{\mathrm{LB}}$。对于所有 $j \in G_{\tau-1,h}$,若都满足 $Z_{\tau,j}^{\mathrm{LB}} \geqslant Z^{\mathrm{UB}}$,则转至步骤 7;否则,转至步骤 4。

步骤 4　节点分支。选择满足 $Z_{\tau,\tilde{h}}^{\mathrm{LB}} = \min\limits_{j \in G_{\tau-1,h}} \{Z_{\tau,j}^{\mathrm{LB}}\}$ 的节点 $\tilde{h}$。若存在多个候选节点具有相同的最小下界值,则优先选择释放时间最早的那个节点。返回步骤 2。

步骤 5　更新上界。分别计算节点 $\tilde{h}$ 的两个上界 $Z_{\tilde{h},1}^{\mathrm{UB}}$ 和 $Z_{\tilde{h},2}^{\mathrm{UB}}$。若 $Z^{\mathrm{UB}} > Z_{\tilde{h}}^{\mathrm{UB}}=\min\{Z_{\tilde{h},1}^{\mathrm{UB}}, Z_{\tilde{h},2}^{\mathrm{UB}}\}$,则更新 $Z^{\mathrm{UB}}:=Z_{\tilde{h}}^{\mathrm{UB}}$。否则,保持 Z^{UB} 不变,转至步骤 6。

步骤 6　剪支。删除所有满足 $Z_{\tau,j}^{\mathrm{LB}} \geqslant Z^{\mathrm{UB}}$ 的节点,$1 \leqslant \tau \leqslant n$ 且 $j \in \cup G_{\tau-1,h}$。若 $\cup G_{\tau-1,h}=\varnothing$,则转至步骤 7;否则,令 $\tau:=\tau-1$,返回步骤 4。

步骤 7　终止。停止计算，Z^{UB} 即为问题最优解，输出最优解与最优值。

为了便于对分支定界算法求解过程的理解，下面给出数值实例加以说明。

例 2-1　考虑带有释放时间的流水作业调度问题，其中包括 3 台处理器 $\{M_1, M_2, M_3\}$，4 项任务 $\{J_1, J_2, J_3, J_4\}$，目标函数为极小化 $C_{\max}$。任务的释放时间 r_j，处理时间 $p_{i,j}$ 如下所示：

	M_1	M_2	M_3	r_j
J_1	3	8	4	5
J_2	2	4	5	1
J_3	4	5	6	0
J_4	1	7	3	9

使用分支定界算法求解该问题的过程如图 2-1 所示。在第 0 层，采用 LPTA 启发式求得根节点处的初始上界值为 $Z_0^{UB}=31$。在第 1 层，剪支规则直接剪掉节点 J_1 和 J_4。在第 2 层，节点 J_3 的下界等于 30，然后继续计算上界为 30。于是更新 $Z^{UB}=30$。至此，所有剩余的有效节点都将被剪掉，最优调度为 $\{J_2, J_3, J_1, J_4\}$。在此例中，只进行了 5 次计算，大大节省了求解时间。

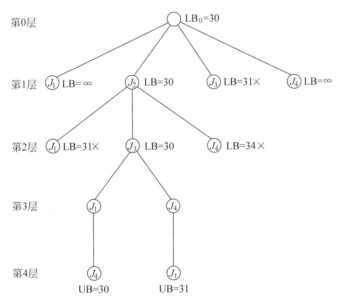

图 2-1　例 2-1 的分支定界搜索树

×表示剪支

例 2-2　考虑带有释放时间的流水作业调度问题，目标函数为极小化 $Q_{\max}$。任务的释放时间 r_j，处理时间 $p_{i,j}$ 与例 2-1 相同，运输时间 q_j 如下所示：

$$J_1 \quad J_2 \quad J_3 \quad J_4$$
$$q_j \quad 7 \quad 3 \quad 12 \quad 9$$

使用分支定界算法求解该问题的过程如图 2-2 所示。在第 0 层，采用 LDTA 启发式求得根节点处的初始上界值为 $Z_0^{UB} = 40$。在第 1 层，剪支规则直接剪掉节点 J_1 和 J_4。在第 2 层，节点 J_1 的下界等于 36，继续计算上界，更新 $Z^{UB} = 36$。至此，所有剩余的有效节点都将被剪掉，最优调度为 $\{J_3, J_1, J_4, J_2\}$。同样，此例中只进行了 5 次计算，大大节省了求解时间。

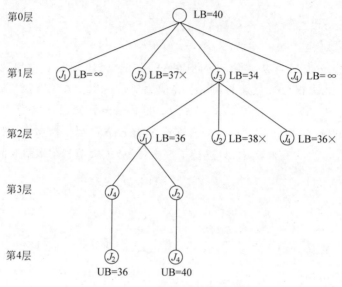

图 2-2　例 2-2 的分支定界搜索树

×表示剪支

例 2-3　考虑带有释放时间的流水作业调度问题，其中包括 3 台处理器 $\{M_1, M_2, M_3\}$，4 项任务 $\{J_1, J_2, J_3, J_4\}$，目标函数分别为极小化 $\sum C_j^2$ 与 $\sum C_j^3$。任务的释放时间 r_j，处理时间 $p_{i,j}$ 如下所示：

	M_1	M_2	M_3	r_j
J_1	6	4	5	2
J_2	1	7	3	0
J_3	3	6	9	0
J_4	2	6	9	8

使用分支定界算法求解该问题的过程分别如图 2-3 和图 2-4 所示。在第 0 层，采用 SPTA 启发式求得根节点处的初始上界值为 $Z_0^{UB} = 2803$（86 103）。在

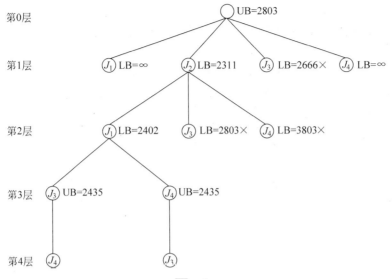

图 2-3　求解 $F_m | r_j | \sum C_j^2$ 问题的分支定界搜索树

×表示剪支

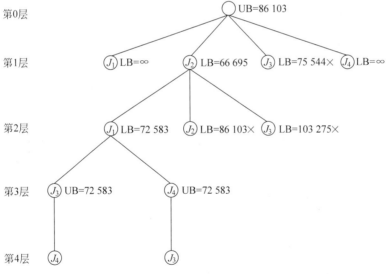

图 2-4　求解 $F_m | r_j | \sum C_j^3$ 问题的分支定界搜索树

×表示剪支

第 1 层,剪支规则直接剪掉节点 J_1 和 J_4。在第 3 层,更新 $Z^{UB} = 2435(72\,583)$。至此,所有剩余的有效节点都将被剪掉,最优调度为 $\{J_2, J_1, J_3, J_4\}$ 或 $\{J_2, J_1, J_4, J_3\}$。在此例中,只进行了 7 次计算,大大节省了求解时间。

2.4　非线性目标问题上界与下界的性能分析

2.3 节中,针对问题 2.3 设计了分支定界的算法下界 LB2.3,并采用 SPTA 启发式作为初始上界。本节将证明基于下界 LB2.3 设计的问题下界具有渐近最优性,并在一致性条件下对 SPTA 启发式的最坏性能进行了分析。

2.4.1　问题下界的收敛性分析

由于问题 2.3 具有 NP-难性质,在数值仿真中通常会采用问题下界代替最优解进行实验。为此,Bai 等(2014)提出了一种具有渐近最优性的下界 LB2.4:

$$Z_{2.4}^{\mathrm{LB}} = \max\{X_1, X_2, X_3\}$$

式中, $X_1 = \displaystyle\sum_{j=1}^{n} \max_{1 \leqslant x \leqslant j} \left\{ r_x + \frac{1}{m} \sum_{i=1}^{m} \left(\sum_{v_1=1}^{i-1} p_{v_1,x} + \sum_{v=x}^{j} p_{i,v} + \sum_{v_2=i+1}^{m} p_{v_2,j} \right) \right\}^k;$

$$X_2 = \sum_{j=1}^{n} \max_{1 \leqslant x \leqslant j} \left\{ r_x + \sum_{h=x}^{j} p_{1,h} + \sum_{i=2}^{m} p_{i,j} \right\}^k;$$

$$X_3 = \sum_{j=1}^{n} \max_{1 \leqslant x \leqslant j} \left\{ r_x + \sum_{i=1}^{m-1} p_{i,x} + \sum_{h=x}^{j} p_{m,h} \right\}^k。$$

但是,下界 LB2.4 与任务序列相关,可能会出现下界值大于最优值的情况,具体见例 2-4。

例 2-4　考虑两台处理器的流水作业极小化完工时间平方和问题,其中包含两项任务 $\{J_1, J_2\}$。相应的释放时间为 r_j,处理时间 $p_{i,j}$ $(i=1,2, j=1,2)$ 如下所示:

$$
\begin{array}{cccc}
 & J_1 & J_2 & r_j \\
M_1 & 10 & 1 & 0 \\
M_2 & 1 & 10 & 1
\end{array}
$$

采用 SPTA 启发式得到任务调度为 $\{J_1, J_2\}$,对应的下界值为

$$Z_{2.4}^{\mathrm{LB}} = (r_1 + p_{1,1} + p_{2,1})^2 + (r_1 + p_{1,1} + p_{2,1} + p_{2,2})^2 = 562$$

显然,问题的最优调度为 $\{J_2, J_1\}$,对应的最优值为

$$Z^{\mathrm{OPT}} = (r_2 + p_{1,2} + p_{2,2})^2 + (r_2 + p_{1,2} + p_{1,1} + p_{2,1})^2 = 313$$

于是,有 $Z_{2.4}^{\mathrm{LB}} > Z^{\mathrm{OPT}}$。

为了保证问题下界的合理性,在分支定界算法下界 LB2.3 的基础上,本节构造了一种与任务序列无关的下界 LB2.5,其设计思想描述如下。将每台处理器上工序的调度看作是独立的 $1|r_j, \mathrm{prmp}|\sum C_j^k (k \geqslant 2)$ 问题,利用 SRPT 规

则求得最优解作为此台处理器的下界,然后在 m 个下界中选择目标值最大者作为原问题的下界。令 $r_{i,j}$ 表示任务 j 在处理器 i 上的可用时间,则 $r_{1,j}=r_j$,$r_{i+1,j}=r_{i,j}+p_{i,j}(i=1,2,\cdots,m-1;j=1,2,\cdots,n)$。于是,下界 LB2.5 的目标值表示为

$$Z_{2.5}^{\mathrm{LB}} = \max_{1\leqslant i\leqslant m}\left\{\sum_{j=1}^{n}(C_{i,j}^{\mathrm{SRPT}})^k + \sum_{x=1}^{k-1}\prod_{\alpha=1}^{x}\frac{k-(\alpha-1)}{\alpha}\Big(\min_{1\leqslant j\leqslant n}\Big\{\sum_{i'=i+1}^{m}p_{i',j}\Big\}\Big)^x\times\right.$$
$$\left.\sum_{j=1}^{n}(C_{i,j}^{\mathrm{SRPT}})^{k-x} + \sum_{j=1}^{n}\Big(\sum_{i'=i+1}^{m}p_{i',j}\Big)^k\right\}$$

式中,若 $i+1>m$,则 $\sum\limits_{i'=i+1}^{m}p_{i',j}=0$。

显而易见,下界 LB2.5 与任务序列无关,不会出现下界值大于上界值的情况。用其计算例 2-4 中的下界值,可得

$$Z_{2.5}^{\mathrm{LB}}=(C_{2,1}^{\mathrm{SRPT}})^2+(C_{2,2}^{\mathrm{SRPT}})^2=11^2+13^2=290<Z^{\mathrm{OPT}}$$

定理 2.1 设任务的处理时间 $p_{i,j}(i=1,2,\cdots,m;j=1,2,\cdots,n)$ 为独立可交换随机变量,释放时间 r_j 满足 $r_j=O(n)$,则有

$$\lim_{n\to\infty}\frac{Z_{2.5}^{\mathrm{LB}}}{n^{k+1}}=\lim_{n\to\infty}\frac{Z^{\mathrm{OPT}}}{n^{k+1}}(\mathrm{w.\,p.\,1})$$

这里 w. p. 1 表示以概率 1(with probability 1)收敛。

证明 考虑 $1|r_j,\mathrm{prmp}|\sum C_j{}^k(k\geqslant 2)$ 问题,这里设任务的释放时间为 $r_{i,j}$,任务的处理时间为 $p_j=\dfrac{1}{m}\sum\limits_{i=1}^{m}p_{i,j}\ (j=1,2,\cdots,n)$。令 $Z_1^{\mathrm{OPT}}=\sum\limits_{j=1}^{n}(C_j^{\mathrm{SRPT}})^2$ 表示该问题的最优值,C_j^{SRPT} 表示任务 j 在 SRPT 规则下得到的完工时间值。显然,有

$$Z_1^{\mathrm{OPT}}<Z_{2.5}^{\mathrm{LB}} \tag{2-15}$$

在定理 2.1 的假设下,针对问题 2.3,Bai 等(2014)证明了

$$\lim_{n\to\infty}\frac{Z^{\mathrm{OPT}}-Z_1^{\mathrm{OPT}}}{n^{k+1}}=0(\mathrm{w.\,p.\,1})$$

结合不等式(2-15),可得

$$0\leqslant Z^{\mathrm{OPT}}-Z_{2.5}^{\mathrm{LB}}<Z^{\mathrm{OPT}}-Z_1^{\mathrm{OPT}} \tag{2-16}$$

因此,将不等式(2-16)除以 n^{k+1},并取极限可得

$$0\leqslant\lim_{n\to\infty}\frac{Z^{\mathrm{OPT}}-Z_{2.5}^{\mathrm{LB}}}{n^{k+1}}\leqslant\lim_{n\to\infty}\frac{Z^{\mathrm{OPT}}-Z_1^{\mathrm{OPT}}}{n^{k+1}}=0 \tag{2-17}$$

重新整理式(2-17)即可得到定理结果。

2.4.2　初始上界最坏性能分析

针对问题 2.3,分支定界算法的初始上界采用 SPTA 启发式获得,即每当首台处理器出现空闲,在可用任务中优先安排平均处理时间 $\left(p_j = \dfrac{1}{m}\sum\limits_{i=1}^{m} p_{i,j}\right)$ 最小的任务。若此时无任务可用,则让首台处理器保持空闲,直到有任务释放为止。

Bai 等(2014)证明了 SPTA 启发式对于问题 2.3 具有渐近最优性。然而,在某些极端情况下,该近似算法的求解效果很差。在带有释放时间的流水作业模型中,定义一致性条件(cons):即任务释放时间满足 $r_1 \leqslant r_2 \leqslant \cdots \leqslant r_n$,任务的处理时间满足 $p_j \leqslant p_{j+1}(1 \leqslant j \leqslant n-1)$ 时。于是,能够得到如下结论。

定理 2.2　对于 $F_m|r_j,\text{cons}|\sum C_j{}^k (k \geqslant 1)$ 的任何实例,都有

$$\frac{Z^{\text{SPTA}}}{Z^{\text{OPT}}} \leqslant m^k \tag{2-18}$$

该比值为紧界。其中,Z^{SPTA} 表示 SPTA 启发式的目标值。

证明　考虑 $1|r_j,\text{prmp}|\sum C_j{}^k (k \geqslant 1)$ 问题,其中,任务的释放时间和加工时间分别为 r_j 和 $p_j = \dfrac{1}{m}\sum\limits_{i=1}^{m} p_{i,j}$ $(j=1,2,\cdots,n)$。在一致性条件下,采用相邻任务交换方法,易证 SPTA 规则具有最优性。因此,单机可中断调度问题的 SPTA 规则可以作为 $F_m|r_j,\text{cons}|\sum C_j{}^k$ 问题的下界 LB2.6。令 C_j^{LB} 表示下界中任务 j 的完工时间,则下界值可表示为

$$Z_{2.6}^{\text{LB}} = \sum_{j=1}^{n} (C_j^{\text{SPTA}})^k = \sum_{j=1}^{n} \left(\max_{1 \leqslant x \leqslant j} \left\{ r_x + \sum_{h=x}^{j} p_h \right\} \right)^k$$

且满足 $Z_{2.6}^{\text{LB}} < Z^{\text{OPT}}$。针对流水作业调度问题,令 C_j^{SPTA} 和 C_j^{OPT} 分别表示任务 j 在 SPTA 启发式与最优调度中的完工时间,则有

$$C_j^{\text{OPT}} \geqslant C_j^{\text{LB}} = \max_{1 \leqslant x \leqslant j} \left\{ r_x + \sum_{h=x}^{j} p_h \right\} \tag{2-19}$$

$$C_j^{\text{SPTA}} - r_x \leqslant m \cdot \max_{1 \leqslant x \leqslant j} \left\{ \sum_{h=x}^{j} p_h \right\} \tag{2-20}$$

结合不等式(2-19)和不等式(2-20),可得

$$C_j^{\text{SPTA}} \leqslant m \cdot \max_{1 \leqslant x \leqslant j} \left\{ r_x + \sum_{h=x}^{j} p_h \right\} \leqslant m C_j^{\text{OPT}} \tag{2-21}$$

对不等式(2-21)的两端取 k 次方,并对所有任务求和,可得

$$Z^{\text{SPTA}} \leqslant m^k Z^{\text{OPT}} \tag{2-22}$$

将不等式(2-22)重新整理即可得定理 2.2 的结论。

为了验证该比值为紧界，考虑一个 m 台处理器的流水作业调度问题，其中包括 mn 项任务：$J_1,J_2,\cdots,J_{mn}$。所有任务满足 $J_1=J_2=\cdots=J_n；J_{n+1}=J_{n+2}=\cdots=J_{2n}；\cdots；J_{(m-1)n+1}=J_{(m-1)n+2}=\cdots=J_{mn}$。任务的处理时间为 $p_{1,1}=p_{2,1}=\cdots=p_{n,1}=1；p_{n+1,2}=p_{n+2,2}=\cdots=p_{2n,2}=1；\cdots；p_{(m-1)n+1,m}=p_{(m-1)n+2,m}=\cdots=p_{mn,m}=1$。这 mn 项任务的释放时间为 $r_1=0,r_2=\varepsilon,\cdots,r_{mn}=(mn-1)\varepsilon$。其余任务的加工时间都为 ε，这里 ε 是 $(0,1)$ 区间内任意小的正数。采用 SPTA 启发式得到的任务调度为 $\{J_1,J_2,\cdots,J_{mn}\}$，相应的目标值为

$$Z^{\text{SPTA}}=\sum_{j=1}^{mn}\left[j+(m-1)\varepsilon\right]^2$$

最优调度为 $\{J_{(m-1)n+1},J_{(m-1)n+1},\cdots,J_1,J_{(m-1)n+2},J_{(m-1)n+2},\cdots,J_2,\cdots,J_n\}$，相应的最优值为

$$Z^{\text{OPT}}=\sum_{j=1}^{n}\sum_{i=1}^{m}\left\{(m-1)n\varepsilon+j\left[(m-2+i)\varepsilon+1\right]\right\}^2$$

由此可得

$$\frac{Z^{\text{SPTA}}}{Z^{\text{OPT}}}$$

$$=\left[\frac{1}{6}(2m^3n^3+3m^2n^2+mn)+(m^2-m)(mn^2+n)\varepsilon+m(m-1)^2n\varepsilon^2\right]\div$$

$$\left(\frac{1}{6}(2mn^3+3mn^2+mn)+\frac{1}{2}(m^2-m)(4n^3+5n^2+n)\varepsilon+\right.$$

$$\left.\frac{1}{36}\{m(m-1)[(118m-116)n^3+(96m-93)n^2+(14m-13)n]\}\varepsilon^2\right)\to m^2$$

当 $n\to\infty,\varepsilon\to 0$。

2.5　混合离散差分进化算法

随着问题规模逐步扩大，分支定界算法的计算时间呈指数增加，很难在有限时间内找到问题的最优解。与其耗费大量运算时间寻找最优解，不如在限定时间内快速求得问题的近优解，这样既能提高复杂调度问题的求解效率，又能保证工业环境下生产的连续性。智能优化算法(metaheuristic algorithm)也称为元启发式算法，是一类高级启发式算法的总称，通过模拟自然或社会现象而得到，用以解决复杂优化问题。此类算法能够在计算资源受限、信息不完备情况下为优化问题提供足够好的可行解。不过，因为此类算法结构复杂，所以相

关理论研究结果较少。本章将分支定界算法与智能优化算法相结合,用于求解带有释放时间的流水作业调度模型。

差分进化(differential evolution,DE)算法是一种基于种群进化的随机搜索方法,用于求解复杂连续优化问题。在运行过程中,该算法对父代个体执行变异与交叉操作生成子代个体,通过竞争策略贪婪地选择其中的精英个体更新当前种群。DE 算法由 Storn 等(1997)提出,最初用于求解切比雪夫多项式,由于其具有结构简单、收敛速度快、鲁棒性强等优点,目前已受到越来越多的研究者关注。不过,经典的 DE 算法中个体采用浮点数编码方式,无法直接用于求解离散优化问题。Wang 等(2010)提出基于任务序列编码的离散差分进化(discrete DE,DDE)算法,用于求解同顺序流水作业调度问题。该编码方法非常简单:将染色体中的每个基因与可行调度中的每项任务建立一一对应关系。例如,染色体[5,2,3,6,4,1]代表给定可行调度中任务的处理顺序:$J_5 \rightarrow J_2 \rightarrow J_3 \rightarrow J_6 \rightarrow J_4 \rightarrow J_1$,这里 h 表示任务编号,$h=1,2,\cdots,6$,反之亦然。本节提出了一种混合离散差分进化(hybrid discrete differential evolution,HDDE)算法,下面介绍HDDE 算法求解流水作业调度的详细过程。

1. 初始化

该阶段的任务是设置参数值并生成初始种群。种群规模记为 Λ,表示种群中个体的数目。在第 τ 次迭代过程中,第 h 个目标个体记为 $X_h^\tau = [x_{h,1}^\tau, x_{h,2}^\tau, \cdots, x_{h,n}^\tau]$,其中基因 $x_{h,j}^\tau$ 表示安排在第 j 个位置的任务;第 h 个变异个体记为 $V_h^\tau = [v_{h,1}^\tau, v_{h,2}^\tau, \cdots, v_{h,n}^\tau]$;第 h 个实验个体记为 $U_h^\tau = [u_{h,1}^\tau, u_{h,2}^\tau, \cdots, u_{h,n}^\tau]$;$h=1,2,\cdots,\Lambda$。当前最好个体记录最新种群中目标值最优的个体,当前最好个体随着种群的进化逐步更新,算法终止时的当前最好个体解码后即为最优解。初始种群中的一部分个体由分支定界算法生成,即在给定时间内运行分支定界算法,之后采用相应的启发式算法(C_{max} 对应 LPTA 算法,Q_{max} 对应 LDTA 算法,$\sum C_j^k$ 对应 SPTA 算法),将未剪支节点处的不完全序列补全为可行序列作为种群个体;另一部分个体由随机生成的可行序列构成,目的是保证初始种群的多样性,并且要避免两部分种群个体之间的重复。

2. 变异操作

种群中个体 X_h^τ 通过变异操作生成变异个体 V_h^τ,$h=1,2,\cdots,\Lambda$。在第 $\tau-1$ 代种群中,最好个体记为 $X_{best}^{\tau-1} = [x_{\delta,1}^\tau, x_{\delta,2}^\tau, \cdots, x_{\delta,n}^\tau]$。为了提高求解效率,这里采取用双差分个体扰动当前最好个体的方式进行变异:

$$V_h^\tau = X_{\text{best}}^{\tau-1} \oplus [Z \otimes (X_{\alpha_1}^{\tau-1} - X_{\beta_1}^{\tau-1}) \oplus Z \otimes (X_{\alpha_2}^{\tau-1} - X_{\beta_2}^{\tau-1})] \quad (2\text{-}23)$$

式中，$\alpha_x, \beta_x \in \{1, 2, \cdots, \Lambda\}$ 是随机生成的整数；$x = 1, 2$；$MP \in (0, 1)$ 为变异概率。令 $G_{h_x}^\tau = [g_{h_x,1}^\tau, g_{h_x,2}^\tau, \cdots, g_{h_x,n}^\tau]$ 表示差分个体，$x = 1, 2$。式 (2-23) 中，乘法 $\otimes$ 运算过程如下所示：

$$G_{h_x}^\tau = Z \otimes (X_{\alpha_x}^{\tau-1} - X_{\beta_x}^{\tau-1}) \Leftrightarrow g_{h_x,j}^\tau = (x_{\alpha_x,j}^{\tau-1} - x_{\beta_x,j}^{\tau-1})$$

$$= \begin{cases} x_{\alpha_x,j}^{\tau-1} - x_{\beta_x,j}^{\tau-1}, & \text{rand}(\cdot) < Z \\ 0, & \text{其他} \end{cases}$$

式中，算法为每个差分个体基因 $g_{h_x,j}^\tau$ 生成一个随机数 $\text{rand}(\cdot) \in (0, 1)$。若此随机数小于变异概率，则保留差分个体分量，否则令该分量为 0。变异概率控制着差分个体的扰动程度，是差分进化算法的重要参数。式 (2-23) 中，加法 $\oplus$ 运算过程如下所示：

$$V_h^\tau = X_{\text{best}}^{\tau-1} \oplus (G_{h_1}^\tau \oplus G_{h_2}^\tau) \Leftrightarrow v_{h,j}^\tau = x_{\delta,j}^{\tau-1} \oplus (g_{h_1,j}^\tau \oplus g_{h_2,j}^\tau)$$

$$= \text{mod}[(x_{\delta,j}^{\tau-1} + (g_{h_1,j}^\tau + g_{h_2,j}^\tau) + n - 1), n] + 1 \quad (2\text{-}24)$$

式中，$\text{mod}(\cdot)$ 表示取余数运算。式 (2-24) 中三个分量相加之后可能出现负值或超过 n，取余数的目的是将最终结果映射到 $[1, n]$ 范围内。下面通过实例说明变异操作具体运算过程。

例 2-5　考虑一个 $n = 5$ 的变异操作。表 2-1、表 2-3 是生成两个差分个体的过程。表 2-2、表 2-4 是乘法 $\otimes$ 运算过程，其中变异概率 $MP = 0.7$，$\text{rand}(\cdot) \in (0, 1)$ 表示生成的随机数。表 2-5 是加法 $\oplus$ 运算过程，其中最后一行是取余运算后的结果。

表 2-1　变异操作生成第一个差分个体

个体	$(h, 1)$	$(h, 2)$	$(h, 3)$	$(h, 4)$	$(h, 5)$
X_{α_1}	4	2	5	3	1
X_{β_1}	2	5	4	1	3
$X_{\alpha_1} - X_{\beta_1}$	2	-3	1	2	-2

表 2-2　第一个差分个体基因选取过程（$MP = 0.7$）

个体	$(h, 1)$	$(h, 2)$	$(h, 3)$	$(h, 4)$	$(h, 5)$
$\text{rand}(\cdot)$	0.1	0.9	0.5	0.3	0.7
$X_{\alpha_1} - X_{\beta_1}$	2	-3	1	2	-2
G_{h_1}	2	0	1	2	0

表 2-3　变异操作生成第二个差分个体

个体	$(h,1)$	$(h,2)$	$(h,3)$	$(h,4)$	$(h,5)$
X_{α_2}	3	4	5	2	1
X_{β_2}	4	5	1	2	3
$X_{\alpha_2}-X_{\beta_2}$	-1	-1	4	0	-2

表 2-4　第二个差分个体基因选取过程（MP＝0.7）

个体	$(h,1)$	$(h,2)$	$(h,3)$	$(h,4)$	$(h,5)$
rand($\cdot$)	0.5	0.2	0.6	0.3	0.8
$X_{\alpha_2}-X_{\beta_2}$	-1	-1	4	0	-2
G_{h_2}	-1	-1	4	0	0

表 2-5　变异操作中变异个体生成过程

个体	$(h,1)$	$(h,2)$	$(h,3)$	$(h,4)$	$(h,5)$
X_{best}	2	4	1	5	3
G_{h_1}	2	0	1	2	0
G_{h_2}	-1	-1	4	0	0
V_h	3	3	1	2	3

3. 交叉操作

该操作将变异个体 V_h^τ 与目标个体 $X_h^{\tau-1}$ 的基因片段混合之后产生新的实验个体 U_h^τ。首先,为变异个体中每个基因生成随机数 rand($\cdot$)$\in(0,1)$,若此随机数小于交叉概率 CP$\in(0,1)$,则保留对应的基因,否则删除。然后,采用双点插入(insert)策略,随机选择目标个体中的两个插入点,将选中的变异个体基因片段分为两部分插入目标个体中。最后,在所获得的交叉个体中删除重复的基因,即可得实验个体 U_h^τ,这里的实验个体对应一个可行解。下面接着例 2-5 说明交叉操作的具体过程。表 2-6 是在变异个体中选择基因片段的过程,其中基因 $v_{h,3}^\tau$ 被删除。图 2-5 显示了将变异个体基因片段插入目标个体的过程,其中生成的交叉个体中出现了基因重复现象。从左至右,删除重复的基因,得到实验个体。

表 2-6　交叉操作选择基因片段过程（CP＝0.8）

个体	$(h,1)$	$(h,2)$	$(h,3)$	$(h,4)$	$(h,5)$
V_h	3	3	1	2	3
CP	0.4	0.1	0.8	0.7	0.5
V_h'	3	3	—	2	3

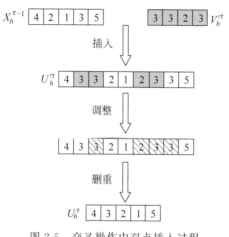

图 2-5　交叉操作中双点插入过程

4. 局部搜索

本节引入了局域搜索策略用以平衡算法的多样化和集约化从而提高解的质量。该操作通过破坏和重构来找到更好的解。在交叉个体的基础上执行局域搜索操作，为了节省计算时间，局域搜索操作以概率 θ 执行，以此增强对解的扰动并避免陷入局部最优。具体步骤描述如下所示。

步骤 1　破坏阶段。将候选解 π 分成两个队列：π_D 和 π_R，队列 π_D 由可行解 π 中随机选择的 φ 个任务（称为销毁长度）组成，队列 π_R 则由剩余任务组成。

步骤 2　重构阶段，π_D 中的每一项任务都被插入到队列 π_R 中的最佳位置。

步骤 3　选择阶段，分别计算重构后个体的目标函数与交叉个体的目标函数，若重构后的个体更优，则用重构个体替换当前交叉个体，否则保持交叉个体不变。

5. 选择操作

通过模拟大自然"物竞天择，适者生存"的规律，选择操作采用目标值更优的实验个体替换当前种群中的目标个体，保证下一代种群中的目标个体不会比当前一代差。当整个种群中的个体都经历了变异、交叉和选择操作之后,就生成了新一代种群,同时将当前最好个体更新为当前种群中的最优个体。具体步骤描述如下所示。

步骤 1　令 $\tau=0,h=1$。将实验个体 U_h^{τ} 解码为可行调度 π_h^{τ},并计算目标值 $Z(\pi_h^{\tau})$。

步骤 2　若 $Z(\pi_h^{\tau})<Z(\pi_h^{\tau-1})$,则令 $U_h^{\tau}=X_h^{\tau}$;否则,令 $X_h^{\tau-1}=X_h^{\tau}$,这里 $\pi_h^{\tau-1}$ 表示解码目标个体 $X_h^{\tau-1}$ 得到的可行调度。若 $h<\Lambda$,令 $h=h+1$,返回步骤 1;否则,转步骤 3。

步骤 3　若 $\tau<\tau_{\max}$,令 $\tau=\tau+1$,返回步骤 1;否则,终止迭代,这里 $\tau_{\max}$ 为最大迭代次数。

6. 算法流程

HDDE 算法的具体步骤描述如下所示。

步骤 1　产生初始种群。

(1)在给定时间内运行分支定界算法,在未剪支节点采用启发式调度未安排的任务生成可行调度。

(2)随机生成若干可行调度,与(1)中生成的可行调度,共同产生 Λ 个不相同的目标个体,作为初始种群,转到步骤 2。

步骤 2　设置算法参数. 确定最大迭代次数 $\tau_{\max}$、变异概率 MP 和交叉概率 CP。令迭代次数 $\tau=0$,在初始种群中找到当前最好个体 X_{best}。

步骤 3　令 $h=1$。

步骤 4　随机选择个体 X_{α}^{τ} 和 X_{β}^{τ}。

步骤 5　进行变异和交叉操作。

(1)产生变异个体 V_h^{τ}。

(2)采用基于双点插入的交叉操作,得到实验个体 U_h^{τ},转到步骤 6。

步骤 6　对实验个体 U_h^{τ} 按照概率 θ 执行局部搜索操作,更新个体。

步骤 7　若 $h\leqslant\Lambda$,则令 $h:=h+1$,转到步骤 4;否则转到步骤 10。

步骤 8　执行选择操作,生成新一代种群,更新当前最好个体,转到步骤 9。

步骤 9　若 $\tau<\tau_{\max}$,则令 $\tau=\tau+1$,转到步骤 3;否则转到步骤 10。

步骤 10　终止程序,输出最优调度和最优值。

2.6　数值仿真实验

为了验证分支定界算法、智能优化算法以及问题下界的有效性,本节设计了不同规模的数值仿真实验,用于测试所提出算法与下界的求解性能。所有参与测试的算法采用C++语言编写运行代码,并利用 Visual Studio 2010 进行编译。测试过程在安装 Intel® Core i7 CPU、8GB 内存、Windows® 7 (64 位)操作系统的电脑上进行。任务的处理时间 $p_{i,j}$ 由离散均匀分布$[1,10]$随机生成。释放时间 r_j 由离散均匀分布$[0,5n]$随机生成,不失一般性,保证其中至少有一项任务的释放时间为零。运送时间不能太短也不能太长,否则原问题就简化为了经典流水作业问题或车辆路径问题。因此,设定运送时间时必须确保 q_j 与 $p_{i,j}$ 之间不存在显著差异。运送时间 q_j 由离散均匀分布$[\min\{\eta,2n\},\max\{\eta,2n\}]$随机生成,其中 $\eta = \sum\limits_{j=1}^{n}\sum\limits_{i=1}^{m} p_{i,j}/(m\times n)$, $i=1,2,\cdots,n$;$j=1,2,\cdots,m$。测试结果及相关数据展示如下。

2.6.1　分支定界算法

本书成书时,还没有使用分支定界算法求解本章所讨论的三个流水作业问题的相关记录。为了显示分支定界算法求解实际问题的效果,这里将其与商业优化软件 IBM® CPLEX 12.8 进行对比实验,记录各自的运行时间与最终值。算法与求解器运行终止时间设定为 1h,若超过 1h,则终止运算记录当前最好目标值。

1. 最大完工时间问题

在测试中,处理器数为 $m=3,5,8$,任务数为 $n=10,12,15$。针对不同规模的处理器与任务组合,随机生成 5 组测试算例,采用本章所提出的分支定界算法与 CPLEX 求解器分别进行计算。从表 2-7 中展示的测试结果可以看出,分支定界算法在设定的求解时间内求得所有测试算例的最优解,其中约 $71\%(32/45)$的算例在 0.1s 内完成最优求解;而 CPLEX 求解器仅求得其中约 $53\%(24/45)$算例的最优解,其中约 $33\%(1/3)$算例在$(2,180)$s 内求得最优解。可见,无论运行时间还是求解效率,分支定界算法都要显著优于 CPLEX 求解器。

2. 最大送达时间问题

最大送达时间问题测试算例规模与最大完工时间问题的实验完全相同。针对不同规模的处理器与任务组合,随机生成 5 组测试算例,采用本章所提出的分支定界算法与 CPLEX 求解器分别进行计算。从表 2-8 中展示的测试结果可以看出,在约 82%的算例中,分支定界算法效果明显优于 CPLEX 求解器。分支定界分别在 1s 和$(1,60)$s 内解决了约 $47\%(4/9)$和 $29\%(13/45)$的实例;而 CPLEX 求解器仅分别求得 $7\%(1/15)$,$42\%(19/45)$。显然,在求解效率上,分支定界算法优于 CPLEX 求解器。

表 2-7 最大完工时间问题精确求解对比实验

| | | m=3 | | | m=5 | | | m=8 | | |
		B&B Objective	CPLEX Objective	CPU 时间/s B&B‖CPLEX	B&B Objective	CPLEX Objective	CPU 时间/s B&B‖CPLEX	B&B Objective	CPLEX Objective	CPU 时间/s B&B‖CPLEX
n=10	Trail 1	79	79	0.016‖40.95	75	75	0.027‖48.72	110	110	0.023‖6.46
	Trail 2	72	72	0.006‖70.30	88	88	0.009‖83.04	133	133	0.031‖126.17
	Trail 3	90	90	0.009‖15.51	84	84	0.049‖2.20	105	105	0.016‖2.20
	Trail 4	84	84	0.007‖51.71	90	90	0.011‖2.22	107	107	0.027‖111.23
	Trail 5	85	85	0.010‖21.61	103	103	0.016‖29.22	96	96	0.051‖23.17
n=12	Trail 1	80	80	0.018‖2444.40	97	97	0.024‖3600	114	114	0.469‖3600
	Trail 2	88	88	0.009‖3600	94	94	0.037‖3600	111	111	0.175‖3600
	Trail 3	99	99	0.008‖3600	106	106	0.030‖1569.21	128	138	0.071‖2726.59
	Trail 4	88	88	0.061‖415.20	104	104	0.017‖299.43	127	127	0.016‖2838.63
	Trail 5	89	89	0.006‖313.06	114	114	0.041‖464.38	128	128	0.111‖1285.62
n=15	Trail 1	94	94	1.060‖3600	140	140	0.658‖3600	144	144	4.289‖3600
	Trail 2	115	115	0.011‖3600	115	115	0.067‖3600	133	136	2.199‖3600
	Trail 3	112	112	0.010‖3600	126	128	0.029‖3600	131	136	1.541‖3600
	Trail 4	109	110	0.017‖3600	118	118	0.220‖3600	166	169	0.362‖3600
	Trail 5	99	99	0.017‖3600	138	138	0.029‖3600	153	155	0.145‖3600

表 2-8　最大送达时间问题精确求解对比实验

		m=3			m=5			m=8		
		B&B Objective	CPLEX Objective	CPU 时间/s B&B ‖ CPLEX	B&B Objective	CPLEX Objective	CPU 时间/s B&B ‖ CPLEX	B&B Objective	CPLEX Objective	CPU 时间/s B&B ‖ CPLEX
n=10	Trail 1	86	86	0.061 ‖ 3.29	113	113	0.117 ‖ 4.63	115	115	0.791 ‖ 4.68
	Trail 2	90	90	0.152 ‖ 20.3	95	95	0.029 ‖ 13.51	111	111	0.195 ‖ 1.45
	Trail 3	94	94	0.008 ‖ 0.98	97	97	0.073 ‖ 23.21	133	133	0.387 ‖ 44.23
	Trail 4	91	91	0.063 ‖ 3.20	123	123	0.059 ‖ 0.33	141	141	0.23 ‖ 5.27
	Trail 5	106	106	0.006 ‖ 0.48	100	100	0.231 ‖ 2.48	137	137	2.128 ‖ 8.24
n=12	Trail 1	109	109	0.444 ‖ 1271.50	118	118	2.312 ‖ 926.52	147	147	12.995 ‖ 419.27
	Trail 2	109	109	0.396 ‖ 1660.29	117	117	11.611 ‖ 99.70	140	140	10.623 ‖ 279.29
	Trail 3	102	102	1.1550 ‖ 143.93	119	119	1.039 ‖ 28.94	142	142	2.472 ‖ 35.40
	Trail 4	123	217	0.185 ‖ 3600	106	106	0.291 ‖ 34.74	152	152	2.460 ‖ 196.83
	Trail 5	126	126	0.511 ‖ 30.70	128	128	3.222 ‖ 1.83	159	159	28.146 ‖ 1015.38
n=15	Trail 1	135	130	3600 ‖ 3600	141	141	18.844 ‖ 757.57	165	168	3600 ‖ 3600
	Trail 2	115	115	2.407 ‖ 3600	141	140	3600 ‖ 1159.73	163	149	3600 ‖ 3600
	Trail 3	114	115	3600 ‖ 3600	143	140	3600 ‖ 3600	182	182	29.4 ‖ 3600
	Trail 4	154	154	28.869 ‖ 3600	163	163	0.640 ‖ 2.57	179	178	3600 ‖ 1160.57
	Trail 5	159	159	0.423 ‖ 33.46	164	146	3600 ‖ 3600	185	185	3600 ‖ 3600

3. 完工时间平方和问题

在被测试中,处理器数为 $m=3,5,8$,任务数为 $n=8,10,12,15$。针对不同规模的处理器与任务组合,随机生成 5 组测试算例,采用本章所提出的分支定界算法与 CPLEX 求解器分别进行计算。从表 2-9 中展示的测试结果可以看出,分支定界算法在设定的求解时间内求得约 95% 算例的最优解,其中约 67%(2/3)的算例在 60s 内完成最优求解;而 CPLEX 求解器仅求得其中约 48% 算例的最优解,其中约 32%(19/60)算例在 60s 内求得最优解。对于两者在 1h 内都未求得最优解的情况,分支定界算法求得的最终解明显优于 CPLEX 求解器。

分支定界算法之所以能够快速进行求解,主要得益于 2.3 节提出的剪支规则和分支定界算法下界有效地剪掉了大量无效分支节点。为了进一步说明剪支规则在算法求解过程中的重要作用,下面采用无剪支规则的分支定界(简称次分支定界)算法求解表 2-9 中的算例,最终计算结果记录在表 2-10 中。对比 CPU 时间可以看出,除了 3 个未能求得最优解的算例,次分支定界需要更多的运算时间。其中,大约有一半的算例,次分支定界需要多花费一半的 CPU 时间进行求解。特别地,若采用分支定界求解运行时间超过 100s 的算例,则将有 3/4 的算例可以节省 30% 的求解时间。以上结果充分说明剪支规则在分支定界算法执行过程中删除了大量的无效节点,缩短了运算时间,提高了求解效率。

4. 完工时间立方和问题

完工时间立方和问题的测试算例规模与完工时间平方和问题完全相同。针对不同规模的处理器与任务组合,随机生成 5 组测试算例。因为 CPLEX 无法求解完工时间立方和目标函数,因此这里只列出分支定界算法的计算结果。从表 2-11 中展示的测试结果可以看出,分支定界算法在设定的求解时间内求得约 92% 算例的最优解,而且,约 65%(39/60)的算例在 1min 内完成最优求解。表 2-11 与表 2-10 使用了相同的输入数据,对比平方和目标输出结果发现,在求解立方和目标时,算法花费的运算时间有所增加,说明在立方和实验中算法搜索了更多节点。引起该现象的原因可能是立方目标函数比平方目标扩大了下界与目标值之间的差异,导致某些平方和问题中可以被剪掉的节点在立方和问题中无法剪支,因此耗费了更多的搜索时间。

以上计算结果足以充分说明分支定界算法求解带有释放时间流水作业调度模型的高效性。但是,随着问题规模的进一步扩大,分支定界算法的求解时间呈指数增长,无法在规定时间内求得最优解。因此,对于中等规模问题,可以采用智能优化算法在短时间内获得高质量的可行解。

表 2-9　完工时间平方和问题精确求解对比实验

		m = 3			m = 5			m = 8		
		B&B Objective	CPLEX Objective	CPU 时间/s B&B‖CPLEX	B&B Objective	CPLEX Objective	CPU 时间/s B&B‖CPLEX	B&B Objective	CPLEX Objective	CPU 时间/s B&B‖CPLEX
n = 8	Trail 1	15 274	15 274	0.536‖2.36	17 451	17 451	0.881‖2.11	42 005	42 005	1.391‖0.98
	Trail 2	12 286	12 286	0.672‖2.67	25 823	25 823	1.·13‖3073	46 286	46 286	0.740‖7.22
	Trail 3	9357	9357	0.136‖0.61	33 780	33 780	0.338‖0.67	48 112	48 112	0.495‖1.02
	Trail 4	14534	14 534	0.585‖3.09	24 691	24 691	1.239‖2.04	57 329	57 329	3.186‖5.43
	Trail 5	12 924	12 924	1.828‖4.88	34 166	34 166	0.732‖1.78	55 229	55 229	2.327‖4.7
n = 10	Trail 1	29 350	29 350	3.216‖218.37	31 122	31 122	55.16‖899.31	76 155	76 155	15.81‖340.16
	Trail 2	22 546	22 546	1.567‖320.07	41 417	41 757	17.19‖3600	91 717	91 717	6.5‖586.95
	Trail 3	39 208	39 208	0.627‖39.26	33 403	33 403	3.26‖3.32	66 102	66 102	2.88‖39.27
	Trail 4	31 744	31 744	2.848‖242.52	41 494	41 494	1.58‖14.99	66 219	67 770	107.7‖3600
	Trail 5	28 111	28 111	0.274‖2.28	52 093	52 335	11.05‖260.54	52 670	52 670	38.57‖543.9
n = 12	Trail 1	32 940	32 940	8.67‖3600	51 256	51 398	36.8‖3600	88 237	88 761	1282.56‖3600
	Trail 2	37 039	37 039	4.84‖3600	54 664	56 256	189.1‖3600	77 735	80 110	297.2‖3600
	Trail 3	48 035	48 035	10.14‖3600	62 575	62 757	7.87‖3600	115 172	144 157	351.9‖3600
	Trail 4	38 803	39 903	10.77‖3600	67 767	69 209	68.21‖3600	107 741	107 741	45.26‖3600
	Trail 5	36 977	36 977	1.3‖633.33	75 018	75 018	9.57‖3600	103 147	103 147	193.9‖3600
n = 15	Trail 1	46 707	48 053	1467.2‖3600	141 320	141 320	314.8‖3600	161 465	169 929	3369‖3600
	Trail 2	87 934	88 277	3600‖3600	86 464	86 464	213.1‖3600	144 185	144 705	3600‖3600
	Trail 3	67 129	67 157	21.49‖3600	102 443	102 443	381.48‖3600	143 088	144 781	3600‖3600
	Trail 4	74 502	74 502	148.9‖3600	100 574	100 574	396.7‖3600	224 699	226 230	911.28‖3600
	Trail 5	70 456	72 050	32.46‖3600	126 798	127 892	72.4‖3600	181 950	181 950	548.27‖3600

表 2-10　无剪支规则分支定界算法测试实验（平方目标）

		m = 3		m = 5		m = 8	
		Objectives	CPU 时间/s	Objectives	CPU 时间/s	Objectives	CPU 时间/s
n = 8	Trial 1	15 274	0.802	17 451	1.674	42 005	2.696
	Trial 2	12 286	1.124	25 823	1.358	46 286	3.217
	Trial 3	9357	0.650	33 780	0.745	48 112	3.246
	Trial 4	14 534	0.689	24 691	2.270	57 329	4.673
	Trial 5	12 924	2.265	34 166	1.175	55 229	3.337
n = 10	Trial 1	29 350	4.396	31 122	71.688	76 155	24.208
	Trial 2	22 546	3.080	41 417	20.628	91 717	9.789
	Trial 3	39 208	1.848	33 403	7.588	66 102	11.565
	Trial 4	31 744	3.660	41 494	3.399	66 219	139.958
	Trial 5	28 111	1.556	52 093	14.529	52 670	53.748
n = 12	Trial 1	32 940	24.606	51 256	48.549	88 237	1557.291
	Trial 2	37 039	6.014	54 664	232.585	77 735	483.063
	Trial 3	48 035	13.147	62 575	12.999	115 172	464.100
	Trial 4	38 803	47.409	67 767	97.861	107 741	71.526
	Trial 5	36 977	2.819	75 018	17.540	103 147	272.000
n = 15	Trial 1	46 707	2035.129	141 320	411.350	168 261	3600
	Trial 2	87 934	3600	86 464	311.269	144 185	3600
	Trial 3	67 129	34.597	102 443	512.981	143 088	3600
	Trial 4	74 502	185.183	100 574	900.645	224 699	2223.271
	Trial 5	70 456	51.562	126 798	101.914	181 950	927.595

表 2-11　完工时间立方和问题精确求解实验

		m = 3		m = 5		m = 8	
		Objectives	CPU 时间/s	Objectives	CPU 时间/s	Objectives	CPU 时间/s
n = 8	Trial 1	808 300	0.807	918 163	1.067	3 348 125	1.498
	Trial 2	610 007	1.129	1 554 369	1.162	3 990 548	0.954
	Trial 3	397 745	0.135	2 530 222	0.414	4 275 502	0.541
	Trial 4	746 279	0.806	1 500 129	1.541	5 096 051	3.490
	Trial 5	622 654	3.049	2 452 348	0.899	5 143 033	3.408

续表

		$m=3$		$m=5$		$m=8$	
		Objectives	CPU 时间/s	Objectives	CPU 时间/s	Objectives	CPU 时间/s
$n=10$	Trial 1	1 902 771	3.782	1 946 880	68.567	7 042 741	20.577
	Trial 2	1 286 511	2.407	3 049 743	25.695	9 911 137	9.780
	Trial 3	2 906 277	0.596	2 154 481	3.883	5 848 900	3.345
	Trial 4	2 166 452	3.454	3 040 260	2.006	6 097 207	173.692
	Trial 5	1 873 287	0.327	4 187 901	14.493	4 270 706	58.504
$n=12$	Trial 1	2 158 014	13.092	3 993 596	47.074	8 460 793	2032.049
	Trial 2	2 550 365	8.332	4 201 458	388.550	7 224 929	488.255
	Trial 3	3 694 245	14.479	5 244 244	10.608	12 320 490	457.038
	Trial 4	2 747 621	19.302	5 708 069	102.018	11 213 219	56.251
	Trial 5	2 531 441	1.606	6 899 139	15.879	10 674 535	338.851
$n=15$	Trial 1	3 430 153	3600	15 517 909	477.387	20 365 284	3600
	Trial 2	8 144 046	3600	7 553 403	236.775	16 081 297	3600
	Trial 3	5 555 581	28.924	10 084 855	601.271	15 865 924	3600
	Trial 4	6 169 046	34.587	9 431 208	462.567	31 130 633	1277.435
	Trial 5	5 665 535	72.975	13 451 490	84.596	22 965 126	1132.545

2.6.2　离散差分进化算法

智能优化算法的寻优性能很大程度上取决于参数的设置,因此,在求解之前需要通过正交实验确定合适的参数。处理器与任务的测试规模分别设置为 $m=3,5,10$ 与 $n=60,100,140,180$。对于设定的每种测试规模($m\times n$),分别生成 10 组测试数据(包括处理时间、释放时间、运送时间)。针对每组测试数据,智能优化算法分别进行 5 次随机实验。为了验证算法的有效性,分别采用了平均相对误差(mean relative gap,MRG)与相对差异百分比(releative difference percentage,RDP)作为评价指标。其中,MRG 的表达式为

$$\text{MRG} = \frac{Z^{\text{INI}} - Z^{\text{FIN}}}{Z^{\text{FIN}}} \times 100\%$$

式中,Z^{INI} 与 Z^{FIN} 分别表示算法的初始值与最终值。

RDP 的表达式为

$$\text{RDP} = \frac{Z^{H} - Z^{*}}{Z^{*}} \times 100\%$$

式中，Z^H 表示算法求得的最终值；Z^* 表示所有 Z^H 值中的最好值。

1. 最大完工时间问题

根据正交实验的结果，HDDE 算法求解问题 2.1 的参数设置为：种群规模 $\Lambda=100$，变异概率 MP$=0.2$，交叉概率 CP$=0.4$，局域搜索概率 $\theta=0.4$，扰动步长 $\varphi=5$，最大迭代次数 $\tau_{\max}=150$。释放时间由 r_j 分别由离散均匀分布 $[0,50n]$ 随机生成。处理时间是取自流水作业基准集数据（Taillard，1993）。

表 2-12 中的数据是 HDDE 算法求解问题 2.1 的 MRG 值。实验结果表明，对于给定的处理器规模，随着任务数量的增加，HDDE 算法的优化性能有所下降。例如，5 台处理器时，当任务数由 60 增加到 180 时，MRG 值由 32.5637% 增长到 38.8509%。引起该现象的原因可能是问题规模增大引起分支定界生成的初始种群质量下降，导致初始解与最终解之间的误差变大。

表 2-12　HDDE 算法求解问题 2.1 的 MRG 值　　　　　　　　　　%

	$m=3$	$m=5$	$m=10$
$n=60$	33.2797	32.5637	33.3717
$n=100$	36.1156	36.4508	35.9964
$n=140$	37.0911	37.6736	37.748
$n=180$	38.2047	38.8509	38.9296

为了突出 HDDE 算法的优良性能，表 2-13 记录了 HDDE 与 GA（见附录 A.1）求解问题 2.1 的对比实验结果。测试中 $m=5,10,20$ 和 $n=20,50,100,200$。其余参数与 2.6.1 节中生成方式相同。表 2-13 中，MRDP、MinRDP、MaxRDP 和 SD 分别表示平均 RDP、最小 RDP、最大 RDP 和标准差。从表 2-13 可知，HDDE 算法的 MRDP 值明显优于 GA。例如，遗传算法的 MRDP 值的均值为 47.781%，而 HDDE 算法的相应值为 3.414%。而且，前者的 SD 值明显大于后者，这体现了 HDDE 算法的稳定性。

表 2-13　HDDE 与 GA 求解问题 2.1 结果比较

$n\times m$	GA				HDDE			
	MRPD	MinRPD	MaxRPD	SD	MRPD	MinRPD	MaxRPD	SD
20×5	36.851	9.934	69.643	16.029	8.634	0	33.333	11.941
20×10	31.881	8.602	52.632	14.982	7.725	0	30.921	10.2
20×20	16.732	6.792	36.726	7.692	1.291	0	15.929	3.227
50×5	41.674	33.724	53.443	5.169	0.339	0	1.27	0.375

续表

$n \times m$	GA				HDDE			
	MRPD	MinRPD	MaxRPD	SD	MRPD	MinRPD	MaxRPD	SD
50×10	40.858	33.423	48.889	4.482	0.323	0	1.596	0.45
50×20	35.530	28.785	41.475	3.167	0.282	0	0.922	0.318
100×5	52.856	47.687	61.512	3.629	0.308	0	1.313	0.394
100×10	52.794	45.269	58.886	3.288	0.317	0	2.108	0.494
100×20	46.179	41.722	51.579	2.338	0.342	0	1.028	0.357
200×10	85.716	68.812	96.601	7.517	10.182	0	20.963	8.3
200×20	84.517	57.184	101.636	14.145	7.814	0	24.801	9.932
平均值	47.781	34.721	61.184	7.494	3.414	0	12.182	4.181

2. 最大送达时间问题

根据正交实验的结果,HDDE 算法求解问题 2.2 的参数设置为:种群规模 $\Lambda = 100$,变异概率 MP$=0.2$,交叉概率 CP$=0.2$,局域搜索概率 $\theta = 0.4$,扰动步长 $\varphi = 5$,最大迭代次数 $\tau_{\max} = 150$。实验数据与最大完工时间问题一致,运送时间由均匀分布 $U[\bar{p}m, \bar{p}m + 10n]$ 生成,其中 $\bar{p} = \sum_{j=1}^{n} \sum_{i=1}^{m} p_{i,j} / (mn)$。

表 2-14 中的数据是 HDDE 算法求解问题 2.2 的 MRG 值。实验结果显示了与前一节相同的变化趋势,这可能是由相同的原因引起的。同时,该表中的数据值略大于表 2-12 中的值,这说明 HDDE 算法求解问题 2.2 的效率更高。

表 2-14　HDDE 求解问题 2.2 的 MRG 值　　　　　　　　%

	$m=3$	$m=5$	$m=10$
$n=60$	34.9610	36.1909	35.5257
$n=100$	37.6436	38.4527	39.0593
$n=140$	38.0885	39.0291	40.2686
$n=180$	39.4923	39.9370	40.7665

为了突出 HDDE 算法的优良性能,表 2-15 记录了 HDDE 与 GA 算法求解问题 2.2 的对比实验结果。参数与 2.6.1 节中生成方式相同。表 2-15 中实验结果显示的总体趋势与表 2-13 中数据基本一致,这验证了 HDDE 算法在运算性能上要优于 GA。

表 2-15　HDDE 与 GA 求解问题 2.2 结果比较

$n \times m$	GA				HDDE			
	MRPD	MinRPD	MaxRPD	SD	MRPD	MinRPD	MaxRPD	SD
20×5	19.444	4.372	52.000	11.622	2.326	0	36.800	7.099
20×10	19.170	9.278	34.054	6.311	2.188	0	12.169	4.200
20×20	12.608	6.071	19.718	3.421	0.323	0	1.418	0.435
50×5	46.748	38.483	52.616	3.531	0.103	0	0.560	0.156
50×10	47.256	37.221	61.247	5.486	0.878	0	10.569	2.541
50×20	41.406	33.673	48.000	3.534	0.263	0	0.844	0.294
100×5	58.655	46.676	67.862	5.187	0.439	0	4.160	1.041
100×10	59.804	52.597	66.289	4.022	0.321	0	0.992	0.342
100×20	56.301	51.381	60.979	2.163	0.229	0	0.963	0.269
200×10	71.441	61.783	84.161	7.143	1.674	0	11.669	3.495
200×20	76.199	62.647	97.280	9.512	2.903	0	16.084	4.842
平均值	46.276	36.744	58.564	5.630	1.059	0	8.748	2.247

3. 完工时间 k 次方和问题

DDE 算法求解问题 2.3 的参数设置为：种群规模 $\Lambda = n$，变异概率 MP$=0.2$，交叉概率 CP$=0.2$，最大迭代次数 $\tau_{max} = 300$。任务的处理时间除了与前一节相同的离散均匀分布之外，还随机取自于期望为 5.5 标准差为 1.7 的正态分布。初始种群采用分支定界算法生成，交叉操作中采用三点插入策略。

表 2-16 和表 2-17 中的数据表明，DDE 算法的优化性能与处理时间的分布无关。当任务数固定时，算法的求解效率随着处理器数量的增加而逐渐增强。对于 100 项任务、处理时间为正态分布、目标函数为平方（立方）和的实例，当处理器数目由 3 台增加到 10 台时，MRG 值由 7.31%（9.95%）变为 11.65%（14.98%）。这种现象可能是处理器数目增加引起每项任务的工序数目增加，导致空闲时间增多从而降低了初始解的质量。当处理器数固定时，算法的求解效率随着任务数目的增加而逐渐减弱。此外，对于 5 台处理器、处理时间为均匀分布、目标函数为平方（立方）和的实例，当任务数由 60 项增加到 180 项时，MRG 值由 20.54%（19.92%）变为 9.06%（12.02%）。这种现象可能是可用任务数目增加使得每项任务被处理器加工的机会增加，这样就减少了处理器的等待时间从而增强了初始解的质量。

表 2-16　DDE 算法求解平方和目标问题　　　　　%

	均匀分布			正态分布		
	$m=3$	$m=5$	$m=10$	$m=3$	$m=5$	$m=10$
$n=60$	13.62	20.54	20.25	8.59	11.15	15.37
$n=100$	7.39	13.11	14.72	7.31	11.43	11.65
$n=140$	8.94	11.39	12.36	6.48	9.55	12.07
$n=180$	6.98	9.06	12.52	5.15	9.14	10.41

表 2-17　DDE 算法求解立方和目标问题　　　　　%

	均匀分布			正态分布		
	$m=3$	$m=5$	$m=10$	$m=3$	$m=5$	$m=10$
$n=60$	23.49	19.92	26.09	13.08	16.61	19.72
$n=100$	10.51	19.26	21.08	9.95	12.74	14.98
$n=140$	10.48	13.37	18.68	5.77	10.81	12.73
$n=180$	5.83	12.02	13.25	6.99	8.74	13.52

　　为了突出 DDE 算法的优良性能,将其与 PSO 算法(见附录 A.2)进行了对比实验。其中,释放时间 r_j 由离散均匀分布 $[0,3n]$ 随机生成,并保证其中至少有一项任务的释放时间为零。任务的处理时间除了与前一节相同的离散均匀分布之外,还随机取自于期望为 15 标准差为 5 的正态分布。根据正交实验的结果,DDE 算法求解问题 2.3 的参数设置为:种群规模 $\Lambda=n$,变异概率 MP $=0.2$,交叉概率 CP $=0.2$,最大迭代次数 $\tau_{max}=300$。PSO 算法求解问题 2.3 的参数设置为:惯性权重 $=0.7$,最大速度 $=1$,最大位置 $=4$,认知系数 $=2.5$,社会系数 $=1.0$。实验结果采用 GAP 值表示:$GAP=\dfrac{Z^{PSO}-Z^{DDE}}{Z^{DDE}}\times100\%$,这里 Z^{PSO} 与 Z^{DDE} 分别表示 PSO 与 DDE 算法的最终解的目标值。

　　表 2-18 和表 2-19 记录了 DDE 与 PSO 算法求解问题 2.3 的对比实验数据。两个表中 GAP>0,说明 DDE 算法的最终目标值优于 PSO 算法。而且,对于相同的处理器数量,随着问题规模增大,GAP 值也在逐渐增加,说明在求解过程中,DDE 算法的稳定性比 PSO 算法更强。

表 2-18　平方和目标问题 DDE 与 PSO 算法对比实验结果

	均匀分布			正态分布		
	$m=3$	$m=5$	$m=10$	$m=3$	$m=5$	$m=10$
$n=60$	2.0598	3.708	1.2937	0.9791	0.4149	1.8643

续表

	均匀分布			正态分布		
	$m=3$	$m=5$	$m=10$	$m=3$	$m=5$	$m=10$
$n=100$	4.616	4.6731	4.0158	3.6059	0.2318	1.7175
$n=140$	8.1077	7.2033	5.1449	3.796	0.7024	1.1464
$n=180$	9.9647	10.224	5.7773	4.5267	3.1844	2.7471

表 2-19　立方和目标问题 DDE 与 PSO 算法对比实验结果

	均匀分布			正态分布		
	$m=3$	$m=5$	$m=10$	$m=3$	$m=5$	$m=10$
$n=60$	2.6956	4.0658	1.1522	0.0023	0.9731	0.0012
$n=100$	7.0116	5.3591	1.8383	0.478	0.0363	0.1183
$n=140$	8.6981	11.763	33.918	1.646	1.9433	0.914
$n=180$	12.416	31.974	6.9624	1.7686	0.0351	0.7523

2.6.3　问题下界性能测试

为了检验下界 LB2.5 处理问题 2.3 时的收敛性,本节设计了如下数值实验。任务与处理器的测试规模分别设置为 $m=3,5,10$ 与 $n=100,500,1000$。对于设定的每种测试规模($m\times n$),分别生成 10 组测试数据(包括处理时间、释放时间),并记录最终结果的平均值。任务的释放时间设置为:$r_1=0$;$r_{j+1}=r_j+y$;$j=2,3,\cdots,n$;这里 y 取值于离散均匀分布$[1,10]$的随机变量。由于问题 2.3 具有 NP-难性质,即使求解小规模问题也只能应用基于枚举的精确算法。Bai 等(2014)证明了 SPTA 启发式具有渐近最优性,因此,这里将其作为问题 2.3 最优解的替代值。平均相对误差(mean relative error,MRE)$\alpha_1=\dfrac{Z^{\mathrm{ALG}}-Z^{\mathrm{LB}}}{Z^{\mathrm{LB}}}$ (其中,Z^{ALG} 表示 SPTA 启发式得到的目标值;Z^{LB} 表示下界值)与平均相对比 (mean relative ratio,MRR)$\alpha_2=\dfrac{Z^{\mathrm{LB2.4}}}{Z^{\mathrm{LB2.5}}}$分别用来衡量下界的收敛性和优越性。

表 2-20 和表 2-21 中的实验结果显示,对于固定的处理器数,随着任务规模的增加 α_1 值逐渐减小,这说明下界 LB2.5 收敛到 SPTA 启发式,从侧面验证了下界的渐近最优性。对于 5 台处理器、目标函数为平方(立方)和的实例,当任务数由 100 项增加到 1000 项时,α_1 值由 0.2921(0.2977)减小到 0.0774(0.1110),这充分证实了定理 2.1 的正确性。此外,对于固定的任务数,随着处理器(幂指数)规

模的增加 α_1 值逐渐增大,这说明下界 LB2.5 的收敛性与处理器(幂指数)规模相关。对于 500 项任务、目标函数为平方(立方)和的实例,当处理数由 3 台增加到 10 台时,α_1 值由 0.0564(0.1091)增加到 0.2318(0.3051)。这种现象可能是任意相邻两项任务之间的空闲时间会随着处理器(幂指数)规模扩大而增加,这导致了启发式与下界之间的误差变大。两张表中的 α_2 值显示在大多数情况下,下界 LB2.5 优于下界 LB2.4。在立方和目标问题中,当任务数为 1000,处理器分别为 5 台和 10 台时,α_2 值小于 1,这说明下界 LB2.4 在处理大规模问题时稳定性较差。当任务数充分大时,两个下界的目标值趋于相同。

表 2-20　平方目标问题下界 2.5 实验结果

	$m=3$			$m=5$			$m=10$		
n	100	500	1000	100	500	1000	100	500	1000
α_1	0.1612	0.0564	0.0479	0.2921	0.1231	0.0774	0.3933	0.2318	0.1570
α_2	1.0274	1.0082	1.0104	1.0493	1.0032	1.0077	1.0538	1.0154	1.0057

表 2-21　立方目标问题下界 2.5 实验结果

	$m=3$			$m=5$			$m=10$		
n	100	500	1000	100	500	1000	100	500	1000
α_1	0.1615	0.1091	0.0645	0.2977	0.1901	0.1110	0.6014	0.3051	0.2409
α_2	1.0521	1.0102	1.0119	1.0376	1.0088	0.9959	1.0465	1.0229	0.9989

2.6.4　工业数据测试

变速箱是风力发电机的重要机械部件,其主要作用是将风轮在风力吹动下产生的能量传递给发电机,从而获得相应的转速。根据真实数据的统计分析的结果,在装配作业变速箱的生产过程主要由 8 个串联步骤构成:

(1) 装配件清洗——30min;

(2) 齿轮与轴承热装——U[660,900]min;

(3) 热装后产品冷却——30min;

(4) 冷却后产品调试——U[540,660]min;

(5) 产品功能检测——U[60,120]min;

(6) 润滑剂注入——U[18,30]min;

(7) 产品外壳喷漆——U[7,14]min;

(8) 附属零件组装——U[18,38]min。

这里 U[·,·]表示均匀分布。显然,变速箱的生产过程是典型的 8 机流水作业调度模型,可以将其模拟为一个工业生产环境,用来评价非线性目标的效果以及 DDE 算法的性能。

1. 非线性目标函数优化效果

对于该调度模型的相同实例,分别讨论目标函数 $C_{\max}$ 和 $\sum C_j^{\,k}$,其中 $k=1,2,3$。对于 $C_{\max}$ 和 $\sum C_j$ 目标,利用 CPLEX 求解器分别求得最优调度 π_1 和 π_2。相应地,对于 $\sum C_j^{\,2}$ 和 $\sum C_j^{\,3}$ 目标,用分支定界算法分别获得最优调度 π_3 和 π_4。对于每种目标函数,分别测试了 8、10、12 项任务。释放时间随机生成于 $[0,700n]$ 离散均匀分布,其中要求至少有一项任务的释放时间为零。平均相对

百分比 $\alpha_3 = \dfrac{C_{\max}(S_\lambda) - C_{\max}(S_1)}{C_{\max}(S_1)} \times 100\%$ 和 $\alpha_4 = \dfrac{\sum C_j(S_\lambda) - \sum C_j(S_2)}{\sum C_j(S_2)} \times$

100% 作为目标函数测试指标,其中 $\lambda = 3,4$。每种问题规模进行 5 组随机测试,并记录最终结果。

表 2-22 中有限的数据表明,非线性目标函数(即 $\sum C_j^{\,2}$ 和 $\sum C_j^{\,3}$)对最大完工时间和完工时间和的影响几乎相同。对于大约 87% 的实例,非线性目标求得的最优解与完工时间和目标完全相同。然而,大部分的非零 α_3 值说明非线性目标和最大完工时间目标之间存在一些差异。这可能是因为一个调度实例可能存在多个最优解,而计算最大完工时间目标值时只选择了其中的一个最优解。但是,这个误差微不足道($<1\%$),可以忽略不计。因此,可以认为利用非线性目标得到的最优调度可以同时优化最大完工时间与完工时间和两个目标函数。

表 2-22　非线性目标函数优化效果测试　　　　　　　　　　　%

		平方和		立方和	
		α_3	α_4	α_3	α_4
	Trial 1	0	0	0	0
	Trial 2	0	0	0	0
$n=8$	Trial 3	0	0	0	0
	Trial 4	0.0140	0	0.0140	0
	Trial 5	0	0	0	0
	平均值	0.0028	0	0.0028	0

续表

		平方和		立方和	
		α_3	α_4	α_3	α_4
$n=10$	Trial 1	0	0	0	0
	Trial 2	0.6352	0	0.6352	8.1937
	Trial 3	0	0	0	0
	Trial 4	1.6689	0	1.6689	0
	Trial 5	0	0	0	0
	平均值	0.4608	0	0.4608	1.6387
$n=12$	Trial 1	0.8668	0	0.8668	0
	Trial 2	0.1143	0	0.1143	0.0766
	Trial 3	0.2022	0	0.2022	0
	Trial 4	0.8733	0	0.8733	0
	Trial 5	1.2023	0	1.2023	0
	平均值	0.6518	0	0.6518	0.0153

2. DDE 算法性能测试

对于相同的初始种群,将 DDE 与 PSO 算法进行对比,突出前者的优化性能。PSO 算法的关键步骤可参见 Ren 等(2017)的文章,其中参数设置为:惯性系数 $w=0.3$,认知系数 $c_1=2.0$,社会系数 $c_2=2.0$,粒子大小 $\Lambda'=5n$,最大迭代 $\tau_{max}=300$;每个粒子的位置和速度分别在[0,1]和[-4,4]上初始化。释放时间随机生成于离散均匀分布[0,500n],其中要求至少有一项任务的释放时间为零。每种问题规模进行 10 次随机测试,并记录最终的平均值。

表 2-23 中的 GAP 值显示,平方和目标与立方和目标的差值范围分别为 $(47.5\pm35.6)\%$ 和 $(38.1\pm25.7)\%$。这些结果表明,DDE 算法的性能明显优于 PSO 算法。随着任务数量的增加,PSO 算法的优化性能下降幅度大于 DDE 算法。该现象可能是因为前者的进化机制较差,导致迭代过程中出现早熟。

表 2-23　DDE 算法工业数据测试　　　　　　　　　　　　　　%

n	50	100	150	200
平方和	11.930	35.025	58.953	83.091
立方和	12.413	34.969	49.396	63.609

2.7　本章小结

　　本章研究了考虑释放时间的流水作业调度模型,其中目标函数分别为极小化最大完工时间、最大送达时间与完工时间 $k(k \geqslant 2)$ 次方和。针对完工时间 k 次方和的大规模问题,在概率极限意义下和一致性条件下提出了基于 SPTA 的启发式算法,并分析了该算法的渐近性能与最坏性能。数值仿真结果表明,当问题规模足够大时,该启发式可以用作最优算法,不仅能够快速求解,而且可以保证调度过程的连续性。针对小规模问题,设计了 B&B 算法进行精确求解,其中基于可中断的下界以及基于不同目标优势规则的剪支策略显著缩小了搜索空间。数值实验证实 B&B 算法的性能明显优于 CPLEX 求解器。针对中等规模问题,采用混合离散差分进化算法求得高质量可行解。对比实验和工业数据测试均表明,所提出的算法显著优于流行的遗传算法与粒子群优化算法。此外,得益于优化算法较好的泛化性,本节所提出的算法可以进一步推广,用于求解工业生产中具有更复杂约束的调度问题。

第3章　考虑处理器阻塞的流水作业调度问题

3.1　引言

流水作业调度是目前研究最为广泛的组合优化模型之一,被广泛应用于钢铁生产、汽车制造等行业。为了理论研究方便,通常假设相邻两台处理器之间的缓存容量为无穷大。然而,在实际调度环境中,受在制品体积的影响,缓冲区容量是有限的。一旦在制品充满缓冲区,在上游处理器已完工的任务就无法进入缓冲区等待,只能继续占用该处理器直至下游处理器空闲为止,称此现象为阻塞。在实际生产中,任务体积较大或工序之间需要运输衔接的情况下会发生阻塞现象。例如:大型闸阀是油田、化工厂主要生产设备的关键部件,其制造过程主要包括铸坯、热处理、焊接部件、无损检测和总装配五道工序;生产设备按照相同的工艺路线加工阀门半成品,由于阀门体积较大,因此,存储在制品的缓冲区受限。大型闸阀的制造过程可归为典型的阻塞流水作业调度(blocking flowshop scheduling,BFS)模型,即多项不同的任务按照相同的工艺路线经过多台串联处理器加工,其中缓冲区容量有限,目标为最优化给定的调度准则。

为了行文简洁,以下采用标准的三参数表示法来描述调度问题。Lenstra 等 (1977)指出 $F_2 | r_j | C_{\max}$ 问题为强 NP-难。因为两台机器的问题是 $F_m | r_j$, block $| C_{\max}$、$F_m | r_j$, block $| L_{\max}$ 及 $F_m | r_j$, block $| Q_{\max}$ (分别称为问题 3.1、问题 3.2 和问题 3.3)问题的特殊情况,所以后三个问题至少和前一个问题一样复杂,同样为强 NP-难。对于 NP-难问题,通常采用精确算法寻找最优解,目的是建立一个基准测试集来评价近似算法的性能。表 3-1 中列出了过去 50 年中采用分支定界算法求解 BFS 问题的一些结果。

表 3-1　求解 BFS 问题的分支定界算法

问题	参考文献
$F_m | \text{block} | C_{\max}$	Levner (1969),Suhami 等(1981),Ronconi (2005),Companys 等 (2007),Toumi 等(2017)
$F_m | \text{block}, \alpha p_{i,j} | C_{\max}$	Lee 等(2010)
$F_m | \text{block} | \sum C_j$	Moslehi 等(2013)
$F_m | \text{block} | \sum T_j$	Ronconi 等(2001)

　　然而,这些分支定界算法是依赖于特定条件的,不能推广到带有释放时间的 BFS 模型中。虽然分支定界算法可以在一定的时间内求解小规模实例,但是本质上是基于枚举的算法,随着问题规模扩大,其运行时间呈指数增长。相比之下,在较短时间内采用智能优化算法获得中等规模实例的近似解则是一种非常实用的求解方法。表 3-2 中列出了采用基于单点搜索和种群进化的智能优化算法求解 BFS 问题的一些结果。然而,这些智能优化算法大多只能用于求解任务同时可用的 BFS 模型。若采用智能优化算法解决大规模实例,其迭代运算也需要较多的计算时间,因此本章考虑使用调度规则求得大规模问题的可行解(详见表 3-3)。由于调度规则结构简单,可以对其进行理论性能分析(即最坏情况分析和渐近性能分析)。

表 3-2　求解 BFS 问题的智能优化算法

问题	算法	参考文献
$F_m \mid block \mid C_{max}$	GA	Caraffa 等(2001)
	TS	Grabowski 等(2007)
	SA	Companys 等(2010),Wang 等(2012)
	HS	Wang 等(2011)
	DE	Wang 等(2010),Davendra 等(2012)
	PSO	Liang 等(2011),Wang 等(2012)
	IG	Ribas 等(2011),Ding 等(2015),Tasgetiren 等(2017)
	ABC	Han 等(2012),Han 等(2015)
	SMOA	Davendra 等(2013)
	ISA	Lin 等(2013)
	MMA	Pan 等(2013)
	VNS	Ribas 等(2013a)
	IBBO	Liu 等(2018)
	FFOA	Han 等(2016)
$F_m \mid block, t_j \mid C_{max}$	GA	Carlier 等(2010)
$F_m \mid block \mid \sum C_j$	HS	Wang 等(2010)
	ABC	Deng 等(2012),Han 等(2013),Ribas 等(2015)
	IG	Khorasanian 等(2012)
	GRASP	Ribas 等(2015)
$F_m \mid block \mid \sum T_j$	GRASP	Ronconi 等(2009)
	ILS	Ribas 等(2013b)
	CSA	Nagano 等(2019)
	IWO	Shao 等(2017)

表 3-3　求解 BFS 问题的调度规则

问题	参考文献
$F_m \mid \text{block}, \text{stant} \mid C_{\max}$	Reddi 等(1972) Logendran 等(1993)
$F_m \mid \text{prmu}, \text{no-wait}, \text{block}, b_{j,j+1} \mid C_{\max}$	Liu 等(2009)
$F_2 \mid \text{no-wait}, \text{block}, \text{batch}, \text{sharedst} \mid C_{\max}$	Gong 等(2010)
$F_m \mid \text{block}, \text{st}_{\text{sd}} \mid C_{\max}$	Takano 等(2019)
$F_m \mid \text{block} \mid \sum C_j$	Fernandez-viagas 等(2016)

　　本书成稿时,关于 BFS 的研究大部分都集中于目标函数为最大完工时间或总流程时间的问题,并且设定所有待处理任务同时可用(Miyata et al,2019)。虽然最大完工时间和总流程时间这类目标函数便于理论研究,但工业环境中应用较少。在实际调度过程中,任务按照其释放时间实时进入系统中。为了使理论研究更加贴近工业生产环境,本章研究了一个带有释放时间的 BFS 模型,其中优化目标分别为极小化最大完工时间,最大延迟与最大送达时间。从工业意义上讲,极小化最大完工时间可以降低处理器负载进而节省能源,极小化最大延迟旨在满足客户需求进而提高满意度,极小化最大送达时间能够平衡生产成本与物流成本。鉴于这些问题都是强 NP-难的(Lenstra et al,1977),本章引入了精确算法和智能优化算法求解不同规模的实例,针对小规模实例,使用 B&B 算法,在规定时间内求得最优解,其中精心设计的剪支规则与下界可以剪掉相当多的无效节点。针对中等规模实例,提出了一种混合离散差分进化(hybrid discrete different evolution,HDDE)算法,快速求得近似最优解,其中利用分支定界算法生成的初始种群以及带有插入邻域的局域搜索策略增强了其优化能力。最后,通过数值仿真验证了算法的有效性。

3.2　问题描述与数学模型

　　在阻塞流水作业调度模型中,n 项不同的任务按照相同的工艺路线经过 m 台串联处理器加工,在任意两台连续的处理器之间不存在缓冲区。即如果下游处理器正在工作,则上游处理器已完工的任务无法进入缓冲区等待,只能继续占用该处理器直至下游处理器空闲为止。工序 $O_{i,j}$ 表示任务 j ($j=1,2,\cdots,n$)需要经过处理器 i ($i=1,2,\cdots,m$)执行。处理时间 $p_{i,j} \geqslant 0$ 表示执行工序 $O_{i,j}$ 花费的时间。任务 j 在释放时间 r_j 进入系统,这是该任务可以开始执行的最早时刻。运送时间 q_j 表示任务 j 完成处理之后交付给客户的时间。交付

日期 d_j 表示任务 j 的交货期或工期,表示事先与客户约定好的交付期限。任务可在交付日期之后完成,但会导致相应的惩罚,如信誉的损失等。完工时间 $C_{i,j}$ 表示工序 $O_{i,j}$ 结束加工的时刻,$C_{m,j}$ 简记为 C_j。送达时间 $Q_j = C_j + q_j$,表示任务 j 交付给客户的时刻。延迟 $L_j = C_j - d_j$,表示任务 j 的延迟时间。每台处理器按照 FCFS 规则执行所有任务,即同顺序处理模式:这些任务按照相同的顺序经过每台处理器。每项任务在处理过程中不允许中断,即某项任务一旦开始处理就要持续至其完工为止。在相同时刻,一台处理器只能执行一项任务,而且一项任务只能由一台处理器加工。优化目标分别为极小化最大完工时间 $C_{\max} = \max\{C_1, C_2, \cdots, C_n\}$,最大延迟 $L_{\max} = \max\{L_1, L_2, \cdots, L_n\}$ 与最大送达时间 $Q_{\max} = \max\{Q_1, Q_2, \cdots, Q_n\}$。

为了建立 MIP 模型,给出如下符号表示。

$S_{i,j}$:工序 $O_{i,j}$ 的开始时间,$i=1,2,\cdots,m$;$j=1,2,\cdots,n$。

$D_{i,j}$:工序 $O_{i,j}$ 的实际离开时间,$i=1,2,\cdots,m$;$j=1,2,\cdots,n$。

$x_{k,j}$:0-1 变量。若任务 j 为第 k 个加工的任务,则为 1,否则为 0;$j,k=1,2,\cdots,n$。

Y:足够大的正数。

据此,上述问题可以表示为如下数学规划模型:

$$\text{Minimize } F(C_j), \quad F(C_j) \in \{C_{\max}, L_{\max}, Q_{\max}\}.$$

$$\text{s. t. } \sum_{k=1}^{n} x_{k,j} = 1, j = 1,2,\cdots,n \tag{3-1}$$

$$\sum_{j=1}^{n} x_{k,j} = 1, k = 1,2,\cdots,n \tag{3-2}$$

$$S_{1,j} \geqslant r_j, j = 1,2,\cdots,n \tag{3-3}$$

$$S_{i,j} + p_{i,j} = C_{i,j}, i = 1,2,\cdots,m; j = 1,2,\cdots,n \tag{3-4}$$

$$D_{i,j} \geqslant C_{i,j}, i = 1,2,\cdots,m; j = 1,2,\cdots,n \tag{3-5}$$

$$S_{i,j} = D_{i-1,j}, i = 1,2,\cdots,m; j = 1,2,\cdots,n \tag{3-6}$$

$$D_{i,j} \leqslant S_{i,q} + Y\Big(2 - x_{k_1,j} - \sum_{k_2 > k_1} x_{k_2,q}\Big),$$
$$i = 1,2,\cdots,m; j,q,k_1,k_2 = 1,2,\cdots,n \tag{3-7}$$

$$x_{k,j} \in \{0,1\}, r_j \geqslant 0, p_{i,j} \geqslant 0, C_{i,j} \geqslant 0, D_{i,j} \geqslant 0,$$
$$i = 1,2,\cdots,m; j = 1,2,\cdots,n \tag{3-8}$$

约束(3-1)、约束(3-2)限制了每项任务只能在一个位置加工,且每个位置也只能有一项任务加工。约束(3-3)表示任务在第一台处理器上的开始时间早于其释放时间;约束(3-4)定义了任务的完工时间与其开始时间及处理时间之间的关系;约束(3-5)限定了任务的离开时间与其完工时间之间的关系;约束(3-6)描述了同一个任务在相邻两台处理器上其开始时间及离开时间之间的关系;约束(3-7)约束了不同任务在同一台处理器上的执行顺序;约束(3-8)定义了相关变量以及参数的取值范围。

3.3　分支定界算法

分支定界是一种用于求解 NP-难问题的隐枚举算法框架,通过系统地搜索状态空间求得小规模问题的最优解。虽然一般的分支定界算法不需要任何加速技术就能得到最优解,但是求解过程却要花费相当长的时间。为了提升分支定界算法的求解效率,常用的加速策略是设计有效的剪支规则和高质量的分支定界算法下界。本章基于任务释放时间的特性及单机最优调度规则,分别提出了剪支规则与分支定界算法下界用于减少有效节点数量,提高算法求解速度。

3.3.1　剪支规则

分支定界算法中剪支规则的作用是尽可能减少无效节点从而减少算法运行时间。设计剪支规则主要借助调度问题中的优化性质。考虑带有释放时间的 BFS 模型中某个可行调度,若将某项已经释放的任务延迟至较晚释放任务完工之后开始处理,则必然会人为地产生较多空闲时间,导致目标函数值恶化。这种情况可以归纳为如下性质。

性质 3.1　对于某个已经固定 $j-1$ 项任务顺序的部分序列,若其紧后任务 $[j]$ 满足如下条件:

$$C_{i,h}(\pi_{j-1}) \leqslant S_{i,[j]} \tag{3-9}$$

则剩余未调度任务的开始时间被延迟,目标函数值恶化。其中,$C_{i,h}(\pi_{j-1})$ 表示任务 h 在位置 j 加工的完工时间,在第 i 台处理器上的完工时间,$i=1,2,\cdots,m$;$j=1,2,\cdots,n$。

显然,不等式(3-9)表明若存在未调度任务 $h \in N'$ 能够在任务 j 开始之前结束其在所有处理器上的加工,则不必将任务 h 安排在任务 j 之后加工,否则将人为增加处理器空闲时间,导致目标函数值变差。若最后一台处理器不满足条件(3-9),则可以参考如下性质。

性质 3.2　针对 $F_m \mid block, r_j \mid C_{\max}$ 问题,若前 $m-1$ 台处理器满足条件(3-9),则将未调度任务 h 安排在任务 j 之后处理会导致目标函数值恶化。

证明　最后一台处理器的调度问题可以简化为 $1 \mid r_j \mid C_{\max}$ 问题,其中任务 j 的释放时间定义为 $\hat{r}_j = \max\{C_{m-1,j}, C_{j-1}\}$,$j=1,2,\cdots,n$,已知利用 FCFS

规则可以求得其最优解。条件(3-9)表明有 $\hat{r}_h \leqslant \hat{r}_j$，即在处理器 m 上任务 h 的释放时间早于任务 j，由此可以推出结论。

性质3.3　针对 $F_m|\text{block},r_j|L_{\max}$ 问题，若前 $m-1$ 台处理器满足条件(3-9)且 $d_h \leqslant d_j$，则将未调度任务 h 安排在任务 j 之后处理会导致目标函数值恶化。

证明　最后一台处理器的调度问题可以简化为 $1|r_j|L_{\max}$ 问题，在满足一致性条件的情况下，即 $d_1 \leqslant d_2 \leqslant \cdots \leqslant d_n$ 且 $r_1 \leqslant r_2 \leqslant \cdots \leqslant r_n$，根据 EDD 规则可以求得最优解。注意到 $\hat{r}_h \leqslant \hat{r}_j$ 且 $d_h \leqslant d_j$，即可推出结论。

性质3.4　针对 $F_m|\text{block},r_j|Q_{\max}$ 问题，若前 $m-1$ 台处理器满足条件(3-9)且 $q_h \geqslant q_j$，则将未调度任务 h 安排在任务 j 之后处理会导致目标函数值恶化。

证明　最后一台处理器的调度问题可以简化为 $1|r_j|Q_{\max}$ 问题，在满足一致性条件的情况下，即 $q_1 \geqslant q_2 \geqslant \cdots \geqslant q_n$ 且 $r_1 \leqslant r_2 \leqslant \cdots \leqslant r_n$，根据 LDT 规则可以求得最优解。注意到 $\hat{r}_h \leqslant \hat{r}_j$ 且 $q_h \geqslant q_j$，即可推出结论。

在分支过程中，将性质 3.1 分别与性质 3.2～性质 3.4 组合后，形成剪支规则 3.1～规则 3.3 用于求解 $F_m|\text{block},r_j|C_{\max}$、$F_m|\text{block},r_j|L_{\max}$ 和 $F_m|\text{block},r_j|Q_{\max}$ 问题。针对搜索树上的每个候选节点，利用上述剪支规则判断是否需要进行分支。剪支规则剪掉的无效节点越多，分支定界算法的搜索空间就越小，求解效率越高。

3.3.2　分支定界算法下界

对于搜索树中的一条完整分支，在其叶子节点处可以得到一个上界(可行解)。如果新上界目标值更优，则将其更新为当前最好上界(current best upper bound,CBUB)，每当某分支求得的上界更新了当前最好上界之后，就要回溯剪支，删除那些下界值不小于当前最优值的节点。显然，分支定界算法下界越有效、越接近最优解，则剪掉的节点数越多。因此，对于目标函数为极小化的调度问题，设计出尽可能大的下界是十分重要的。考虑某分支节点 $\pi(j)=([1],[2],\cdots,[j])$，$j \in N$，其中前 j 项任务已经固定顺序，这里 N 表示系统中所有任务的集合，$[j]$ 表示位于第 j 位置的任务。不失一般性，将包含未调度任务的部分序列表示为 $\pi'(j+1)=([j+1],[j+2],\cdots,[n])$。用离开时间 $D_{i,j}$ 表示任务 j 实际离开处理器 i 的时间，则 $D_{i,[j]}=\max\{C_{i,[j]},C_{i+1,[j-1]}\}$，$i=1,2,\cdots,m-1$；$j=1,2,\cdots,n$，当 $i=m$ 时，$D_{i,[j]}=C_{i,[j]}$，工序 $O_{i,h}$ 的最早可用时间 $R_{i,h}$ 可以表示为如下形式，这里 $h \in N'$。

在第 1 台处理器上：
$$R_{1,h}=\max\{D_{1,[j]},r_h\}$$

在第 i 台处理器上：

$$R_{i,h} = \max\{D_{i,[j]}, R_{i-1,h} + p_{i-1,h}\}$$

式中，$i = 2, 3, \cdots, m$。显然，若不考虑任务前后处理关系的约束，则求每台处理器上未调度工序的最优解问题可简化为带有释放时间的单机调度问题。在处理器 i 上，工序 $O_{i,[h]}$ 完工时间的可能估计值为

$$C_{[h]} \geqslant \max_{j+1 \leqslant x \leqslant h} \left\{ R_{i,[x]} + \sum_{u=x}^{h} p_{i,[u]} \right\} + \sum_{i'=i+1}^{m} p_{i',[h]} \tag{3-10}$$

不等式 (3-10) 右端项中，除 $\sum_{u=x}^{h} p_{i,[u]}$ 与顺序相关外，其余项都是常数。根据 FCFS 规则可求得 $1|r_j|C_{\max}$ 问题最优解，容易得到分支定界求解 $F_m|\text{block}, r_j|C_{\max}$ 问题的分支定界算法下界 LB3.1，其目标值表示如下：

$$Z_{3.1}^{\text{LB}} = \max_{1 \leqslant i \leqslant m} \left\{ \max_{j+1 \leqslant x \leqslant n} \left\{ R_{i,[r]} + \sum_{h=x}^{n} p_{i,[h]}^{\text{FCFS}} \right\} + \min_{h' \in N'} \sum_{i'=i+1}^{m} p_{i',[h']} \right\}$$

式中，$p_{i,[h]}^{\text{FCFS}}$ 表示工序 $O_{i,[h]}$ 按照 FCFS 规则进行调度。

根据可中断 EDD(preemptive earliest due date, PEDD) 规则可求得 $1|r_j,\text{prmp}|L_{\max}$ 问题最优解，参考不等式 (3-10) 能够求得工序 $O_{i,[h]}$ 最大延迟的可能估计值为

$$L_{[h]}^{\text{LB}} = \max_{1 \leqslant i \leqslant m} \left\{ \max_{j+1 \leqslant x_1 \leqslant x_2 \leqslant h} \left\{ R_{i,[x_1]} + \sum_{u=x_1}^{x_2} p_{i,[u]}^{\text{PEDD}} - d_{[x_2]} \right\} + \min_{u' \in N'} \sum_{i'=i+1}^{m} p_{i',[u']} \right\}$$

式中，$p_{i,[h]}^{\text{PEDD}}$ 表示工序 $O_{i,[h]}$ 按照 PEDD 规则进行调度。根据最大延迟的定义，容易得到分支定界求解 $F_m|\text{block}, r_j|L_{\max}$ 问题的分支定界算法下界 LB3.2，其目标值表示如下：

$$Z_{3.2}^{\text{LB}} = \max\{ \max_{1 \leqslant h_1 \leqslant j} L_{[h_1]}, \max_{j+1 \leqslant h_2 \leqslant n} L_{[h_2]}^{\text{LB}} \}$$

根据可中断 LDT(preemptive longest delivery time, PLDT) 规则可求得 $1|r_j,\text{prmp}|Q_{\max}$ 问题最优解，参考不等式 (3-10) 能够求得工序 $O_{i,[h]}$ 最大送达时间的可能估计值为

$$Q_{[h]}^{\text{LB}} = \max_{1 \leqslant i \leqslant m} \left\{ \max_{j+1 \leqslant x_1 \leqslant x_2 \leqslant h} \left\{ R_{i,[x_1]} + \sum_{u=x_1}^{x_2} p_{i,[u]}^{\text{PLDT}} + q_{[x_2]} \right\} + \min_{u' \in N'} \sum_{i'=i+1}^{m} p_{i',[u']} \right\}$$

式中，$p_{i,[h]}^{\text{PLDT}}$ 表示工序 $O_{i,[h]}$ 按照 PLDT 规则进行调度。根据最大送达时间的定义，容易得到分支定界求解 $F_m|\text{block}, r_j|Q_{\max}$ 问题的分支定界算法下界 LB3.3，其目标值表示如下：

$$Z_{3.3}^{\text{LB}} = \max\{ \max_{1 \leqslant h_1 \leqslant j} Q_{[h_1]}, \max_{j+1 \leqslant h_2 \leqslant n} Q_{[h_2]}^{\text{LB}} \}$$

3.3.3 算法流程

在给定的搜索树上,分支定界算法沿着每个分支从根节点搜索到叶子节点,在此处能够获得新上界。若新上界值优于 CBUB,则更新 CBUB,并回溯删除无效节点。若所有节点都被删除,则当前 CBUB 就是问题的最优解。否则,重复上述过程,继续搜索具有优势下界值的节点。特别地,如果某节点的下界值等于当前的 CBUB,则直接剪掉该节点。执行搜索过程,直至对全部有效节点完成探索。

为了描述算法方便,给出如下符号定义:Z^{UB} 表示当前最好上界值,$Z^{LB}_{\tau,j}$ 表示任务 j 在第 τ 层的下界值,$G_{\tau,h}$ 是在第 $\tau-1$ 层搜索树中包括节点 h 全部有效后继节点的集合,其中:$1 \leqslant j \leqslant n$;$1 \leqslant h$;$\tau \leqslant n$。该分支定界算法的伪代码如伪代码 3-1 所示。

伪代码 3-1　分支定界算法

1	**开始**
2	令 $\tau=0$,$N'=N$,$G_{0,h}=\varnothing$,$Z^{LB}_{0,j}=0$;
3	分别采用调度规则 LPTA、EDDA 和 LDTA 生成初始上界 Z^{UB}_0,令 $Z^{UB}=Z^{UB}_0$
4	**While**
5	令 $\tau=\tau+1$
6	**If** $\tau \leqslant n-1$
7	**For** $j \in N'$
8	若满足剪支条件,令 $Z^{LB}_{0,j}=\infty$
9	**If** j 未被剪支
10	$G_{\tau-1,h}=G_{\tau-1,h} \bigcup j$;
11	**End if**
12	计算每个有效节点 j 的下界值 $Z^{LB}_{\tau,j}$
13	**If** $Z^{LB}_{\tau,j} \geqslant Z^{UB}$ & $j \in G_{\tau-1,h}$
14	**Break**
15	**Else**
16	对于所有满足 $Z^{LB}_{\tau,j}<Z^{UB}$ 的节点 j,$j \in N'$,将其按照下界从小到大的顺序加入集合 $G_{\tau-1}$。若存在多个候选节点具有相同的最小下界值,则优先选择任务可用时间早的节点。
17	**End if**

18	**If** $G_{\tau-1} = \varnothing$
19	**If** $\tau = 1$
20	算法终止,当前的上界对应的序列就是最优解
21	**Else**
22	$\tau = \tau-1, N' = N' + \langle \pi(\tau) \rangle$
23	**End if**
24	**Else**
25	选择 $G_{\tau-1}$ 中的第一个节点 j,即下界最小的一个节点,将其从 $G_{\tau-1}$ 中删除,加入到序列 π 中 $\pi(\tau) = j, N' = N' - \{j\}$
26	**End if**
27	**Else**
28	计算两个可行解的目标函数值 $Z^{\mathrm{UB}}_{\pi(n-1),1}$ 和 $Z^{\mathrm{UB}}_{\pi(n-1),2}$
29	**If** $Z^{\mathrm{UB}} > Z^{\mathrm{UB}}_{\pi(n-1)*} = \min\{Z^{\mathrm{UB}}_{\pi(n-1),1}, Z^{\mathrm{UB}}_{\pi(n-1),2}\}$
30	$Z^{\mathrm{UB}} = Z^{\mathrm{UB}}_{\pi(n-1)*}$
31	用新上界剪支:对于每个层次 $1 \leqslant \tau \leqslant n$ 的有效节点 $j \in G_{\tau-1}$,若满足 $Z^{\mathrm{LB}}_{\tau,j} < Z^{\mathrm{UB}}$,则将其从集合 $G_{\tau-1}$ 中删除
32	**End if**
33	**End for**
34	**End if**
35	**End while**
36	结束

为了便于理解分支定界算法的求解过程,下面给出具体数值实例。

例 3-1　考虑带有释放时间的阻塞流水作业调度问题,其中包括 3 台处理器 $\{M_1, M_2, M_3\}$,4 项任务 $\{J_1, J_2, J_3, J_4\}$,目标函数为极小化 $C_{\max}$。任务的释放时间 r_j,处理时间 $p_{i,j}$ 如下所示:

	M_1	M_2	M_3	r_j
J_1	5	4	3	0
J_2	4	6	8	10
J_3	6	5	4	5
J_4	3	2	5	8

使用分支定界算法求解该问题的过程如图 3-1 所示。在第 0 层,采用 LPTA 启发式求得根节点处的初始上界值为 $Z^{\mathrm{UB}}_0 = 35$。在第 1 层,剪支规则直接剪掉节点 J_2、J_3 和 J_4。在第 2 层,由于节点 J_2 的下界值 $Z^{\mathrm{LB}} = 37 > Z^{\mathrm{UB}} =$

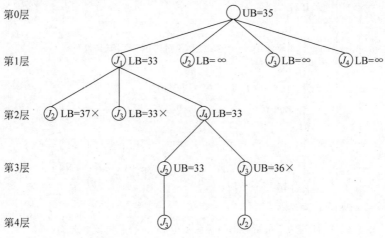

图 3-1　例 3-1 的分支定界搜索树(×表示剪支)

35,于是剪掉该节点;节点 J_3 和节点 J_4 的下界值都是 33,但是由于 $r_4 + \sum_{i=1}^{3} p_{i,4} = 18 < r_3 + \sum_{i=1}^{3} p_{i,3} = 20$,所以优先选择节点 J_4 进行分支。在第三层时,调度 $\{J_1, J_4, J_2, J_3\}$ 对应的目标函数值是 33,于是更新 $Z^{UB} = 33$,使用新的上界值进行回溯剪支,至此,所有剩余的有效节点都将被剪掉,最优调度为 $\{J_1, J_4, J_2, J_3\}$。在此例中,只进行了 4 次计算,大大节省了求解时间。

例 3-2 考虑带有释放时间的阻塞流水作业调度问题,目标函数为极小化 $L_{\max}$。任务的释放时间 r_j,处理时间 $p_{i,j}$ 与例 3-1 相同,交付日期 d_j 如下所示:

	J_1	J_2	J_3	J_4
d_j	16	32	23	28

使用分支定界算法求解该问题的过程如图 3-2 所示。在第 0 层,采用可用最早交付期优先(earliest due date available,EDDA)启发式求得根节点处的初始上界值为 $Z_0^{UB} = 2$。在第 1 层,剪支规则直接剪掉节点 J_2、J_3 和 J_4。在第 2 层,节点 J_2 和节点 J_4 由于下界大于等于当前上界被剪支。在第三层对应两个调度 $\{J_1, J_3, J_2, J_4\}$ 和 $\{J_1, J_3, J_4, J_2\}$,目标函数分别为 7 和 2,当前上界没有发生变化。至此,所有剩余的有效节点都被剪掉,最优调度为 $\{J_1, J_3, J_4, J_2\}$。同样,此例中只进行了 4 次计算,大大节省了求解时间。

例 3-3 考虑带有释放时间的阻塞流水作业调度问题,目标函数为极小化 $Q_{\max}$。任务的释放时间 r_j,处理时间 $p_{i,j}$ 与例 3-1 相同,运输时间 q_j 如下所示:

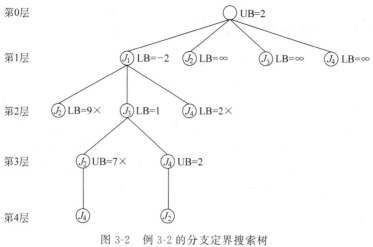

图 3-2　例 3-2 的分支定界搜索树

×表示剪支

	J_1	J_2	J_3	J_4
q_j	6	5	14	8

使用分支定界算法求解该问题的过程如图 3-3 所示。在第 0 层，采用 LDTA 启发式求得根节点处的初始上界值为 $Z_0^{\mathrm{UB}}=39$。在第 1 层，剪支规则直接剪掉节点 J_2、J_3 和 J_4。在第 2 层，节点 J_2 和节点 J_4 由于下界大于等于当前上界被剪支。在第三层对应两个调度 $\{J_1,J_3,J_2,J_4\}$ 和 $\{J_1,J_3,J_4,J_2\}$，目标函数分别为 43 和 39，当前上界没有发生变化。至此，所有剩余的有效节点都被剪掉，最优调度为 $\{J_1,J_3,J_4,J_2\}$。同样，此例中只进行了 4 次计算，大大节省了求解时间。

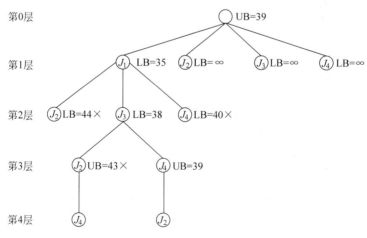

图 3-3　例 3-3 的分支定界搜索树

×表示剪支

3.4　混合离散差分进化算法

虽然分支定界算法能有效地求解小规模问题,但是其本质上是基于枚举的算法,计算时间随着任务数的增加而急剧增长。因此,在实际调度环境中通常使用智能优化算法快速求得近似最优解。DE 算法是一种基于种群进化的随机搜索方法,用于求解复杂连续优化问题。在第 2 章中已经提到经典的 DE 算法中个体采用浮点数编码方式,无法直接用于求解离散优化问题,所以本章采用与第 2 章中一致的编码解码方式,在此不再赘述。下面介绍 HDDE 算法求解阻塞流水作业调度的详细过程。

1. 初始化

通常,HDDE 算法的初始种群是随机生成的。但是,随机解的质量无法保证。因此,在本章设计的 HDDE 算法中,其初始种群中的一部分个体是由分支定界算法生成,即在给定时间内运行分支定界算法,之后采用相应的启发式算法(C_{max} 对应 LPTA,L_{max} 对应 EDDA,Q_{max} 对应 LDTA),将未剪支节点处的不完全序列补全为可行排序作为种群个体;另一部分个体由随机生成的可行排序构成,目的是保证初始种群的多样性,并且要避免两部分种群个体之间的重复。与随机初始种群相比,基于分支定界算法的初始种群删除了无效的子序列,缩小了搜索空间,提高了 HDDE 算法的性能。初始化操作的伪代码如伪代码 3-2 所示。

伪代码 3-2　HDDE 算法初始化

　　输入：运行时长

　　输出：初始种群

1　**开始**

2　　　在给定的时间内运行分支定界算法;

3　　　P_0←分支树中的 p 个有效节点的子序列;// P_0 是一个集合

4　　　在 p 个有效节点的基础上根据启发式规则将未加工任务排序;

5　　　P_1←补全的可行解; // P_1 是一个集合

6　　　P_2←根据适应度值将 P_1 中的个体排序;// P_2 是一个集合

7　　　**If** p<Popsize **do**

8　　　　　Population←集合 P_2＋随机生成(Popsize−p) 个体

9　　　**Else**

10　　　　　Population←P_2 中的前 Popsize 个体;

11　　　**End if**

12　　　**Return** Population;

13　**结束**

---

2. 变异操作

变异操作与 2.5 节中的一致,这里不再赘述,变异操作的伪代码如伪代码 3-3 所示。

伪代码 3-3　HDDE 算法变异过程

输入: Population

输出: V_h^τ

```
1   开始
2       Do{
3           a←random(1,Λ);
4           b←random(1,Λ);
5           c←random(1,Λ);
6           d←random(1,Λ);
7       }While(a,b,c,d 两两不同);
8       /* 变异操作第一步 */
9       For j=1 to n do//n 为任务数
10          x←random(0,1);
11          If x<MP do
12              G_{h_1,j}^τ = X_{a,j}^{τ-1} - X_{b,j}^{τ-1} ; G_{h_1,j}^τ = X_{c,j}^{τ-1} - X_{d,j}^{τ-1} ;
13          Else
14              G_{h_1,j}^τ = 0 ; G_{h_2,j}^τ = 0
15          End if
16      End for
17      /* 变异操作第二步 */
18      For j=1 to n do
19          v_{h,j}^τ = mod((x_{δ,j}^{τ-1} + (g_{h_1,j}^τ + g_{h_2,j}^τ) + n-1),n) + 1;
20      End for
21      Return V_h^τ;
22  结束
```

3. 交叉操作

同样地,交叉操作与 2.5 节中一致,这里也不再赘述。交叉操作的伪代码如伪代码 3-4 所示。

伪代码 3-4　　HDDE 算法交叉过程

输入：V_h^τ

输出：U_h^τ

1　**开始**

2　　　**For** $j=1$ **to** n **do**

3　　　　　$x \leftarrow \text{random}(0,1)$；

4　　　　　**If** $x \geqslant CP \parallel v_{h,j}^\tau$ **in** V_h^τ **do**

5　　　　　　　删除 $v_{h,j}^\tau \in V_h^\tau$；

6　　　　　**End if**

7　　　**End for**

8　　　$U_h^\tau \leftarrow X_h^{\tau-1}$；

9　　　从 U_h^τ 移除 V_h 中的任务

10　　$h \leftarrow 1$；

11　　**While** V_h^τ 不为空 **do**

12　　　　随机地把 V_h^τ 分为 2 个片段；

13　　　　随机地将 2 个片段插入 U_h^τ 中；

14　　　　删除 U_h^τ 中重复的片段

15　　　　$h \leftarrow h+1$；

16　　**End while**

17　　**Return** U_h^t

18　**结束**

4. 局域搜索

本节中提出了一种基于迭代贪婪(iterated greedy，IG；Ruiza et al，2007)算法的局域搜索策略用以平衡种群的多样化和集约化。IG 算法是一种基于迭代的启发式算法，具有很强的局部搜索能力，该算法通过破坏和重构来搜索更好的解。在破坏阶段，将候选解 π 分成两个队列：π_D 和 π_R，队列 π_D 由可行解 π 中随机选择的 φ 个任务(称为销毁长度)组成；队列 π_R 则由剩余任务组成。在重构阶段，π_D 中的每一项任务都被插入到队列 π_R 中的最佳位置。基于 IG 算法的局域搜索策略在交叉个体的基础上执行，但是为了节省计算时间，局域搜索以概率 θ 执行。局域搜索策略的伪代码如伪代码 3-5 所示。

伪代码 3-5　　HDDE 算法局域搜索

输入：U_h^τ

输出：U_h^τ

```
1    开始
2        h←0;
3        U←U_h^τ;
4        π_R←U;
5        While h≤ n/5 do
             /＊破坏阶段＊/
6            For k＝1 to φ do
7                从 π_R 中随机移除一个任务;
8                将任务加入 π_D;
9            End for
             /＊ 重构阶段 ＊/
10           j←1;
11           While π_D！≠∅ do
12               将 π_D 中第 j 个任务插入 π_R 的最佳位置;
13               j←j+1;
14           End while
15           If f(π_R)<f(U) do
16               U←π_R;
17               h←0;
18           Else
19               h←h+1;
20           End if
21       End while
22   结束
```

5. 算法流程

结合以上步骤，HDDE 算法的整个框架伪代码如伪代码 3-6 所示。

伪代码 3-6　HDDE 算法流程

输入：参数 Λ，CP，MP，θ，φ

输出：bestsofar

```
     开始
1        /＊初始化阶段＊/
```

2   Population←用分支定界算法初始化种群；

3   计算种群中每个个体的目标函数值；

4   bestsofar←当前种群中最优的目标函数值；

5   τ←0；

6   **While** 不满足终止条件 **do**

7   **For** h＝1 **to** Λ **do**

     / ＊ 变异阶段 ＊ /

8   V_h^{τ} 基于个体 $X_{a,j}^{\tau-1}, X_{b,j}^{\tau-1}, X_{c,j}^{\tau-1}$ 变异生成；

     / ＊ 交叉阶段 ＊ /

9   U_h^{τ}←基于个体 $X_h^{\tau-1}, V_h^{\tau}$ 交叉生成；

     / ＊ 局域搜索阶段 ＊ /

10   r←random(0,1)；

11   **If** $r<\theta$ **do**

12   基于局域搜索破坏与重构操作更新个体 U_h^{τ}；

     End if

13   / ＊ 选择阶段 ＊ /

14   **If** $f(U_h^{\tau})<f(X_h^{\tau-1})$ **do**

15          $X_h^{\tau}=U_h^{\tau}$；

16   **End if**

17   **End for**

18   更新 bestsofar；

29   τ←τ＋1；

20   **End while**

21   **Return** bestsofar；

22   结束

3.5　数值仿真实验

为了验证分支定界算法以及智能优化算法的有效性，本节设计了不同规模的数值仿真实验，用于测试所提出算法的求解性能。所有参与测试的算法采用 C++语言编写运行，测试环境为 Intel Core i5-8300 CPU、8GB 内存、Windows 10 操作系统。输入数据 $p_{i,j}$，r_j 和 q_j 的生成方式与 2.5 节中保持一致，在此不再赘述。交付日期 d_j 表示事先与客户约定好的交付期限。任务可在交付日期之后完成，但是会导致相应的惩罚。通常，任务的交付日期要大于其释放时间与处理时间总和。然而，如果每个任务的交付日期都设置得很早或很晚，那么每个任务的延迟时间分别接近于一个负数或很大的正数,这在实际的调度中是没有意义的。易知,设定交付日期的生成范围时必须保证大多数任务不会在可行的调度中延迟。因此,交付日期 d_j 通过以下方式生成: $d_j = \alpha_j \beta$,其中 α_j 表示通过 FCFS 规则获得的完工时间下界值, $\alpha_j = \min\limits_{1 \leqslant j \leqslant n} \left\{ r_j + \sum\limits_{i=1}^{m-1} p_{i,j} \right\} + \sum\limits_{j=1}^{n} p_{m,j}$, β 由离散均匀分布 $U\left[1 - T - \dfrac{R}{2}, 1 - T + \dfrac{R}{2}\right]$ 随机生成(Potts et al, 1982)。通过一系列数值实验(见附录 B.1),确定参数 T 和 R 的值分别为 $T = -0.1, R = 0.4$ 。测试结果及相关数据展示如下。

3.5.1　分支定界算法

为了突出分支定界算法的优势,这里将其与商业优化软件 IBM® CPLEX 12.8 进行对比,记录各自的运行时间与最终目标值。算法与求解器运行终止时间设定为 10min,若超过 10min,则终止运算记录当前最好目标值。

1. 最大完工时间问题

在测试中,处理器数为 $m = 3, 5, 8$;任务数为 $n = 8, 10, 12, 15$ 。针对不同规模的处理器与任务组合,随机生成 5 组测试算例,采用本章所提出的分支定界算法与 CPLEX 求解器分别进行计算。从表 3-4 中展示的测试结果可以看出,尽管分支定界算法跟 CPLEX 求解器在 600s 内均求得所有测试算例的最优解,但前者在计算效率方面明显优于后者。例如,分支定界算法在 100ms 内求得其中约 63%(19/30)算例的最优解;而 CPLEX 求解器在 [100, 500]ms 内求得其中约 58%(7/12)算例的最优解。在约 98%(59/60)的算例中,分支定界算法的求解时间都远远小于 CPLEX 求解器,且 CPLEX 求解器的总 CPU 时间约是分支定界算法的 2 倍。可见,分支定界算法的求解效率显著优于 CPLEX 求解器。

2. 最大延迟问题

最大延迟问题的测试算例规模与最大完工时间问题的完全相同。针对不同规模的处理器与任务组合,随机生成 5 组测试算例,采用本章所提出的分支定界算法与 CPLEX 求解器分别进行计算。从表 3-5 中展示的测试结果可以看出,同样地分支定界算法跟 CPLEX 求解器在 600s 内均求得所有测试算例的最优解,但前者在计算效率方面明显优于后者。在约 98%(59/60)的算例中,分支定界算法的求解时间都远远小于 CPLEX 求解器,且 CPLEX 求解器的总 CPU 时间约是分支定界算法的 3 倍。显然,在求解效率上,分支定界算法完全优于 CPLEX 求解器。

表 3-4　最大完工时间问题精确求解对比实验

		m = 3			m = 5			m = 8		
		目标函数值	CPU 时间/s CPLEX ‖ B&B	剪支节点数	目标函数值	CPU 时间/s CPLEX ‖ B&B	剪支节点数	目标函数值	CPU 时间/s CPLEX ‖ B&B	剪支节点数
n = 8	Trail 1	60	180 ‖ <1	150	90	120 ‖ <1	69	100	210 ‖ 3	365
	Trail 2	76	130 ‖ <1	22	83	110 ‖ 1	163	106	220 ‖ 3	614
	Trail 3	67	140 ‖ <1	152	79	140 ‖ <1	113	99	210 ‖ <1	97
	Trail 4	71	100 ‖ <1	64	82	140 ‖ <1	132	102	190 ‖ 2	704
	Trail 5	65	120 ‖ <1	42	77	150 ‖ 1	71	109	240 ‖ 1	250
n = 10	Trail 1	80	130 ‖ 1	94	87	180 ‖ 13	3550	118	410 ‖ 13	2076
	Trail 2	79	140 ‖ 1	354	93	210 ‖ 1	258	115	480 ‖ 25	5429
	Trail 3	71	160 ‖ 2	511	94	190 ‖ 2	803	127	230 ‖ 17	2750
	Trail 4	79	160 ‖ 1	671	96	170 ‖ 5	971	118	210 ‖ 23	3711
	Trail 5	63	170 ‖ 5	2763	92	130 ‖ 1	155	116	270 ‖ 5	1490
n = 12	Trail 1	88	490 ‖ 6	1799	118	2590 ‖ 313	56 159	135	1940 ‖ 207	27 624
	Trail 2	77	510 ‖ 8	2331	103	520 ‖ 37	9293	126	1480 ‖ 262	35 049
	Trail 3	102	340 ‖ 13	7007	103	330 ‖ 145	31 267	126	3860 ‖ 114	13 501
	Trail 4	89	260 ‖ <1	150	121	960 ‖ 88	18 946	124	1470 ‖ 168	21 894
	Trail 5	100	510 ‖ 248	122 431	101	480 ‖ 7	1603	125	1140 ‖ 388	45 782
n = 15	Trail 1	92	1670 ‖ 11	3110	130	5130 ‖ 579	81 719	162	208 230 ‖ 145 204	15 647 812
	Trail 2	109	2670 ‖ 120	52 847	144	1660 ‖ 1151	272 947	156	12 990 ‖ 1446	187 684
	Trail 3	122	1060 ‖ 318	137 226	114	6750 ‖ 331	77 049	152	40 410 ‖ 22 514	2 653 409
	Trail 4	110	790 ‖ 1580	805 605	127	20 700 ‖ 6788	1 091 632	146	53 410 ‖ 20 946	1 997 575
	Trail 5	112	4570 ‖ 704	304 592	126	10 920 ‖ 955	163 988	148	6820 ‖ 2542	314 882

表 3-5　最大延迟问题精确求解对比实验

		$m=3$			$m=5$			$m=8$		
		目标函数值	CPU 时间/s CPLEX‖B&B	剪支节点数	目标函数值	CPU 时间/s CPLEX‖B&B	剪支节点数	目标函数值	CPU 时间/s CPLEX‖B&B	剪支节点数
$n=8$	Trail 1	13	150‖2	130	12	120‖0	16	−5	140‖2	21
	Trail 2	−1	340‖1	77	24	120‖1	71	20	150‖2	71
	Trail 3	3	140‖2	80	−2	120‖1	21	2	140‖5	25
	Trail 4	9	120‖1	37	10	120‖1	15	5	180‖3	16
	Trail 5	9	150‖1	26	4	140‖1	45	−6	150‖1	27
$n=10$	Trail 1	7	210‖7	332	8	260‖16	67	38	670‖130	244
	Trail 2	−7	180‖3	174	6	230‖4	118	33	340‖77	738
	Trail 3	2	200‖5	104	14	200‖21	568	14	390‖137	137
	Trail 4	4	180‖2	150	24	260‖23	601	24	540‖43	582
	Trail 5	−1	200‖1	88	21	280‖15	141	−3	530‖122	612
$n=12$	Trail 1	11	170‖2	35	1	3280‖505	48	2	2030‖647	690
	Trail 2	25	680‖158	17122	13	600‖533	3416	11	1030‖378	1410
	Trail 3	17	370‖25	1847	−7	750‖581	110	20	500‖128	1001
	Trail 4	27	210‖17	510	−6	590‖35	1860	−19	760‖33	342
	Trail 5	5	340‖27	2543	6	500‖12	235	1	3870‖944	5322
$n=15$	Trail 1	−4	2390‖1826	51 658	13	13 090‖3627	1867	1	11 560‖63	44
	Trail 2	−6	1930‖390	47 475	15	13 290‖7644	65 428	16	6760‖595	4130
	Trail 3	−8	1890‖50	2447	−5	10 730‖1860	27 727	18	29 090‖2863	1056
	Trail 4	12	1450‖3896	3773	50	2260‖11 601	16 868	−16	14 080‖7558	3608
	Trail 5	−15	3460‖871	28 940	3	2840‖690	13 399	19	7890‖4461	2422

3. 最大送达时间问题

同样地,最大送达时间问题的测试算例规模与最大完工时间问题的完全相同。针对不同规模的处理器与任务组合,随机生成 5 组测试算例,采用本章所提出的分支定界算法与 CPLEX 求解器分别进行计算。从表 3-6 中展示的测试结果可以看出,分支定界算法跟 CPLEX 求解器在 600s 内均求得所有测试算例的最优解,但是在约 97%(29/30)的算例中,分支定界算法求解时间都远远小于 CPLEX 求解器,且 CPLEX 求解器的总 CPU 时间约是分支定界算法的 36 倍。显然,在求解效率上,分支定界算法显著优于 CPLEX 求解器。

3.5.2　混合离散差分进化算法

智能优化算法的寻优性能很大程度上取决于参数的设置。因此,在求解之前需要通过正交实验确定合适的参数(详见附录 B)。任务与处理器的测试规模分别设置为 $m=3,5,10$ 与 $n=60,100,140,180$。对于设定的每种测试规模($m\times n$),分别生成 10 组测试数据(包括处理时间、释放时间、交付日期、运送时间)。针对每组测试数据,智能优化算法分别进行 5 次重复独立实验。为了验证算法的有效性,分别采用 MRG:$\mathrm{MRG}=\dfrac{Z^{\mathrm{INI}}-Z^{\mathrm{FIN}}}{Z^{\mathrm{FIN}}}\times100\%$,平均绝对误差(mean absolute gap,MAG):$\mathrm{MAG}=\dfrac{Z^{\mathrm{INI}}-Z^{\mathrm{FIN}}}{mn}\times100\%$,其中 Z^{INI} 与 Z^{FIN} 分别表示算法的初始值与最终值;以及 RDP:$\mathrm{RDP}=\dfrac{Z^{H}-Z^{*}}{Z^{*}}\times100\%$ 作为评价指标,其中 Z^{H} 表示算法求得的最终值,Z^{*} 表示该组测试数据 5 次重复独立实验中所有 Z^{H} 值中的最好值。下面的数据表格中记录了最终结果的平均值。

1. 最大完工时间问题

根据正交实验的结果,HDDE 算法求解问题 3.1 的参数设置为种群规模 $\Lambda=100$,变异概率 $\mathrm{MP}=0.6$,交叉概率 $\mathrm{CP}=0.2$,局域搜索概率 $\theta=0.4$,扰动步长 $\varphi=3$,最大迭代次数 $\tau_{\max}=150$。

表 3-7 中的数据是 HDDE 算法求解问题 3.1 的 MRG 值。实验结果表明,对于给定的处理器规模,随着任务数量的增加,HDDE 算法的优化性能有显著改进。例如,5 台处理器时,当任务数由 60 增加到 180,MRG 值由 6.801% 增长到 15.807%。引起该现象的原因可能是问题规模增大引起分支定界生成的初始种群质量下降,导致初始解与最终解之间的误差变大。

表 3-6　最大送达时间问题精确求解对比实验

		m=3			m=5			m=8		
		目标函数值	CPU 时间/s CPLEX ‖ B&B	剪支节点数	目标函数值	CPU 时间/s CPLEX ‖ B&B	剪支节点数	目标函数值	CPU 时间/s CPLEX ‖ B&B	剪支节点数
n=8	Trail 1	74	150 ‖ <1	594	99	140 ‖ <1	61	108	200 ‖ 2	227
	Trail 2	87	170 ‖ <1	37	92	210 ‖ 2	512	112	200 ‖ 1	458
	Trail 3	73	200 ‖ <1	144	88	190 ‖ 1	213	106	180 ‖ 1	217
	Trail 4	80	220 ‖ <1	528	90	170 ‖ <1	192	110	220 ‖ 2	594
	Trail 5	73	130 ‖ <1	41	91	150 ‖ 1	397	116	190 ‖ 1	202
n=10	Trail 1	91	280 ‖ 1	668	93	370 ‖ 8	2659	123	310 ‖ 7	1170
	Trail 2	84	160 ‖ 1	346	105	270 ‖ 5	1967	126	390 ‖ 12	2994
	Trail 3	82	220 ‖ 3	1285	101	200 ‖ 2	1005	136	210 ‖ 22	2632
	Trail 4	88	180 ‖ <1	460	105	200 ‖ 2	556	133	240 ‖ 27	6318
	Trail 5	68	300 ‖ 10	5820	104	250 ‖ 2	698	130	470 ‖ 8	2724
n=12	Trail 1	96	400 ‖ 15	5962	130	1050 ‖ 499	147 182	146	1320 ‖ 344	60 225
	Trail 2	89	380 ‖ 113	68 356	113	450 ‖ 84	25 459	134	1420 ‖ 240	37 348
	Trail 3	112	360 ‖ 14	8569	117	330 ‖ 212	59 571	136	6160 ‖ 228	42 826
	Trail 4	102	400 ‖ 7	3670	133	990 ‖ 180	53 665	129	1040 ‖ 202	34 231
	Trail 5	111	570 ‖ 261	153 188	108	580 ‖ 7	2331	135	750 ‖ 715	100 519
n=15	Trail 1	105	940 ‖ 389	115 593	150	5050 ‖ 2756	640 970	171	438 910 ‖ 295 855	54 061 030
	Trail 2	120	4053 ‖ 429	158 348	150	1050 ‖ 25	6466	168	28 740 ‖ 1770	248 898
	Trail 3	132	810 ‖ 223	100 484	126	11 630 ‖ 2813	914 436	164	17 970 ‖ 43 502	7 539 479
	Trail 4	120	1050 ‖ 1038	534 690	135	6280 ‖ 4799	1 028 321	156	100 030 ‖ 27 294	4 019 141
	Trail 5	121	3019 ‖ 901	409 706	132	6810 ‖ 478	98 979	159	5520 ‖ 4794	812 870

表 3-7　HDDE 算法求解问题 3.1 的 MRG 值　　　　　%

	$m=3$	$m=5$	$m=10$
$n=60$	6.457	6.801	6.916
$n=100$	8.165	7.132	6.241
$n=140$	8.745	12.370	11.586
$n=180$	11.890	15.807	12.475

为了突出 HDDE 算法的优良性能,表 3-8 记录了 HDDE 与 GA 求解问题 3.1 的对比实验结果。测试中,任务的处理时间取自流水作业调度基准测试集(Taillard,1993),选取其中的 11 个 $n \times m$ 子集,每个子集包含 10 个实例,这里 $m=5,10,20$ 和 $n=20,50,100,200$。其余参数与 3.5.1 节中生成方式相同。为了进一步减少冗余计算,HDDE 算法使用了改进的终止条件(modified termination condition,MTC),其中,一旦在 β 次连续迭代之后算法的改进量小于 $\alpha = \dfrac{\delta}{mn} \times 100\%$,则终止迭代,这里 δ 表示两个相邻迭代之间的最小绝对差值。通过一系列的统计检验,最终确定最合适的 $\alpha=2.55\%$,$\beta=6$,即若 HDDE 在连续 6 次迭代后改进量小于 2.55%,则终止计算。GA 的终止时间被设置为 HDDE 的平均终止时间。表 3-8 中,mRDP、minRDP、maxRDP 和 SD 分别表示平均 RDP、最小 RDP、最大 RDP 和标准差。HDDE 算法的 MRDP 值明显优于遗传算法。例如:遗传算法的 mRDP 值的均值为 19.27%,而 HDDE 算法的相应值为 0.76%;而且,前者的 SD 值明显大于后者,这体现了 HDDE 算法的稳定性。

表 3-8　HDDE 与 GA 算法求解问题 3.1 结果比较

$n \times m$	GA				HDDE			
	mRDP	minRDP	maxRDP	SD	mRDP	minRDP	maxRDP	SD
20×5	4.86	1.04	3.22	1.77	0.32	0.00	0.04	0.10
20×10	4.16	1.05	1.90	0.97	1.38	0.00	0.16	0.43
20×20	8.29	0.42	2.79	2.90	0.04	0.00	0.01	0.02
50×5	8.26	3.74	5.87	1.63	0.55	0.00	0.11	0.21
50×10	7.24	2.65	5.00	1.47	0.61	0.00	0.15	0.22
50×20	8.34	1.63	4.76	2.13	0.53	0.00	0.10	0.17
100×5	29.04	18.71	24.06	3.05	0.29	0.00	0.20	0.41
100×10	28.44	16.27	21.79	3.76	1.03	0.00	0.17	0.33

续表

$n \times m$	GA				HDDE			
	mRDP	minRDP	maxRDP	SD	mRDP	minRDP	maxRDP	SD
100×20	21.48	11.73	17.96	3.19	2.06	0.00	0.50	0.75
200×10	49.53	41.63	45.87	2.93	0.67	0.00	0.15	0.26
200×20	42.35	33.40	38.15	2.88	0.88	0.00	0.21	0.30
平均值	19.27	12.03	15.58	2.43	0.76	0.00	0.17	0.29

2. 最大延迟问题

根据正交实验的结果,HDDE 算法求解问题 3.2 的参数设置为种群规模 $\Lambda = 100$,变异概率 MP=0.6,交叉概率 CP=0.2,局域搜索概率 $\theta = 0.4$,扰动步长 $\varphi = 3$,最大迭代次数 $\tau_{max} = 150$。

表 3-9 中的数据是 HDDE 算法求解问题 3.2 的 MAG 值。实验结果显示了与前一节相同的变化趋势,这可能是由相同的原因引起的。然而对于给定的任务规模,随着处理器数量的增加,HDDE 算法的优化性能有所下降。例如:140 个任务时,当处理器数量由 3 增加到 10 时,MAG 值由 33.929% 下降到 14.238%。这可能是因为随着处理器数量的增加,每个任务的操作量随之增加,从而增加了相邻任务的空闲时间,降低了最终解的质量。

表 3-9　HDDE 算法求解问题 3.2 的 MAG 值　　　　　%

	$m=3$	$m=5$	$m=10$
$n=60$	19.759	18.922	11.061
$n=100$	25.378	21.187	13.323
$n=140$	33.929	21.995	14.238
$n=180$	35.537	32.352	13.146

为了突出 HDDE 算法的优良性能,表 3-10 记录了 HDDE 与 GA 求解问题 3.2 的对比实验结果。测试选取了与上节相同的流水作业调度基准测试集 (Taillard,1993),其余参数与 3.5.1 节中生成方式相同。表 3-10 中实验结果显示的总体趋势与表 3-8 中数据基本一致,这验证了 HDDE 算法在运算性能上要优于遗传算法。

表 3-10　HDDE 与 GA 算法求解问题 3.2 结果比较

$n \times m$	GA				HDDE			
	mADP	minADP	maxADP	SD	mADP	minADP	maxADP	SD
20×5	303.44	200.80	411.20	63.61	5.28	0.00	20.80	7.01
20×10	73.46	29.00	105.60	21.20	3.94	0.00	10.20	3.38
20×20	21.14	10.00	34.90	6.95	1.03	0.00	3.20	1.06
50×5	911.52	531.20	1196.80	205.50	56.40	0.00	113.60	37.13
50×10	207.08	144.60	297.20	48.54	19.64	9.20	42.00	10.75
50×20	50.63	35.55	79.75	14.12	5.14	2.45	8.30	1.61
100×5	1383.12	566.40	2520.80	616.14	52.40	0.00	195.20	66.44
100×10	358.94	237.60	579.40	90.20	37.92	7.60	60.60	17.40
100×20	61.55	42.60	91.15	14.56	5.73	3.60	8.80	1.42
200×10	662.30	456.40	873.40	125.07	55.16	26.00	94.60	16.59
200×20	93.49	69.00	127.85	15.24	7.83	3.85	20.10	4.49
平均值	375.15	211.23	574.37	111.01	22.77	4.79	52.49	15.21

3. 最大送达时间问题

根据正交实验的结果,HDDE 算法求解问题 3.2 的参数设置为种群规模 $\Lambda = 100$,变异概率 $MP = 0.6$,交叉概率 $CP = 0.4$,局域搜索概率 $\theta = 0.4$,扰动步长 $\varphi = 5$,最大迭代次数 $\tau_{max} = 150$。

表 3-11 与表 3-12 中的数据是 HDDE 算法求解问题 3.3 的 MRG 值和 MAG 值。实验结果显示了与前两节相同的变化趋势,对于给定的处理器规模,随着任务数量的增加,HDDE 算法的优化性能有显著改进。例如,5 台处理器时,当任务数由 60 增加到 180 时,MRG 值由 9.542% 增长到 28.202%。然而对于给定的任务规模,随着处理器数量的增加,HDDE 算法的优化性能有所下降。又如,180 个任务时,当处理器数量由 3 增加到 10 时,MAG 值由 85.222% 下降到 25.522%。上述现象可能是由相同的原因引起的。同时,该表中的数据值略大于表 3-7 与表 3-9 中的值,这说明 HDDE 算法求解问题 3.3 的效率更高。

为了突出 HDDE 算法的优良性能,表 3-13 记录了 HDDE 与 GA 求解问题 3.3 的对比实验结果。测试选取了与上两节相同的流水作业调度基准测试集(Taillard,1993),其余参数与 3.5.1 节中生成方式相同。表 3-13 中实验结果显示的总体趋势与表 3-8 和表 3-10 中数据基本一致,这验证了 HDDE 算法在运算性能上要优于遗传算法。

表 3-11　HDDE 算法求解问题 3.2 的 MRG 值　　　%

	$m=3$	$m=5$	$m=10$
$n=60$	8.268	9.542	8.331
$n=100$	9.470	9.854	7.675
$n=140$	9.654	26.051	24.014
$n=180$	27.314	28.202	24.320

表 3-12　HDDE 算法求解问题 3.2 的 MAG 值　　　%

	$m=3$	$m=5$	$m=10$
$n=60$	19.889	15.600	7.600
$n=100$	23.333	16.720	6.700
$n=140$	22.667	51.029	25.486
$n=180$	85.222	56.422	25.522

表 3-13　HDDE 与 GA 算法求解问题 3.3 结果比较

$n \times m$	GA				HDDE			
	mRDP	minRDP	maxRDP	SD	mRDP	minRDP	maxRDP	SD
20×5	19.388	12.833	28.176	4.161	0.233	0.00	1.169	0.362
20×10	43.509	28.985	54.323	4.937	0.422	0.00	1.408	0.439
20×20	59.978	52.047	65.841	3.369	0.297	0.00	1.240	0.339
50×5	15.612	8.826	23.878	3.316	0.094	0.00	0.629	0.171
50×10	30.04	23.870	40.327	4.004	0.229	0.00	0.707	0.231
50×20	49.201	38.579	54.761	3.769	0.394	0.00	1.244	0.389
100×5	28.642	22.522	39.05	3.791	0.352	0.00	0.993	0.336
100×10	9.076	4.985	13.457	2.008	0.045	0.00	0.332	0.084
100×20	20.528	1.730	27.864	4.239	0.232	0.00	0.951	0.274
200×10	14.571	7.838	19.354	2.748	0.176	0.00	0.736	0.216
200×20	3.306	1.021	6.512	1.586	0.167	0.00	0.560	0.177
平均值	26.714	19.567	33.958	3.448	0.240	0.00	0.906	0.274

3.6　本章小结

本章研究了考虑处理器阻塞的流水作业调度模型,其中优化目标分别为极小化最大完工时间、最大延误与最大送达时间。针对小规模问题,设计了 B&B

算法进行精确求解,针对 3 种问题分别设计了基于 FCFS 规则、PEDDA 规则和 PLDT 规则的分支定界算法下界及有效的剪支策略显著缩小了搜索空间。数值实验证实 B&B 算法的性能明显优于商业求解器 CPLEX。针对中等规模问题,采用混合离散差分进化算法在设定时间内求得高质量可行解。对比实验表明,所提出的算法显著优于其他流行的优化算法。此外,得益于智能优化算法较好的泛化性,本节提出的智能优化算法可以应用与更加复杂的实际工业应用中。

第4章 考虑学习效应的流水作业调度问题

4.1 引言

1913 年,美国人 Henry 开发了用于生产 T 型小汽车的可移动流水装配线,该项技术将每辆汽车的装配时间由 12h 缩短到 2.5h,使得家用汽车由奢侈品变为普通家庭的代步工具。同时,装配线技术在制造业中得到广泛的应用。例如,人造卫星电池组件的生产装配过程。首先,将电池组件进行手工焊接;然后,对电池组件表面进行喷漆;接着,将电池组件黏合包装;最后,把所有的电池组件整体装配。显然,上述过程可以抽象为流水作业调度模型。

本章讨论考虑学习效应(learning effect)的流水作业调度模型,其中目标函数分别为极小化最大完工时间、完工时间 $k(k=1,2)$ 次方和与最大延误,利用三参数表示法(Graham et al,1979),可以分别表示为 $F_m|r_j,\text{le}|C_{\max}$、$F_m|r_j,\text{le}|\sum C_j^k$ 和 $F_m|r_j,\text{le}|L_{\max}$(分别简记为问题 4.1、问题 4.2 和问题 4.3)。与经典流水作业调度模型相比,该模型中任务在每台处理器上的处理时间不再是一个常数,而是一个与位置相关的学习效应函数值。从工业角度讲,最大完工时间目标能够降低处理器负载,减少能源消耗,而完工时间和目标能够降低在制品库存,节约库存成本。完工时间平方和目标体现了最大完工时间与完工时间和之间的耦合关系(Cheng et al,2004),可以作为能源消耗与库存成本之间的折中。除生产成本之外,最大延误目标旨在提高顾客满意度,在激烈的市场竞争中,客户满意度已成为现代企业改进服务质量、提高竞争力的重要评价标准。

学习效应最早可以追溯到航空工业生产中,Wright(1936)发现随着产量的积累,单位产品的生产时间呈现下降趋势。随着相关研究的不断深入,Biskup(1999)和 Cheng 等(2000)将学习效应引入了生产调度领域,其中,流水作业调度问题引起了广泛关注。易知在学习效应函数为常数 1 的情况下,考虑学习效应的流水作业调度问题等价于经典流水作业调度问题,因此前者的问题复杂性至少不会低于后者。对于经典问题而言,除了 $F_2\|C_{\max}$(Bai et al,2014;Brucker,2010)等简单的调度模型可以在多项式时间内求得最优解之外,绝大多数情况下的流水作业调度问题都具有 NP-难性质。与经典流水作业调度的研究不同(Cheng et al,1998;Lin et al,2016),考虑学习效应的流水作业调

度问题的研究主要集中在以下 4 个方面。

① 在某些特殊情况下,考虑学习效应的流水作业调度问题可以由多项式时间算法(Cheng et al,1980;Wang et al,2005;Koulamas et al,2007;Wang et al,2008;Wang et al,2009;Wu et al,2009;Wang et al,2013;Wu et al,2013)求解,这些算法可为分支定界算法提供有效的下界或作为一般问题最优解的估计(算法下界)。② 针对小规模问题,分支定界算法可以求得问题的最优解(表 4-1)。为了方便研究,目前已知的分支定界算法假设所有任务同时可用。不过,这并不符合现实调度环境,因为任务往往是实时到达生产线的。③ 针对中等规模问题,智能优化算法(Eren et al,2008;Isler et al,2012;Pargara et al,2012;Wu et al,2012;Cheng et al,2013;Nouri et al,2013a;Nouri et al,2013b;Nouri et al,2014;Amirian et al,2015;姚远远等,2015;He,2016;Mousavi et al,2018)可以获得流水作业调度问题的近似解。但是据作者所知,目前尚未有文献针对本章所研究的问题设计智能优化算法。④ 最坏性能分析被广泛用于评估算法的性能(表 4-2),然而,该方法所研究的都是一些极端特殊的情况,在实际的调度过程中几乎不会发生,无法宏观的分析近似算法的渐近趋势。

表 4-1　考虑学习效应的流水作业调度问题的分支定界算法结果

处理器数	学习效应函数	目标函数	参考文献
1	$p_{i,j,v}=p_{i,j}v^c$	$\sum w_j T_j$	Yin 等(2012)
1	$p_{i,j,v}=[p_{i,j}+(\alpha\times t)](v)^c$	$T_{\max}$	Toksarı(2016)
2	$p_{i,j,v}=p_{i,j}v^c$	$\sum C_j$	Lee 等(2004)
2	$p_{i,j,v}=p_{i,j}v^c$	$\theta\sum C_j+(1-\theta)T_{\max}$	Chen(2006)
2	$p_{i,j,v}(t)=p_{i,j}v^c t$	$\sum C_j$	Wang 等(2009)
2	$p_{i,j,v}(t)=p_{i,j}v^c t$	$C_{\max}$	Wang 等(2012)
2	$p_{i,j,v}(t)=p_{i,j}v^c t$	$C_{\max}$	Wang 等(2012)
2	$p_{i,j,v}=p_{i,j}\max\left\{\left(1-\dfrac{\sum_{u=1}^{v-1}p_{i,[u]}}{\sum_{u=1}^{n}p_{i,[u]}}\right)^{\alpha},\beta\right\}$	$\sum C_j$	Wu 等(2012)
2	$p_{i,j,v}=p_{i,j}v^c$	$C_{\max}$	Wu 等(2013)

续表

处理器数	学习效应函数	目标函数	参考文献
2	$p_{i,j,v}=p_{i,j}\max\{v^a,\beta\}$	$C_{\max}$	Cheng 等(2013)
m	$p_{i,j,v}=p_{i,j}v^c$	$C_{\max}$	Chung 等(2011)
m	$p_{i,j,v}=p_{i,j}v^c$	$\sum T_j$	Lee 等(2013)
m	$p_{i,j,v}=p_{i,j}\left(\alpha a\sum_{u=1}^{v-1}p_{i,[u]}+\beta\right)b^{v-1}$	$L_{\max}$	He(2016)
m	$p_{i,j,v}=p_{i,j}\prod_{u=1}^{v-1}a(u)$	$\sum w_j T_j$	Wang(2020)
m	$p_{i,j,v}=p_{i,j}\left(1+\sum_{u=1}^{v-1}t_{[u]i}\right)^a$	$\sum T_j$	Wu 等(2019)

表 4-2　考虑学习效应的流水作业调度问题的近似算法结果

处理器数	学习效应函数	目标函数	参考文献
1	$p_{i,j,v}=p_{i,j}v^c$	$C_{\max},\sum C_j,\sum w_j C_j,L_{\max},\sum U_j$	Mosheiov (2001)
1	$p_{i,j,v}=p_{i,j}\left(\alpha a\sum_{u=1}^{v-1}\ln p_{[u]}+\beta\right)$	$C_{\max},\sum C_j,\sum C_j^2,\sum w_j C_j,L_{\max}$	Wang 等 (2010)
1	$p_{i,j,v}=p_{i,j}\alpha(t)\beta(v)$	$C_{\max},\sum C_j,L_{\max}$	刘洋等 (2012)
1	$p_{i,j,v}=p_{i,j}(a-bv)$ $p_{i,j,v}=p_{i,j}v^c$ $p_{i,j,v}=p_{i,j}a^{v-1}$	$\sum C_j,\sum C_j^2,L_{\max}$	Bai 等 (2020)
2	$p_{i,j,v}=p_{i,j}v^c$	$\sum \alpha E_j^{*}+\beta T_j$	İşler 等 (2012)
2	$p_{i,j,v}=p_{i,j}\max\{v^a,\beta\}$	$\sum w_j C_j,\sum w_j\left(1-e^{-rC_j}\right),$ $L_{\max}+d_{\max}$	Wu 等 (2013)
m	$p_{i,j,v}=p_{i,j}(a-bv)$ $p_{i,j,v}=p_{i,j}v^c$	$C_{\max},\sum C_j$ $C_{\max},\sum C_j$	Wang 等 (2005)

续表

处理器数	学习效应函数	目标函数	参考文献
m	$p_{i,j,v}=p_{i,j}(a-bv)$	$\sum w_j C_j,\sum w_j(1-e^{-rC_j}),\sum C_j^2$	Xu 等 (2008)
	$p_{i,j,v}=p_{i,j}v^c$	$\sum w_j C_j,\sum w_j(1-e^{-rC_j}),\sum C_j^2$	
m	$p_{i,j,v}=p_{i,j}\left(1+\sum_{u=1}^{v-1}p_{[u]i}\right)^{\alpha}$	$C_{\max},\sum C_j,\sum C_j^k,\sum w_j C_j,L_{\max}$	Kuo 等 (2012)
m	$p_{i,j,v}=p_{i,j}\left(1+\sum_{u=1}^{v-1}p_{i,[u]}\right)^{\alpha}$	$C_{\max},\sum C_j,\sum w_j C_j,$ $\sum w_j(1-e^{-rC_j}),\sum C_j^2$	Li 等 (2013)
m	$p_{i,j,v}=p_{i,j}g(v)$	$C_{\max},\sum w_j C_j,\sum w_j(1-e^{-rC_j}),$ $\sum C_j^2$	Sun 等 (2013a)
m	$p_{i,j,v}=p_{i,v_2}v_1^{\alpha}v_2^{\beta}$	$C_{\max},\sum C_j,\sum w_j C_j,L_{\max}$	Qin 等 (2016)
2	$p_{i,j,v}=p_{i,j}g(v)$	$\sum C_j$	
m	$p_{i,j,v}=p_{i,j}g(v)$	$C_{\max},\sum C_j,\sum w_j C_j,$ $\sum w_j(1-e^{-rC_j}),\sum C_j^2$	Wang 等 (2011)
	$p_{i,j,v}=p_{i,j}(a-bv)$	$C_{\max},\sum C_j$	
	$p_{i,j,v}=p_{i,j}v^c$	$C_{\max},\sum C_j$	
2,m	$p_{i,j,v}=p_{i,j}(a-bv)$	$\sum C_j$	Wang 等 (2012)
	$p_{i,j,v}=p_{i,j}v^c$		
	$p_{i,j,v}=p_{i,j}a^{v-1}$		
	$p_{i,j,v}=p_{i,j}a^{v-1}$	$\sum w_j C_j,\sum w_j(1-e^{-rC_j}),\sum C_j^2$	
2	$p_{i,j,v}=p_{i,j}\max\{v^{\alpha},\beta\}$	$\sum C_j$	Wang 等 (2013)
m	$p_{i,j,v}=p_{i,j}\max\{v^{\alpha},\beta\}$	$C_{\max},\sum C_j,\sum w_j C_j,$ $\sum w_j(1-e^{-rC_j}),\sum C_j^2,L_{\max}+d_{\max}$	
2,m	$p_{i,j,v}=p_{i,j}a^{v-1}$	$\sum w_j C_j$	Sun 等 (2013b)
	$p_{i,j,v}=p_{i,j}(a-bv)$		
	$p_{i,j,v}=p_{i,j}v^c$		

注：E_j 表示任务 j 的提前时间，$E_j=\max\{d_j-C_j,0\}$。

针对问题 4.1、问题 4.2 和问题 4.3，本章建立了混合整数规划（mixed

integer programming，MIP)模型，用于商业优化软件求解；设计了分支定界算法进行最优求解小规模问题；采用离散差分进化算法、粒子群优化算法和人工蜂群算法近似求解中等规模问题；提出启发式算法在短时间内求得大规模问题的可行解，并证明了算法的渐近最优性。最后，通过数值仿真验证了算法的有效性。

4.2　问题描述与数学模型

在考虑学习效应的流水作业调度模型中，n 项不同的任务按照相同的工艺路线经过 m 台串联处理器加工，在任意两台连续的处理器之间不存在缓冲区。工序 $O_{i,j}$ 表示任务 $j(j=1,2,\cdots,n)$ 需要经过处理器 $i(i=1,2,\cdots,m)$ 执行。处理时间 $p_{i,j}\geqslant0$ 表示执行工序 $O_{i,j}$ 花费的时间，但任务在处理器上的实际处理时间不再仅与 $p_{i,j}$ 相关，还与任务所处的位置 t 对应的学习效应函数值 $g(t)$ 相关，即实际的处理时间 $p_{i,j,t}=p_{i,j}g(t)$。任务 j 在释放时间 r_j 进入系统，这是该任务可以开始执行的最早时刻。交付日期 d_j 是任务 j 的交货期或工期，表示事先与客户约定好的交付期限。任务可在交付日期之后完成，但会导致相应的惩罚。例如，信誉的损失等。完工时间 $C_{i,j}$ 表示工序 $O_{i,j}$ 结束加工的时刻，$C_{m,j}$ 简记为 C_j。延迟 $L_j=C_j-d_j$，表示任务 j 的延迟时间。每台处理器按照 FCFS 规则执行所有任务，即同顺序处理模式：这些任务按照相同的顺序经过每台处理器。任意两台相邻处理器之间的缓存能力是无限的。每项任务在处理过程中不允许中断，即某项任务一旦开始处理就要持续至其完工为止。在相同时刻，一台处理器只能执行一项任务，而且一项任务只能由一台处理器加工。优化目标为分别极小化最大完工时间 $C_{\max}=\max\{C_1,C_2,\cdots,C_n\}$，完工时间 k 次方和 $\sum C_j^k=\min\sum_{j=1}^n(C_j)^k$，$k=1,2$ 与最大延迟 $L_{\max}=\max\{L_1,L_2,\cdots,L_n\}$。

4.2.1　数学模型

为了建立 MIP 模型，给出下面一系列相关符号：

$S_{i,j}$：任务 j 在处理器 i 上的开始时间，$i=1,2,\cdots,m$；$j=1,2,\cdots,n$；

$X_{t,j}$：0-1 变量。若任务 j 在第 t 个位置上加工则为 1，否则为 0；

Y：足够大的正数。

根据以上各定义，将上述问题表示为数学规划模型：

$$\text{Minimize } F(C_j),\quad F(C_j)\in\left\{C_{\max},\sum C_j^k(k=1,2),L_{\max}\right\}$$

$$\text{s.t.}\sum_{t=1}^n X_{t,j}=1,j=1,2,\cdots,n \tag{4-1}$$

$$\sum_{j=1}^{n} X_{t,j} = 1, t = 1, 2, \cdots, n \tag{4-2}$$

$$S_{i,j} - r_j \geqslant 0, i = 1, 2, \cdots, m; j = 1, 2, \cdots, n \tag{4-3}$$

$$S_{i,j} \geqslant C_{i-1,j}, i = 2, \cdots, m; j = 1, 2, \cdots, n \tag{4-4}$$

$$C_{i,j_1} - Y(1 - X_{t,j_1}) \leqslant S_{i,j_2} + Y(1 - X_{t+1,j_2})$$
$$i = 2, \cdots, m; j_1, j_2 = 1, 2, \cdots, n; j_1 \neq j_2; t = 1, 2, \cdots, n-1 \tag{4-5}$$

$$C_{i,j} \geqslant S_{i,j} + \sum_{t=1}^{n} p_{i,j} g(t) X_{t,j}, i = 1, 2, \cdots, m; j = 1, 2, \cdots, n \tag{4-6}$$

$$X_{t,j} \in \{0,1\}, r_j \geqslant 0, p_{i,j} \geqslant 0, C_{i,j} \geqslant 0, i = 1, 2, \cdots, m; t, j = 1, 2, \cdots, n \tag{4-7}$$

约束(4-1)、约束(4-2)限制了任务加工序列的唯一性。约束(4-3)表示任务的开始时间早于其释放时间。约束(4-4)描述了同一个任务在相邻两台处理器上的加工过程。约束(4-5)概述了同一台处理器上相邻两项任务的加工过程。约束(4-6)定义了任务的完工时间与其开始时间及处理时间之间的关系。约束(4-7)描述了相关变量以及参数的取值范围。

4.2.2　学习效应函数

在实际生产环境中,当工人反复处理相似的任务并积累了有效执行任务的经验后,后续任务的处理时间将显著缩短,通常将以上现象称为学习效应。本章所使用的学习效应函数基于任务在调度序列中的位置,学习效应函数值与任务的处理位置呈负相关,即任务的位置越靠后,对应的学习效应函数值就会越小。

本章设计了三种学习效应函数,分别为线性学习效应函数、幂学习效应函数和指数学习效应函数,函数定义如下。

线性函数为

$$g_1(t) = a - bt \tag{4-8}$$

幂函数为

$$g_2(t) = t^c \tag{4-9}$$

指数函数为

$$g_3(t) = \alpha^{t-1} \tag{4-10}$$

式中,t 代表任务在调度序列中所处的位置,$1 \leqslant t \leqslant n$。考虑到学习效应函数必须满足单调递减且函数值大于 0,因此上述参数应满足:$0 < b < 1, c \leqslant 0, 0 < \alpha < 1$。Heathcote 等(2000)提出指数函数可以更好地描述学习效应。

4.3　启发式算法的渐近性能分析

针对大规模问题，基于 FCFS、SPT 或 EDD 等调度规则的启发式算法能在很短的时间内获得可行解。本节将考虑使用基于 SPTA 或 EDDA 的启发式方法来获得大规模问题的可行解，其中 SPTA 规则的优化目标为极小化最大完工时间和完工时间 k 次方和，EDDA 规则优化目标为极小化最大延迟。

本节在概率假设下，证明 SPTA 启发式和 EDDA 启发式算法具有渐近最优性。对于任务序列 $\Pi = \{\pi_1, \pi_2, \cdots, \pi_n\}$，必须满足以下假设（Xia et al,2000）。

假设 1　不同任务的处理时间是独立的，即 $\{p_{1,j}, p_{2,j}, \cdots, p_{m,j}\}$（$j \geqslant 1$）是一组独立的随机向量序列。

假设 2　对于每项任务，在 m 台处理器上的处理时间是可互换的随机变量，即对于任何给定的 $j \geqslant 1, p_{1,j}, p_{2,j}, \cdots, p_{m,j}$ 是可互换的。

针对经典的流水作业调度问题，Xia 等（2000）给出了一个有效的性质。

引理 4.1　在假设 1 和假设 2 下（Xia et al,2000），如果 $\sup_{j \geqslant 1} \mathrm{var}(p_{1,j}) < \infty$，则

$$\lim_{n \to \infty} \frac{\max\limits_{1 \leqslant l_a \leqslant l_b \leqslant n} \left| \sum\limits_{j=l_a}^{l_b} (p_{i',j} - p_{1,j}) \right|}{n} = 0 (\mathrm{w. p. 1})$$

式中，$i' = 2, 3, \cdots, m$。

4.3.1　$\mathrm{SPTA_F}$ 启发式及其渐近最优性

在流水作业调度模型中，除了等待任务到达外，第一台处理器上没有额外的空闲时间只有在第一台处理器上没有任务释放的情况下，才会出现空闲的情况，因此，可以将这个问题看作单机调度问题。基于该思想，本节针对问题 4.1 和问题 4.2 提出了 $\mathrm{SPTA_F}$ 启发式算法，即当第一台处理器空闲时，该处理器从当时可用的任务中选择处理时间最短的任务执行。对于一个没有延迟的可行调度，工序 $O_{1,[j]}$ 的完成时间定义如下：

$$C_{1,[j]} = \max_{1 \leqslant x \leqslant j} \left\{ r_{[x]} + \sum_{v=x}^{j} p_{1,h} g(v) \right\}, \quad j \geqslant 1, h \in N \tag{4-11}$$

式中，$[j]$ 表示排在第 j 个位置的任务。

引理 4.2　在引理 4.1 的假设之下，如果 $\max_{j \geqslant 1} \{p_{1,j}\} < \infty$，则对于给定的排序，有

$$\lim_{n \to \infty} \frac{\max\limits_{1 \leqslant j \leqslant n} |C_{[j]} - C_{1,[j]}|}{n} = 0 (\mathrm{w. p. 1})$$

证明　不失一般性,假设上式中最大值发生在任务$[j]$上。在 Liu 等(2005)提出的关键路径的基础上:

$$|C_{[j]} - C_{1,[j]}|$$

$$= \Big| \max_{1 \leqslant v_1 \leqslant v_2 \leqslant \cdots \leqslant v_m \leqslant j} \Big\{ r_{[v_1]} + \sum_{v=v_1}^{v_2} p_{1,h} g(v) + \sum_{v=v_2}^{v_3} p_{2,h} g(v) + \cdots +$$

$$\sum_{v=v_m}^{j} p_{m,h} g(v) \Big\} - \max_{1 \leqslant x \leqslant j} \Big\{ r_{[x]} + \sum_{v'=x}^{j} p_{1,h'} g(v') \Big\} \Big|$$

$$\leqslant \Big| \max_{1 \leqslant v_1 \leqslant v_2 \leqslant \cdots \leqslant v_m \leqslant j} \Big\{ \sum_{v=v_1}^{v_2} (p_{1,h} g(v) - p_{1,h} g(v)) +$$

$$\sum_{v=v_2}^{v_3} (p_{2,h} g(v) - p_{1,h} g(v)) + \cdots + \sum_{v=v_m}^{j} (p_{m,h} g(v) - p_{1,h} g(v)) +$$

$$\sum_{i=2}^{m} p_{1,h} g(v_i) \Big\} \Big|$$

$$\leqslant \sum_{i=2}^{m} \max_{1 \leqslant v_a \leqslant v_b \leqslant j} \Big| \sum_{\theta=a}^{b} (p_{i,h} g(v_\theta) - p_{1,h} g(v_\theta)) \Big| + (m-1) \max_{1 \leqslant v \leqslant j} \{ p_{1,h} g(v) \}$$

$$\leqslant g(l) \Big(\sum_{i=2}^{m} \max_{1 \leqslant l_a \leqslant l_b \leqslant n} \Big| \sum_{j=l_a}^{l_b} (p_{i,j} - p_{1,j}) \Big| + m \max_{1 \leqslant j' \leqslant n} \{ p_{1,j'} \} \Big) \tag{4-12}$$

根据引理 4.1,将不等式(4-12)两端同除以 n 并取极限,即可推出引理 4.2结论。

令 $j=n$ 并将任务根据不等式(4-11)中的 SPTA 规则重新排序,可为问题 4.1 提供下界 LB4.1,即

$$Z_{4.1}^{\mathrm{LB}} = \max_{1 \leqslant x \leqslant n} \Big\{ r_x + \sum_{j=x}^{n} p_{1,j}^{\mathrm{SPTA}} g(t) \Big\}$$

式中,$p_{1,j}^{\mathrm{SPTA}} (j \geqslant 1)$ 表示任务在 SPTA 调度中的处理时间。

定理 4.1　在引理 4.2 的假设之下,有

$$\lim_{n \to \infty} \frac{Z_{4.1}^{\mathrm{LB}}}{n} = \lim_{n \to \infty} \frac{Z_{4.1}^{\mathrm{OPT}}}{n} = \lim_{n \to \infty} \frac{Z_{4.1}^{\mathrm{SPTA_F}}}{n} (\mathrm{w.p.1})$$

式中,$Z_{4.1}^{\mathrm{OPT}}$ 和 $Z_{4.1}^{\mathrm{SPTA_F}}$ 分别表示问题 4.1 由最优调度和 $\mathrm{SPTA_F}$ 启发式获得的目标值。

证明　令 $j=n$。根据引理 4.2 中 $\mathrm{SPTA_F}$ 启发式算法对任务进行调度:

$$\lim_{n \to \infty} \frac{Z_{4.1}^{\mathrm{SPTA_F}} - Z_{4.1}^{\mathrm{LB}}}{n} = 0 \tag{4-13}$$

注意,式(4-13)中,

$$Z_{4.1}^{\mathrm{SPTA_F}} - Z_{4.1}^{\mathrm{OPT}} \leqslant Z_{4.1}^{\mathrm{SPTA_F}} - Z_{4.1}^{\mathrm{LB}} \tag{4-14}$$

因此,将不等式(4-16)两端除以 n 并取极限,

$$\lim_{n \to \infty} \frac{Z_{4.1}^{\mathrm{SPTA_F}} - Z_{4.1}^{\mathrm{OPT}}}{n} = 0 \tag{4-15}$$

结合极限公式(4-13)和公式(4-15)可得定理 4.1 结论。

根据不等式(4-11)中 SPTA 规则对任务进行调度,可为问题 4.2($k=1$)提供下界 LB4.2,即

$$Z_{4.2}^{\mathrm{LB}} = \sum_{j=1}^{n} C_{1,[j]}^{\mathrm{SPTA}} = \sum_{j=1}^{n} \max_{1 \leqslant x \leqslant j} \left\{ r_{[x]} + \sum_{v=x}^{j} p_{1,h}^{\mathrm{SPTA}} g(v) \right\}$$

式中,$C_{1,[j]}^{\mathrm{SPTA}}$($j \geqslant 1$)表示任务$[j]$在第一台处理器上由 $\mathrm{SPTA_F}$ 调度获得的完工时间。

定理 4.2　在引理 4.2 的假设之下,有

$$\lim_{n \to \infty} \frac{Z_{4.2}^{\mathrm{LB}}}{n^2} = \lim_{n \to \infty} \frac{Z_{4.2}^{\mathrm{OPT}}}{n^2} = \lim_{n \to \infty} \frac{Z_{4.2}^{\mathrm{SPTA_F}}}{n^2} (\mathrm{w.\,p.\,1})$$

式中,$Z_{4.2}^{\mathrm{OPT}}$ 和 $Z_{4.2}^{\mathrm{SPTA_F}}$ 分别表示问题 4.2($k=1$)由最优调度和 $\mathrm{SPTA_F}$ 启发式获得的目标值。

证明　定义任务$[j]$($j \geqslant 1$)在 $\mathrm{SPTA_F}$ 调度的完工时间为 $C_{[j]}^{\mathrm{SPTA_F}}$。因此可得

$$Z_{4.2}^{\mathrm{SPTA_F}} - Z_{4.2}^{\mathrm{OPT}} \leqslant Z_{4.2}^{\mathrm{SPTA_F}} - Z_{4.2}^{\mathrm{LB}} = \sum_{j=1}^{n} (C_{[j]}^{\mathrm{SPTA_F}} - C_{1,[j]}^{\mathrm{SPTA}})$$

$$\leqslant \sum_{j=1}^{n} \max_{1 \leqslant j \leqslant n} \{ C_{[j]}^{\mathrm{SPTA_F}} - C_{1,[j]}^{\mathrm{SPTA}} \} \leqslant n g(1) \max_{1 \leqslant j \leqslant n} \{ C_{[j]} - C_{1,[j]} \} \tag{4-16}$$

根据引理 4.2,将不等式(4-16)两端同除以 n^2 并取极限,结果为

$$0 \leqslant \lim_{n \to \infty} \frac{Z_{4.2}^{\mathrm{SPTA_F}} - Z_{4.2}^{\mathrm{OPT}}}{n^2} \leqslant \lim_{n \to \infty} \frac{Z_{4.2}^{\mathrm{SPTA_F}} - Z_{4.2}^{\mathrm{LB}}}{n^2} = 0 \tag{4-17}$$

重新整理不等式(4-17)即可得出定理 4.2 结论。

对于问题 4.2($k=2$),基于 LB4.2 的思想可得到下界 LB4.3。即

$$Z_{4.3}^{\mathrm{LB}} = \sum_{j=1}^{n} (C_{1,[j]}^{\mathrm{SPTA}})^2 = \sum_{j=1}^{n} \left(\max_{1 \leqslant x \leqslant j} \left\{ r_{[x]} + \sum_{v=x}^{j} p_{1,h}^{\mathrm{SPTA}} g(v) \right\} \right)^2$$

定理 4.3　在引理 4.1 的假设条件下。如果 $\max_{i \in m, j \geqslant 1} \{ p_{i,j} \} < \infty$ 并且 $r_j = O(n)$,有

$$\lim_{n \to \infty} \frac{Z_{4.3}^{\mathrm{LB}}}{n^3} = \lim_{n \to \infty} \frac{Z_{4.3}^{\mathrm{OPT}}}{n^3} = \lim_{n \to \infty} \frac{Z_{4.3}^{\mathrm{SPTA_F}}}{n^3} (\mathrm{w.\,p.\,}1)$$

式中, $Z_{4.3}^{\mathrm{OPT}}$ 和 $Z_{4.3}^{\mathrm{SPTA_F}}$ 分别表示问题 4.2 ($k=2$) 由最优调度和 $\mathrm{SPTA_F}$ 启发式获得的目标值。

证明　不失一般性,假设 $\max\limits_{1 \leqslant j \leqslant n}\{r_j\} = \lambda n$,其中 $\lambda > 0$ 是一个常数,因此可得

$$Z_{4.3}^{\mathrm{SPTA_F}} - Z_{4.3}^{\mathrm{OPT}} \leqslant Z_{4.3}^{\mathrm{SPTA_F}} - Z_{4.3}^{\mathrm{LB}} = \sum_{j=1}^{n} \left[(C_{[j]}^{\mathrm{SPTA_F}})^2 - (C_{1,[j]}^{\mathrm{SPTA}})^2 \right]$$

$$\leqslant 2 \sum_{j=1}^{n} C_{[j]}^{\mathrm{SPTA_F}} (C_{[j]}^{\mathrm{SPTA_F}} - C_{1,[j]}^{\mathrm{SPTA}}) \leqslant 2 \sum_{j=1}^{n} \max_{1 \leqslant j \leqslant n} \{ C_{[j]}^{\mathrm{SPTA_F}} (C_{[j]}^{\mathrm{SPTA_F}} - C_{1,[j]}^{\mathrm{SPTA}}) \}$$

$$\leqslant 2g(1)^2 \sum_{j=1}^{n} \max_{1 \leqslant j \leqslant n} \{ C_j^{\mathrm{SPTA_F}} (C_j^{\mathrm{SPTA_F}} - C_{1,j}^{\mathrm{SPTA}}) \}$$

$$\leqslant 2g(1)^2 \max_{i \in m, 1 \leqslant j \leqslant n} \{ p_{i,j} \} (mn + (\lambda+1)n^2) \max_{1 \leqslant j \leqslant n} \{ C_j - C_{1,j} \} \qquad (4\text{-}18)$$

根据引理 4.2,将不等式(4-18)两端同除以 n^3 并取极限,结果为

$$0 \leqslant \lim_{n \to \infty} \frac{Z_{4.3}^{\mathrm{SPTA_F}} - Z_{4.3}^{\mathrm{OPT}}}{n^3} \leqslant \lim_{n \to \infty} \frac{Z_{4.3}^{\mathrm{SPTA_F}} - Z_{4.3}^{\mathrm{LB}}}{n^3} = 0 \qquad (4\text{-}19)$$

重新整理式(4-19)可得出定理 4.3 结论。

　　结合附录 C.2 中的定理 C.2,定理 4.1、定理 4.2 和定理 4.3 的结论可表明,对于问题 4.1 和问题 4.2($k=1,2$),$\mathrm{SPTA_F}$ 启发式具有渐近最优性。但是,从最坏性能分析的角度来看,启发式与最优解之间的误差较大。例 4-1 展示了 $\mathrm{SPTA_F}$ 启发式的最坏性能比。

　　例 4-1　考虑在 $m+1$ 台处理器上执行 m 项任务。工序 $O_{i,i}$ 的正常处理时间为 $p_{i,i} = 1$ ($i = 2, \cdots, m$),其余工序的处理时间均等于 ε,其中 ε 为 $(0,1)$ 上的任意小数。任务的释放时间为 $r_1 = 0, r_j = (j-1)\varepsilon, j = 2, 3, \cdots, m$。由 $\mathrm{SPTA_F}$ 启发式得到的调度序列为 $\{J_1, J_2, \cdots, J_m\}$,相应的目标函数值为

$$Z_{4.1}^{\mathrm{SPTA_F}} = \sum_{v=1}^{m} g(v) + \left(g(1) + \sum_{v=1}^{m-1} g(v) \right) \varepsilon$$

显然,最优调度为 $\{J_m, J_{m-1}, \cdots, J_1\}$,相应的目标函数为

$$Z_{4.1}^{\mathrm{OPT}} = g(1) + \left[(m-1)(1+g(1)) + \sum_{v=2}^{m} g(v) \right] \varepsilon$$

因此,可得

$$\lim_{n \to \infty, \varepsilon \to 0} \frac{Z_{4.1}^{\mathrm{SPTA_F}}}{Z_{4.1}^{\mathrm{OPT}}} = \frac{\sum\limits_{v=1}^{m} g(v)}{g(1)} \leqslant m$$

例 4-2　考虑在 $m+1$ 台处理器上执行 m 项任务。J_1 的正常处理时间为 $p_{1,1}=p_{2,1}=\cdots=p_{m-1,1}=\varepsilon$ 和 $p_{m,1}=1$，其中 ε 是 $(0,1)$ 区间内任意小的正数。其余 $n-1$ 项任务在 m 台处理器上的处理时间均等于 ε。这 n 项任务的释放时间为 $r_1=0,r_j=(j-1)\varepsilon,j=2,3,\cdots,n$。采用 $\mathrm{SPTA_F}$ 启发式得到的调度序列为 $\{J_1,J_2,\cdots,J_{n-1},J_n\}$，相应的目标函数值为

$$Z_{4.2}^{\mathrm{SPTA_F}}=ng(1)+\left[(mn-n)g(1)+\sum_{v=2}^{n}g(v)\right]\varepsilon,$$

$$Z_{4.3}^{\mathrm{SPTA_F}}=ng(1)^2+2g(1)\left[n(m-1)g(1)+\sum_{v=2}^{n}g(v)\right]\varepsilon+$$

$$\left\{\left[(m-1)g(1)\right]^2+\sum_{v=2}^{n}\left[(m-1)g(1)+g(v)\right]^2\right\}\varepsilon^2$$

显然，最优调度为 $\{J_2,J_3,\cdots,J_n,J_1\}$，相应的目标函数值为

$$Z_{4.2}^{\mathrm{OPT}}=g(n)+\left[m\sum_{v=1}^{n}(v+g(v))-g(n)\right]\varepsilon$$

$$Z_{4.3}^{\mathrm{OPT}}=g(n)^2+2g(n)\left[n+(m-1)g(n)\right]\varepsilon+\left\{g(n)\left[(1-2m)g(n)-2n\right]+\right.$$

$$\left.\sum_{v=1}^{n}(v+mg(v))^2\right\}\varepsilon^2$$

因此，可得

$$\lim_{n\to\infty,\varepsilon\to0}\frac{Z_{4.2}^{\mathrm{SPTA_F}}}{Z_{4.2}^{\mathrm{OPT}}}=\frac{ng(1)}{g(n)}\to+\infty$$

和

$$\lim_{n\to\infty,\varepsilon\to0}\frac{Z_{4.3}^{\mathrm{SPTA_F}}}{Z_{4.3}^{\mathrm{OPT}}}=\frac{ng(1)^2}{g(n)^2}\to+\infty$$

引起该现象的原因可能是启发式算法在任务调度期间只是对任务的处理时间做了局部考虑。为此，4.3.2 节提出了 $\mathrm{SPTA_A}$ 启发式算法来避免这样的问题。

4.3.2　$\mathrm{SPTA_A}$ 启发式及其渐近最优性

当第一台处理器空闲时，$\mathrm{SPTA_A}$ 启发式算法会调度所有可用的任务中 P_j $(1\leqslant j\leqslant n)$ 最小的任务。如果将考虑学习效应的流水作业调度模型进行松弛，$P_j(1\leqslant j\leqslant n)$ 也可以看作是单机作业调度问题模型的处理时间。因此，对于问题 4.1 的下限 LB4.4 可以表示为

$$Z_{4.4}^{\text{LB}} = \max_{1 \leqslant x \leqslant n} \left\{ r_x + \sum_{j=x}^{n} P_j^{\text{SPTA}} g(t) \right\}$$

式中，$P_j^{\text{SPTA}}(j \geqslant 1)$ 表示任务 j 在 SPTA 调度中的处理时间。

引理 4.3   在引理 4.1 的假设之下，对于给定的置换调度，有

$$\lim_{n \to \infty} \frac{\max\limits_{1 \leqslant j \leqslant n} |\bar{C}_{[j]} - C_{1,[j]}|}{n} = 0 (\text{w. p. } 1)$$

式中，$\bar{C}_{[j]} = \max\limits_{1 \leqslant x \leqslant j} \left\{ r_{[x]} + \sum\limits_{v=x}^{j} P_h g(v) \right\}$。

证明   不失一般性，假设上式中最大完工时间发生在任务 $[j]$，可得

$$|\bar{C}_{[j]} - C_{1,[j]}|$$

$$= \left| \max_{1 \leqslant x \leqslant j} \left\{ r_{[x]} + \sum_{v=x}^{j} P_h g(v) \right\} - \max_{1 \leqslant x' \leqslant j} \left\{ r_{[x']} + \sum_{v=x'}^{j} p_{1,h} g(v) \right\} \right|$$

$$\leqslant \left| \max_{1 \leqslant x' \leqslant j} \left\{ \left(r_{[x']} + \frac{1}{m} \sum_{v=x'}^{j} \sum_{i=1}^{m} p_{i,h} g(v) \right) - \left(r_{[x']} + \sum_{v=x}^{j} p_{1,h} g(v) \right) \right\} \right|$$

$$\leqslant \frac{1}{m} \max_{1 \leqslant x' \leqslant j \leqslant n} \left| \sum_{i=1}^{m} \left[\sum_{v=x'}^{j} (p_{i,h} - p_{1,h}) g(v) \right] \right|$$

$$\leqslant \frac{g(1)}{m} \sum_{i=1}^{m} \max_{1 \leqslant l_a \leqslant l_b \leqslant n} \left| \sum_{j=l_a}^{l_b} (p_{i,j} - p_{1,j}) \right| \tag{4-20}$$

因为 $0 \leqslant g(v) \leqslant g(1)$ 和 $[x', j] \subseteq [l_a, l_b]$，不等式(4-20)的最后一个不等式成立。根据引理 4.1，在不等式(4-20)的两端同除以 n 并取极限，可得引理 4.3 结论。

引理 4.4   在引理 4.1 的假设之下，有

$$\lim_{n \to \infty} \frac{Z_{4.4}^{\text{LB}}}{n} = \lim_{n \to \infty} \frac{\hat{Z}_{4.1}^{\text{SPTA}_A}}{n} (\text{w. p. } 1)$$

式中，$\hat{Z}_{4.1}^{\text{SPTA}_A} = C_{1,[n]}^{\text{SPTA}_A}$ 表示问题 4.1 中，在第一台处理器上利用 SPTA_A 调度获得的目标值。

证明   对于一个 SPTA_A 调度，有

$$|Z_{4.4}^{\text{LB}} - \hat{Z}_{4.1}^{\text{SPTA}_A}| = \bar{C}_{[n]}^{\text{SPTA}} - C_{1,[n]}^{\text{SPTA}_A} \leqslant \max_{1 \leqslant j \leqslant n} |\bar{C}_{[j]} - C_{1,[j]}| \tag{4-21}$$

式中，$C_{1,[n]}^{\text{SPTA}_A}$ 表示 LB4.4 的目标值。根据引理 4.3，在不等式(4-21)的两端同除以 n 并取极限，可得引理 4.4 结论。

定理 4.4   在引理 4.2 的假设之下，有

$$\lim_{n \to \infty} \frac{Z_{4.4}^{\text{LB}}}{n} = \lim_{n \to \infty} \frac{Z_{4.1}^{\text{OPT}}}{n} = \lim_{n \to \infty} \frac{Z_{4.1}^{\text{SPTA}_A}}{n} (\text{w. p. } 1)$$

式中，$Z_{4.1}^{\mathrm{SPTA_A}}$ 表示问题 4.1 由 $\mathrm{SPTA_A}$ 启发式获得的目标值。

证明　根据 $\mathrm{SPTA_A}$ 规则调度所有的任务。可得

$$Z_{4.1}^{\mathrm{SPTA_A}} - Z_{4.1}^{\mathrm{OPT}} \leqslant Z_{4.1}^{\mathrm{SPTA_A}} - Z_{4.4}^{\mathrm{LB}}$$

$$= (Z_{4.1}^{\mathrm{SPTA_A}} - \hat{Z}_{4.1}^{\mathrm{SPTA_A}}) + (\hat{Z}_{4.1}^{\mathrm{SPTA_A}} - Z_{4.4}^{\mathrm{LB}}) \tag{4-22}$$

根据定理 4.1 和引理 4.4，在式（4-22）的两端同除以 n 并取极限，可得定理 4.4 结论。

推论 4.1　在引理 4.2 的假设之下，对于给定的实例，有

$$\lim_{n \to \infty} \frac{Z_{4.1}^{\mathrm{SPTA_F}}}{n} = \lim_{n \to \infty} \frac{Z_{4.1}^{\mathrm{OPT}}}{n} = \lim_{n \to \infty} \frac{Z_{4.1}^{\mathrm{SPTA_A}}}{n} \, (\mathrm{w.\,p.\,1})$$

证明　结合定理 4.1 和定理 4.4 可得推论 4.1 结论。对于问题 4.2（$k=1$），一个相关的下界 LB4.5 表示如下：

$$Z_{4.5}^{\mathrm{LB}} = \sum_{j=1}^{n} \bar{C}_{[j]}$$

引理 4.5　在引理 4.1 的假设之下，有

$$\lim_{n \to \infty} \frac{Z_{4.5}^{\mathrm{LB}}}{n^2} = \lim_{n \to \infty} \frac{\hat{Z}_{4.2}^{\mathrm{SPTA_A}}}{n^2} \, (\mathrm{w.\,p.\,1})$$

式中，$\hat{Z}_{4.2}^{\mathrm{SPTA_A}} = \sum_{j=1}^{n} C_{1,[j]}^{\mathrm{SPTA_A}}$ 表示问题 4.2（$k=1$）中，在第一台处理器上利用 SPTA 规则获得的目标值。

证明　对于一个 $\mathrm{SPTA_A}$ 的调度，有

$$\left| Z_{4.5}^{\mathrm{LB}} - \hat{Z}_{4.2}^{\mathrm{SPTA_A}} \right| = \sum_{j=1}^{n} (\bar{C}_{[j]}^{\mathrm{SPTA}} - C_{1,[j]}^{\mathrm{SPTA_A}}) \leqslant n \max_{1 \leqslant j \leqslant n} |\bar{C}_{[j]} - C_{1,[j]}|$$

$$\tag{4-23}$$

根据引理 4.3，在不等式（4-23）两端同除以 n^2 并取极限，可得引理 4.5 结论。

定理 4.5　在引理 4.2 的假设之下，有

$$\lim_{n \to \infty} \frac{Z_{4.5}^{\mathrm{LB}}}{n^2} = \lim_{n \to \infty} \frac{Z_{4.2}^{\mathrm{OPT}}}{n^2} = \lim_{n \to \infty} \frac{Z_{4.2}^{\mathrm{SPTA_A}}}{n^2} \, (\mathrm{w.\,p.\,1})$$

式中，$Z_{4.2}^{\mathrm{SPTA_A}}$ 表示问题 4.2（$k=1$）由 $\mathrm{SPTA_A}$ 启发式获得的目标值。

证明　根据 $\mathrm{SPTA_A}$ 规则调度所有的任务，可得

$$Z_{4.2}^{\mathrm{SPTA_A}} - Z_{4.2}^{\mathrm{OPT}} \leqslant Z_{4.2}^{\mathrm{SPTA_A}} - Z_{4.5}^{\mathrm{LB}} = (Z_{4.2}^{\mathrm{SPTA_A}} - \hat{Z}_{4.2}^{\mathrm{SPTA_A}}) + (\hat{Z}_{4.2}^{\mathrm{SPTA_A}} - Z_{4.5}^{\mathrm{LB}})$$

$$\tag{4-24}$$

根据定理 4.2 和定理 4.5，在式（4-24）两端同除以 n^2 并取极限，可得定

理 4.5 结论。

推论 4.2 在引理 4.2 的假设之下，对于给定的实例，有

$$\lim_{n \to \infty} \frac{Z_{4.2}^{\text{SPTA}_F}}{n^2} = \lim_{n \to \infty} \frac{Z_{4.2}^{\text{OPT}}}{n^2} = \lim_{n \to \infty} \frac{Z_{4.2}^{\text{SPTA}_A}}{n^2} (\text{w. p. } 1)$$

证明 结合定理 4.2 和定理 4.5，可得推论 4.2 结论。对于问题 $4.2(k=2)$，一个相关的下界 LB4.6 表示如下：

$$Z_{4.6}^{\text{LB}} = \sum_{j=1}^{n} (\overline{C}_{[j]})^2$$

引理 4.6 在定理 4.3 的假设之下，有

$$\lim_{n \to \infty} \frac{Z_{4.6}^{\text{LB}}}{n^3} = \lim_{n \to \infty} \frac{\hat{Z}_{4.3}^{\text{SPTA}_A}}{n^3} (\text{w. p. } 1)$$

式中，$\hat{Z}_{4.3}^{\text{SPTA}_A} = \sum_{j=1}^{n} (C_{1,[j]}^{\text{SPTA}_A})^2$ 表示问题 $4.2(k=2)$ 中第一台处理器上由 SPTA$_A$ 调度获得的目标值。

证明 不失一般性，假设 $\max_{1 \leqslant j \leqslant n} \{r_j\} = \lambda n$，其中 $\lambda > 0$ 是一个常数。因此，可得

$$\left| Z_{4.6}^{\text{LB}} - \hat{Z}_{4.3}^{\text{SPTA}_A} \right| = \left| \sum_{j=1}^{n} \left[(\overline{C}_{[j]}^{\text{SPTA}})^2 - (C_{1,[j]}^{\text{SPTA}_A})^2 \right] \right|$$

$$\leqslant \left| \sum_{j=1}^{n} (\overline{C}_{[j]}^{\text{SPTA}} - C_{1,[j]}^{\text{SPTA}_A})^2 \right| + 2 \left| \sum_{j=1}^{n} (C_{1,[j]}^{\text{SPTA}_A})(\overline{C}_{[j]}^{\text{SPTA}} - C_{1,[j]}^{\text{SPTA}_A}) \right|$$

$$\leqslant n (\max_{1 \leqslant j \leqslant n} |\overline{C}_{[j]} - C_{1,[j]}|)^2 +$$

$$2(\lambda + 1)n^2 \max_{i \in m, 1 \leqslant j \leqslant n} \{p_{i,j}\} (\max_{1 \leqslant j \leqslant n} |\overline{C}_{[j]} - C_{1,[j]}|) \tag{4-25}$$

根据引理 4.3，在不等式(4-25)两端同除以 n^3 并取极限，即可得引理 4.6 结论。

定理 4.6 在定理 4.3 的假设之下，有

$$\lim_{n \to \infty} \frac{Z_{4.6}^{\text{LB}}}{n^3} = \lim_{n \to \infty} \frac{Z_{4.3}^{\text{OPT}}}{n^3} = \lim_{n \to \infty} \frac{Z_{4.3}^{\text{SPTA}_A}}{n^3} (\text{w. p. } 1)$$

式中，$Z_{4.3}^{\text{SPTA}_A}$ 表示问题 $4.2(k=2)$ 由 SPTA$_A$ 启发式获得的目标值。

证明 根据 SPTA$_A$ 规则调度所有的任务，可得

$$Z_{4.3}^{\text{SPTA}_A} - Z_{4.3}^{\text{OPT}} \leqslant Z_{4.3}^{\text{SPTA}_A} - Z_{4.6}^{\text{LB}} = (Z_{4.3}^{\text{SPTA}_A} - \hat{Z}_{4.3}^{\text{SPTA}_A}) + (\hat{Z}_{4.3}^{\text{SPTA}_A} - Z_{4.6}^{\text{LB}})$$

$$\tag{4-26}$$

根据定理 4.3 和引理 4.6，在等式(4-26)两端同除以 n^3 并取极限，可得定理 4.6 结论。

推论 4.3　在引理 4.3 的假设之下，对于给定的实例，有

$$\lim_{n\to\infty}\frac{Z_{4.3}^{\mathrm{SPTA_F}}}{n^3}=\lim_{n\to\infty}\frac{Z_{4.3}^{\mathrm{OPT}}}{n^3}=\lim_{n\to\infty}\frac{Z_{4.3}^{\mathrm{SPTA_A}}}{n^3}(\mathrm{w.p.1})$$

证明　结合定理 4.3 和定理 4.6，可得推论 4.3 结论。

同样，基于单机作业调度模型的最优性质(见附录 C)，定理 4.4～定理 4.6 分别从概率的角度说明了，对于问题 4.1 和问题 4.2($k=1,2$)，$\mathrm{SPTA_A}$ 启发式具有渐近最优性。为了进一步分析下界的理论性能，附录 C 给出了下界 LB4.1 至 LB4.6 的最坏性能分析和渐近性能分析。

4.3.3　EDDA 启发式及其渐近最优性

Bai 等(2020)证明了在学习效应的边际成本下最早交付日期优先(EDDA)的启发式对于问题 4.6 是渐近最优的(见附录 C)。由于置换流水作业调度模型中每个处理器按照相同的顺序处理所有任务，则可将 EDDA 启发式推广到问题 4.3。

Xia 等(2000)及 Bai 等(2020)给出一些渐近性分析的假设。①假设 3：不同任务的正常处理时间是独立的；②假设 4：每项任务的正常处理时间在 m 台处理器上是可互换的随机变量；③假设 5：正常处理时间的方差在第一个处理器上有界；④假设 6：流水作业调度模型必须满足学习效应的边际成本，即

$$g(t)-g(t+1)\leqslant\min\left\{\frac{p_{\min}^{i}g(n)}{p_{\max}^{i}},\frac{\min|d_j-d_{j'}|}{p_{\max}^{i}-p_{\min}^{i}}\right\}$$

式中，$p_{\min}^{i}=\min\limits_{1\leqslant j\leqslant n}\{p_{i,j}\}$；$p_{\max}^{i}=\max\limits_{1\leqslant j\leqslant n}\{p_{i,j}\}<\infty$；$d_j\neq d_{j'}$；$i=1,2,\cdots,m$。对于置换流水作业调度模型，只有在第一台处理器上没有任务释放的情况下，才会出现空闲的情况，因此，可以将这个问题看作单机调度问题。基于该思想，可将问题 4.3 中调度工序 $O_{1,j}(j=1,2,\cdots,n)$ 的过程视为问题 4.6。为了进行渐近性能分析，本节介绍以下几个性质。

引理 4.7　对于问题 4.3 的给定实例，假设 j^* 是一项关键任务。可得

$$\hat{Z}_{j^*}^{\mathrm{EDDA}}-\hat{Z}_{4.4}^{\mathrm{OPT}}\leqslant p_{\max}$$

式中，$\hat{Z}_{j^*}^{\mathrm{EDDA}}$ 和 $\hat{Z}_{4.4}^{\mathrm{OPT}}$ 分别是问题 4.3 中任务 j^* 在第一台处理器上利用 EDDA 调度获得的目标值和问题 4.3 中在第一台处理器上由最优调度获得的目标值。

证明　对于问题 4.6，文献(Bai et al,2020)中的引理表明

$$\hat{Z}_{4.4}^{\mathrm{EDDA}}-\hat{Z}_{4.4}^{\mathrm{OPT}}\leqslant p_{\max} \tag{4-27}$$

式中，$\hat{Z}_{4.4}^{\mathrm{EDDA}}$ 是问题 4.6 利用 EDDA 调度获得的目标值。因此，可得

$$\hat{Z}_{j^*}^{\text{EDDA}} \leqslant \hat{Z}_{4.4}^{\text{EDDA}} \qquad (4\text{-}28)$$

结合不等式(4-27)和不等式(4-28)可得引理 4.7 的结论。

引理 4.8　在假设 3～假设 5 下,对于一个确定性调度,有

$$\lim_{n\to\infty} \frac{\max\limits_{1\leqslant j\leqslant n}(C_{[j]} - C_{1,[j]})}{n} = 0$$

式中,$[j]$ 表示任务排在第 j 个位置。

定理 4.7　在引理 4.8 的假设下,有

$$\lim_{n\to\infty} \frac{Z_{4.4}^{\text{EDDA}}}{n} = \lim_{n\to\infty} \frac{Z_{4.4}^{\text{OPT}}}{n} (\text{w. p. 1})$$

式中,$Z_{4.4}^{\text{EDDA}}$ 和 $Z_{4.4}^{\text{OPT}}$ 分别表示问题 4.3 由 EDDA 调度和最优调度获得的目标值。

证明　对于给定问题 4.3 及问题 4.6 的实例,有

$$Z_{4.4}^{\text{OPT}} - \hat{Z}_{4.4}^{\text{OPT}} \geqslant 0 \qquad (4\text{-}29)$$

结合不等式(4-29)、引理 4.7 和引理 4.8,对于给定的 EDDA 的调度,可得

$$Z_{4.4}^{\text{EDDA}} - Z_{4.4}^{\text{OPT}} \leqslant Z_{4.4}^{\text{EDDA}} - \hat{Z}_{4.4}^{\text{OPT}} \leqslant Z_{j^*}^{\text{EDDA}} - \hat{Z}_{j^*}^{\text{EDDA}} + p_{\max}$$
$$= (C_{j^*} - d_{j^*}) - (C_{1,j^*} - d_{j^*}) + p_{\max} = (C_{j^*} - C_{1,j^*}) + p_{\max}$$
$$\qquad (4\text{-}30)$$

不等式(4-30)两端同除以 n,可得

$$\frac{Z_{4.4}^{\text{EDDA}} - Z_{4.4}^{\text{OPT}}}{n} \leqslant \frac{(C_{j^*} - C_{1,j^*}) + p_{\max}}{n} \qquad (4\text{-}31)$$

不等式(4-31)取极限的结果为

$$0 \leqslant \lim_{n\to\infty} \frac{Z_{4.4}^{\text{EDDA}} - Z_{4.4}^{\text{OPT}}}{n} \leqslant \lim_{n\to\infty} \frac{(C_{j^*} - C_{1,j^*}) + p_{\max}}{n} = 0 \qquad (4\text{-}32)$$

重新整理不等式(4-32)可得定理 4.7 的结论。

由定理 4.7 可知,在概率极限意义下,EDDA 启发式具有渐近最优性,该算法适用于企业生产的动态调度环境。在这种环境下,大量的任务会随着时间的推移而释放,并在一系列处理器上进行加工。EDDA 启发式在保证渐近最优性的前提下,可以在极短的时间内获得问题的可行解,有利于保证连续生产,提高企业利润。

由于问题 4.3 具有强 NP-难性质,无法在合理的时间内求得问题的最优解,因此,在数值仿真实验中采用问题下界来代替问题的最优解进行实验。对于问题 4.6,Bai 等(2020)证明了在学习效应的边际成本下可中断的最早交付日期优先(PEDD)规则的渐近最优性。结合不等式(4-29),将第一台处理器上的工序采用 PEDD 规则进行调度,得到了一个下界 LB4.7,即

$$Z_{4.4}^{\mathrm{OPT}} \geqslant Z_{4.7}^{\mathrm{LB}} = \max_{1 \leqslant j \leqslant n} \{\widetilde{C}_{1,[j]} - d_{[j]}\} \tag{4-33}$$

式中，$\widetilde{C}_{1,[j]} = \max\limits_{1 \leqslant x \leqslant j} \{r_{[x]} + \sum\limits_{v=x}^{j} \widetilde{p}_{1,[v]}\}$ 是工序 $O_{1,[j]}$ 在 LB4.7 中的完工时间；$\widetilde{p}_{1,[v]} = \widetilde{p}_{1,v} g(v)$ 表示工序 $O_{1,[v]}$ 在 PEDD 调度中的处理时间。

在考虑学习效应的可中断问题中，为了便于读者理解，下面给出中断规则的实现方法。对于给定任务 x，它的标准处理时长为 p_x，设任务 x 第一次在时刻 t_1 被处理，则其第一次被处理时的学习效应系数为 $g(n_{t_1})$，其中 n_{t_1} 为 t_1 时刻可用任务数。假设任务 x 在 t_2 时刻被打断，并在 t_3 时刻恢复处理，则任务在 t_3 时刻的剩余处理时长为 $p_{x,t_3} = [p_x - (t_2 - t_1)g(n_{t_1})]g(n_{t_3})$，其中 n_{t3} 为 t_3 时刻可用任务数。

参考定理 4.7 的证明，LB4.7 的渐近最优性证明如下所示。

推论 4.4　在假设 3～假设 4 下，有

$$\lim_{n \to \infty} \frac{Z_{4.7}^{\mathrm{LB}}}{n} = \lim_{n \to \infty} \frac{Z_{4.4}^{\mathrm{OPT}}}{n} (\text{w. p. } 1)$$

由推论 4.4 可知，在概率极限意义下，LB4.7 可以代替问题的最优解，但在极端情况下其性能较差。

例 4-3　考虑在 $m+1$ 台处理器上执行 m 项任务，任务在执行过程中不可中断。任务的正常处理时间为 $p_{i,j} = \varepsilon$，其中，$p_{i,m+1} = 1; i = 1, 2, \cdots, m; j = 1, 2, \cdots, n$。这里 ε 是 $(0,1)$ 区间内任意小的正数。任务 j 的学习效应函数和释放时间分别为 $g(v) = 1; v = 1, 2, \cdots, n$ 和 $r_j = (i-1)\varepsilon$。任务 j 的交付日期为 $d_j = d < (n-1)\varepsilon$，其中 d 为常数。显然，最优调度为 $\{J_1, J_2, \cdots, J_n\}$，相应的目标函数值为 $Z_{4.4}^{\mathrm{OPT}} = n + m\varepsilon - d$。下界 LB4.7 的值为 $Z_{4.7}^{\mathrm{LB}} = n\varepsilon - d$。最优解与下界 LB4.7 之间的绝对偏差为 $Z_{4.4}^{\mathrm{OPT}} - Z_{4.7}^{\mathrm{LB}} = n - (n-m)\varepsilon \to +\infty, n \to +\infty,$ $\varepsilon \to 0$。

由于在调度期间只考虑任务的局部因素，导致 LB4.7 具有无界性。因此，本小节设计下界 LB4.8 来解决这个问题。任务 j' 的正常处理时间为 $\overline{p}_{j'} = \frac{1}{m} \sum\limits_{i=1}^{m} p_{i,j}, j' = 1, 2, \cdots, n$，这里将与这种处理形式相似的单机作业调度模型简记为问题 4.7。在假设 3 下，在问题 4.7 中对任务采用 PEDD 规则进行调度，可得下界 LB4.8 为

$$Z_{4.8}^{\mathrm{LB}} = \max_{1 \leqslant j' \leqslant n} \{\overline{C}_{[j']} - d_{[j']}\} \leqslant Z_{4.4}^{\mathrm{OPT}} \tag{4-34}$$

式中，$\overline{C}_{[j]} = \max\limits_{1 \leqslant x \leqslant j} \{r_{[x]} + \sum\limits_{v=x}^{j} \overline{p}_{[v]}\}$ 是任务 j 在 LB4.8 中的完工时间，$\overline{p}_{[v]} =$

$\bar{p}_v g(v)$ 表示工序 $\bar{O}_{[v]}$ 在 PEDD 调度中的处理时间。类似地，LB4.8 的渐近最优性证明如下。

引理 4.9　(Bai et al,2018)在引理 4.8 的假设下，对于一个给定的置换调度，有

$$\lim_{n \to \infty} \frac{\max\limits_{1 \leqslant j \leqslant n} |\bar{C}_{[j]} - C_{1,[j]}|}{n} = 0(\text{w. p. }1)$$

推论 4.5　在推论 4.4 的假设之下，有

$$\lim_{n \to \infty} \frac{Z_{4.8}^{\text{LB}}}{n} = \lim_{n \to \infty} \frac{Z_{4.4}^{\text{OPT}}}{n}(\text{w. p. }1)$$

证明　在不等式(4-30)中，$\hat{Z}_{4.4}^{\text{OPT}}$ 和 $\hat{Z}_{j^*}^{\text{EDDA}}$ 被分别替换为 $Z_{4.8}^{\text{LB}}$ 和 $\bar{Z}_{j^*}^{\text{EDDA}}$，其中 $\bar{Z}_{j^*}^{\text{EDDA}}$ 是问题 4.7 采用 EDDA 调度获得的目标值。结合不等式(4-34)、引理 4.9 和定理 4.7 的证明，可得推论 4.5 结论。

推论 4.4 和推论 4.5 的结论表明，对于给定的置换调度，有

$$\lim_{n \to \infty} \frac{Z_{4.7}^{\text{LB}}}{n} = \lim_{n \to \infty} \frac{Z_{4.8}^{\text{LB}}}{n}(\text{w. p. }1) \tag{4-35}$$

对于例 4-3，LB4.8 的值为 $Z_{4.7}^{\text{LB}} < Z_{4.8}^{\text{LB}} = \dfrac{n}{m} + \varepsilon - d < Z_{4.4}^{\text{OPT}}$。尽管下界 LB4.7 的效果不如 LB4.8，但根据等式(4-35)，从概率极限的角度来看，LB4.7 和 LB4.8 的差距可以忽略不计。在实际应用中，LB4.7 和 LB4.8 的核心思想可以为问题 4.3 提供基于 EDDA 的启发式设计思路。

为了进一步改进问题 4.3 的下界，本节基于 LB4.7 和 LB4.8 提出一个新的下界 LB4.9。定义每个工序 $O_{i,j}$ $(r_1,j = rj)$ 的可用日期为 $r_{i,j} = r_j + \sum_{i'=1}^{i} p_{i',j} g(n)$，与此同时，松弛每台处理器上相邻任务之间的约束关系，使其成为一个 $1|\text{le},r_j|L_{\max}, i = 1,2,\cdots,m; j = 1,2,\cdots,n$ 问题(简记为问题 4.8)。对于问题 4.8，根据 PEDD 规则的最优性，可得 LB4.9 的目标函数值为

$$Z_{4.9}^{\text{LB}} = \max_{1 \leqslant i \leqslant m} \left\{ \max_{1 \leqslant j \leqslant n} \left\{ \widetilde{C}_{i,[j]} + \min_{1 < j \leqslant n_i} \sum_{i'=i+1}^{m} p_{i',[j]} g(n) - d_{[j]} \right\} \right\}$$

式中，$\widetilde{C}_{i,[j]} = \max\limits_{1 \leqslant x \leqslant j} \left\{ r_{i,[x]} + \sum\limits_{v=x}^{j} \widetilde{p}_{i,[v]} \right\}$ 是工序 $O_{i,[j]}$ 在 LB4.9 中的完工时间，$\widetilde{p}_{i,[v]} = \widetilde{p}_{i,v} g(v)$ 表示工序 $O_{i,[v]}$ 在 PEDD 调度中的处理时间。

定理 4.8　在推论 4.4 的假设下，有

$$\lim_{n \to \infty} \frac{Z_{4.9}^{\text{LB}}}{n} = \lim_{n \to \infty} \frac{Z_{4.4}^{\text{OPT}}}{n}(\text{w. p. }1)$$

证明　对于问题 4.3 给定的实例,有

$$Z_{4.7}^{\mathrm{LB}} \leqslant Z_{4.9}^{\mathrm{LB}} \leqslant Z_{4.4}^{\mathrm{OPT}} \tag{4-36}$$

结合不等式(4-36)和推论 4.4,可得定理 4.8 结论。

由定理 4.8 可知,在数值仿真实验中,下界 LB4.9 更适合代替最优解进行实验。对于例 4.3,LB4.9 的值为 $Z_{4.9}^{\mathrm{LB}} = n + m\varepsilon - d = Z_{4.4}^{\mathrm{OPT}}$,LB4.9 和最优解之间的误差为 0。

本小节的分析表明,随着问题规模的扩大,LB4.9 的结果接近最佳调度。该下界的收敛性使其可以代替最优值,以评估为实际生产所设计的元启发式算法的性能。此外,基于 LB4.9 下界可作为集束搜索算法的严格下界。集束搜索算法具有稳定和高效的特点,在工业生产中具有广泛的应用。

4.4　分支定界算法

针对考虑学习效应的流水作业调度问题,分支定界算法可以求得问题的最优解。为了提升分支定界算法的求解效率,本章针对不同的优化目标,分别提出了剪支规则与算法下界用于减少有效节点数量,从而提高算法求解速度。

4.4.1　分支定界算法下界

有效的下界是分支定界算法舍弃无效节点的关键部分。在算法运行过程中,每当在某分支上获得了目标值更好的调度方案,则以此目标值更新当前最好上界,再回溯剪支,删除那些下界值比当前上界值差的节点。考虑某分支节点 $\pi(j) = ([1], [2], \cdots, [j])$, $j \in N$,表示其中前 j 项任务已经做好安排,式中: N 表示系统中所有任务的集合; $[j]$ 表示位于第 j 位置的任务。不失一般性,假设包含未调度任务的部分序列可表示为 $\pi'(j+1) = ([j+1], [j+2], \cdots, [n])$。则未排序任务工序 $O_{i,h}$ 的最早可用时间 $R_{i,h}$ 以表示为如下形式,这里 $h \in N'$。

在第一台处理器上:

$$R_{1,h} = \max\{C_{1,[j]}, r_h\} \tag{4-37}$$

在第 i 台处理器上:

$$R_{i,h} = \max\{C_{i,[j]}, r_{i,h}\} \tag{4-38}$$

式中, $i = 2, 3, \cdots, m$。下面分别给出每个问题的算法下界。

1. 最大延误问题的算法下界

在第 i 台处理器上对未排序任务集 N' 的调度问题可以被独立看作问题 4.6,即 $1 \mid r_j, \mathrm{le} \mid L_{\max}$,未排序任务工序 $O_{i,h}$ 的最早可用时间表示为 $R_{i,h}$($i =$

$1,2,\cdots,m;h\in N'$）。在满足假设 6 的情况下，根据 PEDD 规则可求得 $1|r_j,\mathrm{le}|$ $L_{\max}$ 问题最优解，从而获得分支定界中的问题下界。某个未调度任务 h 在第 i 台处理器上的完工时间 $C_{i,[h]}$ 及其下界 $C_{i,[h]}^{\mathrm{LB}}$ 可以被表示为

$$C_{i,[h]}^{\mathrm{LB}} = \max_{j+1\leqslant x\leqslant n}\left\{R_{i,[x]}+\sum_{q=x}^{h}\tilde{p}_{i,[q]}\right\}+\min_{j+1\leqslant q'\leqslant n}\left\{\sum_{v=i+1}^{m}p_{v,q'}g(n)\right\}\leqslant C_{i,[h]}$$

(4-39)

式中，$\tilde{p}_{i,[q]}$ 表示工序 $O_{i,[q]}$ 使用 PEDD 规则调度中的处理时间。任务 h 的延误时间可以被表示为

$$Z_{[h]}^{\mathrm{LB}} = \max_{1\leqslant i\leqslant m}\{C_{i,[h]}^{\mathrm{LB}}-d_{[h]}\}$$

(4-40)

则分支定界算法的下界可以通过比较已调度序列与未调度序列的目标函数值得出，其下界目标值表示为

$$Z_{\max}^{\mathrm{LB}} = \max\{\max_{1\leqslant k\leqslant j}Z_{[k]},\max_{j+1\leqslant h\leqslant n}Z_{[h]}^{\mathrm{LB}}\}$$

(4-41)

式中，$Z_{[k]}$ 表示已调度序列中第 k 个任务的延误时间；$Z_{[h]}^{\mathrm{LB}}$ 表示未调度序列中第 h 个任务的下界。

2. 最大完工时间问题的算法下界

针对最大完工时间问题，任务 j 在处理器 i 上的释放时间可以被表示为 $r_{i,j}=r_j+\sum_{i'=1}^{i-1}p_{i',j}g(n)$，$i=2,3,\cdots,m$，则对于某个未排序任务 h 的完成时间可以表示为

$$C_{i,[h]} \geqslant \max\left\{S_{i,[j+1]}+\sum_{q=j+1}^{h}p_{i,q}g(q),\max_{j+1<x\leqslant h}\left\{r_{i,[x]}+\sum_{q=x}^{h}p_{i,q}g(q)\right\}\right\}+$$
$$\sum_{i'=i+1}^{m}p_{i',h}g(h)$$

(4-42)

式中，不等式(4-42)的右半部分 $\sum_{q=j+1}^{h}p_{i,q}g(q)$ 与已排序序列相关。未排序任务在任意一台处理器上的调度问题可以被独立地看作问题 4.4，即 $1|r_j,\mathrm{le}|$ $C_{\max}$。该问题使用 SRPT 规则可以在多项式时间内求解（见附录 C）。某个未排序任务 h 的完成时间下界可以表示为

$$C_{[h]}^{\mathrm{LB}} = \max_{1\leqslant i\leqslant m}\left\{\max\left\{S_{i,[j+1]}+\sum_{q=j+1}^{h}p_{i,q}^{\mathrm{SRPT}}g(q),\max_{j+1<x\leqslant h}\left\{r_{i,[x]}+\sum_{q=x}^{h}p_{i,q}^{\mathrm{SRPT}}g(q)\right\}\right\}+\right.$$
$$\left.\sum_{i'=i+1}^{m}p_{i',h}g(h)\right\}$$

(4-43)

式中，$p_{i,q}^{\mathrm{SRPT}}$ 表示工序 $O_{i,[q]}$ 在 SRPT 调度中的处理时间。根据式(4-43)就可以得到最大完工时间问题的下界，其目标值表示为

$$C_{\max}^{\mathrm{LB}} = \max_{1 \leqslant i \leqslant m} \left\{ C_{i,[n]}^{\mathrm{SRPT}} + \left(\min_{j+1 \leqslant h \leqslant n} \sum_{i'=i+1}^{m} p_{i',h} \right) g(n) \right\} \tag{4-44}$$

式中，$C_{i,[n]}^{\mathrm{SRPT}}$ 表示问题 4.6 由 SRPT 规则调度获得的目标值，该问题的最优性证明见附录 C。

3. 完工时间和问题的算法下界

目标函数可以根据已排序序列及未排序序列表示为

$$\sum_{j=1}^{n} C_j = \sum_{h=1}^{j} C_{[h]} + \sum_{h'=j+1}^{n} C_{[h']} \tag{4-45}$$

式中，$\sum_{h-1}^{j} C_{[h]}$ 表示已排序序列的目标函数；$\sum_{h'=j+1}^{n} C_{[h']}$ 表示未排序序列的目标函数。同最大完工时间问题类似，$\sum_{h'=j+1}^{n} C_{[h']}$ 可以进一步表示为

$$\sum_{h'=j+1}^{n} C_{[h']} \geqslant \max_{1 \leqslant i \leqslant m} \left\{ \sum_{h'=j+1}^{n} C_{[h']}^{\mathrm{LB}} \right\} = \max_{1 \leqslant i \leqslant m} \left\{ \sum_{h'=j+1}^{n} \left(C_{i,[h']}^{\mathrm{SRPT}} + \sum_{i'=i+1}^{m} p_{i',h'} g(h') \right) \right\} \tag{4-46}$$

将 $p_{i',h'}$ 完全展开成 $\sum_{i'=i+1}^{m} p_{i',h'}$ 的形式，则不等式(4-46)可以表示为

$$\sum_{h'=j+1}^{n} C_{[h']} = \max_{1 \leqslant i \leqslant m} \left\{ \sum_{h'=j+1}^{n} \left(C_{i,[h']}^{\mathrm{SRPT}} + p_{i',h'} g(h') \right) \right\}$$

$$\geqslant \max_{1 \leqslant i \leqslant m} \left\{ \sum_{h' \in N'} C_{i,[h']}^{\mathrm{SRPT}} + \sum_{h \in N'} p_{i',h'}^{\mathrm{SPT}} g(h') \right\} \tag{4-47}$$

式中，$\sum_{h' \in N'} C_{i,[h']}^{\mathrm{SRPT}}$ 同最大完工时间问题相同，也表示问题 4.6 使用 SRPT 规则调度获得的目标值。在该不等式左侧式子中，$p_{i',h'}$ 表示问题 4.4 中任务的处理时间，而该问题使用 SPT 规则是最优的(Wang et al,2005)。因此，结合不等式(4-46)和不等式(4-47)可以得出完工时间和问题的一个有效下界，其目标值表示为

$$Z_1^{\mathrm{LB}} = \sum_{h=1}^{j} C_{[h]}^{k} + \max_{1 \leqslant i \leqslant m} \left\{ \sum_{h' \in N'} C_{i,[h']}^{\mathrm{SRPT}} + \sum_{h' \in N'} p_{i',h'}^{\mathrm{SPT}} g(h') \right\} \tag{4-48}$$

4. 完工时间平方和问题的算法下界

与完工时间和问题类似，完工时间平方和的目标函数也可以由两部分表示：

$$\sum_{j=1}^{n} C_j^2 = \sum_{h=1}^{j} C_{[h]}^2 + \sum_{h'=j+1}^{n} C_{[h']}^2 \tag{4-49}$$

根据不等式(4-47),式(4-49) $\sum_{h'=j+1}^{n} C_{[h']}^2$ 可以表示为

$$\sum_{h'=j+1}^{n} C_{[h']}^2$$

$$= \max_{1 \leqslant i \leqslant m} \left\{ \sum_{h'=j+1}^{n} (C_{i,[h']}^{\mathrm{SRPT}} + p_{i',h'} g(h'))^2 \right\}$$

$$= \max_{1 \leqslant i \leqslant m} \left\{ \sum_{h'=j+1}^{n} \left[(C_{i,[h']}^{\mathrm{SRPT}})^2 + 2(C_{i,[h']}^{\mathrm{SRPT}})(p_{i',h'} g(h')) + (p_{i',h'} g(h'))^2 \right] \right\}$$

$$\geqslant \max_{1 \leqslant i \leqslant m} \left\{ \sum_{h \in N'} (C_{i,[h]}^{\mathrm{SRPT}})^2 + 2(\min_{h \in N'} \{p_{i',h'} g(h')\}) \sum_{h \in N'} C_{i,[h]}^{\mathrm{SRPT}} + \sum_{h \in N'} (p_{i',h'}^{\mathrm{SPT}} g(h'))^2 \right\}$$

$$\tag{4-50}$$

式中,不等式(4-50)右侧的 $C_{i,[h']}^{\mathrm{SRPT}}$ 表示问题 4.4 由 SRPT 规则调度获得的目标值。

4.4.2　剪支规则

考虑学习效应的流水作业调度模型中某个可行调度,若将某项已经释放的任务延迟至较晚释放任务完工之后开始处理,则必会人为地产生较多空闲时间,导致目标函数值恶化。这种情况可以归纳为如下性质。

性质 4.1　对于某个已经固定 $j-1$ 项任务顺序的部分序列,若其紧后任务 h 满足:

$$t_{i,h,j+1} \geqslant \min_{q \in N'} \{ p_{i,q} g(j) + \max\{t_{i,q,j}, C_{i,[j-1]}\} \} \tag{4-51}$$

则剩余未调度任务的开始时间将被延后,完工时间被延迟,目标函数值恶化。

式中,N' 表示未调度任务集合;$t_{i,h,j} = r_h + \sum_{i'=1}^{i-1} p_{i',h} g(j)$ ($i=1,2,\cdots,m$; $j=1,2,\cdots,n$)。不等式(4-51)表明,当任务 h 从 j 位置后移一位至 $j+1$ 位置,若存在未调度任务 $q \in N'$ 在 j 位置加工时,能够在任务 h 开始之前结束其在所有处理器上的加工,则不必将任务 q 安排在任务 h 之后,否则将人为增加处理器空闲时间,导致目标函数值变差。

性质 4.2　在满足性质 4.1 及假设 6 的情况下,若其紧后任务 h 满足:

$$S_{m,q} = \max\{t_{m,q,j}, C_{m,[j-1]}\} \leqslant t_{m,h,j+1} \tag{4-52}$$

$$d_q \leqslant d_h \tag{4-53}$$

则剩余未调度任务对应工期的延误时间将被增大,目标函数值恶化。$S_{m,q}$ 为工序 $O_{m,q}$ 的开始时间。

证明　最后一台处理器的调度问题可以简化为问题 4.6,其中每个工序的最早可用时间是其上道工序的完工时间。可以通过交换任务 q 和 h 验证结论。

因此,将性质 4.1 和性质 4.2 结合在一起组成剪支规则 BR1。

BR1　在搜索树上,符合剪支规则的节点均为无效节点。在进行分支操作之前,使用剪支规则检查所有节点,可以大幅减少计算无效节点的算法运行时间。

特别地,对于目标为极小化最大延误的问题 4.3,提出新的剪支规则 BR2 和 BR3。

BR2　对于满足 $\mathrm{LB}(\pi_a) \leqslant L_{\max}(\pi_a)$ 的部分序列 π_a,以及将 EDDA 启发式应用于 π_a 的未调度任务而获得可行调度序列 π_{a1},若满足 $L_{\max}(\pi_a) = L_{\max}(\pi_{a1})$,则可将 π_a 剪支。

尽管 BR1 和 BR2 能够有效修剪无效节点,但它们只能考察节点的局部特征。为了充分利用分支的有效信息,下面给出了几个支配性质。

性质 4.3　对于任务子集 g 组成的两个不同子序列 π_b 和 π_c,若满足 $C_{i,\lceil|g|\rceil}^{\pi_b} \leqslant C_{i,\lceil|g|\rceil}^{\pi_c}$($\forall i \in M$),且 $L_{\max}(\pi_b) \leqslant L_{\max}(\pi_c)$,则 π_b 支配 π_c。其中,$C_{i,\lceil|g|\rceil}^{\pi_b}$ 和 $C_{i,\lceil|g|\rceil}^{\pi_c}$ 分别是 π_b 和 π_c 在处理器 i 上的完工时间;$L_{\max}(\pi_b)$ 和 $L_{\max}(\pi_c)$ 分别是序列 π_b 和 π_c 中任务的最大延迟时间。

性质 4.4　对于任务子集 g 组成的两个不同子序列 π_b 和 π_c,若满足 $C_{i,\lceil|g|\rceil}^{\pi_b} \leqslant C_{i,\lceil|g|\rceil}^{\pi_c}$($\forall i \in M$),且 $L_{\max}(\pi_b) \leqslant \mathrm{LB}(\pi_b)$,则 π_b 支配 π_c。其中,$\mathrm{LB}(\pi_b)$ 是序列 π_b 的下界。

证明　在性质 4.4 给出的条件下,不等式 $L_{\max}(\pi_b) \leqslant \mathrm{LB}(\pi_b) \leqslant \max(\mathrm{LB}(\pi_c), L_{\max}(\pi_c))$ 成立,这表明在 π_c 基础上得出的完整序列,其最优值一定比 π_b 所得最好序列的目标值差。

性质 4.5　对于任务子集 g 组成的两个不同子序列 π_b 和 π_c,若满足 $C_{i,\lceil|g|\rceil}^{\pi_b} \leqslant C_{i,\lceil|g|\rceil}^{\pi_c}$($\forall i \in M$),且 $L_{\max}(\pi_b) \leqslant \mathrm{LB}(\pi_c)$,则 π_b 支配 π_c。

BR3　对于部分序列 π,若其满足性质 4.3～性质 4.5,则可将其剪支。

为了更好地应用 BR3,构建矩阵 $\boldsymbol{T}$ 来存储不同子集的信息,矩阵的行存储了任务子集 g 的当前最佳子序列 π_d 的状态:$\boldsymbol{T}_{w(g)} = \boldsymbol{V}(\pi_d) = \{C_{1,\lceil|g|\rceil}^{\pi_d}, C_{2,\lceil|g|\rceil}^{\pi_d}, \cdots, C_{i,\lceil|g|\rceil}^{\pi_d}, \cdots, C_{m,\lceil|g|\rceil}^{\pi_d}, L_{\max}(\pi_d), \mathrm{LB}(\pi_d)\}$。其中,$w(g) = \sum\limits_{j \in g} 2^{j-1}$ 是任务子集 g 的横坐标;$\boldsymbol{V}(\pi_d)$ 是 π_d 的信息向量。矩阵 $\boldsymbol{T}$ 中的元素用 ∞ 初始化,用于更新矩阵 $\boldsymbol{T}$ 的性质如下。

性质 4.6 对于任务子集 g 组成的子序列 π_e，若满足 $T_{w(g),i}=\infty(\forall i\in M)$，则 π_e 可用于更新 $\boldsymbol{T}_{w(g)}$。

性质 4.7 对于任务子集 g 组成的子序列 π_e，若满足 $C_{i,\lceil|g|\rceil}^{\pi_e}\leqslant T_{w(g),i}$ ($\forall i\in M$)，$\sum_{i\in M}C_{i,\lceil|g|\rceil}^{\pi_e}<\sum_{i\in M}T_{w(g),i}$，并且 $L_{\max}(\pi_e)\leqslant\max(T_{w(g),(m+1)},T_{w(g),(m+2)})$，则 π_e 可用于更新 $\boldsymbol{T}_{w(g)}$。

为了便于理解 BR3 和矩阵更新的求解过程，下面给出具体数值实例。

例 4-4 假设考虑学习效应和释放时间的流水作业调度问题，其中包括 3 台处理器 $\{M_1,M_2,M_3\}$，6 项任务 $\{J_1,J_2,J_3,J_4,J_5,J_6\}$，目标函数为极小化 $L_{\max}$。学习效应函数为 $g_1(t)=1$，其中 t 表示任务的最终调度位置。任务的处理时间 $p_{i,j}$，释放时间 r_j 和工期 d_j 如下所示：

	J_1	J_2	J_3	J_4	J_5	J_6
M_1	1	1	1	1	1	1
M_2	1	1	1	1	1	1
M_3	1	1	1	1	1	1
r_j	0	0	0	18	19	20
d_j	68	60	67	28	40	39

考虑任务子集 $g=\{1,2,3\}$，子序列 $\pi_f=\{J_1,J_2,J_3\}$ 是 g 的第一个搜索节点，且 $w(g)=1+2+4=7$。初始矩阵 $\boldsymbol{T}_{w(g)}=\{\infty,\infty,\infty,\infty,\infty\}$ 由信息向量 $\boldsymbol{V}(\pi_f)=\{3,4,5,-56,-7\}$ 更新。当探索至子序列 $\pi_h=\{J_2,J_1,J_3\}$ 时，信息向量 $\boldsymbol{V}(\pi_h)=\{3,4,5,-57,-7\}$ 再次更新矩阵 $\boldsymbol{T}_{w(g)}=\{3,4,5,-56,-7\}$。最后，由于违反性质 4.3，子序列 $\{J_3,J_1,J_2\}$ 被剪支。

4.4.3 算法流程

考虑本章研究的问题，采用不同的调度规则生成分支定界算法的初始上界。针对最大延误问题，采用可用 EDDA 启发式生成初始解，即每当首台处理器出现空闲，在当前可用任务中优先安排 d_j 值最小的任务。另外两个问题采用可用 SPTA 启发式生成初始解，即每当首台处理器出现空闲，在当前可用任务中优先安排 P_j 值最小的任务。分支定界算法的流程在第 2 章、第 3 章中已经详细说明，这里不再赘述。

为了描述算法方便，给出如下符号定义：Z^{UB} 表示问题上界，$Z_{\tau,j}^{\mathrm{LB}}$ 表示第 τ 层排列任务 j 的下界值；$G_{\tau,h}$ 表示第 $\tau-1$ 层将节点 h 安排后，其所有可能的有效后继节点的集合，$1\leqslant j\leqslant n$，$1\leqslant h,\tau\leqslant n$。B&B 算法的伪代码如伪代码 4-1 所示。

伪代码 4-1　B&B 算法伪代码

1	开始
2	$\tau \leftarrow 0$;
3	$N' \leftarrow N$;
4	$G_{0,h} \leftarrow \varnothing$;
5	$Z_{0,j}^{\mathrm{LB}} \leftarrow 0$;
6	计算初始上界 Z^{UB};
7	$\tau \leftarrow \tau + 1$;
8	**While**
9	**If** $\tau \leqslant n-1$
10	**For** $j \in N'$
11	$Z_{0,j}^{\mathrm{LB}} \leftarrow \infty$;
12	**If** j 未被剪支
13	$G_{\tau-1,h} = G_{\tau-1,h} \bigcup j$;
14	**End if**
15	计算 $Z_{t,j}^{\mathrm{LB}}$;
16	**If** $Z_{t,j}^{\mathrm{LB}} \geqslant Z^{\mathrm{UB}} \& j \in G_{\tau-1,h}$
17	**Break**;
18	**Else**
19	**If** $Z_{t,j}^{\mathrm{LB}} < Z^{\mathrm{UB}}$
20	$Z^{\mathrm{UB}} \leftarrow Z_{t,j}^{\mathrm{LB}}$;
21	将满足 $Z_{\tau,j}^{\mathrm{LB}} \geqslant Z^{\mathrm{UB}}, 1 \leqslant \tau \leqslant n, j \in G_{\tau-1,h}$ 节点删除;
22	**If** $\bigcup G_{\tau-1,h} \neq \varnothing$
23	令 $\tau = \tau - 1$;
24	**Else**
25	**Break**;
26	**End if**
27	**Else**
28	选择下界最小的节点 h^* 继续向下分支 　　　　　$Z_{\tau,h^*}^{\mathrm{LB}} = \min\{Z_{\tau,j}^{\mathrm{LB}}\}$;
29	$\tau \leftarrow \tau + 1$;
30	**End if**
31	**End if**
32	**End for**
33	**Else**
34	计算上界值 $Z_{h^*}^{\mathrm{UB}}$

35	**If** $Z^{\mathrm{UB}} > Z_{h^*}^{\mathrm{UB}}$
36	$Z^{\mathrm{UB}} \leftarrow Z_{h^*}^{\mathrm{UB}}$;
37	**Else**
38	上界值不变;
39	**End if**
40	$Z^{\mathrm{UB}} > Z_{t,j}^{\mathrm{LB}}$;
41	将满足 $Z_{\tau,j}^{\mathrm{LB}} \geqslant Z^{\mathrm{UB}}, 1 \leqslant \tau \leqslant n, j \in G_{\tau-1,h}$ 的节点删除;
42	**If** $\bigcup G_{\tau-1,h} \neq \varnothing$
43	$\tau = \tau - 1$
44	**Else**
45	**Break**;
46	**End if**
47	**End if**
49	**End while**
50	**结束**

对于问题 4.3,节点 j 的任务子集表示为 $g(j)$,信息数组表示为 $\boldsymbol{V}(j) = \{C_{1,[|j|]}^j, C_{2,[|j|]}^j, \cdots, C_{i,[|j|]}^j, \cdots, C_{m,[|j|]}^j, L_{\max}(j), \mathrm{LB}(j)\}$,可用于更新 $\boldsymbol{T}_{w(g(j))}$。针对问题 4.3 的 B&B 算法,其伪代码如伪代码 4-2 所示。

伪代码 4-2　B&B 算法伪代码

1	**开始**
2	$\tau \leftarrow 0$;
3	$G_{0h} \leftarrow \varnothing$;
4	$Z_{0,j}^{\mathrm{LB}} \leftarrow 0$;
5	应用 EDDA 启发式算法计算初始上界 Z^{UB} ;
6	$\tau \leftarrow \tau + 1$;
7	**While**
8	**If** $\tau \leqslant n-2$
9	**For** $j \in N$
10	$Z_{\tau,j}^{\mathrm{LB}} \leftarrow \infty$;
11	**If** j 满足剪支规则 BR1
12	将节点 j 剪支;
13	**Else**
14	计算 $Z_{t,j}^{\mathrm{LB}}$;
15	**If** $Z_{t,j}^{\mathrm{LB}} \geqslant Z^{\mathrm{UB}}$

16			将节点 j 剪支;
17			**If** j 满足剪支规则 BR3
18			将节点 j 剪支;
19			**Else if** j 满足更新 $\boldsymbol{T}_{w(g(j))}$ 的条件之一
20			$\boldsymbol{T}_{w(g(j))} \leftarrow \boldsymbol{V}(j)$;
21			**End if**
22			选择满足 $Z_{\tau,h^*}^{\mathrm{LB}} = \min\limits_{j \in \cup G_{\tau-1,h}} \{Z_{\tau,j}^{\mathrm{LB}}\}$ 条件的节点 h^*
23			$\tau \leftarrow \tau + 1$;
24			**End if**
25		**End For**	
26		**Else**	
27		计算节点的上界值 $Z_{\tau,h_1}^{\mathrm{UB}}$ 和 $Z_{\tau,h_2}^{\mathrm{UB}}$;	
28		**If** $Z^{\mathrm{UB}} > Z_{\tau,h}^{\mathrm{UB}} = \min(Z_{\tau,h_1}^{\mathrm{UB}}, Z_{\tau,h_2}^{\mathrm{UB}})$	
29		$Z^{\mathrm{UB}} \leftarrow Z_{\tau,h}^{\mathrm{UB}}$;	
30		**End if**	
31	**Else**		
32	计算上界值 $Z_{h^*}^{\mathrm{UB}}$		
33	**If** $Z^{\mathrm{UB}} > Z_{h^*}^{\mathrm{UB}}$		
34	$Z^{\mathrm{UB}} \leftarrow Z_{h^*}^{\mathrm{UB}}$;		
35	将满足 $Z_{\tau,j}^{\mathrm{LB}} \geqslant Z^{\mathrm{UB}}, j \in \cup G_{\tau-1,h}$ 的节点删除;		
36	**End if**		
37	**End if**		
38	$Z^{\mathrm{UB}} > Z_{t,j}^{\mathrm{LB}}$;		
39	将满足 $Z_{\tau,j}^{\mathrm{LB}} \geqslant Z^{\mathrm{UB}}, 1 \leqslant \tau \leqslant n, j \in G_{\tau-1,h}$ 的节点删除;		
40	**If** $\cup G_{\tau-1,h} \neq \varnothing$		
41	$\tau \leftarrow \tau - 1$;		
42	**Else**		
43	**Break**;		
44	**End if**		
45	**End if**		
46	**End while**		
47	结束		

为了便于理解分支定界算法的求解过程,下面给出具体数值实例。

例 4-5　假设考虑学习效应和释放时间的流水作业调度问题,其中包括 3

台处理器$\{M_1,M_2,M_3\}$,4 项任务$\{J_1,J_2,J_3,J_4\}$,目标函数为极小化 $L_{\max}$。学习效应函数为 $g_1(t)=a-bt$,其中 t 表示任务的最终调度位置,学习效应函数参数 $a=1.2,b=0.1$。任务的释放时间 r_j,工期 d_j,处理时间 $p_{i,j}$ 如下所示:

$$
\begin{array}{ccccc}
 & J_1 & J_2 & J_3 & J_4 \\
M_1 & 8 & 9 & 8 & 7 \\
M_2 & 7 & 1 & 6 & 2 \\
M_3 & 1 & 2 & 2 & 8 \\
r_j & 14 & 0 & 6 & 18 \\
d_j & 8 & 17 & 8 & 16
\end{array}
$$

对于该问题最优解的调度顺序分别是$\{J_3,J_1,J_4,J_2\}$,分支树如图 4-1 所示,该问题的最优解值为 23.4。在图 4-1 中,分支树的第 2 层剪掉了 3 个节点,缩短了算法的运行时间,同时也突出了算法的有效性。

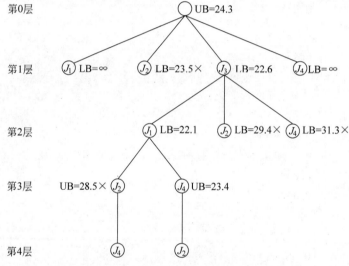

图 4-1　求解考虑学习效应的流水作业极小化最大延误问题的分支定界搜索树

×表示剪支

4.5　智能优化算法

前文已经提到,虽然分支定界算法能有效地求解小规模问题,但是其本质上是基于枚举的算法,计算时间随着任务数的增加而急剧增长。因此,在实际调度环境中通常使用智能优化算法快速求得近似最优解。本章中分别使用了DDE 和 PSO 用于求解考虑学习效应的流水作业调度模型。

4.5.1　离散差分进化算法

1. 初始化

在本章设计的 HDDE 算法中,其初始种群中的一部分个体是由分支定界算法生成,即在给定时间内运行分支定界算法,之后采用相应的启发式算法($L_{\max}$ 对应 EDDA,其他目标函数对应 $SPTA_A$),将未剪支节点处的不完全序列补全为可行排序作为种群个体;另一部分个体由随机生成的可行排序构成,过程与 3.4 节中一致,在此不再赘述。

2. 变异操作

变异操作与 2.5 节中的一致,这里不再赘述,变异操作的伪代码如伪代码 4-3 所示。

伪代码 4-3　差分进化算法变异操作伪代码

1	开始
2	**Do**
3	$\alpha_1 \leftarrow \text{random}(1, \Lambda)$;
4	$\beta_1 \leftarrow \text{random}(1, \Lambda)$;
5	$\alpha_2 \leftarrow \text{random}(1, \Lambda)$;
6	$\beta_2 \leftarrow \text{random}(1, \Lambda)$;
7	**While** $//\alpha_1, \beta_1, \alpha_2, \beta_2$ 均不相同
8	**For** $j = 1$ **to** n **do**
9	rand $\leftarrow \text{random}(0,1)$;
10	**If** rand$<$MP **do**
11	$\delta_{k,j}^t = x_{b,j}^{t-1} - x_{c,j}^{t-1}$;
12	**Else**
13	$\delta_{k,j}^t = 0$;
14	**End if**
15	**For** $j = 1$ **to** n **do**
16	$v_{k,j}^t = \text{mod}\left[(x_{a,j}^{t-1} + \delta_{k,j}^t + n), n\right]$
17	**End For**
18	**Return** V_k^t;
19	结束

3. 交叉操作

同样地,交叉操作与 2.5 节中一致,这里也不再赘述。交叉操作的伪代码如伪代码 4-4 所示。

伪代码 4-4　差分进化算法交叉过程

1　　开始
2　　　　For $j=1$ to n do
3　　　　　　rand←random$(0,1)$;
4　　　　　　If rand≥CP
5　　　　　　　删除 $v_{k,j}^t \in V_k^t$;//删除对应基因
6　　　　　　End if
7　　　　End for
8　　　　Do //选择交叉位置
9　　　　　　temp_1←random$(1,n)$;
10　　　　　　temp_2←random$(1,n)$;
11　　　　While //temp_1,temp_2 不相等
12　　　　$U_h^{\tau}=X_h^{\tau-1}$←V_h^{τ};//根据选择插入点位置将变异个体 V_h^{τ} 插入到目标个体 $X_h^{\tau-1}$ 中
13　　　　For $j=1$ to n do
14　　　　　　删除重复基因
15　　　　End if
16　　　　Return U_h^{τ}
17　　结束

---

4. 选择操作

同样地,选择操作与 2.5 节中一致,这里不再赘述。

5. 算法流程

结合以上步骤,离散差分进化算法的整个框架伪代码如伪代码 4-5 所示。

伪代码 4-5　差分进化算法伪代码

1　　开始
2　　　　初始化种群 POP,并计算种群个体的适应度值;
3　　　　初始化 X_{bset};
4　　　　τ←0;

5	$\tau \leftarrow \tau + 1$;
6	**While** $\tau < \tau_{\max}$ **do**
7	**For** $k = p$ **to** p_i
8	经过变异操作得到变异后个体 $V_{\tau,k}$
9	经过交叉操作得到交叉后个体 $U_{\tau+1,k}$
10	**If** $F(U_{\tau+1,k}) < F(X_{\mathrm{bset}})$
11	$X_{best\_i}^{\tau+1} = U_{\tau+1,k}$
12	**End if**
13	**End for**
14	$\tau = \tau + 1$;
15	**End while**
16	**Return** X_{bset}
17	结束

　　本章的 HDDE 算法在计算目标函数值时需要考虑学习效应,为了便于理解学习效应的意义,下面给出具体数值实例。

　　例 4-6　假设考虑学习效应的流水作业调度问题,其中包括 3 台处理器 $\{M_1, M_2, M_3\}$,4 项任务 $\{J_1, J_2, J_3, J_4\}$,学习效应函数为 $g(t) = 1 - 0.2t(t = 1, 2, 3, 4)$,其中 t 表示任务的最终调度位置,目标函数为极小化 $\sum C_j^2$。任务的释放时间 r_j,处理时间 $p_{i,j}$ 如下所示:

$$
\begin{array}{ccccc}
 & J_1 & J_2 & J_3 & J_4 \\
M_1 & 6 & 1 & 3 & 2 \\
M_2 & 4 & 7 & 6 & 6 \\
M_3 & 5 & 3 & 9 & 9 \\
r_j & 2 & 0 & 0 & 8
\end{array}
$$

　　图 4-2 中画出了两种调度所对应的甘特图:图 4-2(a)所对应的调度为 $\pi_1 = (J_1, J_2, J_3, J_4)$,图 4-2(b)所对应的调度为 $\pi_2 = (J_2, J_3, J_1, J_4)$。对于同一项任务来说,当其排在不同位置时,不同的学习效应系数会导致不同的处理时间。例如:任务 J_1,在 π_1 中 J_1 排在第一位,对应的学习效应系数为 $g(1) = 1 - 0.2 \times 1 = 0.8$;在 π_2 中 J_1 排在第三位,学习效应系数为 $g(3) = 1 - 0.2 \times 3 = 0.4$。因此在图 4-2(a)中,任务 J_1 在第一台处理器上的处理时间 $p_{1,1} = 6 \times 0.8 = 4.8$,同样有 $p_{2,1} = 4 \times 0.8 = 3.2$,$p_{3,1} = 5 \times 0.8 = 4$。而在图 4-2(b)中,任务 J_1 在各台处理器上的处理时间分别为:$p_{1,1} = 6 \times 0.4 = 2.4$,$p_{2,1} = 4 \times 0.4 = 1.6$,$p_{3,1} = 5 \times 0.4 = 2$。最终序列 π_1 的目标函数值为 $Z_{\pi 1} = \sum C_j^2 = 14^2 + 16^2 + 20.2^2 + 22^2 = $

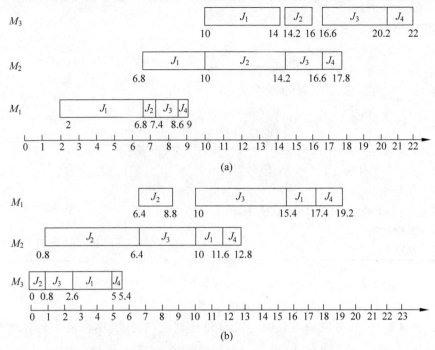

图 4-2   考虑学习效应的流水作业问题甘特图

(a) 调度 π_1 对应的甘特图；(b) 调度 π_2 对应的甘特图

1433.04，而序列 π_2 的目标函数值为 $Z_{\pi2} = \sum C_j{}^2 = 8.8^2 + 15.4^2 + 17.4^2 + 19.2^2 = 986$。显然 $Z_{\pi2} < Z_{\pi1}$，因此在本例中，π_2 是比 π_1 更优的调度。

4.5.2   粒子群优化算法

在第 2 章中已经提到粒子群优化算法是一种有效的种群进化算法，算法主要包括种群初始化和更新粒子两个操作，本章使用的粒子群优化算法的具体步骤除了计算目标函数值时需要考虑学习效应，其他与附录 A 中完全一致，在此不再赘述。粒子群优化算法的整个框架伪代码如伪代码 4-6 所示。

伪代码 4-6   粒子群优化算法伪代码
1   **开始**
2   初始化粒子群，并计算种群中每个粒子的适应度值；
3   初始化当前最佳粒子 X_{bset}；
4        $\tau \leftarrow 0$；
5        $\tau \leftarrow \tau + 1$；

6	**While** $\tau < \tau_{\max}$ **do**
7	**For** $k = p$ **to** p_i
8	按式(2-25)更新粒子速度
9	按式(2-26)更新粒子位置
10	得到新粒子 X_k^{new};
11	**If** $F(X_k^{\text{new}}) < F(X_k^{\text{best}})$
12	$X_k^{\text{best}} = X_k^{\text{new}}$
13	**End if**
14	**If** $F(X_k^{\text{new}}) < F(X_{\text{bset}})$
15	$X_{\text{bset}} = X_k^{\text{new}}$
16	**End if**
17	**End for**
18	$\tau = \tau + 1$;
19	**End while**
20	**Return** $X_{\text{best}}^{\tau} = \min(X_{\text{best1}}^{\tau}, X_{\text{best2}}^{\tau})$
21	结束

4.5.3　人工蜂群算法

人工蜂群(artificial bee colony,ABC)算法是一种求解连续优化问题的群体智能计算方法(Karaboga et al,2007),优化性能较为突出。ABC 算法模型中主要包含蜜源、雇佣蜂(employed bee)、跟随蜂(onlooker bee)和侦察蜂(scout bee)。不过,因为编码的原因,传统的人工蜂群算法不能直接用于求解组合优化问题。为了解决考虑学习效应的流水作业调度问题,本节提出了一种离散人工蜂群(discrete artificial bee colony,DABC)算法,其中引入了基于任务序列的表示方法(Tasgetiren et al,2011)作为人工蜜蜂与可行解之间转换的编码策略。为了进一步提高 DABC 算法的性能,本节介绍了基于 EDDA 的初始化方法和有效的混合邻域搜索(hybrid neighborhood search,HNS)机制,用以提高初始种群和最终解的质量。基于 B&B 算法的剪支规则和最优性质,本节引入了几种精心设计的算子来提高 HNS 机制的性能。下面将介绍 DABC 算法的细节。

1. 初始化

为了保证初始种群的质量,规定其中必须存在一个采用 EDDA 规则生成的个体。如果可行解满足性质 4.1,则说明存在某个任务人为地延迟了开始处理时间,从而导致目标函数恶化。因此,为了提高初始种群的多样性,本节提出了随机可用规则来生成其他个体,即当第一台处理机空闲时,会从已释放任务中随机选择一个任务。

2. 混合邻域搜索策略

本节介绍了 6 种邻域结构和 HNS 机制来增强 DABC 算法的性能。为了更好地解释 HNS 机制,下面给出几个定义。

定义 1　关键任务:对于给定的实例,将序列 π 中的关键任务$[t]$定义为具有最大延迟的任务。

定义 2　关键间隔:对于给定的实例,将序列 π 的关键间隔 $U(\pi)$ 定义为任务集$([y],[y+1],\cdots,[t])$,其中任务$[y]$是满足 $C_{1,[y]}^{\pi}\geqslant r_{[t]}$ 和 $t-y\geqslant 3$ 条件的第一个任务。任务$[t]$为序列 π 中的关键任务。

根据上述定义,下面列出 6 种不同的邻域结构。

交换(π,i,j):对于序列 π,交换(π,i,j)表示任务$[i]$和任务$[j]$交换其处理位置,其中任务 i 和 j 是随机选择的。

插入(π,i,j):对于序列 π,插入(π,i,j)表示将任务$[i]$从序列中删除,并在此位置插入任务$[j]$,其中任务 i 和 j 是随机选择的。

关键任务交换(π,i,j):对于序列 π,关键任务交换(π,i,j)表示任务$[i]$和任务$[j]$交换其处理位置。其中任务 i 和 j 是随机选择的,且必须满足 $i<t$ 或 $j<t$。

关键任务插入(π,i,j):对于序列 π,关键任务插入(π,i,j)表示将任务$[i]$从序列中删除,并在此位置插入任务$[j]$。其中任务 i 和 j 是随机选择的,且必须满足 $i<t$ 或 $j<t$。

关键间隔交换(π,i,j):对于序列 π,关键间隔交换(π,i,j)表示任务$[i]$和任务$[j]$交换其处理位置,其中任务 i 在关键间隔 $U(\pi)$ $(y<i<t)$中随机选择,任务$[t]$为序列 π 中的关键任务。

关键间隔插入(π,i,j):对于序列 π,关键间隔插入(π,i,j)表示将任务$[i]$从序列中删除,并在此位置插入任务$[j]$,其中任务 i 在关键间隔 $U(\pi)$ $(y\leqslant i<t-1)$中随机选择,任务$[t]$为序列 π 中的关键任务。

在侦察蜂阶段执行交换(π,i,j)和插入(π,i,j)算子,可以对陷入局部最优的个体产生足够的扰动。由于减少关键任务的延迟会更有效地优化目标函数值,因此,本节针对具有关键间隔的个体引入了基于关键间隔的算子。基于关键任务的算子作用于没有关键间隔的个体。此外,对于给定的序列 π,基于关键任务算子的邻域大于基于关键间隔算子的邻域,这大大增强了 DABC 算法的搜索能力。

为了便于理解 HNS 机制,下面给出 HNS 机制的伪代码(伪代码 4-7)。

伪代码 4-7　　HNS

//**Input**: x, α_1, α_2, α_3, $\tau_{\max}^{\mathrm{HNS}}$;

//**Output**: x;

1　　开始

2　　　　$t \leftarrow x$ 的关键任务;

3　　　　$U \leftarrow x$ 的关键间隔;

4　　　　**For** $\tau \leftarrow 1$ **to** $\tau_{\max}^{\mathrm{HNS}}$

5　　　　　　**If** rand() $\leqslant \alpha_1$ and $U(x) \neq \varnothing$

6　　　　　　　　**If** rand() $\leqslant \alpha_2$

7　　　　　　　　　　在关键间隔 $U(y < i < t)$ 中随机选择任务 i;

8　　　　　　　　　　$x' \leftarrow$ 关键间隔交换(x, i);

9　　　　　　　　**Else**

10　　　　　　　　　在关键间隔 $U(y \leqslant i < t-1)$ 中随机选择任务 i;

11　　　　　　　　　$x' \leftarrow$ 关键间隔插入(x, i);

12　　　　　　　**End if**

13　　　　　　**Else**

14　　　　　　　　在范围$(i < t$ or $j < t)$中随机选择任务 i 和 j;

15　　　　　　　　**If** rand() $\leqslant \alpha_3$

16　　　　　　　　　　$x' \leftarrow$ 关键任务交换(x, i, j);

17　　　　　　　　**Else**

18　　　　　　　　　　$x' \leftarrow$ 关键任务插入(x, i, j);

19　　　　　　　　**End if**

20　　　　　　**End if**

21　　　　　　**If** $L_{\max}(x') < L_{\max}(x)$

22　　　　　　　　$x \leftarrow x'$;

23　　　　　　　　$t \leftarrow x'$ 的关键任务;

24　　　　　　　　$U \leftarrow x'$ 的关键间隔;

25　　　　　　**End if**

26　　　　**End for**

27　　　　**Return** x

28　　结束

---

3. 雇佣蜂阶段

在此阶段,每个个体都执行 HNS 机制。如果采用 HNS 机制得到的序列优于当前序列,则将当前序列替换为新序列。

4. 跟随蜂阶段

跟随蜂阶段的详细步骤如伪代码 4.8 所示,其中,PS 是种群规模的大小,竞争选择是指从种群中随机选择两个个体,然后从中选出一个较好的个体。

伪代码 4-8　跟随蜂阶段

1	开始
2	For $i \leftarrow 1$ **to** $|PS|/2$
3	在当前种群中采用竞争选择获得 x;
4	$x' \leftarrow \text{HNS}(x)$;
5	**If** $L_{\max}(x') < L_{\max}(x)$
6	$x \leftarrow x'$;
7	**End if**
8	**End for**
9	结束

---

5. 侦查蜂阶段

此阶段将检查每只雇佣蜂,如果雇佣蜂未能在预设的最大迭代次数 β 中更新蜜源,那么它将变为侦查蜂,放弃当前蜜源并移至新蜜源。执行交换(π, i, j)和插入(π, i, j)算子可实现相当大的扰动。逃逸机制的伪代码如伪代码 4-9 所示。

伪代码 4-9　逃逸机制

//**Input**: $x, \tau_{\max}^{\text{scout}}$;

//**Output**: x;

1	开始
2	For $\tau \leftarrow 1$ **to** $\tau_{\max}^{\text{scout}}$
3	随机选择任务 i 和 j;
4	**If** $\text{rand}() \leqslant 0.5$
5	$x \leftarrow$ 交换(x, i, j);

6		**Else**	
7			$x \leftarrow$ 插入(x, i, j);
8		**End if**	
9	**End for**		
10	**Return** x		
11	结束		

为便于理解 DABC 算法,给出伪代码如伪代码 4-10 所示。

伪代码 4-10　DABC 算法伪代码

//**Input**:$\tau_{\max}^{\mathrm{DABC}}$;

//**Output**:x_{best};

1	开始
2	种群初始化;
3	$x_{\mathrm{best}} \leftarrow$ 初始种群的最好个体;
4	**For** $\tau \leftarrow 1$ **to** $\tau_{\max}^{\mathrm{DABC}}$
5	执行雇佣蜂阶段;
6	执行跟随蜂阶段;
7	**If** 当前种群的最优个体优于 x_{best}
8	$x_{\mathrm{best}} \leftarrow$ 当前种群最优个体;
9	**End if**
10	执行侦查蜂阶段;
11	**End for**
12	**Return** x_{best}
13	结束

4.6　数值仿真实验

为了验证分支定界算法、智能优化算法及启发式算法的有效性,本节设计了不同规模的数值仿真实验,用于测试所提出算法的求解性能。实验时分别测试了 3 种学习效应函数,即线性函数 $g(t) = a - bt$ $(a > 0, b \geqslant 0)$、指数函数 $g(t) = \alpha^{t-1}$ $(0 < \alpha \leqslant 1)$ 和幂函数 $g(t) = t^{c}$ $(c < 0)$,分别简记为 LI、PO 和 EX。所有参与测试的算法采用 C++ 语言编写运行,测试环境为 Intel Core i5-8300 CPU、8GB 内存、Windows 10 操作系统。测试结果及相关数据展示如下所示。

4.6.1　分支定界算法

为了验证分支定界算法求解实际问题的性能,这里将其与商业优化软件 IBM® CPLEX 进行对比,记录各自的运行时间与最终目标值。算法与求解器运行终止时间设定为 10min,若超过 10min,则终止运算并记录当前最好目标值。

1. 最大延迟问题

测试环境为 Intel® Core(TM) i5-8265U CPU、16GB 内存、Windows® 10 64 位旗舰版操作系统,CPLEX 的版本为 12.80。任务的处理时间 $p_{i,j}$ 由离散均匀分布 $[1,10]$ 随机生成。释放时间 r_j 由离散均匀分布 $[0,5n]$ 随机生成。工期 d_j 由离散均匀分布 $[r_j+1.2mp_j,r_j+np_j]$ 随机生成。测试用例的学习效应函数分别为 $g_1(t)=1-0.0001(t-1)$,$g_2(t)=0.999^{t-1}$ 和 $g_3(t)=t^{-0.029}$。测试规模为处理器数 $m=3,5,8$;任务数 $n=18,20,22,25$。针对不同规模的处理器与任务组合,随机生成 10 组测试算例,分别采用本章所提出的分支定界算法与 CPLEX 求解器进行计算。这里需要说明的是,在考虑 BR3 的 B&B 算法中,最大可执行规模为 $m \times n = 8 \times 22$。因此,由于内存限制,对于 $n=25$ 的实例,应用不含 BR3 的 B&B 算法进行实验。表 4-3～表 4-5 分别展示了考虑 3 种学习效应函数的算例测试结果。从测试结果可以看出,分支定界算法可以求得全部算例的最优解;而 CPLEX 求解器仅能求得其中约 76.9%(277/360)算例的最优解。在运行时间方面,95.27%(343/360)的算例应用分支定界算法的计算时间都相较于 CPLEX 求解器更短。对于 15 个 CPLEX 未求得最优解的算例,分支定界算法求得的目标函数值也优于 CPLEX 求解器,只有 3 个算例出现相反情况。可见,分支定界算法的求解能力要显著优于 CPLEX 求解器。

2. 最大完工时间问题

测试环境为 Intel® Core i7 CPU(2.8GHz×4)、8GB 内存、Windows 7® 操作系统,CPLEX 的版本为 12.60。任务的处理时间 $p_{i,j}$ 由离散均匀分布 $[1,10]$随机生成。释放时间 r_j 由离散均匀分布 $[0,5n]$ 随机生成。测试用例的学习效应函数分别为 $g_1(t)=1-(0.8/n)\,t$,$g_2(t)=t^{-0.1}$ 和 $g_3(t)=0.92^{t-1}$。处理器数为 $m=3,5,8$;任务数为 $n=8,10,12,15$。针对不同规模的处理器与任务组合,随机生成 5 组测试算例,分别采用本章所提出的分支定界算法与 CPLEX 求解器进行计算。表 4-6 展示了考虑 3 种学习效应函数的算例测试结果,其中每列数据左侧为求得的目标函数值,右侧为运行时间。从表 4-6 中得出

表 4-3　B&B 和 CPLEX 的数据结果（线性学习效应函数）

	实验组数	m=3 目标函数值 B&B	Cplex	m=3 运行时间/s B&B	Cplex	m=5 目标函数值 B&B	Cplex	m=5 运行时间/s B&B	Cplex	m=8 目标函数值 B&B	Cplex	m=8 运行时间/s B&B	Cplex
n=18	1	0.68	0.68	0.408	2.62	8.97	8.97	8.891	4.7	11.5	11.5	2.314	32.81
	2	−0.54	−0.54	0.033	0.86	18.42	18.42	25.928	7.54	4.37	4.37	24.785	22.34
	3	2.14	2.14	0.462	4.01	13.38	13.38	5.840	9.56	3.73	3.73	9.479	10.5
	4	6.31	6.31	0.080	2.39	11.31	11.31	34.709	5.26	−3.24	−3.24	6.962	14.27
	5	4.27	4.27	0.057	1.81	2.53	2.53	2.898	2.48	8.03	8.03	57.016	21.29
	6	8.79	8.79	0.972	1.47	6.09	6.09	4.733	5.1	6.2	6.2	2.270	10.86
	7	5.47	5.47	0.030	1.47	−0.93	−0.93	0.992	3.4	10.22	10.22	7.602	16.1
	8	−0.11	−0.11	0.175	1.17	0.91	0.91	0.431	3.88	3.19	3.19	14.852	20.36
	9	1.3	1.3	1.843	2.31	4.36	4.36	0.185	3.29	−3.29	−3.29	1.929	7.89
	10	−0.01	−0.01	0.046	1.73	−1.8	−1.8	0.325	4.85	3.77	3.77	16.211	4.68
n=20	1	−0.84	−0.84	0.165	2.79	−1.52	−1.52	0.074	4.67	1.69	1.69	38.384	203.94
	2	0.07	0.07	0.575	3.35	3.84	3.84	1.658	8.1	2.76	2.76	7.707	19.38
	3	−1.79	−1.79	0.083	3.24	6.48	6.48	8.919	22.73	6.89	6.89	12.222	112.26
	4	10.24	10.24	0.662	9.48	−2.08	−2.08	4.580	5.79	−4.84	−4.84	7.722	82.12
	5	0.13	0.13	0.103	5.2	−3.51	−3.51	0.212	6.52	−0.33	−0.33	40.246	79.86
	6	−3.42	−3.42	0.119	2.08	3.33	3.33	30.388	20.83	5.2	5.2	2.473	8.46
	7	−0.62	−0.62	0.330	2.75	2.74	2.74	21.890	11.79	6.1	6.1	0.407	10.23
	8	−3.6	−3.6	0.632	1.7	4.39	4.39	0.075	4.54	−8.99	−8.99	1.805	29.5
	9	3.21	3.21	1.972	3.51	6.25	6.25	14.187	1.28	6.12	6.12	90.802	136.67
	10	−1.08	−1.08	0.081	1.86	1.54	1.54	19.415	17.02	15.35	15.35	1.530	14.76

续表

实验组数	m=3 目标函数数值 B&B	m=3 目标函数数值 Cplex	m=3 运行时间/s B&B	m=3 运行时间/s Cplex	m=5 目标函数数值 B&B	m=5 目标函数数值 Cplex	m=5 运行时间/s B&B	m=5 运行时间/s Cplex	m=8 目标函数数值 B&B	m=8 目标函数数值 Cplex	m=8 运行时间/s B&B	m=8 运行时间/s Cplex
n=22 1	-1.59	-1.59	0.551	3.82	8.77	8.77	0.670	17.19	-0.8	-0.8	397.908	428.63
2	-1.79	-1.79	0.084	5.23	-0.88	-0.88	13.164	44.12	1.09	1.09	70.386	176.03
3	2.6	2.6	0.350	3.29	-1.45	-1.45	6.378	8.02	-6.15	-6.15	1.890	69.12
4	2.9	2.9	0.437	7.07	2.95	2.95	20.837	26.08	-8.14	-8.14	24.817	60.34
5	-0.64	-0.64	1.039	7.22	-2.61	-2.61	1.591	6.08	-1.7	-3.71	—	31.33
6	-0.23	-0.23	4.656	3.23	-1.47	-1.47	0.122	6.27	-6.58	-6.58	0.183	16.77
7	-0.16	-0.16	0.273	5.37	-6.11	-6.11	4.772	16.33	-0.87	-0.87	3.755	23.62
8	-3.04	-3.04	0.188	5.37	4.56	4.56	1.168	10.33	2.6	2.6	14.489	69.28
9	-1.87	-1.87	0.110	4.1	-0.85	-0.85	134.763	8.72	3.18	3.18	146.031	97.05
10	-0.22	-0.22	0.106	6.43	4.35	4.35	34.707	41.64	-1.11	-1.11	2.576	22.67
n=25 1	3.27	3.27	26.578	9.33	-0.11	-0.11	18.854	56.18	3.01	3.01	51.274	—
2	1.37	1.37	0.096	14.41	-0.86	-0.86	37.880	55.93	-7.83	-7.83	573.528	59.84
3	-3.48	-3.48	0.307	34.62	-0.72	-0.72	21.829	38.35	-6.66	-6.66	290.503	96.49
4	-0.7	-0.7	8.201	9.64	-2.64	-2.64	19.249	64.16	3.03	3.54	—	—
5	1.85	1.85	15.426	43.74	3.5	3.5	70.368	54.07	-6.22	-6.22	1.712	8.78
6	-2.94	-2.94	0.292	9.73	8.7	8.7	20.774	37.33	0.34	0.72	546.996	—
7	-0.95	-0.95	64.099	18.25	1.81	1.81	84.913	99.11	-3.25	-3.25	262.637	28.44
8	1.18	1.18	47.91	22.34	1.59	1.59	49.492	69.87	-9.18	-9.18	34.807	—
9	-0.14	-0.14	75.498	15.09	1.63	1.63	167.591	286.76	-10.87	-10.87	20.970	104.99
10	1.14	1.14	46.976	26.22	-2.88	-2.88	109.131	18.55	-2.57	-2.57	134.11	570.68

表 4-4　B&B 和 CPLEX 的数据结果（幂函数学习效应函数）

	实验组数	m=3 目标函数值 B&B	m=3 目标函数值 Cplex	m=3 运行时间/s B&B	m=3 运行时间/s Cplex	m=5 目标函数值 B&B	m=5 目标函数值 Cplex	m=5 运行时间/s B&B	m=5 运行时间/s Cplex	m=8 目标函数值 B&B	m=8 目标函数值 Cplex	m=8 运行时间/s B&B	m=8 运行时间/s Cplex
$n=18$	1	3.4	3.4	0.182	1.190	−4.71	−4.71	0.699	2.83	−4.96	−4.96	14.770	3.45
	2	4.62	4.62	1.477	1.530	−1.12	−1.12	3.675	3.99	−1.59	−1.59	4.851	6.3
	3	−1.89	−1.89	1.797	1.890	1.13	1.13	4.205	6.27	−5.71	−5.71	3.748	3.49
	4	0.61	0.61	0.664	1.210	−3.57	−3.57	0.100	1.39	−4.09	−4.09	6.241	6.79
	5	2.9	2.9	0.263	1.280	5.95	5.95	2.180	5.1	−4.07	−4.07	1.569	7.29
	6	−3.09	−3.09	0.149	0.149	−3.98	−3.98	3.326	1.99	−7	−7	31.494	5.54
	7	−0.57	−0.57	0.087	1.090	2.44	2.44	1.638	4.66	−7.7	−7.7	0.969	4.43
	8	4.64	4.64	2.835	3.040	0.76	0.76	1.273	4.98	−2.49	−2.49	5.977	15.09
	9	−1.37	−1.37	0.590	0.760	−3.51	−3.51	0.143	2.21	8.37	8.37	30.830	31.89
	10	−3.42	−3.42	0.104	1.340	−0.38	−0.38	4.456	4.85	−4.17	−4.17	4.910	15.05
$n=20$	1	−1.07	−1.07	0.476	3.880	−10.02	−10.02	0.920	6.45	−7.93	−7.93	33.035	10.03
	2	8.57	8.57	6.492	9.060	−0.78	−0.78	3.114	6.44	−5.27	−5.27	6.776	25.89
	3	−5.24	−5.24	0.226	1.560	−2.15	−2.15	15.001	9.89	−0.19	−0.19	21.659	23.39
	4	−1.24	−1.24	0.281	5.620	−5.38	−5.38	0.310	5.98	−1.7	−1.7	9.242	18.83
	5	−1.37	−1.37	0.127	1.060	−3.18	−3.18	0.742	6.65	−3.89	−3.89	73.069	25.32
	6	−5.1	−5.1	0.312	1.700	3.65	3.65	3.251	4.88	0.14	0.14	8.398	9.38
	7	3.45	3.45	1.155	1.155	−1.18	−1.18	4.058	5.97	−0.05	−0.05	0.080	10.15
	8	2.37	2.37	3.212	3.212	−5.11	−5.11	0.856	5.05	−3.39	−3.39	17.374	55.32
	9	0.99	0.99	1.356	2.420	−1.04	−1.04	1.893	2.8	−7.48	−7.48	6.383	7.25
	10	0.91	0.91	2.585	3.700	−4.27	−4.27	1.659	6.49	2.04	2.04	201.428	38.49

续表

	实验组数	m=3 目标函数值 B&B	m=3 目标函数值 Cplex	m=3 运行时间/s B&B	m=3 运行时间/s Cplex	m=5 目标函数值 B&B	m=5 目标函数值 Cplex	m=5 运行时间/s B&B	m=5 运行时间/s Cplex	m=8 目标函数值 B&B	m=8 目标函数值 Cplex	m=8 运行时间/s B&B	m=8 运行时间/s Cplex
n=22	1	-1.4	-1.4	0.300	2.92	-3.02	-3.02	1.161	15.62	-7.03	-7.03	88.028	31.59
	2	-7.04	-7.04	3.225	5.24	3.54	3.54	8.362	9.28	-5	-5	5.978	8.33
	3	-0.45	-0.45	2.273	5.26	-2.68	-2.68	18.547	16.15	-7.57	-7.57	20.169	153.57
	4	-3	-3	0.051	3.92	-3.39	-3.39	2.130	21.55	-15.48	-15.48	15.817	27.78
	5	-0.74	-0.74	4.417	6.47	-8.11	-8.11	39.464	37.47	0.22	0.22	8.155	12.44
	6	-3.74	-3.74	0.261	3.36	0.08	0.08	6.696	8.24	-7.23	-7.23	222.892	206.14
	7	-0.73	-0.73	5.562	7.18	-8.89	-8.89	41.952	11.06	-5.13	-5.13	54.610	30
	8	0.77	0.77	4.208	4.76	-0.46	-0.46	7.455	7.68	3.3	-5.05	76.219	26.3
	9	-0.31	-0.31	0.811	3.66	-3.4	-3.4	0.336	6.26	-0.75	-0.75	20.236	—
	10	-2.19	-2.19	0.707	2.62	-6.09	-6.09	28.753	9.42	-8.38	-8.38	—	23.15
n=25	1	1.03	1.03	62.320	29.87	-10.37	-10.37	93.462	28.6	-12	-11.37	255.401	62.12
	2	-8.02	-8.02	2.949	7.3	-4.89	-4.89	2.106	58.85	-12.45	-12.45	207.672	325.9
	3	-2.81	-2.81	7.126	56.68	-0.17	-0.17	50.988	112.69	-3.01	-3.01	104.760	315.03
	4	1.01	1.01	71.527	10.61	5.28	5.28	1.173	24.43	-7.68	-7.68	300.030	515.77
	5	-1.41	-1.41	0.707	9.22	-2.4	-2.4	2.706	9.5	-0.34	-0.34	6.448	542.73
	6	-4.33	-4.33	1.488	23.82	-11.53	-11.53	16.189	27.78	-12.51	-12.51	3.093	263.44
	7	-5.67	-5.67	16.194	15.7	5.58	5.58	36.265	69.21	-11.79	-11.79	17.134	559.71
	8	-6.15	-6.15	1.061	14.45	-3.19	-3.19	75.594	20.76	-7.44	-7.44	—	—
	9	-0.34	-0.34	8.414	8.06	-3.99	-3.99	43.034	90.82	0.58	-2.73	—	—
	10	-0.42	-0.42	0.436	6.15	-1.12	-1.12	133.280	19.38	-2.89	-2.09	—	381.66

表 4-5　B&B 和 CPLEX 的数据结果（指数学习效应函数）

实验组数	m=3 目标函数值 B&B	Cplex	m=3 运行时间/s B&B	Cplex	m=5 目标函数值 B&B	Cplex	m=5 运行时间/s B&B	Cplex	m=8 目标函数值 B&B	Cplex	m=8 运行时间/s B&B	Cplex
n=18												
1	2.55	2.55	0.300	1.79	5.3	5.3	16.966	3.74	-0.31	-0.31	10.902	13.51
2	1.37	1.37	0.109	1.62	-1.35	-1.35	1.113	3.4	6.4	6.4	131.828	16.26
3	2.53	2.53	0.160	2.1	1.72	1.72	0.363	1.81	-1.26	-1.26	7.713	8.63
4	7.77	7.77	1.100	4.1	6.75	6.75	12.752	3.87	-2.57	-2.57	0.902	6.57
5	-1.02	-1.02	0.263	1.47	3.42	3.42	1.358	1.87	5.11	5.11	91.899	8.86
6	6.15	6.15	0.365	2.06	4.29	4.29	1.404	2.5	4.03	4.03	20.260	15.79
7	6.13	6.13	0.048	1.73	7.93	7.93	2.931	3.8	2.68	2.68	2.298	7.74
8	10.99	10.99	3.272	2.18	3.71	3.71	1.328	3.84	0.92	0.92	7.642	7.49
9	5.42	5.42	0.059	2.61	1.99	1.99	1.712	2.17	2.69	2.69	2.545	10.56
10	8.89	8.89	0.680	1.83	5.73	5.73	4.436	5.24	9.65	9.65	49.758	9.78
n=20												
1	1.41	1.41	0.593	3.03	3.01	3.01	2.164	3.24	-2.57	-2.57	9.100	9.1
2	4.85	4.85	0.259	2.46	8.29	8.29	66.716	15.41	-2.91	-2.91	12.990	12.99
3	0.12	0.12	0.165	3.65	-1.91	-1.91	1.635	3.18	-0.68	-0.68	9.330	9.33
4	1.45	1.45	1.067	4.07	3.6	3.6	0.826	11.48	-5.15	-5.15	19.440	19.44
5	0.89	0.89	0.553	4.24	-4.05	-4.05	0.289	5.9	1.42	1.42	47.700	47.7
6	3.08	3.08	2.376	3.9	2.71	2.71	1.442	15.86	-4.5	-4.5	13.910	13.91
7	0.27	0.27	0.683	2.39	-5	-5	1.892	2.93	-4.32	-4.32	8.280	8.28
8	1.5	1.5	1.623	3.25	2.92	2.92	10.344	5.49	1.6	1.6	30.200	30.2
9	0.14	0.14	0.146	2.12	-1.47	-1.47	4.729	4.84	3.11	3.11	13.431	22.07
10	-4.27	-4.27	0.057	4.34	-4.26	-4.26	8.537	7.1	0.91	0.91	29.700	29.7

续表

		m=3				m=5				m=8		
实验组数	目标函数数值		运行时间/s		目标函数数值		运行时间/s		目标函数数值		运行时间/s	
	B&B	Cplex	B&B	Cplex	B&B	Cplex	B&B	Cplex	B&B	Cplex	B&B	Cplex
n=22												
1	−2.29	−2.29	0.683	4.34	−4	−4	0.846	5.65	−5.37	−5.37	—	32.95
2	0.17	0.17	0.250	4.55	−3.17	−3.17	1.515	11.93	0.22	0.22	29.973	25.38
3	3.9	3.9	2.188	5.02	−4.09	−4.09	54.110	15.41	1.63	1.63	32.867	139.14
4	1.98	1.98	0.440	9	−1.95	−1.95	4.037	21.09	4.33	4.33	144.179	236.44
5	3.48	3.48	2.638	7.54	7.8	7.8	0.277	14.57	1.23	1.23	55.052	41.23
6	1.92	1.92	0.650	3.37	−3.1	−3.1	5.867	57.24	−9.08	−9.08	12.369	22.57
7	−2.27	−2.27	0.414	5.93	−0.15	−0.15	9.361	7.88	−0.27	−0.27	1.529	13.39
8	−0.55	−0.55	0.440	3.06	3.53	3.53	42.326	20.31	−10.1	−10.1	25.014	55.68
9	0.1	0.1	1.099	6.46	−2.55	−2.55	9.283	8.83	1.85	1.85	12.183	15.5
10	0.92	0.92	0.382	4.42	−5.15	−5.15	7.012	23.87	−0.19	−0.19	91.708	73.1
n=25												
1	1.25	1.25	70.451	45.01	−8.5	−8.5	4.347	43.6	−1.77	−1.77	28.107	231.65
2	−1.73	−1.73	50.629	19.66	−1.51	−1.51	15.525	22	−8.18	−5.14	—	—
3	−3.32	−3.32	0.346	12.12	5.42	5.42	15.536	83.71	−4.61	−2.55	—	—
4	−1.43	−1.43	23.788	58.33	−6.49	−6.49	65.579	25.6	−8.9	−8.9	3.346	—
5	−1.5	−1.5	0.437	7.5	−2.32	−2.32	323.054	559.81	−14.96	−14.96	68.557	156.16
6	2.61	2.61	95.976	47.83	−5.41	−5.41	15.958	36.05	−3.3	2.95	—	—
7	−0.38	−0.38	0.177	11.95	−1.46	−1.46	2.076	23.32	−9.77	−9.77	169.609	—
8	0.4	0.4	5.309	14.64	−5.07	−5.07	1.413	19.84	6.86	6.75	—	—
9	6.79	6.79	4.194	6.54	−0.89	−0.89	104.165	164.07	−6.7	−6.7	93.081	272.33
10	−2.03	−2.03	4.236	18.88	−6.42	−6.42	42.693	22.9	3.41	3.41	1.180	22.836

表 4-6　最大完工时间问题精确解求解实验

组数		m=3 目标函数值 LI.PO.EX	m=3 运行时间/s B&B/CPLEX	m=5 目标函数值 LI.PO.EX	m=5 运行时间/s B&B/CPLEX	m=8 目标函数值 LI.PO.EX	m=8 运行时间/s B&B/CPLEX
$n=8$	Trial 1	28.80	0.010/0.480	48.40	0.023/0.510	61.90	0.027/0.410
		30.47	0.020/0.440	51.02	0.019/0.310	63.54	0.031/0.390
		40.87	0.011/0.420	63.06	0.008/0.300	79.04	0.027/0.580
	Trial 2	36.10	0.018/0.330	44.90	0.006/0.550	73.90	0.024/0.530
		35.14	0.013/0.330	47.13	0.007/0.480	79.09	0.021/0.310
		49.08	0.021/0.730	59.08	0.021/0.270	91.44	0.040/0.580
	Trial 3	48.40	0.020/0.310	55.60	0.017/0.500	65.10	0.005/0.310
		51.01	0.021/0.580	55.98	0.028/0.550	65.03	0.013/0.390
		54.48	0.025/0.480	70.75	0.013/0.560	83.59	0.008/0.390
	Trial 4	40.10	0.005/0.300	52.90	0.013/0.550	63.70	0.019/0.450
		41.66	0.006/0.230	52.59	0.006/0.420	65.26	0.011/0.330
		51.95	0.023/0.500	67.37	0.029/0.330	79.83	0.014/0.720
	Trial 5	39.10	0.018/0.560	49.90	0.008/0.590	57.40	0.006/0.440
		41.42	0.023/0.340	40.61	0.012/0.360	57.21	0.014/0.390
		52.76	0.008/0.480	64.29	0.013/0.560	73.88	0.015/0.340
$n=10$	Trial 1	48.84	0.022/0.360	51.84	0.045/0.580	72.64	0.011/0.440
		50.51	0.031/0.500	55.17	0.073/0.220	67.02	0.001/0.860
		58.49	0.008/0.310	64.03	0.030/0.700	86.17	0.057/0.700

续表

级数		$m=3$		$m=5$		$m=8$	
		目标函数值 LI,PO,EX	运行时间/s B&B/CPLEX	目标函数值 LI,PO,EX	运行时间/s B&B/CPLEX	目标函数值 LI,PO,EX	运行时间/s B&B/CPLEX
$n=10$	Trial 2	49.20	0.068/0.760	52.40	0.020/0.580	69.52	0.023/0.610
		51.06	0.130/0.580	54.96	0.059/0.450	64.23	0.010/0.450
		53.55	0.049/0.550	61.77	0.032/0.310	83.18	0.042/0.420
	Trial 3	51.40	0.028/0.330	57.80	0.009/0.700	67.32	0.018/0.480
		52.21	0.024/0.820	59.95	0.001/0.660	63.90	0.026/0.520
		55.93	0.029/0.310	68.15	0.006/0.440	80.66	0.012/0.690
	Trial 4	51.20	0.036/0.340	59.64	0.011/0.670	63.60	0.017/0.610
		53.06	0.120/0.340	58.89	0.028/0.360	61.60	0.062/0.640
		60.66	0.021/0.530	70.39	0.012/0.480	80.08	0.023/0.610
	Trial 5	50.96	0.018/0.720	53.60	0.028/0.530	68.20	0.013/0.340
		51.53	0.022/0.530	56.85	0.052/0.390	67.25	0.008/0.280
		58.89	0.007/0.450	61.22	0.012/0.420	81.09	0.025/0.640
$n=12$	Trial 1	61.80	0.361/0.530	59.13	0.038/0.660	65.07	0.049/1.170
		63.48	0.185/0.660	54.48	**0.655**/0.560	57.87	0.027/1.160
		65.59	0.193/0.560	66.67	0.012/0.590	75.70	0.148/1.120
	Trial 2	62.20	0.140/0.310	64.27	0.012/1.000	77.93	0.024/0.590
		63.62	0.159/0.440	61.64	0.628/0.670	70.88	0.094/0.450
		65.39	0.064/0.330	73.33	0.013/0.550	89.13	0.055/0.870

续表

级数		m=3 目标函数值 LI.PO.EX	m=3 运行时间/s B&B/CPLEX	m=5 目标函数数值 LI.PO.EX	m=5 运行时间/s B&B/CPLEX	m=8 目标函数数值 LI.PO.EX	m=8 运行时间/s B&B/CPLEX
n=12	Trial 3	54.53	0.021/0.450	70.60	0.017/0.580	74.33	0.051/0.890
		54.02	0.102/0.440	69.97	**1.662**/0.810	72.63	**1.550**/1.440
		61.33	0.010/0.520	79.14	0.024/0.500	82.20	0.050/1.230
	Trial 4	62.40	0.232/0.640	63.73	0.016/0.500	73.00	0.013/0.790
		63.91	**4.306**/0.550	61.79	0.032/0.590	64.28	0.012/1.260
		65.79	**0.867**/0.340	71.24	0.013/0.660	80.82	0.014/1.230
	Trial 5	62.40	**0.542**/0.300	65.33	0.012/0.780	78.67	0.017/0.890
		63.91	0.183/0.330	64.54	**6.278**/0.690	71.35	0.458/0.980
		65.79	**0.723**/0.450	73.58	0.020/1.090	88.81	0.017/0.890
n=15	Trial 1	48.47	0.325/0.860	91.19	0.057/1.470	92.21	0.394/1.540
		43.10	**2.192**/0.520	81.11	2.441/2.700	78.03	0.130/1.400
		50.92	0.489/1.000	92.91	0.091/1.360	94.85	0.220/2.000
	Trial 2	65.57	0.177/0.470	69.45	0.030/1.400	80.17	0.298/2.560
		51.67	0.030/0.920	57.45	0.030/1.340	67.10	0.316/8.390
		68.16	0.281/0.550	71.95	0.036/1.390	83.19	0.801/9.690
	Trial 3	64.05	0.010/0.720	77.11	0.033/4.210	81.63	0.792/10.700
		52.35	0.030/0.750	64.00	0.051/0.590	63.93	0.095/9.000
		67.37	0.026/0.450	80.54	0.057/3.290	84.36	1.252/11.370

续表

级数		m=3		m=5		m=8	
		目标函数数值 LI.PO.EX	运行时间/s B&B/CPLEX	目标函数数值 LI.PO.EX	运行时间/s B&B/CPLEX	目标函数数值 LI.PO.EX	运行时间/s B&B/CPLEX
n=15		71.00	0.050/0.660	80.53	0.297/1.750	109.29	0.024/1.920
	Trial 4	72.45	0.018/0.830	80.46	0.035/0.980	94.34	0.331/10.920
		73.78	0.228/0.690	83.21	**1.542**/1.300	111.23	0.065/2.180
		68.40	**0.592**/0.480	87.52	0.025/0.510	107.26	0.092/0.410
	Trial 5	69.10	0.020/0.730	70.78	0.039/1.340	86.36	0.091/10.700
		69.73	0.070/0.810	89.89	0.041/0.870	100.38	0.042/2.000

的测试结果可以看出,在考虑 3 种学习效应函数的所有算例中,分支定界算法与 CPLEX 求解器都得到了最优解,但是在约 94%(169/180)的算例中,分支定界算法的求解时间都要小于 CPLEX 求解器。显然,在求解效率上,分支定界算法优于 CPLEX 求解器。

3. 完工时间和问题

该测试环境及数据生成方式与本节最大完工时间问题实验完全相同。针对不同规模的处理器与任务组合,随机生成 5 组测试算例,分别采用本章所提出的分支定界算法与 CPLEX 求解器进行计算。从表 4-7 中展示的测试结果可以看出,在考虑 3 种学习效应函数的所有算例中,分支定界算法与 CPLEX 求解器都得到了最优解。但是在约 98%(44/45)的算例中,分支定界算法的求解时间都要小于 CPLEX 求解器。可见,在求解效率上,分支定界算法明显优于 CPLEX 求解器。

4. 完工时间平方和问题

该测试环境及数据生成方式与本节最大完工时间问题实验完全相同。针对不同规模的处理器与任务组合,随机生成 5 组测试算例,分别采用本章所提出的分支定界算法与 CPLEX 求解器进行计算。从表 4-8 中展示的测试结果可以看出,在考虑三种学习效应函数的所有算例中,分支定界算法与 CPLEX 求解器都得到了最优解。同时,只有在大约 1%(1/90)的算例中,CPLEX 求解器的求解时间小于分支定界算法。显然,在求解效率上,分支定界算法优于 CPLEX 求解器。

以上 4 个问题的计算结果充分说明:分支定界算法能够高效求解考虑学习效应的流水作业调度模型。但是,随着问题规模的进一步扩大,分支定界算法的求解时间呈指数增长,无法在规定时间内求得最优解。因此,对于中等规模问题,可以采用智能优化算法在短时间内获得高质量的近似解。

4.6.2　智能优化算法数值仿真实验

1. 最大延迟问题近似求解

所有参与测试的算法采用 C++ 语言编写运行,测试环境为 Intel Core i5-8265U CPU、16GB 内存、Windows 10 操作系统。任务的处理时间 $p_{i,j}$ 由离散均匀分布 $[1,10]$ 随机生成。释放时间 r_j 由离散均匀分布 $[0,5n]$ 随机生成。不失一般性,保证其中至少有一项任务的释放时间为零。交付日期 d_j 由离散均匀分布 $[r_j+1.2mp_j, r_j+np_j]$ 随机生成。测试时使用的 3 种学习效应函数分

表 4-7　完工时间和问题精确解求解实验

组数		m=3		m=5		m=8	
		目标函数值 LI,PO,EX	运行时间/s B&B/CPLEX	目标函数值 LI,PO,EX	运行时间/s B&B/CPLEX	目标函数值 LI,PO,EX	运行时间/s B&B/CPLEX
n=8	Trial 1	185.60	0.030/0.720	327.00	0.005/0.220	363.30	0.005/0.390
		183.59	0.005/0.330	332.67	0.008/0.360	346.67	0.004/0.330
		232.04	0.005/0.450	387.14	0.008/0.440	436.75	0.004/0.470
	Trial 2	176.00	0.004/0.130	341.50	0.008/0.230	393.40	0.008/0.420
		168.99	0.001/0.230	341.23	0.016/0.410	414.10	0.010/0.310
		215.38	0.003/0.220	413.98	0.012/0.610	461.38	0.016/0.480
	Trial 3	190.60	0.005/0.330	324.20	0.013/0.220	380.60	0.006/0.270
		193.06	0.006/0.440	332.13	0.009/0.550	367.70	0.015/0.750
		234.09	0.004/0.220	395.28	0.011/0.480	459.94	0.005/0.850
	Trial 4	260.10	0.001/0.590	316.80	0.010/0.480	422.80	0.013/0.470
		252.52	0.001/0.440	327.15	0.013/0.440	427.30	0.021/0.370
		289.71	0.002/0.440	387.15	0.007/0.170	498.30	0.011/0.450
	Trial 5	310.00	0.004/0.230	293.40	0.003/0.220	371.00	0.007/0.220
		306.26	0.003/0.550	278.27	0.003/0.230	370.78	0.004/0.690
		362.42	0.005/0.310	358.22	0.003/0.230	441.10	0.007/0.350
n=10	Trial 1	279.84	0.020/0.470	426.64	0.016/0.270	477.20	0.034/0.370
		254.90	0.010/0.550	379.94	0.015/0.440	466.66	0.016/0.250
		321.13	0.012/0.500	485.92	0.016/0.410	549.32	0.042/0.580

续表

组数		m=3		m=5		m=8	
		目标函数值 LI.PO.EX	运行时间/s B&B/CPLEX	目标函数值 LI.PO.EX	运行时间/s B&B/CPLEX	目标函数值 LI.PO.EX	运行时间/s B&B/CPLEX
n=10		324.08	0.031/0.530	367.88	0.022/0.660	453.08	0.059/0.580
	Trial 2	296.06	0.019/0.590	328.98	0.04/0.390	436.06	0.056/0.560
		377.34	0.034/0.470	429.19	0.022/0.560	530.82	0.048/0.550
		265.48	0.007/0.330	377.72	0.008/0.330	660.48	0.057/0.580
	Trial 3	246.87	0.010/0.660	359.18	0.008/0.500	618.82	0.026/0.330
		308.03	0.004/0.340	435.90	0.012/0.390	748.69	0.049/0.560
		338.92	0.002/0.440	452.16	0.015/0.560	600.44	0.014/0.410
	Trial 4	321.02	0.002/0.830	435.98	0.003/0.520	533.51	0.009/0.560
		370.16	0.003/0.330	520.97	0.047/0.640	678.07	0.010/0.660
		391.28	0.006/0.470	399.68	0.010/0.330	592.12	0.008/0.520
	Trial 5	380.58	0.007/0.720	364.47	0.005/0.530	574.38	0.010/0.530
		438.81	0.017/0.530	456.98	0.012/0.620	667.12	0.009/0.620
n=12		521.97	0.13/0.220	543.91	0.234/0.380	755.02	0.280/0.700
	Trial 1	465.74	0.012/0.220	484.58	0.037/0.420	619.49	0.116/0.500
		579.95	0.035/0.440	611.42	0.156/0.390	835.09	0.396/1.700
		485.52	0.068/0.800	558.72	0.093/0.340	667.07	0.151/0.500
	Trial 2	430.91	0.057/0.750	469.20	0.106/0.610	585.56	0.079/0.500
		546.32	0.064/0.220	613.99	0.098/0.410	742.46	0.179/0.690

续表

组数		m=3		m=5		m=8	
		目标函数值 LI,PO,EX	运行时间/s B&B/CPLEX	目标函数值 LI,PO,EX	运行时间/s B&B/CPLEX	目标函数值 LI,PO,EX	运行时间/s B&B/CPLEX
n=12	Trial 3	436.65	0.027/0.480	577.27	0.102/0.610	709.36	0.196/0.440
		400.90	0.033/0.690	544.92	0.076/0.690	655.11	0.169/0.450
		488.28	0.024/0.730	639.08	0.102/0.670	789.14	0.174/0.720
	Trial 4	582.70	0.006/0.550	482.20	0.034/0.620	752.20	0.017/0.500
		545.49	0.006/0.730	450.69	0.032/0.500	707.96	0.030/0.720
		618.48	0.004/0.550	532.75	0.028/0.550	834.09	0.015/0.470
	Trial 5	521.53	0.008/0.780	609.95	0.021/0.550	750.79	0.133/0.820
		492.03	0.005/0.690	532.85	0.008/0.500	679.02	0.129/0.240
		559.11	0.007/0.640	666.43	0.010/0.590	826.60	0.122/0.490
n=15	Trial 1	677.10	0.172/0.640	825.25	0.424/0.620	978.65	0.422/0.830
		563.55	0.202/0.780	686.53	0.553/0.830	795.62	0.187/0.810
		681.78	0.135/0.580	831.74	0.324/0.670	976.76	0.281/0.620
	Trial 2	598.85	0.110/0.520	799.35	0.155/1.700	1014.45	**1.701**/0.610
		492.48	0.097/0.620	601.01	0.060/1.680	824.15	0.140/0.580
		599.82	0.118/0.660	782.89	0.175/1.730	1012.92	0.530/1.700
	Trial 3	654.95	0.419/0.620	901.40	0.707/0.760	1162.00	**3.869**/0.560
		503.28	0.062/0.720	728.20	0.255/0.690	1005.78	0.281/0.580
		648.95	**1.040**/0.580	894.84	0.203/0.780	1177.09	1.357/0.660

续表

组数		$m=3$		$m=5$		$m=8$	
		目标函数值 LI.PO.EX	运行时间/s B&B/CPLEX	目标函数值 LI.PO.EX	运行时间/s B&B/CPLEX	目标函数数值 LI.PO.EX	运行时间/s B&B/CPLEX
$n=15$	Trial 4	771.60	0.037/1.060	859.65	0.227/34.890	1133.60	0.484/0.760
		682.66	0.004/0.130	725.89	0.044/1.290	901.69	0.125/1.790
		765.29	0.023/0.700	852.56	0.638/22.590	1122.29	0.530/0.780
	Trial 5	823.15	0.023/1.000	979.40	0.073/0.750	1151.05	**0.936**/0.870
		748.20	0.025/0.790	824.65	0.009/1.050	991.66	0.095/2.760
		815.62	0.021/0.910	958.93	0.052/2.120	1150.83	0.875/0.940

表 4-8　完工时间平方和问题精确求解实验

组数		$m=3$		$m=5$		$m=8$	
		目标函数数值 LI.PO.EX	运行时间/s B&B/CPLEX	目标函数数值 LI.PO.EX	运行时间/s B&B/CPLEX	目标函数值 LI.PO.EX	运行时间/s B&B/CPLEX
$n=8$	Trial 1	4660.86	0.004/0.420	13623.68	0.004/0.340	17076.27	0.004/0.400
		4519.51	0.024/0.450	14065.73	0.011/0.390	15414.63	0.003/0.360
		7629.12	0.026/0.340	19367.44	0.007/0.580	25116.95	0.005/0.470
	Trial 2	4363.54	0.003/0.560	14965.95	0.008/0.530	19596.28	0.009/0.420
		4126.69	0.004/0.640	14884.48	0.010/0.590	21780.48	0.029/0.410
		6820.71	0.012/0.420	22440.11	0.017/0.420	27256.18	0.043/0.360

续表

组数		m=3 目标函数值 LI.PO.EX	m=3 运行时间/s B&B/CPLEX	m=5 目标函数值 LI.PO.EX	m=5 运行时间/s B&B/CPLEX	m=8 目标函数值 LI.PO.EX	m=8 运行时间/s B&B/CPLEX
n=8	Trial 3	4702.06	0.005/0.410	13548.02	0.011/0.340	18471.28	0.004/0.300
		4789.15	0.007/0.530	14116.07	0.008/0.640	17154.94	0.003/0.410
		7300.33	0.019/0.330	20670.79	0.021/0.500	27450.14	0.004/0.360
	Trial 4	9652.39	0.002/0.440	12878.16	0.006/0.510	22726.00	0.007/0.340
		9253.50	0.002/0.480	13935.99	0.020/0.640	23132.66	0.007/0.410
		11811.59	0.001/0.480	19637.78	0.029/0.360	32057.28	0.012/0.580
	Trial 5	12683.82	0.009/0.500	11289.02	0.003/0.44	17560.97	0.017/0.440
		12522.02	0.002/0.370	10092.71	0.003/0.370	17521.65	0.025/0.360
		17591.14	0.005/0.420	17199.49	0.004/0.450	25139.65	0.013/0.470
n=10	Trial 1	8657.28	0.011/0.520	19559.40	0.035/0.620	23394.064	0.023/0.560
		7123.76	0.010/0.410	15297.13	0.037/0.480	22233.53	0.037/0.510
		11707.31	0.012/0.450	25939.03	0.014/0.510	31508.98	0.047/0.810
	Trial 2	11313.61	0.051/0.450	14369.19	0.031/0.510	20761.17	0.058/1.040
		9459.07	0.041/0.860	11288.93	0.079/0.580	19504.56	0.071/1.620
		15691.14	0.077/0.770	20125.35	0.031/0.610	28961.42	0.079/1.290
	Trial 3	7662.79	0.004/0.390	15109.53	0.016/0.560	44860.94	0.059/0.640
		6598.80	0.009/0.560	13464.56	0.008/0.470	38912.39	0.110/0.470
		10616.57	0.005/0.450	20386.80	0.013/0.640	57996.96	0.113/0.810

续表

组数		$m=3$		$m=5$		$m=8$	
		目标函数值 LI.PO.EX	运行时间/s B&B/CPLEX	目标函数值 LI.PO.EX	运行时间/s B&B/CPLEX	目标函数值 LI.PO.EX	运行时间/s B&B/CPLEX
$n=10$	Trial 4	13402.00	0.002/0.980	21513.99	0.018/1.170	37146.06	0.047/0.480
		12387.60	0.002/1.170	20017.58	0.007/1.040	29078.38	0.010/0.700
		15909.24	0.013/0.750	29115.68	0.088/0.830	47926.39	0.019/0.700
	Trial 5	16539.98	0.004/0.610	17191.34	0.012/0.840	35799.74	0.019/0.830
		15571.20	0.007/1.000	14368.06	0.024/1.190	33345.66	0.019/0.560
		21021.18	0.006/0.500	23006.63	0.02/0.940	45994.32	0.009/1.170
$n=12$	Trial 1	25420.53	0.005/0.410	26704.64	0.182/0.800	50929.87	0.337/3.650
		19215.38	0.007/0.270	20636.67	0.239/0.810	33185.79	0.422/2.480
		30700.45	0.005/0.440	33089.60	0.712/0.730	60540.54	0.800/3.380
	Trial 2	22055.27	0.156/0.470	28599.25	0.067/0.750	39665.68	0.121/2.730
		16379.42	0.213/0.440	19181.83	0.141/0.450	29426.27	0.195/3.150
		27147.19	0.411/0.560	33707.72	0.259/0.760	47864.94	0.272/6.290
	Trial 3	17531.26	0.018/1.110	30041.43	0.195/0.920	44891.32	0.154/4.430
		14073.48	0.035/0.870	25418.09	0.084/0.640	36499.93	0.462/1.110
		21510.43	0.031/0.520	35762.73	0.11/0.870	53931.76	0.276/2.860
	Trial 4	32800.59	0.008/2.010	21474.16	0.071/1.790	51628.81	0.044/2.980
		28162.22	0.006/2.480	18299.73	0.045/1.700	43215.01	0.060/6.350
		36448.40	0.007/1.980	25582.55	0.076/1.560	61449.59	0.017/2.790
	Trial 5	26739.09	0.032/3.460	33980.97	0.032/1.050	50347.09	0.113/2.150
		23407.60	0.005/2.290	25148.17	0.005/1.890	39058.51	0.135/1.250
		30205.40	0.015/2.320	39607.30	0.016/0.800	59419.38	0.179/4.910

续表

	组数	$m=3$ 目标函数值 LI,PO,EX	$m=3$ 运行时间/s B&B/CPLEX	$m=5$ 目标函数值 LI,PO,EX	$m=5$ 运行时间/s B&B/CPLEX	$m=8$ 目标函数值 LI,PO,EX	$m=8$ 运行时间/s B&B/CPLEX
$n=15$	Trial 1	31856.64	0.24/0.720	46317.44	0.229/2.170	64222.93	0.262/4.380
		22678.76	0.351/1.530	32787.03	0.581/5.050	43492.35	0.219/4.210
		33836.002	0.222/0.980	49185.97	0.580/4.570	66361.72	0.197/4.170
	Trial 2	25176.70	0.062/0.720	44187.07	0.097/1.980	68914.87	0.922/8.920
		17538.36	0.197/1.480	25787.68	0.136/8.990	46856.58	0.122/2.540
		26413.29	0.064/0.950	44573.31	0.098/5.660	71724.00	0.731/3.710
	Trial 3	29996.47	**5.555**/1.090	55875.43	0.126/1.080	90241.98	2.100/9.610
		18240.67	1.018/1.510	37251.16	0.251/0.550	68836.84	0.816/2.310
		31159.97	**8.272**/0.950	57705.73	0.087/1.310	95475.37	0.286/2.610
	Trial 4	42734.04	0.086/13.600	50367.14	0.231/36.490	86346.00	0.506/14.710
		35306.53	0.021/37.600	37490.41	0.055/26.020	56745.27	0.325/38.640
		43406.40	0.088/10.110	51941.17	0.153/17.740	88179.35	0.856/13.430
	Trial 5	49554.65	0.036/7.640	67250.16	0.084/10.190	88405.50	0.569/28.810
		43187.29	0.038/27.470	49953.61	0.047/10.690	67021.90	1.431/29.220
		50568.20	0.077/12.900	66685.73	0.123/3.150	91413.14	0.959/17.070

别为 $g_1(t)=1-(0.2/260)t$、$g_2(t)=0.9992^{t-1}$ 和 $g_3(t)=t^{-0.04}$。处理器与任务的测试规模分别设置为 $m=5,8,10$，与 $n=140,180,220,260$。对于设定的每种测试规模（$m\times n$），分别生成 10 组测试数据（包括处理时间、释放时间和交付日期）。

实验时，DDE 算法的参数设置为：种群大小 $\Lambda=6n$，变异概率 $MP=0.06$ 和交叉概率 $CP=0.41$。PSO 算法的参数设置为：种群大小 $\Lambda=5n$，惯性因子 $\omega=0.3$，认知系数 $c_1=2.0$ 和社会系数 $c_2=2.0$。粒子的初始速度由离散均匀分布 $[0,10]$ 随机生成，初始位置由离散均匀分布 $[0,4]$ 随机生成。为了保证实验的公平性，DDE 算法和 PSO 算法的最大迭代次数 τ_{max} 统一设置为 300。

为了验证算法的有效性，采用了绝对偏差百分比（absolute difference percentage，ADP），$ADP=\dfrac{Z_{max}^{PSO}-Z_{max}^{DDE}}{mn}\times100\%$ 作为实验分析指标，其中 Z_{max}^{PSO} 和 Z_{max}^{DDE} 分别是 PSO 算法和 DDE 算法的最终目标函数值；表 4-9～表 4-11 中的数据是算法分别在 3 种学习效应函数下对应的测试结果。

表 4-9　最大延误问题线性学习效应函数近似解求解实验　　　　　　%

	$n=140$	$n=180$	$n=220$	$n=260$
$m=5$	76.50	95.30	101.10	107.90
$m=8$	46.20	58.00	63.10	69.80
$m=10$	42.60	47.80	52.00	57.10

表 4-10　最大延误问题幂学习效应函数近似解求解实验　　　　　　%

	$n=140$	$n=180$	$n=220$	$n=260$
$m=5$	76.50	88.20	101.00	101.20
$m=8$	48.50	57.90	66.50	66.70
$m=10$	40.70	45.70	51.80	55.50

表 4-11　最大延误问题指数学习效应函数近似解求解实验　　　　　　%

	$n=140$	$n=180$	$n=220$	$n=260$
$m=5$	73.20	93.00	96.20	108.50
$m=8$	50.20	58.00	65.20	66.80
$m=10$	38.70	45.20	53.80	57.90

实验结果表明，对于给定的处理器规模，随着任务数量的增加，ADP 值逐渐增加。例如，在表 4-9 中，8 台处理器时，当任务数由 140 增加到 260，ADP 值从 46.20% 增加到 69.80%，该现象表明随着问题规模的不断增加，DDE 算法的

求解性能将越来越优于 PSO 算法。相反,对于给定的任务规模,随着处理器数量的增加,ADP 值逐渐减小。例如,在表 4-11 中,任务数为 260 时,当处理器数由 5 增加到 10,ADP 值从 108.5% 减少到 57.90%。引起该现象的原因可能是随着处理器的增加,相邻任务之间产生了更多的空隙,导致 DDE 算法中基于分支定界算法生成的初始种群质量变差。

2. 最大完工时间问题近似求解

所有参与测试的算法采用 C++ 语言编写运行,测试环境为 Intel® Core i7 CPU(2.8GHz×4)、8GB 内存、Windows® 7 操作系统。任务的处理时间 $p_{i,j}$ 有 2 种生成方式:由离散均匀分布[1,10]随机生成以及由期望为 15,方差为 25 的离散正态分布随机生成。释放时间 r_j 由离散均匀分布[0,5n]随机生成。不失一般性,保证其中至少有一项任务的释放时间为零。测试时使用的 3 种学习效应函数分别为 $g_1(t)=1-0.02t$,$g_2(t)=0.991^{t-1}$ 和 $g_3(t)=t^{-0.07}$。任务与处理器的测试规模分别设置为 $m=3,5,10$ 和 $n=50,100,150,200$。对于设定的每种测试规模($m\times n$),分别生成 10 组测试数据(包括处理时间和释放时间)。

实验时,DDE 算法的参数设置为:种群大小 $\Lambda=5n$,变异概率 MP=0.9,交叉概率 CP=0.5,最大迭代次数 $\tau_{max}=300$。

为了验证算法的有效性,采用了平均相对百分比(mean relative percentage,MRP),$MRP=\dfrac{Z^{ORI}-Z^{DDE}}{Z^{DDE}}\times100\%$ 作为实验分析指标,其中 Z^{ORI} 与 Z^{DDE} 分别表示 DDE 算法的初始值与最终值。表 4-12 中的数据是差分进化算法求解最大完工时间问题的 MRP 值。实验结果并没有表现出明显的规律性。引起该现象的原因可能是学习效应函数增加了处理时间的分散程度,从而干扰了最后一个任务的完工时间,导致目标函数值出现波动。

3. 完工时间和问题近似求解

该实验中的测试环境、数据生成方式及评价指标与本节最大完工时间问题实验中的对应部分完全相同,在此不再赘述。表 4-13 中的数据是差分进化算法求解完工时间和问题的 MRP 值。实验结果表明,对于给定的任务规模,随着处理器数量的增加,MRP 值逐渐增加。相反,对于给定的处理器规模,随着任务数量的增加,MRP 值逐渐减小。例如:当处理时间服从离散均匀分布,在指数学习效应函数下,3 台处理器时,当任务数由 50 增加到 200,MRP 值从 16.239% 减少到 5.5936%。引起该现象的原因可能是由于任务数量的增加,增加了每台处理器的工作次数,从而缩短了处理器的等待时间,提高了初始解的质量。

表 4-12 最大完工时间问题近似解实验结果

单位：%

	m=3 均匀分布			m=3 正态分布			m=5 均匀分布			m=5 正态分布			m=10 均匀分布			m=10 正态分布		
	LI	PO	EX	LI	PO	EX	LI	PO	EX	LI	PO	EX	LI	PO	EX	LI	PO	EX
n=50	17.411	33.883	10.516	5.911	14.626	4.341	12.496	29.172	12.121	8.060	11.023	5.367	11.400	28.063	14.185	8.863	8.339	8.386
n=100	16.403	24.783	16.573	4.866	22.352	4.075	12.298	26.587	14.729	5.504	19.942	5.463	11.056	27.626	8.190	6.604	15.591	5.401
n=150	15.347	22.937	24.789	5.726	31.635	5.036	18.270	23.623	18.896	4.485	29.159	4.361	9.678	23.252	11.470	5.004	21.781	5.263
n=200	18.808	20.108	23.339	4.496	36.689	6.623	16.884	20.633	31.064	4.138	33.505	6.235	12.964	21.588	21.543	5.349	29.417	4.724

表 4-13 完工时间和问题近似解实验结果

单位：%

	m=3 均匀分布			m=3 正态分布			m=5 均匀分布			m=5 正态分布			m=10 均匀分布			m=10 正态分布		
	LI	PO	EX	LI	PO	EX	LI	PO	EX	LI	PO	EX	LI	PO	EX	LI	PO	EX
n=50	16.176	13.405	16.329	16.472	15.102	17.211	17.184	12.386	15.872	15.133	14.746	16.147	12.991	13.880	13.983	13.495	12.483	11.944
n=100	14.841	11.548	15.182	16.901	15.732	16.889	14.589	10.985	13.166	14.49	13.716	16.227	12.097	8.997	11.047	12.622	11.378	12.126
n=150	11.801	11.888	10.218	16.222	12.741	16.690	11.892	10.192	9.495	12.235	9.717	13.939	8.854	7.364	8.214	9.281	8.534	9.635
n=200	8.928	5.469	5.5936	13.56	10.339	13.716	7.521	4.765	5.819	10.977	7.108	10.264	7.616	5.586	5.782	9.386	6.452	10.222

4. 完工时间平方和问题近似求解

本实验中的测试环境、数据生成方式及评价指标与本节最大完工时间问题实验中的对应部分完全相同,在此不再赘述。表 4-14 中的数据是差分进化算法求解完工时间平方和问题的 MRP 值。表 4-14 中的实验结果与实验(3)中的实验结果呈现出一致的规律性。例如:当任务的处理时间服从离散正态分布,在幂学习效应函数下,5 台处理器时,当任务数由 50 增加到 200,MRP 值从 30.115% 下降至 21.189%。当任务的处理时间服从离散均匀分布时,实验结果也呈现出相同的规律。例如,在线性学习效应函数下,10 台处理器时,当任务数由 50 增加到 200,MRP 值从 28.218% 逐渐下降至 18.747%。

4.6.3　启发式算法数值仿真实验

为了验证 $SPTA_F$、$SPTA_A$ 及 EDDA 启发式的渐近最优性,本节设计了不同规模的数值仿真实验。对于问题 4.1、问题 4.2 和问题 4.3,分别使用 3 种学习效应函数进行求解。具体的测试结果及相关数据展示如下。

在测试 $SPTA_F$ 和 $SPTA_A$ 启发式时,任务与处理器的测试规模分别为 $n=100,500,1000$ 与 $m=3,5,10$。对于设定的每种测试规模($m \times n$),分别生成 10 组测试数据,其平均值记录在表 4-15～表 4-17 中。任务的处理时间 $p_{i,j}$ 由离散均匀分布 $[1,10]$ 和期望 15、方差 25 的离散正态分布随机生成。释放时间 r_j 由离散均匀分布 $[0,5n]$ 随机生成。不失一般性,保证其中至少有一项任务的释放时间为零。所有参与测试的算法采用 C++ 语言编写运行,测试环境为 i7 CPU(2.8GHz×4)、8GB RAM 和 Windows7 操作系统。由于问题 4.1 和问题 4.2 具有强 NP-难性质,故采用一个有效的下界替代最优解。为了进一步加快运算过程,基于 Bai 等(2013)中 LB4.6 的思想,本小节设计了下界 $LB_{4.10}^k$,

$$f_1(LB_{4.10}^1) = \max_{1 \leqslant x \leqslant n} \left\{ r_x + \frac{1}{m} \sum_{i=1}^{m} \left(\sum_{a=1}^{i-1} p_{a,x} g(x) + \sum_{h=x}^{n} p_{i,h}^{SPT} g(v) + \sum_{b=i+1}^{m} p_{b,n} g(n) \right) \right\}$$

$$f_2(LB_{4.10}^2) = \sum_{j=1}^{n} \max_{1 \leqslant x \leqslant j} \left\{ r_x + \frac{1}{m} \sum_{i=1}^{m} \left(\sum_{a=1}^{i-1} p_{a,x} g(x) + \sum_{h=x}^{j} p_{i,h}^{SPT} g(v) + \sum_{b=i+1}^{m} p_{b,j} g(j) \right) \right\}$$

和

$$f_3(LB_{4.10}^3) = \sum_{j=1}^{n} \left(\max_{1 \leqslant x \leqslant j} \left\{ r_x + \frac{1}{m} \sum_{i=1}^{m} \left(\sum_{a=1}^{i-1} p_{a,x} g(x) + \sum_{h=x}^{j} p_{i,h}^{SPT} g(v) + \sum_{b=i+1}^{m} p_{b,j} g(j) \right) \right\} \right)^2$$

表 4-14　完工时间平方和问题近似解实验结果 （%）

	m=3 均匀分布			m=3 正态分布			m=5 均匀分布			m=5 正态分布			m=10 均匀分布			m=10 正态分布		
	LI	PO	EX	LI	PO	EX	LI	PO	EX	LI	PO	EX	LI	PO	EX	LI	PO	EX
n=50	35.164	30.499	35.068	28.379	28.838	31.907	32.715	30.357	31.003	30.794	30.115	28.294	28.218	25.296	33.084	28.101	24.398	25.598
n=100	33.034	23.258	27.184	31.972	25.021	31.4386	30.446	22.665	34.303	28.402	25.356	29.367	25.769	22.822	28.467	26.395	22.241	28.093
n=150	31.732	19.831	23.450	33.986	24.729	35.849	29.259	18.951	26.659	28.688	22.066	27.353	26.398	16.416	23.384	23.771	16.990	23.246
n=200	25.287	18.303	13.460	34.412	25.091	37.953	27.967	13.646	18.559	28.378	21.189	30.212	18.747	13.632	16.818	21.331	14.394	21.131

表 4-15　问题 4.1 基于 SPTA 启发式的结果 （%）

		m=3 均匀			m=3 正态			m=5 均匀			m=5 正态			m=10 均匀			m=10 正态		
		LI	PO	EX	LI	PO	EX	LI	PO	EX	LI	PO	EX	LI	PO	EX	LI	PO	EX
n=100	α_1	5.799	3.390	5.498	5.045	4.458	4.558	10.621	8.848	11.353	7.383	7.354	8.508	18.485	15.705	15.882	12.644	12.308	12.878
	α_2	6.037	3.460	5.683	4.582	4.409	5.079	10.861	8.291	10.618	7.866	6.767	7.397	17.793	14.823	16.151	12.343	11.091	12.169
	α_3	99.540	99.949	99.529	100.040	99.857	99.372	99.054	100.105	100.138	98.568	99.958	100.592	99.751	100.195	99.394	99.530	100.379	100.003
n=500	α_1	3.277	0.510	3.277	2.570	2.013	2.246	5.604	2.341	5.255	3.877	3.505	3.972	10.746	4.750	6.914	7.031	6.415	6.943
	α_2	3.213	0.477	3.158	2.420	2.007	2.023	5.569	2.252	5.156	3.637	3.540	3.701	10.485	4.473	6.887	6.706	5.822	6.852
	α_3	100.054	100.003	99.992	100.266	100.016	100.798	99.972	100.015	100.027	100.379	99.857	100.628	100.005	100.042	99.997	100.448	100.288	100.222
n=1000	α_1	1.986	0.146	0.539	1.995	1.379	1.942	3.437	0.548	1.569	2.862	2.818	2.786	7.013	1.381	2.076	5.329	4.453	5.109
	α_2	1.997	0.158	0.576	1.492	1.328	1.369	3.444	0.554	1.597	2.223	2.677	2.474	7.076	1.386	2.126	4.907	4.242	4.895
	α_3	99.986	99.988	99.961	101.499	100.023	100.824	99.977	99.919	99.971	101.516	100.066	100.577	99.905	99.992	99.929	99.982	100.110	100.365

表 4-16　问题 4.2($k=1$)基于 SPTA 启发式的结果

单位：%

		m=3 均匀			m=3 正态			m=5 均匀			m=5 正态			m=10 均匀			m=10 正态		
		LI	PO	EX	LI	PO	EX	LI	PO	EX	LI	PO	EX	LI	PO	EX	LI	PO	EX
n=100	α_1	7.616	2.495	6.492	7.871	9.333	7.062	13.348	4.504	11.601	10.959	9.490	10.902	21.347	9.149	20.522	15.948	14.650	15.344
	α_2	7.471	2.518	6.618	6.470	7.738	5.325	13.207	4.512	11.332	9.272	8.672	9.342	21.050	8.855	20.125	15.255	13.612	14.997
	α_3	100.247	99.969	99.898	103.205	102.513	103.063	100.048	100.015	100.240	103.331	101.596	102.768	100.369	100.265	100.268	102.085	101.534	101.181
n=500	α_1	4.049	0.354	1.178	6.074	4.099	4.902	7.875	0.647	2.220	7.212	5.681	6.473	13.514	1.252	4.197	9.279	8.628	9.079
	α_2	4.088	0.363	1.184	3.319	2.934	3.135	7.971	0.648	2.235	5.489	5.117	5.516	13.606	1.258	4.191	8.534	8.164	8.402
	α_3	99.957	99.996	99.995	104.301	101.691	102.771	99.929	100.001	99.988	103.455	101.117	101.949	99.958	100.004	100.008	102.377	100.897	101.497
n=1000	α_1	1.732	0.168	0.485	5.189	2.712	2.828	4.482	0.277	0.706	5.268	3.920	4.661	8.052	0.622	1.602	7.617	6.399	7.151
	α_2	1.740	0.169	0.490	2.408	1.887	2.006	4.481	0.279	0.698	3.973	3.364	4.190	7.880	0.629	1.569	6.721	6.260	6.858
	α_3	99.985	99.999	99.993	104.358	101.279	101.250	100.012	99.999	100.007	103.166	100.954	100.876	100.152	99.995	100.028	102.192	100.527	100.700

表 4-17　问题 4.2($k=2$)基于 SPTA 启发式的结果

单位：%

		m=3 均匀			m=3 正态			m=5 均匀			m=5 正态			m=10 均匀			m=10 正态		
		LI	PO	EX	LI	PO	EX	LI	PO	EX	LI	PO	EX	LI	PO	EX	LI	PO	EX
n=100	α_1	14.248	3.340	16.149	16.219	15.685	17.094	22.689	7.665	22.504	23.465	19.674	23.171	51.165	18.032	39.606	37.201	31.108	34.385
	α_2	13.653	3.427	16.252	11.980	11.811	12.282	22.760	7.773	22.807	19.003	17.315	19.690	51.262	18.120	45.549	34.168	30.318	31.494
	α_3	100.994	99.904	99.978	107.571	105.327	107.433	100.285	99.885	99.307	107.304	103.937	105.849	99.954	99.925	100.142	104.670	102.154	104.359
n=500	α_1	6.592	0.404	1.179	10.841	7.402	10.008	13.994	0.781	2.320	14.005	11.384	11.866	22.393	1.609	5.397	18.134	17.022	17.668
	α_2	6.437	0.408	1.193	5.584	5.006	6.161	14.275	0.783	2.332	10.900	9.767	8.869	22.134	1.611	5.425	16.893	15.809	16.466
	α_3	100.108	99.997	99.985	109.082	104.171	106.146	99.816	100.005	99.989	106.521	102.805	105.134	100.222	100.001	99.984	104.301	102.210	103.095
n=1000	α_1	2.709	0.173	0.280	9.982	6.604	6.055	6.203	0.311	0.540	11.369	7.291	8.316	12.945	0.627	1.222	14.348	12.262	14.742
	α_2	2.780	0.176	0.276	4.271	4.476	3.929	6.236	0.310	0.541	7.732	6.019	7.002	12.913	0.633	1.192	12.193	11.529	13.730
	α_3	99.896	99.998	100.004	109.181	103.248	103.127	99.976	100.003	100.000	106.768	102.364	102.353	100.015	99.9973	100.032	104.936	101.616	101.827

利用定理 4.4～定理 4.6 的结果,可以轻松证得下界 $LB_{4.10}^k (k=1,2,3)$ 的渐近最优性。为了验证 SPTA 启发式算法的渐近最优性,定义算法的平均相对误差为 $\alpha_1 = \dfrac{Z_k^{SPTA_F} - Z_{4.10}^{LB}}{Z_{4.10}^{LB}}$、$\alpha_2 = \dfrac{Z_k^{SPTA_A} - Z_{4.10}^{LB}}{Z_{4.10}^{LB}}$ 和 $\alpha_3 = \dfrac{Z_k^{SPTA_F}}{Z_k^{SPTA_A}}$。

在表 4-15、表 4-16 和表 4-17 中,当处理器数 m 为常数时,SPTA 启发式算法的平均相对比率 α_1 和 α_2 随着任务数 n 的增加而减小,即算法的求解效率随着任务数量的增加而逐渐增强,这充分证实了定理 4.1～定理 4.6 的结论。对于问题 4.1 和问题 4.2 的实例,当 $m=5$ 时,随着任务数从 100 项增加到 1000 项,比率 $\alpha_1 (\alpha_2)$ 分别从 11.353%(10.618%)、11.601%(11.332%)和 22.504%(22.807%)下降至 1.569%(1.597%)、0.706%(0.698%)和 0.540%(0.541%)。同时,当任务数 n 为常数时,SPTA 启发式算法的平均相对比率 α_1 和 α_2 随着处理器数 m 的增加而增大,即算法的求解效率随着处理器数目的增加而逐渐减弱,表明启发式算法的收敛性取决于处理器的数量。对于问题 4.1 和问题 4.2 的实例,当任务数 $n=500$ 时,随着处理器数从 3 台增加到 10 台,比率 $\alpha_1(\alpha_2)$ 分别从 3.277%(3.213%)、4.049%(4.088%)和 6.592%(6.437%)增加到 7.031%(6.706%)、9.279%(8.534%)和 18.134%(16.893%)。引起该现象的主要原因是一个任务的两个相邻工序之间的空闲时间可能会随着处理器数量的增加而增加,这会使启发式和下界之间的误差变大。

在表 4-15、表 4-16 和表 4-17 中,通过 α_3 的值很难断言哪种启发式优于其他启发式算法。为了说明 $SPTA_F$ 和 $SPTA_A$ 启发式具有相同的趋势,针对 $n=1000$ 的 3 个优化标准的实例,对 α_3 进行了假设检验。如果这两种启发式算法具有相同的趋势,那么 α_3 的值均等于 100。因此,零假设为 $\alpha_3=100$,备择假设为 $\alpha_3 \neq 100$(声明),显著性水平为 0.002。对于问题 4.1 和问题 4.2 的实例,t 检验值分别为 $t_1=2.4394$、$t_2=2.9381$ 和 $t_3=3.1033$,相关 p 值分别为 $p_1=0.0260$、$p_2=0.0092$ 和 $p_3=0.0065$。假设 $p_k > 0.002 (k=1,2,3)$ 时,原假设不被拒绝,可证实推论 4.1～推论 4.3 的结论。

在测试 EDDA 启发式中,任务与处理器的测试规模为 $n=100,500,1000,1500,2000$ 与 $m=5,8,10$ 对于设定的每种测试规模($m \times n$),分别生成 10 组测试数据,其平均值记录在表 4-18～表 4-20 中。任务的处理时间 $p_{i,j}$ 由离散均匀分布[1,10]随机生成。释放时间 r_j 由离散均匀分布[0,6n]随机生成。不失一般性,保证其中至少有一项任务的释放时间为零。交付日期 d_j 是由离散均匀分布[$r_j+1.2mp_j, r_j+np_j$]随机生成,其中 p_j 是任务 j 的平均处理时间。本节应用的学习效应函数为 $g_1(t)=1-0.0001t$,$g_2(t)=0.999^{t-1}$ 和 $g_3(t)=t^{-0.029}$。以上算法均采用 C 语言编写,测试环境为 Intel® Core™ i5-8265U

CPU、16GB RAM 和 Windows® 10 操作系统。

表 4-18　基于 EDDA 的启发式结果（线性学习效应函数）　　%

	$n=100$	$n=500$	$n=1000$	$n=1500$	$n=2000$
$m=5$	89.42	41.12	30.38	25.61	23.20
$m=8$	111.21	56.01	42.16	35.02	29.34
$m=10$	111.43	63.40	42.71	37.10	33.17

表 4-19　基于 EDDA 的启发式结果（幂函数学习效应函数）　　%

	$n=100$	$n=500$	$n=1000$	$n=1500$	$n=2000$
$m=5$	74.34	46.74	31.21	24.33	22.86
$m=8$	91.71	56.97	38.21	36.10	28.13
$m=10$	92.55	59.64	45.58	38.31	36.10

表 4-20　基于 EDDA 的启发式结果（指数学习效应函数）　　%

	$n=100$	$n=500$	$n=1000$	$n=1500$	$n=2000$
$m=5$	95.92	42.42	32.30	27.48	24.29
$m=8$	106.74	53.39	39.90	30.96	28.29
$m=10$	118.15	59.73	50.32	37.02	34.35

假设目标值可以为零，为了验证 EDDA 启发式算法的渐近最优性，并评估启发式和下界之间的误差，定义平均绝对误差为

$$\mathrm{MAG}^l = \frac{Z_{4.4}^{\mathrm{EDDA}} - Z_{4.4}^{\mathrm{OPT}}}{n} \times 100\%, 7 \leqslant l \leqslant 9$$

在表 4-18、表 4-19 和表 4-20 中，当处理器数 m 为常数时，MAG^3 随着任务数 n 的增加而减小，即算法的求解效率随着任务数量的增加而逐渐增强。对于 $m=8$，学习效应为指数的实例，随着任务数从 100 项增加到 2000 项，MAG^3 从 106.74% 下降到 28.29%。同时，当任务数 n 为常数时，基于 EDDA 的启发式算法的 MAG^3 随着处理器数 m 的增加而增大，即算法的求解效率随着处理器数量的增加而逐渐减弱，表明启发式算法的收敛性取决于处理器的数量。对于任务数 $n=1500$，学习效应为指数的实例，随着处理器数从 5 台增加到 10 台，MAG^3 从 27.48% 增加到 37.02%。引起该现象的主要原因是一个任务的两个相邻工序之间的空闲时间可能会随着处理器数量的增加而增加，这会使启发式和下界之间的误差变大。

在表 4-21、表 4-22 和表 4-23 中，随着问题规模的增大，LB4.7 和 LB4.8 逐渐接近 EDDA 启发式算法，表明这些下界具有渐近最优性。当 $m=10$ 时，随着

任务数从 100 增加到 2000，MAG^1（MAG^2）分别从 189.38％（189.74％）减少到 111.60％（111.29％）。对于给定的问题规模，MAG^3 主导 MAG^1 和 MAG^2。对于 $m=8$、$n=2000$、学习效应为幂指数的实例，MAG^1 和 MAG^2 的值为 98.27％ 和 97.78％，而 MAG^3 为 28.13％。该现象表明 LB4.9 明显优于其他下界。

表 4-21　LB4.7 和 LB4.8 结果（线性学习效应函数）　　　　　％

m	n	MAG^1	MAG^2
5	100	135.84	137.37
5	500	107.54	109.73
5	1000	105.50	108.58
5	1500	101.77	107.38
5	2000	99.16	104.64
8	100	173.41	174.07
8	500	120.29	120.08
8	1000	116.81	118.42
8	1500	112.29	114.19
8	2000	107.29	109.22
10	100	189.38	189.74
10	500	124.67	124.84
10	1000	122.84	123.20
10	1500	116.19	117.61
10	2000	111.60	112.19

表 4-22　LB4.7 和 LB4.8 结果（幂函数学习效应函数）　　　　　％

m	n	MAG^1	MAG^2
5	100	122.22	120.52
5	500	99.21	98.49
5	1000	98.68	98.04
5	1500	96.34	94.78
5	2000	96.05	94.56
8	100	149.35	148.94
8	500	104.65	104.65
8	1000	101.03	100.70
8	1500	99.29	99.26

m	n	MAG[1]	MAG[2]
8	2000	98.27	97.78
10	100	161.39	160.64
10	500	109.14	108.92
10	1000	104.02	103.84
10	1500	101.30	100.74
10	2000	99.54	99.40

表 4-23　LB4.7 和 LB4.8 结果（指数学习效应函数）　　　%

m	n	MAG[1]	MAG[2]
5	100	137.85	137.13
5	500	110.19	109.84
5	1000	110.17	106.49
5	1500	106.72	102.64
5	2000	104.91	100.31
8	100	169.57	168.97
8	500	120.39	120.19
8	1000	117.53	116.44
8	1500	113.58	111.51
8	2000	109.79	107.50
10	100	194.33	194.05
10	500	127.53	127.50
10	1000	124.02	123.45
10	1500	117.02	116.24
10	2000	112.25	111.53

4.7　本章小结

　　本章研究了考虑学习效应的流水作业调度模型，其中优化目标分别为极小化最大完工时间、完工时间 k（$k=1,2$）次方和与最大延误。在概率极限意义下，针对最大完工时间与完工时间 k 次方和目标，证明了基于 SPTA 启发式算法具有渐近最优性；针对最大延误目标，证明了基于 EDDA 的启发式算法具有渐近最优性。数值仿真结果表明,当问题规模足够大时,这些启发式可以用作最优算法,不仅能够快速求解,而且可以保证调度过程的连续性。针对小规模问题,设计了 B&B 算法进行精确求解,其中基于可中断的下界以及基于优势规则的剪支策略显著缩小了搜索空间。数值实验证实 B&B 算法的性能明显优于CPLEX 求解器。针对中等规模问题,采用离散差分进化算法与人工蜂群算法求得高质量可行解。对比实验表明,所提出的算法显著优于其他流行的优化算法。此外,得益于优化算法较好的泛化性,所提出的算法可以进一步推广,用于求解工业生产中具有更复杂约束的调度问题。

第 5 章　双代理流水作业调度问题

5.1　引言

随着经济全球化的迅猛发展,代工生产已经成为高科技公司广泛采用的生产模式。例如,鸿海精密工业股份有限公司(注册商标为富士康科技集团)是全球最大的电子产品代工厂,为苹果、亚马逊等多个企业提供服务,接收来自不同公司的生产订单并满足其定制需求。在此生产模式下,多个客户(代理)共享相同的生产资源,并且都希望代工厂能最大程度满足自己的需求。与经典流水作业调度模型相比,多代理调度考虑了博弈过程:其中,多个代理在共享生产资源的同时,都追求自身利益最大化。传统调度模型主要关注处理器资源的最优配置,从而获得企业的最优绩效指标(key performance indicator, KPI)。相比之下,多代理调度模型除 KPI 外,还可以在全局范围内提高每个客户(代理)的满意度,为不同客户(代理)的任务确定处理顺序和时间安排,进而优化基于客户满意度的目标(Agnetis et al, 2004; Cheng et al; 2008, Huynh Tuong et al, 2012)。

本章讨论考虑释放时间的双代理流水作业调度模型,目标函数为极小化两个代理的加权最大完工时间之和。利用三参数表示法(Graham et al, 1979),可以表示为 $F_m \mid r_j \mid C_{\max}^a + \theta C_{\max}^b$,其中,属于两个不同代理的任务具有各自的释放时间。

关于多代理调度模型的研究工作最早可追溯到 2003 年,Baker 等(2003)首次将多代理模式引入调度模型。下面将针对单台和多台处理器设置下两种目标函数的多代理调度问题进行综述。为了行文简洁,使用三参数表示法描述调度问题。

对于单机多代理调度问题,Lee 等(2012)针对 $1 \mid r_j \mid \sum T_j^a : T_{\max}^b \leqslant Q$ 问题设计了分支定界算法和 3 种遗传算法分别获得了最优解和近似最优解。Cheng 等(2013)针对 $1 \mid r_j \mid \sum C_j^a : L_{\max}^b \leqslant Q$ 问题提出了分支定界和模拟退火算法。对于任务可拒绝的情况,Feng 等(2014)研究了几个单机双代理调度问题的复杂性,其中,每项任务要么被加工,要么被拒绝,拒绝后工厂会受到一定的惩罚。对于串行批处理的情况,Kovalyov 等(2015)、Yin 等(2016)和 Yin 等(2018)

证明了(伪)多项式时间内的计算复杂性,并提出了动态规划算法,其中后两项研究的是生产和交付的一体化问题。对于考虑交付日期的情况,Yin 等(2016a)和 Yin 等(2017)分析了计算复杂性并设计了(伪)多项式时间内的动态规划算法。还有文献在多代理调度问题中考虑学习效应,学习效应是指工人重复执行相似的任务会变得越来越熟练,从而使任务的实际处理时间减少。Wu 等(2011)考虑 $1 \mid p_{j,v} = p_j v^{\alpha}, \alpha \leqslant 0 \mid \sum T_j^a : \sum U_j^b = 0$ 问题,提出了分支定界算法和两种启发式算法。Cheng 等(2011)针对 $1 \mid p_{j,v} = p_j \max\left\{\left(1 + \sum\limits_{l=1}^{v-1} p_l\right)^{\alpha}, \beta\right\}, \alpha < 0, 1 < \beta < 1 \mid \sum w_j C_j^a : \sum U_j^b = 0$ 问题,设计了分支定界算法和 3 种模拟退火算法。此外,也有文献在多代理调度问题中考虑了恶化效应。与学习效应相反,恶化效应是指较晚处理的任务需要较长的实际处理时间。Liu 等(2013)针对 $1 \mid p_{j,v}^x = p_j^x \left(1 + \sum\limits_{l=1}^{v-1} p_l^x\right)$ 和 $p_{j,v}^x = p_j^x \left(1 + \sum\limits_{l=1}^{v-1} p_l^x / \sum\limits_{l=1}^{n_x} p_l^x\right) \mid \sum C_j^a : C_{\max}^b \leqslant Q$ 问题提出了几个可解方案,并提出了最佳多项式时间算法。Wu 等(2013)考虑 $1 \mid p_{j,v}^x = p_j^x + \alpha' v, \alpha > 0 \mid \sum U_j^a : T_{\max}^b \leqslant Q$ 问题,提出了分支定界算法和禁忌搜索算法。

针对多处理器的多代理调度问题,相关文献较多。在并行机问题中,Leung 等(2010)讨论了可中断双代理并行机调度问题的复杂性,其中,每项任务都考虑释放时间。Wan 等(2010)提出了 $P_2 \mid \text{ctrl}^a, \text{pmtn} \mid \sum (C_j^a + c_j^a x_j^a) : f_{\max}^b \leqslant Q$ 问题的多项式时间算法。Elvikis 等(2011)发现了几种特殊的性质,并提出了多项式时间算法用于双代理并行机调度问题求得帕累托最优解。针对 $P_m \parallel C_{\max}^a : C_{\max}^b \leqslant Q$ 和 $P_m \parallel \sum C_j^a : C_{\max}^b \leqslant Q$ 这两个 NP-难问题,Zhao 等(2013)设计了完全多项式时间近似方案。考虑不相关的并行机,Yin 等(2016b)提出了伪多项式时间算法和完全多项式时间近似方案求得帕累托最优解。Lee 等(2016)指出 $P_m \parallel \sum C_j^a : T_{\max}^b \leqslant Q$ 问题具有 NP-难性质,并提出了遗传算法求得近优解。Yin 等(2019)提出了分支定价算法来寻找 $R_m \parallel \sum C_j^a : \sum w_j^b U_j^b \leqslant Q$ 问题的最优解。另外,流水作业也是常见的多机问题。Agnetis 等(2004)证明了 $F_2 \parallel C_{\max}^a : C_{\max}^b \leqslant Q$ 问题具有 NP-难性质。Lee 等(2011)采用分支定界算法和模拟退火算法解决了 $F_2 \parallel \sum C_j^a : T_j^b \leqslant Q$ 问题。Luo 等(2012)考虑 $F_2 \parallel C_{\max}^a : C_{\max}^b \leqslant Q$ 问题,提出了完全多项式时间近似方案。通过分支定界和遗传算法,Shiau 等(2015)解决了 $F_2 \parallel \sum C_j^a : T_{\max}^b \leqslant Q$ 问题。在任务的处理时间与处理

器无关的情况下,Mor 等(2014)提出了双代理流水作业调度问题的多项式时间求解算法。

多代理调度问题的目标函数主要涉及两种形式:考虑 ε 约束目标和线性组合目标。其中,在其他代理目标受阈值限制的约束下,考虑 ε 约束的目标能够优化关联代理的目标。以上综述中的研究,大多围绕这种目标展开。另外,线性组合目标可在全局层面优化属于不同代理的目标,然而相关研究成果并不多见。考虑 $1|r_j|C_{\max}^a+\theta C_{\max}^b$ 问题,Ding 等(2010)证明了其具有 NP-难性质,提出了在线算法,并在允许抢占的情况下,给出了最优算法。Baker 等(2003)讨论了双代理流水作业调度问题的复杂性,目标分别为极小化 $C_{\max}$、$L_{\max}$ 和 $\sum w_j C_j$。Luo 等(2012)证明了 $F_2|r_j|C_{\max}^a+\theta C_{\max}^b$ 问题是 NP-难的,并提供了完全多项式时间近似方案。针对几种常见目标函数(如 $C_{\max}$ 和 $\sum C_j$)加权和的两机双代理流水作业调度问题,Fan 等(2016)分析了构造性启发式方法的最坏情况。在混合流水作业调度问题中,Lei 等(2015)设计了混合蛙跳算法,用以优化两个代理的目标函数之和。

以上关于多代理流水作业调度的研究工作大多集中于任务同时可用的情况,很少有文献考虑任务带有释放时间的情况。然而,在工业生产中,任务往往实时到达。因此,考虑带有释放时间的流水作业调度模型更符合实际情况。

本章针对考虑释放时间的双代理流水作业调度问题,建立了混合整数规划模型,用于商业优化软件求解;提出启发式算法并在概率假设下分析了此类启发式的渐近性能与最坏性能;设计了分支定界算法最优求解小规模问题;采用离散人工蜂群算法求解中等规模问题;通过数值仿真验证这些算法的有效性。

5.2 问题描述与数学模型

在双代理流水作业调度模型中,n 项不同的任务按照相同的工艺路线经过 m 台串联处理器加工,在任意两台连续的处理器之间不存在缓冲区,与经典流水作业调度模型不同的是 n 项任务虽然共享 m 台处理器,但却属于两个具有竞争关系的代理,即代理 a 和代理 b。为了简便,令前 n' 项任务属于代理 a,剩余的 $n-n'$ 项任务属于代理 b,即 $\{1^x, 2^x, \cdots, j^x, \cdots, n^x\}$ ($x \in \{a,b\}$)。工序 $O_{i,j}^x$ 表示任务 j^x($j=1,2,\cdots,n; x \in \{a,b\}$)需要经过处理器 i($i=1,2,\cdots,m$)执行。处理时间 $p_{i,j}^x \geqslant 0$ 表示执行工序 $O_{i,j}^x$ 花费的时间。任务 j^x 在释放时间 r_j^x 进入系统,这是该任务可以开始执行的最早时刻。完工时间 $C_{i,j}^x$ 表示工序 $O_{i,j}^x$ 结束加工的时刻,$C_{m,j}^x$ 简记为 C_j^x。这些任务按照相同的顺序经过每一阶段,任务可在某一阶段内的任意一台处理器上处理。任意两台相邻处理器之间的缓存能力是无限的。每项任务在处理过程中不允许中断,即任务一旦开始处理就要持续至其完工为止。在同一时刻,一台处理器只能执行一项任务,而且一项任务只能由一台处理器加工。优化目标为极小化双代理最大完工时间加权组合 $C_{\max}^a + \theta C_{\max}^b$,其中,$\theta$ 是区间 $(0, \infty)$ 上的正数常量;$C_{\max}^a = \max\{C_1^a, C_2^a, \cdots, C_{n'}^a\}$;$C_{\max}^b = \max\{C_{n'+1}^b, C_{n'+2}^b, \cdots, C_n^b\}$。

为建立 MIP 模型,给出下面一系列相关符号的含义。

$S_{i,j}^x$:任务 j^x 在处理器 i 上的开始时间,$i = 1, 2, \cdots, m$,$j = 1, 2, \cdots, n$,$x \in \{a, b\}$;

$X_{j,j'}$:0-1 变量。若任务 j 为任务 j' 的紧后任务,则为 1,否则为 0,$j, j' = 1, 2, \cdots, n$ 且 $j \neq j'$;

Y:一个很大的正数。

据此,上述问题可以表示为如下数学规划模型:

Minimize $C_{\max}^a + \theta C_{\max}^b$

$$\text{s. t.} \sum_{j=0}^n X_{j,j'} = 1, j' = 0, 1, \cdots, n \tag{5-1}$$

$$\sum_{j'=0}^n X_{j,j'} = 1, j = 0, 1, \cdots, n \tag{5-2}$$

$$\sum_{j=0}^n X_{j,j} = 0, j, j' = 0, 1, \cdots, n \tag{5-3}$$

$$X_{j,j'} + X_{j',j} \leqslant 1, j, j' = 0, 1, \cdots, n \tag{5-4}$$

$$S_{1,j}^x \geqslant r_j^x, j = 1, 2, \cdots, n \tag{5-5}$$

$$S_{i,j}^x + p_{i,j}^x \geqslant C_{i,j}^x, i \in \{1, 2, \cdots m\}; j = 1, 2, \cdots, n \tag{5-6}$$

$$C_{i,j}^x - C_{i-1,j}^x \geqslant p_{i,j}^x, i \in \{2, \cdots, m-1\}; j = 1, 2, \cdots, n \tag{5-7}$$

$$C_{i,j}^x - C_{i,j'}^x \geqslant p_{i,j'}^x - Y(1 - X_{j,j'}), i \in \{1, 2, \cdots, m\}; j, j' = 1, 2, \cdots, n \tag{5-8}$$

$$X_{j,j'} \in \{0,1\}; r_j^x \geqslant 0; p_{i,j}^x \geqslant 0; C_{i,j}^x \geqslant 0; x \in \{a, b\} \tag{5-9}$$

约束(5-1)～约束(5-4)确保给定序列中每项任务的唯一性;约束(5-5)表示任务在第一台处理器上的开始时间早于其释放时间;约束(5-6)定义了任务的完工时间与开始时间及处理时间之间的关系;约束(5-7)描述了同一个任务在相邻两台处理器上完工时间的关系;约束(5-8)限制了同一台处理器上相邻两项任务的处理顺序;约束(5-9)定义了相关变量及参数的取值范围。

5.3 启发式算法

Luo 等(2012)证明了双代理流水作业调度问题具有 NP-难性质。在实际生产中,一组处理器每天需要处理数千项任务,这属于大规模 NP-难问题的实例,难以在合理的时间内获得一个满意的解决方案,而贪婪的启发式算法可以有效地解决这个问题,求得近似解决方案。本节为 $F_m \parallel C_{\max}^a + \theta C_{\max}^b$(问题 5.1)和 $F_m \mid r_j \mid C_{\max}^a + \theta C_{\max}^b$(问题 5.2)提供了一类基于 DA 的启发式算法并进行了渐近分析和最坏情况分析以证明其理论性能。

5.3.1 DA 启发式及其渐近最优性

对于不考虑释放时间的双代理流水作业调度模型的任意可行排序,系统的第一台处理器上没有任何的空闲时间。这种情况为建立问题 5.1 的启发式算法提供了一种思路,即对第一台处理器上的任务采用 DA 规则(即 $\mathrm{DA_F}$ 启发式)进行调度。考虑到 DA 规则对 $1 \parallel C_{\max}^a + \theta C_{\max}^b$ 问题的最优性(见附录 D),各项任务在第一台处理器上的排序为问题 5.1 提供了一个可用的下界 LB5.1,其目标函数表示如下:

$$Z_{5.1}^{\mathrm{LB}} = \sum_{j=1}^{n_1} \hat{p}_{1,j}^x + \theta \sum_{j=1}^{n_2} \hat{p}_{1,j}^x$$

式中,n_1 和 $n_2 (n_1 \neq n_2, n_1$ 或 $n_2 = n)$ 分别表示排序中代理 a 和 b 中最后一项任务的位置;$\hat{p}_{i,j}^x$ 表示任务根据 $\mathrm{DA_F}$ 启发式算法在处理器 $i (i=1,2,\cdots,m)$ 上进行排序。对于给定的任意实例,下界 LB5.1 满足 $Z_{5.1}^{\mathrm{LB}} \leqslant Z_\alpha^{\mathrm{OPT}}$,其中 Z_α^{OPT} 表示问题 5.1 的最优目标函数值。在概率假设下证明了启发式算法的渐近最优性,其中两个代理的任务是连续索引的。对于任意的任务排列,都必须满足(Xia et al,2000)以下条件。

条件 5-1 不同任务的处理时间是相互独立的,即 $\{p_{1,j}^x, p_{2,j}^x, \cdots, p_{m,j}^x\}$,$(j^x \geqslant 1, x \in \{a, b\})$ 是一个独立的随机向量序列。

条件 5-2 每项任务在处理器 m 上的处理时间是可交换的随机变量,即对于任意给定的 $j^x \geqslant 1 (x \in \{a, b\})$,$p_{1,j}^x, p_{2,j}^x, \cdots, p_{m,j}^x$ 都是完全可交换的。

引理 5.1 在条件 5-1 和条件 5-2 假设之下,如果 $\sup_{j \geqslant 1} \mathrm{var}(p_{1,j}^x) < \infty$,在概率为 1 的情况下,有

$$\lim_{n \to \infty} \frac{1}{n} \max_{1 \leqslant l_1 \leqslant l_2 \leqslant n} \Big| \sum_{j=l_1}^{l_2} (p_{i',j}^x - p_{1,j}^x) \Big| = 0$$

式中，$i'=2,3,\cdots,m$。

证明　参见定理 5.1 的结论(Xia et al,2000)。

定理 5.1　根据引理 5.1，在概率为 1 的情况下，有

$$\lim_{n\to\infty}\frac{Z_{5.1}^{\mathrm{LB}}}{n}=\lim_{n\to\infty}\frac{Z_a^{\mathrm{OPT}}}{n}=\lim_{n\to\infty}\frac{Z_F^{\mathrm{DA}}}{n}$$

式中，Z_F^{DA} 表示采用 DA$_F$ 启发式得到的目标值。

证明　这两个代理的任务是根据 DA$_F$ 顺序索引的。因此，可得

$$Z_F^{\mathrm{DA}} - Z_a^{\mathrm{OPT}} \leqslant$$

$$Z_F^{\mathrm{DA}} - Z_{5.1}^{\mathrm{LB}} = (C_{n_1}^a - C_{1,n_1}^a) + \theta(C_{n_2}^b - C_{1,n_2}^b) =$$

$$\Big(\max_{1\leqslant j_1\leqslant j_2\leqslant\cdots\leqslant j_{m-1}\leqslant n_1\leqslant n}\Big\{\sum_{j=1}^{j_1}\hat{p}_{1,j}^x + \sum_{j=j_1}^{j_2}\hat{p}_{2,j}^x + \cdots + \sum_{j=j_{m-1}}^{n_1}\hat{p}_{m,j}^x\Big\} - \sum_{j=1}^{n_1}\hat{p}_{1,j}^x\Big) +$$

$$\theta\Big(\max_{1\leqslant j_1'\leqslant j_2'\leqslant\cdots\leqslant j_{m-1}'\leqslant n_2\leqslant n}\Big\{\sum_{j=1}^{j_1'}\hat{p}_{1,j}^x + \sum_{j=j_1'}^{j_2'}\hat{p}_{2,j}^x + \cdots + \sum_{j=j_{m-1}'}^{n_2}\hat{p}_{m,j}^x\Big\} - \sum_{j=1}^{n_2}\hat{p}_{1,j}^x\Big) \leqslant$$

$$\max_{1\leqslant j_1\leqslant j_2\leqslant\cdots\leqslant j_{m-1}\leqslant n_1}\Big\{\sum_{j=j_1}^{j_2}(\hat{p}_{2,j}^x - \hat{p}_{1,j}^x) + \sum_{j=j_2}^{j_3}(\hat{p}_{3,j}^x - \hat{p}_{1,j}^x) + \cdots +$$

$$\sum_{j=j_{m-1}}^{n_1}(\hat{p}_{m,j}^x - \hat{p}_{1,j}^x) + \sum_{h=1}^{m-1}\hat{p}_{1,j_h}^x\Big\} +$$

$$\theta\max_{1\leqslant j_1'\leqslant j_2'\leqslant\cdots\leqslant j_{m-1}'\leqslant n_2}\Big\{\sum_{j=j_1'}^{j_2'}(\hat{p}_{2,j}^x - \hat{p}_{1,j}^x) + \sum_{j=j_2'}^{j_3'}(\hat{p}_{3,j}^x - \hat{p}_{1,j}^x) + \cdots +$$

$$\sum_{j=j_{m-1}'}^{n_2}(\hat{p}_{m,j}^x - \hat{p}_{1,j}^x) + \sum_{h=1}^{m-1}\hat{p}_{1,j_h'}^x\Big\} \leqslant$$

$$(1+\theta)\sum_{i'=2}^{m}\max_{1\leqslant l_1\leqslant l_2\leqslant n}\Big\{\sum_{j=l_1}^{l_2}(p_{i',j}^x - p_{1,j}^x)\Big\} + (1+\theta)(m-1)\max_{1\leqslant j'\leqslant n}\{p_{1,j'}\}$$

$$(5\text{-}10)$$

因此根据引理 5.1，不等式(5-10)两边同时除以 n，可以取极限得到预期结果。

定理 5.1 证明了 DA$_F$ 启发式算法的渐近最优性，当问题规模足够大时，DA$_F$ 启发式算法可以作为最优算法。但是，由于启发式算法是在局部地考虑每项任务的处理时间，这可能会导致解决方案的不稳定。

例 5-1　考虑在 $m+1$ 台处理器上不中断地加工 $2m$ 项任务。工序 $O_{i+1,i}^a$ 的处理时间为 $p_{i+1,i}^a=1$ $(i=1,2,\cdots,m)$。剩余的处理时间都等于一个在

$(0,1)$ 区间内任意小的数字 ε。权重 $\theta=1$。由 DA_F 启发式得到的一个可行解是 $\{J_1^a,J_2^a,\cdots,J_m^a,J_{m+1}^b,J_{m+2}^b,\cdots,J_{2m}^b\}$，对应的目标值为 $Z_F^{DA}=C_m^a+C_{2m}^b=(m\varepsilon+m)+(m+2m\varepsilon)=2m+3m\varepsilon$。。最优调度序列是 $\{J_{m+1}^b,J_{m+2}^b,\cdots,J_{2m}^b,J_m^a,J_{m-1}^a,\cdots,J_1^a\}$，且最优值是 $Z_a^{OPT}=C_{2m}^b+C_1^a=2m\varepsilon+[1+(3m-1)\varepsilon]=1+(5m-1)\varepsilon$。因此，可得

$$\lim_{\varepsilon\to 0}\frac{Z_F^{DA}}{Z_a^{OPT}}=\lim_{\varepsilon\to 0}\frac{2m+3m\varepsilon}{1+(5m-1)\varepsilon}=2m$$

为了提高调度的鲁棒性，平均优势代理优先(the DA on the average, DA_A) 启发式规则为问题 5.1 提供了一个考虑全局的解决方案，当权重值满足条件 $\theta\leqslant(或>)\sum_{j\in N^b}\sum_{i=1}^m p_{i,j}^b\Big/\sum_{j\in N^a}\sum_{i=1}^m p_{i,j}^a$ 时，代理 a（或 b）是优势代理。根据这个概念提出了另一个下界 LB5.2，它可以表示为

$$Z_{5.2}^{LB}=\frac{1}{m}\sum_{j=1}^{n_1}\sum_{i=1}^m \bar{p}_{i,j}^x+\frac{\theta}{m}\sum_{j=1}^{n_2}\sum_{i=1}^m \bar{p}_{i,j}^x$$

式中，$\bar{p}_{i,j}^x$ 表示任务 j^x 采用 DA_A 启发式在处理器 i（$i=1,2,\cdots,m$）上的排序。

引理 5.2　在引理 5.1 的假设下，对于任意给定的双代理流水作业的置换排序，在概率为 1 的情况下，有

$$\lim_{n\to\infty}\frac{1}{n}|Z_{5.2}^{LB}-Z_{5.2}^{LB'}|=0$$

式中，$Z_{5.2}^{LB'}=\sum_{j'=1}^{n_1}\bar{p}_{1,j'}^x+\theta\sum_{j'=1}^{n_2}\bar{p}_{1,j'}^x$ 是采用 DA_A 启发式在第一台处理器上的目标值。

证明　对于 DA_A 调度序列，有

$$0\leqslant|Z_{5.2}^{LB}-Z_{5.2}^{LB'}|=\left|\frac{1}{m}\sum_{j=1}^{n_1}\sum_{i=1}^m \bar{p}_{i,j}^x-\sum_{j'=1}^{n_1}\bar{p}_{1,j'}^x\right|+\theta\left|\frac{1}{m}\sum_{j=1}^{n_2}\sum_{i=1}^m \bar{p}_{i,j}^x-\sum_{j'=1}^{n_2}\bar{p}_{1,j'}^x\right|$$

$$\leqslant\frac{1}{m}\left|\sum_{i'=2}^m(\sum_{j=1}^{n_1}(\bar{p}_{i',j}^x-\bar{p}_{1,j}^x))\right|+\frac{\theta}{m}\left|\sum_{i'=2}^m(\sum_{j=1}^{n_2}(\bar{p}_{i',j}^x-\bar{p}_{1,j}^x))\right|$$

$$\leqslant\frac{1+\theta}{m}\sum_{i'=2}^m\max_{1\leqslant l_1\leqslant l_2\leqslant n}\left\{\sum_{j=l_1}^{l_2}(p_{i',j}^x-p_{1,j}^x)\right\} \tag{5-11}$$

根据引理 5.1，在不等式(5-11)两边同时除以 n，可以取极限得到预期的结果。

定理 5.2　在引理 5.1 的假设下，在概率为 1 的情况下，有

$$\lim_{n \to \infty} \frac{Z^{LB}_{5.2}}{n} = \lim_{n \to \infty} \frac{Z^{OPT}_{\alpha}}{n} = \lim_{n \to \infty} \frac{Z^{DA}_{A}}{n}$$

式中，Z^{DA}_A 表示采用 DA_A 启发式得到的目标值。

证明　两个代理的任务是根据 DA_A 排序索引的，因此可得

$$Z^{DA}_A - Z^{OPT}_\alpha \leqslant Z^{DA}_A - Z^{LB}_{5.2} = (Z^{DA}_A - Z^{LB'}_{5.2}) + (Z^{LB'}_{5.2} - Z^{LB}_{5.2})$$

$$\leqslant |Z^{DA}_A - Z^{LB'}_{5.2}| + |Z^{LB}_{5.2} - Z^{LB'}_{5.2}| \tag{5-12}$$

根据定理 5.1 和引理 5.2，在式(5-12)两边同时除以 n，可以取极限得到预期的结果。

定理 5.3　对于问题 5.1，任意 DA_A 序列有

$$\frac{Z^{DA}_A}{Z^{OPT}_\alpha} \leqslant m$$

且下界为紧界。

证明　对不等式(5-11)有

$$Z^{LB}_{5.2} \leqslant Z^{OPT}_\alpha \leqslant Z^{DA}_A \leqslant m Z^{LB}_{5.2} \tag{5-13}$$

重新排列不等式(5-13)可以得到预期的结果。为了证明对应界是紧的，此处考虑了例 5-1 中的数据。采用 DA_A 启发式得到的一个可行序列是 $\{J^b_{m+1}, J^b_{m+2}, \cdots, J^b_{2m}, J^a_1, J^a_2, \cdots, J^a_m\}$，相应的目标值是 $Z^{DA}_A = C^b_{2m} + C^a_m = 4m\varepsilon + m$。因此可得

$$\frac{Z^{DA}_A}{Z^{OPT}_\alpha} = \frac{m + 4m\varepsilon}{1 + (5m-1)\varepsilon} \to m$$

在 $\varepsilon \to 0$ 时上式成立。

推论 5.1　在引理 5.1 的假设下，对任意给定实例，在概率为 1 的情况下，有

$$\lim_{n \to \infty} \frac{Z^{DA}_F}{n} = \lim_{n \to \infty} \frac{Z^{OPT}_\alpha}{n} = \lim_{n \to \infty} \frac{Z^{DA}_A}{n}$$

证明　结合定理 5.1 和定理 5.2，即可得证。

5.3.2　基于 DA 下界的性能分析

虽然定理 5.1 和定理 5.2 证明了 LB5.1 和 LB5.2 的渐近最优性，但它们只是理论下界，不能代替数值计算中的最优解。对于例 5-1，LB5.1 的目标值是 $Z^{LB}_{5.1} = m\varepsilon + 2m\varepsilon = 3m\varepsilon$。因此，可得

$$\lim_{\varepsilon \to 0} \frac{Z^{OPT}_\alpha}{Z^{LB}_{5.1}} = \lim_{\varepsilon \to 0} \frac{1 + (5m-1)\varepsilon}{3m\varepsilon} \to +\infty$$

这个式子揭示了基于 $\mathrm{DA_F}$ 的下界的无界性。基于 $\mathrm{DA_A}$ 下界的最坏性能（即 LB5.2）如定理 5.4 所示。

定理 5.4   对于问题 5.1 的任意实例，有

$$\frac{Z_\alpha^{\mathrm{OPT}}}{Z_{5.2}^{\mathrm{LB}}} \leqslant m$$

并且这个界为紧界。

证明   重新排列不等式(5-12)得到预期的结果。接下来用一个包含 m 个处理器和 m 项任务的实例来证明该界为紧界。其中代理 a 拥有 $m-1$ 项任务，代理 b 拥有剩余的任务。任务 J_m^b 的处理时间为 $p_{1,m}^b = p_{2,m}^b = \cdots = p_{m,m}^b = 1$。对于代理 a 中的任务，处理时间为 $(0,1)$ 区间内任意小的正数 ε，权重 $\theta = 1$。最优排序是 $\{J_1^a, J_2^a, \cdots, J_{m-1}^a, J_m^b\}$，最优值是 $Z_\alpha^{\mathrm{OPT}} = (2m-3)\varepsilon + [(m-1)\varepsilon + m] = m + (3m-4)\varepsilon$。对于下界 LB5.2，目标值是 $Z_{5.2}^{\mathrm{LB}} = (m-1)\varepsilon + [(m-1)\varepsilon + 1] = 1 + 2(m-1)\varepsilon$。因此，有

$$\frac{Z_\alpha^{\mathrm{OPT}}}{Z_{5.2}^{\mathrm{LB}}} = \frac{m + (3m-4)\varepsilon}{1 + 2(m-1)\varepsilon} \to m$$

在 $\varepsilon \to 0$ 时上式成立。

根据单机模型的 DA 规则，可以给出一个序列无关的下界 LB5.3。每台处理器上对 n 项任务的处理可以当作一个 $1 \| C_{\max}^a + \theta C_{\max}^b$ 问题。使用 DA 规则排列每台处理器上的任务，得到最优解，并选择其中的最大值作为问题 5.1 的 LB5.3，表示如下：

$$Z_{5.3}^{\mathrm{LB}} = \max_{1 \leqslant i \leqslant m} \Big\{ \min_{1 \leqslant h \leqslant n} \sum_{u=1}^{i-1} p_{u,h}^x + \sum_{j=1}^{n_1} p_{i,j}^x + \min_{h' \in N^a} \sum_{v=i+1}^m p_{v,h'}^a +$$
$$\theta \Big(\min_{1 \leqslant h \leqslant n} \sum_{u=1}^{i-1} p_{u,h}^x + \sum_{j=1}^{n_2} p_{i,j}^x + \min_{h' \in N^b} \sum_{v=i+1}^m p_{v,h'}^b \Big) \Big\}$$

式中，当 $i-1=0$ 时，$\sum_{u=1}^{i-1} p_{u,h}^x = 0$；当 $i+1 > m$ 时，$\sum_{v=i+1}^m p_{v,h'}^x = 0$；$x \in \{a, b\}$。

定理 5.5   在引理 5.1 的假设下，在概率为 1 的情况下，有

$$\lim_{n \to \infty} \frac{Z_{5.3}^{\mathrm{LB}}}{n} = \lim_{n \to \infty} \frac{Z_\alpha^{\mathrm{OPT}}}{n}$$

证明   给定一个最优序列可以推导出 $Z_{5.1}^{\mathrm{LB}} \leqslant Z_{5.3}^{\mathrm{LB}} \leqslant Z_\alpha^{\mathrm{OPT}}$。根据定理 5.1 的结果得到 LB5.3 的渐近最优性。

定理 5.6   对于问题 5.1 的任意实例，有

$$\frac{Z_\alpha^{\mathrm{OPT}}}{Z_{5.3}^{\mathrm{LB}}} \leqslant m$$

且该比值为紧界。

证明　对于给定的最优序列,易知 $Z_{5.2}^{LB} \leqslant Z_{5.3}^{LB} \leqslant Z_{\alpha}^{OPT}$。根据定理 5.4 的结论,可求得下界 LB5.3 的最坏情况比。为了证明比值为紧界,考虑一个包含 m 台处理器,3 项任务的实例,其中代理 a 中包含一项任务,代理 b 中包含其余两项任务。任务 J_2^b 的处理时间为 $p_{1,2}^b = p_{2,2}^b = \cdots = p_{m,2}^b = 1$。对于剩余的两项任务,处理时间 ε 是 $(0,1)$ 区间内任意小的正数,权重 $\theta = 1$。最优序列为 $\{J_1^a, J_2^b, J_3^b\}$,最优值为 $Z_{\alpha}^{OPT} = m\varepsilon + (m+2\varepsilon) = m + (m+2)\varepsilon$。LB5.3 的目标值为 $Z^{LB_3} = m\varepsilon + [1 + (m+1)\varepsilon] = 1 + (2m+1)\varepsilon$。因此,当 $\varepsilon \to 0$ 时,有

$$\frac{Z_{\alpha}^{OPT}}{Z_{5.3}^{LB}} = \frac{m + (m+2)\varepsilon}{1 + (2m+1)\varepsilon} \to m$$

用下界 LB_2 和 LB_3 计算例 5-1,目标值为 $Z_{5.2}^{LB} = \frac{m\varepsilon}{m+1} + \frac{m + (m^2+m)\varepsilon}{m+1} = \frac{m + (m^2+2m)\varepsilon}{m+1}$,且 $Z_{5.3}^{LB} = 2m\varepsilon + 1 + (3m-1)\varepsilon = 1 + (5m-1)\varepsilon$。因此 $Z_{5.2}^{LB} < Z_{5.3}^{LB} = Z_{\alpha}^{OPT}$。

5.3.3　ADA 启发式及其渐近最优性

问题 5.2 中每项任务都有自己的释放时间,这样更加接近实际的生产环境。在该调度模型中,除了任务到达之前的等待时间外,第一个处理器上不会出现额外的空闲时间。因此,在第一台处理器上采用 ADA 规则调度任务(即 ADA_F 启发式)可以得到问题 5.2 的一个可行解。求解 $1 \mid r_j \mid C_{max}^a + \theta C_{max}^b$ 问题的 ADA 规则渐近最优性为问题 5.2 提供了一个下界 LB5.4,表示为

$$Z_{5.4}^{LB} = \max_{1 \leqslant u_1 \leqslant k} \left\{ r_{u_1}^x + \sum_{j=u_1}^{n_1} \widetilde{p}_{1,j}^x \right\} + \theta \max_{1 \leqslant u_2 \leqslant n} \left\{ r_{u_2}^x + \sum_{j=u_2}^{n_2} \widetilde{p}_{1,j}^x \right\}$$

式中,n_1 和 n_2($n_1 \neq n_2$,n_1 或 $n_2 = n$)分别为采用 ADA_F 启发式排序后代理 a 和 b 中最后完工任务的编号;$\widetilde{p}_{i,j}^x$ 表示任务 j^x 按照 ADA_F 启发式在处理器 i 上排序,$x \in \{a, b\}$。

定理 5.7　在引理 5.1 的假设下,在概率为 1 的情况下,有

$$\lim_{n \to \infty} \frac{Z_{5.4}^{LB}}{n} = \lim_{n \to \infty} \frac{Z_{\beta}^{OPT}}{n} = \lim_{n \to \infty} \frac{Z_F^{ADA}}{n}$$

式中,Z_{β}^{OPT} 和 Z_F^{ADA} 分别是最优解和采用 ADA_F 启发式的最优值。

证明　两个代理的任务根据 ADA_F 排序索引,因此有

$$Z_F^{\mathrm{ADA}} - Z_\beta^{\mathrm{OPT}}$$

$$\leqslant Z_F^{\mathrm{ADA}} - Z_{5.4}^{\mathrm{LB}} = (C_{n_1}^a - C_{1,n_1}^a) + \theta(C_{n_2}^b - C_{1,n_2}^b) =$$

$$\Big(\max_{1\leqslant j_1 \leqslant j_2 \leqslant \cdots \leqslant j_m \leqslant n_1} \Big\{ r_{j_1} + \sum_{j=j_1}^{j_2} \hat{p}_{1,j}^x + \sum_{j=j_2}^{j_3} \hat{p}_{2,j}^x + \cdots + \sum_{j=j_m}^{n_1} \hat{p}_{m,j}^x \Big\} -$$

$$\max_{1\leqslant u_1 \leqslant n_1} \Big\{ r_{u_1}^x + \sum_{j=u_1}^{n_1} \hat{p}_{1,j}^x \Big\} \Big) +$$

$$\theta \Big(\max_{1\leqslant j_1' \leqslant j_2' \leqslant \cdots \leqslant j_m' \leqslant n_2} \Big\{ r_{j_1'} + \sum_{j=j_1'}^{j_2'} \hat{p}_{1,j}^x + \sum_{j=j_2'}^{j_3'} \hat{p}_{2,j}^x + \cdots + \sum_{j=j_m'}^{n_2} \hat{p}_{m,j}^x \Big\} -$$

$$\max_{1\leqslant u_2 \leqslant n_2} \Big\{ r_{u_2}^x + \sum_{j=u_2}^{n_2} \hat{p}_{1,j}^x \Big\} \Big)$$

$$\leqslant \max_{1\leqslant j_2 \leqslant j_3 \leqslant \cdots \leqslant j_m \leqslant n_1} \Big\{ \sum_{j=j_2}^{j_3} (\hat{p}_{2,j}^x - \hat{p}_{1,j}^x) + \sum_{j=j_3}^{j_4} (\hat{p}_{3,j}^x - \hat{p}_{1,j}^x) + \cdots +$$

$$\sum_{j=j_m}^{k} (\hat{p}_{m,j}^x - \hat{p}_{1,j}^x) + \sum_{h=2}^{m} \hat{p}_{1,j_h}^x \Big\} +$$

$$\theta \max_{1\leqslant j_2' \leqslant j_3' \leqslant \cdots \leqslant j_m' \leqslant n_2} \Big\{ \sum_{j=j_2'}^{j_3'} (\hat{p}_{2,j}^x - \hat{p}_{1,j}^x) + \sum_{j=j_3'}^{j_4'} (\hat{p}_{3,j}^x - \hat{p}_{1,j}^x) + \cdots +$$

$$\sum_{j=j_m'}^{n} (\hat{p}_{m,j}^x - \hat{p}_{1,j}^x) + \sum_{h=2}^{m} \hat{p}_{1,j_h'}^x \Big\}$$

$$\leqslant (1+\theta) \sum_{i'=2}^{m} \max_{1\leqslant l_1 \leqslant l_2 \leqslant n} \Big\{ \sum_{j=l_1}^{l_2} (p_{i',j}^x - p_{1,j}^x) \Big\} + (1+\theta)(m-1) \max_{1\leqslant j \leqslant n} \{ p_{1,j} \}$$

$$(5\text{-}14)$$

因此,参照定理 5.1 的证明,在式(5-14)两边同时除以 n,取极限,可以得到期望的结果。

无论定理 5.7 所示的 ADA_F 启发式渐近最优性如何,其最坏性能都较差,如例 5-2 所示。

例 5-2 输入数据中的任务处理时间与例 5-1 相同,释放时间如下所示:$r_1^x = 0, r_{j+1}^x = r_j^x + \varepsilon$,其中 $1\leqslant j \leqslant 2m-1, x \in \{a, b\}$。根据 ADA_F 启发式得到的可行解为 $\{J_1^a, J_2^a, \cdots, J_m^a, J_{m+1}^b, J_{m+2}^b, \cdots, J_{2m}^b\}$,目标值为 $Z_F^{\mathrm{ADA}} = C_m^a + C_{2m}^b = (m\varepsilon + m) + (m + 2m\varepsilon) = 2m + 3m\varepsilon$。最优序列为 $\{J_{m+1}^b, J_{m+2}^b, \cdots, J_{2m}^b, J_m^a, J_{m-1}^a, \cdots, J_1^a\}$,最优值 $Z_\beta^{\mathrm{OPT}} = C_{2m}^b + C_1^a = 3m\varepsilon + [1 + (4m-1)\varepsilon] = 1+$

$(7m-1)\varepsilon$。因此,有

$$\lim_{\varepsilon \to 0} \frac{Z_F^{\mathrm{ADA}}}{Z_\beta^{\mathrm{OPT}}} = \lim_{\varepsilon \to 0} \frac{2m+3m\varepsilon}{1+(7m-1)\varepsilon} = 2m$$

同样,从全局角度出发,考虑解决方案中的每项任务,在 ADA_A 启发式中对任务根据 $P_j^x = \dfrac{1}{m}\sum_{i=1}^{m} p_{i,j}^x$ 按照 ADA 排序,$j^x \geqslant 1$。这个概念引出了另一个下界 LB5.5,对于问题 5.2,其目标值为

$$Z_{5.5}^{\mathrm{LB}} = \max_{1 \leqslant u_1 \leqslant n_1} \left\{ r_{u_1}^x + \frac{1}{m}\sum_{j=u_1}^{n_1}\sum_{i=1}^{m} \overset{\leftrightarrow}{p}_{i,j}^x \right\} + \theta \max_{1 \leqslant u_2 \leqslant n_2} \left\{ r_{u_2}^x + \frac{1}{m}\sum_{j=u_2}^{n_2}\sum_{i=1}^{m} \overset{\leftrightarrow}{p}_{i,j}^x \right\}$$

式中,$\overset{\leftrightarrow}{p}_{i,j}^x$ 是任务 j^x 根据 ADA_A 启发式在处理器 $i\,(i=1,2,\cdots,m)$ 上的排序对应的处理时间。

引理 5.3 在引理 5.1 的假设下,对于任意给定的问题 5.2 的置换调度,在概率为 1 时,有

$$\lim_{n \to \infty} \frac{1}{n} \left| Z_{5.5}^{\mathrm{LB}} - Z_{5.5}^{\mathrm{LB}'} \right| = 0$$

式中,$Z_{5.5}^{\mathrm{LB}'} = \max\limits_{1 \leqslant u_1' \leqslant n_1} \left\{ r_{u_1'}^x + \sum_{j=u_1'}^{n_1} \overset{\leftrightarrow}{p}_{1,j}^x \right\} + \theta \max\limits_{1 \leqslant u_2' \leqslant n_2} \left\{ r_{u_2'}^x + \sum_{j=u_2'}^{n_2} \overset{\leftrightarrow}{p}_{1,j}^x \right\}$ 是采用 ADA_A 启发式在第一台处理器上的目标值。

证明 对于 ADA_A 序列,有

$$0 \leqslant \left| Z_{5.5}^{\mathrm{LB}} - Z_{5.5}^{\mathrm{LB}'} \right| = \left| \max_{1 \leqslant u_1 \leqslant n_1} \left\{ r_{u_1}^x + \frac{1}{m}\sum_{j=u_1}^{n_1}\sum_{i=1}^{m} \overset{\leftrightarrow}{p}_{i,j}^x \right\} - \right.$$

$$\theta \max_{1 \leqslant u_1' \leqslant n_1} \left\{ r_{u_1'}^x + \sum_{j_1=u_1'}^{n_1} \overset{\leftrightarrow}{p}_{1,j}^x \right\} +$$

$$\left. \theta \left(\max_{1 \leqslant u_2 \leqslant n_2} \left\{ r_{u_2}^x + \frac{1}{m}\sum_{j=u_2}^{n_2}\sum_{i=1}^{m} \overset{\leftrightarrow}{p}_{i,j}^x \right\} - \max_{1 \leqslant u_2' \leqslant n_2} \left\{ r_{u_2'}^x + \sum_{j=u_2'}^{n_2} \overset{\leftrightarrow}{p}_{1,j}^x \right\} \right) \right|$$

$$\leqslant \frac{1}{m} \left| \max_{1 \leqslant u_1' \leqslant n_1} \left\{ \sum_{i'=2}^{m} \left(\sum_{j=u_1'}^{n_1} (\overset{\leftrightarrow}{p}_{i',j}^x - \overset{\leftrightarrow}{p}_{1,j}^x) \right) \right\} + \right.$$

$$\left. \theta \max_{1 \leqslant u_2' \leqslant n_2} \left\{ \sum_{i'=2}^{m} \left(\sum_{j_2=u_2'}^{n_2} (\overset{\leftrightarrow}{p}_{i',j}^x - \overset{\leftrightarrow}{p}_{1,j}^x) \right) \right\} \right|$$

$$\leqslant \frac{1+\theta}{m} \sum_{i=2}^{m} \max_{1 \leqslant l_2 \leqslant n} \left\{ \sum_{j=l_1}^{l_2} (p_{i,j}^x - p_{1,j}^x) \right\} \tag{5-15}$$

参照引理 5.2 的证明,在式(5-15)两边同时除以 n,可以取极限得到预期

结果。

定理 5.8   在引理 5.1 的假设下,在概率为 1 时,有

$$\lim_{n \to \infty} \frac{Z_{5.5}^{\mathrm{LB}}}{n} = \lim_{n \to \infty} \frac{Z_{\beta}^{\mathrm{OPT}}}{n} = \lim_{n \to \infty} \frac{Z_A^{\mathrm{ADA}}}{n}$$

式中,Z_A^{ADA} 表示采用 ADA_A 启发式得到的目标值。

证明   两个代理的任务根据 ADA_A 的顺序进行索引,有

$$Z_A^{\mathrm{ADA}} - Z_{\beta}^{\mathrm{OPT}} \leqslant Z_A^{\mathrm{ADA}} - Z_{5.5}^{\mathrm{LB}} = (Z_A^{\mathrm{ADA}} - Z_{5.5}^{\mathrm{LB}'}) + (Z_{02}^{\mathrm{LB}} - Z_{5.5}^{\mathrm{LB}})$$

$$\leqslant |Z_A^{\mathrm{ADA}} - Z_{5.5}^{\mathrm{LB}'}| + |Z_{5.5}^{\mathrm{LB}} - Z_{5.5}^{\mathrm{LB}'}| \tag{5-16}$$

参考定理 5.2 的证明,在式(5-16)两边同时除以 n,可以取极限得到预期结果。

定理 5.9   对于问题 5.2,任意给定的 ADA_A 序列有

$$\frac{Z_A^{\mathrm{ADA}}}{Z_{\beta}^{\mathrm{OPT}}} \leqslant m$$

且界是紧的。

证明   根据不等式(5-16),可得

$$Z_{5.5}^{\mathrm{LB}} \leqslant Z_{\beta}^{\mathrm{OPT}} \leqslant Z_A^{\mathrm{ADA}} \leqslant m Z_{5.5}^{\mathrm{LB}} \tag{5-17}$$

重新排列不等式(5-12)得到预期的结果。通过一个实例说明了该界是紧的。输入数据与例 5-1 相似,除了释放时间如下:$r_{m+1}^b = 0, r_{m+2}^b = \varepsilon, \cdots, r_{2m}^b = (m-1)\varepsilon; r_1^a = m\varepsilon, \cdots, r_m^a = (2m-1)\varepsilon$。根据 ADA_A 启发式得到的一个可行解 $\{J_{m+1}^b, J_{m+2}^b, \cdots, J_{2m}^b, J_m^a, J_{m-1}^a, \cdots, J_1^a\}$,其目标值是 $Z_A^{\mathrm{ADA}} = C_{2m}^b + C_m^a = 4m\varepsilon + m$。最优序列是 $\{J_{m+1}^b, J_{m+2}^b, \cdots, J_{2m}^b, J_m^a, J_{m-1}^a, \cdots, J_1^a\}$,其最优值是 $Z_{\beta}^{\mathrm{OPT}} = C_{2m}^b + C_1^a = 1 + (6m-1)\varepsilon$。因此,有

$$\frac{Z_A^{\mathrm{ADA}}}{Z_{\beta}^{\mathrm{OPT}}} = \frac{m + 4m\varepsilon}{1 + (6m-1)\varepsilon} \to m$$

当 $\varepsilon \to 0$ 时上式成立。

推论 5.2   在引理 5.1 的假设下,对于任意给定的实例,在概率为 1 时,有

$$\lim_{n \to \infty} \frac{Z_F^{\mathrm{ADA}}}{n} = \lim_{n \to \infty} \frac{Z_{\beta}^{\mathrm{OPT}}}{n} = \lim_{n \to \infty} \frac{Z_A^{\mathrm{ADA}}}{n}$$

证明   把定理 5.7 和定理 5.8 结合起来,即可得预期结果。

5.3.4   基于 ADA 下界的性能分析

考虑到基于单机的中规模问题的下界误差较大,无论 LB5.4 和 LB5.5 的渐近最优性如何(定理 5.7 和定理 5.8),在数值计算中都不能代替最优解。例

如,使用 LB5.4 计算例 5-2 将导致其无界。LB5.5 在最坏情况下的性能如下所示。

定理 5.10　对于问题 5.2 的任意实例,有

$$\frac{Z_\beta^{\mathrm{OPT}}}{Z_{5.5}^{\mathrm{LB}}} \leqslant m$$

且界是紧的。

　　证明　重新排列不等式(5-16)得到预期的结果,提供了一个实例来表明界是紧的,输入数据与定理 5.4 的证明一致,此外,释放时间为: $r_1^x = 0$, $r_{j+1}^x = r_j^x + \varepsilon$,其中 $1 \leqslant j \leqslant m-1$, $x \in \{a,b\}$。

　　因此,本章提出了基于双代理单机调度模型的序列无关的下界 LB5.6。每个处理器上的 n 项任务的工序可以认为是一个独立的 $1 \mid r_j \mid C_{\max}^a + \theta C_{\max}^b$ 问题,其中任务 j^x 在处理器 $i \geqslant 2$ 上的可用时间定义为 $r_j^x + \sum_{v=1}^{i-1} p_{v,j}^x$。每台处理器上采用 D&S 规则(参考附录 D.1)获得调度序列,选择最大值作为 $F_m \mid r_j \mid C_{\max}^a + \theta C_{\max}^b$ 问题的下界 LB5.6,表示如下:

$$Z_{5.6}^{\mathrm{LB}} = \max_{1 \leqslant i \leqslant m} \left\{ \max_{1 \leqslant u_1 \leqslant n_1} \left\{ r_{i,u_1}^x + \sum_{j=u_1}^{n_1} \ddot{p}_{i,j}^x \right\} + \min_{h_1 \in N^a} \sum_{v=i+1}^{m} p_{v,h_1}^a + \right.$$

$$\left. \theta \left(\max_{1 \leqslant u_2 \leqslant n_2} \left\{ r_{i,u_2}^x + \sum_{j=u_2}^{n_2} \ddot{p}_{i,j}^x \right\} + \min_{h_2 \in N^b} \sum_{v=i+1}^{m} p_{v,h_2}^b \right) \right\}$$

式中, $\ddot{p}_{i,j}^x$ 表示任务 j^x 在处理器 i ($i=1,2,\cdots,m$)上按照 D&S 的规则排列,且 $\hat{r}_{1,j}^x = r_j^x$, $x \in \{a,b\}$。

　　定理 5.11　在引理 5.2 的假设下,在概率为 1 时,有

$$\lim_{n \to \infty} \frac{Z_{5.6}^{\mathrm{LB}}}{n} = \lim_{n \to \infty} \frac{Z_\beta^{\mathrm{OPT}}}{n}$$

　　证明　根据一个给定的最优序列可以推导出 $Z_{5.4}^{\mathrm{LB}} \leqslant Z_{5.6}^{\mathrm{LB}} \leqslant Z_\beta^{\mathrm{OPT}}$。利用定理 5.7 的结论,可以很容易地验证 LB5.6 的渐近最优性。

　　定理 5.12　对于问题 5.2 的任意实例,有

$$\frac{Z_\beta^{\mathrm{OPT}}}{Z_{5.6}^{\mathrm{LB}}} \leqslant m$$

且界是紧的。

　　证明　对于一个给定的最优序列,可以推导得到 $Z_{5.5}^{\mathrm{LB}} \leqslant Z_{5.6}^{\mathrm{LB}} \leqslant Z_\beta^{\mathrm{OPT}}$。利用定理 5.8 的结论,可以很容易地得到 LB5.6 的最坏情况比。例如,输入数据与定理 5.12 的证明数据相似,释放时间如下: $r_1^a = 0$, $r_2^b = \varepsilon$, $r_3^b = 2\varepsilon$。

对于例 5-1 中的输入数据，释放时间设置如下：$r_{m+1}^b = 0, r_{m+2}^b = \varepsilon, \cdots,$
$r_{2m}^b = (m-1)\varepsilon; r_m^a = m\varepsilon, r_{m-1}^a = (m+1)\varepsilon, \cdots, r_1^a = (2m-1)\varepsilon$。最优序列是
$\{J_{m+1}^b, J_{m+2}^b, \cdots, J_{2m}^b, J_m^a, J_{m-1}^a, \cdots, J_1^a\}$。利用下界 LB5.5 和 LB5.6 计算数
据。因此，有

$$Z_{5.5}^{\mathrm{LB}} = \frac{m + (m^2 + 2m)\varepsilon}{m+1} < Z_{5.6}^{\mathrm{LB}} = 1 + (5m-1)\varepsilon = Z_\beta^{\mathrm{OPT}}$$

5.4　分支定界算法

分支定界是一种用于求解小规模 NP-难问题的精确算法，在调度领域有广
泛的应用。为了提高分支定界算法的求解效率，本节采用深度优先与回溯相结
合的技术(Bai et al,2017)确定搜索树上的有效节点。在初始状态，一个空序列
表示为第 0 层的根节点 $\varnothing$。$\pi(\tau)$ 表示第 τ $(1 \leqslant \tau \leqslant n)$ 层的部分序列，j_τ 表示将
任务 j 安排在第 τ 个位置的节点。因此，第 τ 层节点所对应的部分序列可以表
示为：$\pi(j_\tau) = \{[1], [2], \cdots, [\tau]\}$，其中，$[\tau]$ 表示第 τ 个位置上安排的任务。
另外，基于任务释放时间的特性及最优调度规则，本节分别提出了剪支规则与
问题下界，以此来缩小搜索空间，减少计算量，提高算法求解速度。

5.4.1　剪支规则

考虑带有释放时间的双代理流水作业调度模型中某个可行调度，若将某项
已经释放的任务延迟至较晚释放任务完工之后开始处理，则必会人为地产生较
多空闲时间，导致目标函数值恶化。这种情况可以归纳为如下性质。

性质 5.1　对于某个已经固定 $j-1$ 项任务顺序的部分序列，若其紧后任务
j^x 满足如下条件：

$$t_{i,j}^x \geqslant \min_{q^x \in N'} \{\max\{t_{i,q}^x, C_{i,j-1}^x\} + p_{i,q}^x\}, \quad 1 \leqslant i \leqslant m-1 \qquad (5\text{-}18)$$

则剩余未调度任务的开始时间被延迟，目标函数值恶化。式中，N' 表示未调度
任务集合；$t_{i,j}^x = r_j^x + \sum_{v=1}^{i-1} p_{v,j}^x, 1 \leqslant j \leqslant n$，且 $x \in \{a, b\}$。

证明　若任务 j^x 满足条件，即在处理器 $i \leqslant m-1$ 上，存在未调度任务 $q^x \in$
N 能够在任务 j^x 开始之前完工，则不必将任务 q^x 安排在任务 j^x 之后加工，否
则将人为增加处理器空闲时间，导致目标函数值变差。

性质 5.2　在性质 5.1 的基础上，任务 q^x 的开始时间为：$S_{m,q}^x =$
$\max\{C_{m,j-1}^x, t_{m,q}^x\} \leqslant t_{m,j}^x$，如果处理器 m 上的任务 j^x 满足：①任务 q^x 和 j^x
属于同一代理；②$\theta p_{m,q}^a (\theta p_{m,q}^b) \leqslant p_{m,j}^b (p_{m,j}^a)$，则将未调度任务 q^x 安排在 j^x
后加工会导致目标函数值恶化，其中 $1 \leqslant j \leqslant n, x \in \{a, b\}$。

证明

(1) 若任务 j^x 和 q^x 属于同一代理任务,则根据 $1|r_j|C_{\max}$ 问题的 FCFS 最优性规则可以求得其最优解。

(2) 若任务 j^x 和 q^x 属于不同代理任务,则通过将成对的任务交换可得出结论。

因此,性质 5.1 和性质 5.2 组成分支定界算法的分支规则。在搜索树上,若候选节点满足此规则,则将其剪支,不再继续分支。每一层(最后两层除外)所有可能的节点都能够使用该规则进行验证,可以有效剪掉无效节点,大大节省计算时间。

5.4.2　分支定界算法下界

分支定界的算法下界设计对算法效率有重要影响,一个好的下界能够尽可能多的剪掉多余的分支,提高算法的计算速度。

考虑某分支节点 $\pi(j)=([1],[2],\cdots,[j]),j\in N$,表示其中前 j 项任务已安排好,这里 N 表示系统中所有任务的集合。不失一般性,假设包含未调度任务的部分序列可表示为 $\pi'(j+1)=([j+1],[j+2],\cdots,[n])$,定义处理器 $i\in M$ 上的任务 $j^x\in N'$ 的可用时间是 $r_{i,j}^x$,那么对于 $\pi'(j+1)$ 中的任务 h^x,开始时间和可用时间可以表示为如下形式。

对于处理器 1,有

$$S_{1,N'}=\max\{C_{1,[j]}^x,\min_{q\in N'}\{r_q^x\}\} \text{ 且 } r_{1,h}^x=\max\{0,r_h^x-S_{1,N'}\}$$

对于处理器 i,有

$$S_{i,N'}=\max\{C_{i,[j]}^x,S_{i-1,N'}+\min_{q\in N'}\{p_{i-1,q}^x\}\}$$

且

$$r_{i,h}^x=\max\{0,r_{i-1,h}^x+p_{i-1,h}^x-S_{i,N'}\}$$

式中,$i=2,3,\cdots,m$。任务 $[h]$ 完工时间范围的估计值为

$$C_{[h]}^x\geqslant C_{[j]}^x+\max_{j+1<u\leqslant h}\left\{r_{i,[u]}^x+\sum_{q=[u]}^{[h]}p_{i,q}^x\right\}+\min_{q\in N'}\sum_{v=i+1}^{m}p_{v,q}^x \quad (5\text{-}19)$$

当 $i+1>m$ ($1\leqslant i\leqslant m$) 时,有 $\sum_{v=i+1}^{m}p_{v,q}=0$。在不等式(5-19)的右边,一旦确定节点 $\pi(j)$,第一项和最后一项就是常数,此时,只有中间项与序列相关。求分支定界中算法下界的关键是在多项式时间内求解序列相关项的最优调度方案。若不考虑任务前后处理关系的约束,则求每台处理器上未调度任务的最优解问题可简化为 $1|r_j|C_{\max}^a+\theta C_{\max}^b$ 问题。工序 $O_{i,h}^x$ 的释放时间是 $r_{i,h}^x$,$h\in N'$。根据 D&S 规则可求得每台处理器上未调度的工序的最优调度顺序。处理器

$i \in M$ 上任务 $[h^x]$ 的相对完工时间为 $\ddot{C}^x_{i,[h]} = \max\limits_{j+1 < u \leqslant h} \left\{ r^x_{i,[u]} + \sum\limits_{q=[u]}^{[h]} \ddot{p}^x_{i,q} \right\}$，其中 $\ddot{C}^x_{i,j}$ 表示由 D&S 规则得到的工序 $O^x_{i,h}$ 的完工时间。未调度任务在处理器上的最优完工时间可以表示为

$$Z^{\mathrm{LB}}_i = S^x_{i,N'} + \max_{k_1 \in N'} \{\ddot{C}^a_{i,k_1}\} + \min_{h_1 \in N'} \sum_{v=i+1}^m p^a_{v,h_1} + \theta \Big(S^x_{i,N'} + \max_{k_2 \in N'} \{\ddot{C}^b_{i,k_2}\} +$$

$$\min_{h_2 \in N'} \sum_{v=i+1}^m p^b_{v,h_2} \Big)$$

因此，下界 LB5.7 可以表示为

$$Z^{\mathrm{LB}}_{5.7} = \max_{1 \leqslant i \leqslant m} \{Z^{\mathrm{LB}}_i\}$$

如果在序列 $\pi'(j+1)$ 中不存在优势代理，那么每台处理器上的任务调度可以简化为 $1|r_j|C_{\max}$，根据 FCFS 规则可求得最优排序。设处理器 $i \in M$ 上任务 $[h^x]$ 的完工时间为 $\vec{C}^x_{i,[h]} = \max\limits_{j+1 \leqslant u \leqslant h} \left\{ r^x_{i,[u]} + \sum\limits_{q=[u]}^{[h]} \vec{p}^x_{i,q} \right\}$，其中 $\vec{p}^x_{i,q}$ 表示通过 FCFS 规则得到的加工顺序。在这种情况下，下界的目标值如果代理 a 主导，可表示为

$$Z^{\mathrm{LB}_{5.8}}_a = C^a_{\max} + \theta \Big(\max_{1 \leqslant i \leqslant m} \Big\{ S^x_{i,N'} + \max_{k \in N'} \{\vec{C}^b_{i,k}\} + \min_{h \in N'} \sum_{v=i+1}^m p^b_{v,h} \Big\} \Big)$$

如果代理 b 主导，可表示为

$$Z^{\mathrm{LB}_{5.9}}_b = \theta C^b_{\max} + \max_{1 \leqslant i \leqslant m} \Big\{ S^x_{i,N'} + \max_{k \in N'} \{\vec{C}^a_{i,k}\} + \min_{h \in N'} \sum_{v=i+1}^m p^a_{v,h} \Big\}$$

5.4.3 算法流程

分支定界算法是一种利用分支树结构求得最优解的算法，它通过下界和剪支策略不断剪支提高算法效率。为了描述方便，给出如下符号定义：Z^{UB} 表示当前最好上界，$Z^{\mathrm{LB}}_{\tau,j}$ 表示任务 j 在第 τ 层的下界值，$G_{\tau,h}$ 表示在第 $\tau-1$ 层搜索树中包括节点 h 全部有效后继节点的集合，其中：$1 \leqslant j \leqslant n$，$1 \leqslant h, \tau \leqslant n$。该分支定界算法的伪代码如伪代码 5-1 所示。

伪代码 5-1　分支定界算法伪代码

1	**开始**
2	令 $\tau=0$，$N'=N$，$G_{0,h}=\varnothing$，$Z^{\mathrm{LB}}_{0,j}=0$；
3	通过 GSPT 规则计算初始上界 Z^{UB}_0，令 $Z^{\mathrm{UB}}=Z^{\mathrm{UB}}_0$

4	**While**
5	令 $\tau = \tau + 1$
6	**If** $\tau \leqslant n - 1$
7	**For** $j \in N'$
8	若满足剪支条件,令 $Z_{0,j}^{\mathrm{LB}} = \infty$
9	**If** j 未被剪支
10	$G_{\tau-1,h} = G_{\tau-1,h} \bigcup j$;
11	**End if**
12	计算每个有效节点 j 的下界值 $Z_{\tau,j}^{\mathrm{LB}}$
13	**If** $Z_{\tau,j}^{\mathrm{LB}} \geqslant Z^{\mathrm{UB}} \ \& \ j \in G_{\tau-1,h}$
14	**Break**
15	**Else**
16	对于所有满足 $Z_{\tau,j}^{\mathrm{LB}} < Z^{\mathrm{UB}}$ 的节点 $j, j \in N'$,将其按照下界从小到大的顺序加入集合 $G_{\tau-1}$ 若存在多个候选节点具有相同的最小下界值,则优先选择任务可用时间早的节点排在前面。
17	**End if**
18	**If** $G_{\tau-1} = \varnothing$
19	**If** $\tau = 1$
20	算法终止,当前的上界对应的序列就是最优解
21	**Else**
22	$\tau = \tau - 1, N' = N' + \{\pi(\tau)\}$
23	**End if**
24	**Else**
25	选择 $G_{\tau-1}$ 中的第一个节点 j,即下界最小的一个节点,将其从 $G_{\tau-1}$ 中删除,加入到序列 π 中 $\pi(\tau) = j, N' = N' - \{j\}$
26	**End if**
27	**End for**
28	**Else**
29	计算两个可行解的目标函数值 $Z_{\pi(n-1),1}^{\mathrm{UB}}$ 和 $Z_{\pi(n-1),2}^{\mathrm{UB}}$
30	**If** $Z^{\mathrm{UB}} > Z_{\pi(n-1)*}^{\mathrm{UB}} = \min\{Z_{\pi(n-1),1}^{\mathrm{UB}}, Z_{\pi(n-1),2}^{\mathrm{UB}}\}$
31	$Z^{\mathrm{UB}} = Z_{\pi(n-1)*}^{\mathrm{UB}}$
32	用新上界剪支:对于每个层次 $1 \leqslant \tau \leqslant n$ 的每个有效节点 $j \in G_{\tau-1}$,若满足 $Z_{\tau,j}^{\mathrm{LB}} < Z^{\mathrm{UB}}$,则将其从集合 $G_{\tau-1}$ 中删除
33	**End if**
34	**End if**
35	**End while**
36	结束

　　为了便于对分支定界算法求解过程的理解,下面给出数值实例加以说明。

例 5-3　考虑带有释放时间的双代理流水作业调度问题,$\theta = 1.055$,包括 3 台处理器$\{M_1, M_2, M_3\}$,5 项任务$\{J_1, J_2, J_3, J_4, J_5\}$,其中,前两项任务属于代理 a,剩余任务属于代理 b。任务的释放时间 r_j,处理时间 $p_{i,j}$ 如下所示:

	J_1^a	J_2^a	J_3^b	J_4^b	J_5^b
r	16	33	2	0	10
M_1	7	8	10	7	7
M_2	10	8	1	2	9
M_3	10	9	9	9	10

　　使用分支定界算法求解该问题的过程如图 5-1 所示。总共有 6 个节点被剪支规则直接剪掉(表示为∞),节省了大量的计算时间。CBUB 在第 4 层的节点 1 处更新,得到最优调度$\{J_4, J_3, J_5, J_1, J_2\}$,甘特图如图 5-2 所示。至此,所有剩余的有效节点都被剪掉,得到最优目标值为 108.4。

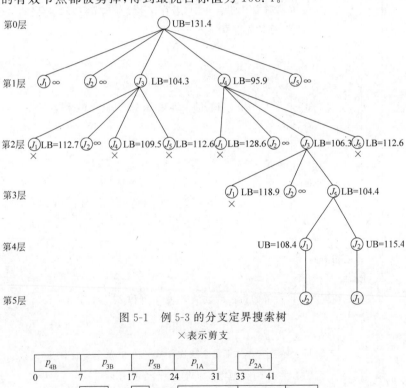

图 5-1　例 5-3 的分支定界搜索树

×表示剪支

图 5-2　例 5-3 的甘特图

5.5　离散人工蜂群算法

在 3.4 节中已经提到虽然分支定界算法能有效地求解小规模问题,但是其本质上是基于枚举的算法,计算时间随着任务数的增加而急剧增长。因此,本节采用了人工蜂群(artificial bee colony,ABC)算法来求解中等规模问题实例。ABC 算法是一种基于群体智能的优化方法,该算法从蜜蜂采蜜时的群体行为中提取出模型,通过模仿蜜蜂采蜜时群体之间的一系列交流行为实现优化过程。ABC 算法是一种迭代贪婪算法,最初是由 Karaboga(2005)为解决连续函数优化问题而提出的。ABC 算法模型中包含 3 个基本组成要素:蜜源、雇佣蜂和侦察蜂,其中一个蜜源就对应着一个可行的调度序列;雇佣蜂也称为引领蜂,引领蜂和蜜源之间一一对应,它会存储蜜源的一些相关信息;而非雇佣蜂有 2 种:负责挖掘新蜜源的侦察蜂及通过选择机制追随引领蜂的跟随蜂。ABC 算法还包含着两种基本行为:当蜜源花蜜较为丰富时为该蜜源招募更多的蜜蜂,以及当蜜源花蜜含量较少时就放弃该蜜源。

经典的 ABC 算法中个体采用浮点数编码方式,无法直接用于求解离散优化问题。因此本节采用基于任务序列的编码方案,提出了一种离散人工蜂群(discrete artificial bee colony,DABC)算法来求解双代理流水作业调度问题(Pan et al,2011; Pan et al,2013; Pan et al,2014; Han et al,2015; Li et al,2015; Pan,2016; Peng et al,2018; Gong et al,2018),并在算法中引入了新的邻域结构和基于 DA 的搜索策略来提高解的质量。

1. 初始化

初始化阶段主要是生成初始蜜源,以及确定 DABC 算法的核心参数。初始蜜源采用随机生成的方式,随机生成 SN 项个体作为初始种群,同时确定 SN 个雇佣蜂和跟随蜂。

2. 邻域搜索策略

为了提高解的质量,本节为 DABC 算法精心设计了以下 5 种邻域搜索策略:$N_i, i = 1, 2, \cdots, 5$,在雇佣蜂和跟随蜂阶段中使用。

N_1(交换):交换处于位置 s 和位置 t 上的两项任务。

N_2(插入):将任务从位置 s 中删除,然后将其插入位置 t($t < s$)。

N_3(反转):按照降序规则重新排列位置 s 和位置 t 之间的任务。

N_4(成对交换)：交换处于位置 s 和位置 t $(s<t)$ 之间的一对任务，即 $s\leftrightarrow t$，$s+1\leftrightarrow t-1$，$s+2\leftrightarrow t-2$。

N_5(保持)：给定概率 $Pr\in(0,1)$，分配给每个作业一个随机数 $Rd\in(0,1)$，通过比较 Pr 与 Rd 的大小对序列重新排序。为了便于对五种邻域搜索策略(N_i，$i=1,2,\cdots,5$)的理解，给出伪代码如伪代码 5-2 所示。

伪代码 5-2　邻域搜索伪代码

1　　**Input**：当前序列 S_c，终止条件 T_i，邻域搜索解集的大小 Q 和邻域结构 N_i
2　　**Output**：计算输入序列的目标值 $O(S_c)$
3　　**For** $k=1$ **to** T_i
4　　　　根据 N_i 生成 Q 个邻域解，存为 x^j_{new}，其中，$i=1,2,\cdots,5$；$j=1,2,\cdots,Q$
5　　　　计算目标函数值 $O(x^j_{\text{new}})$ 并且把值最好的记为 S_{new}
6　　　　**If** $O(S_c)>O(S_{\text{new}})$
7　　　　　　$S_c=S_n$
8　　　　**End if**
10　**End for**

---

3. 雇佣蜂阶段

在搜索蜜源的过程中，为每个蜜源分配一只雇佣蜂，雇佣蜂会在其对应的蜜源周围进行邻域搜索从而产生一个新的蜜源。如果新蜜源对应的目标函数值比当前蜜源更优，则用新蜜源替换当前蜜源。

4. 跟随蜂阶段

当雇佣蜂完成更新蜜源的操作后，跟随蜂根据蜜源信息使用锦标赛选择方式对蜜源进一步探索，具体过程为：跟随蜂从所有蜜源中随机选择两个蜜源 x_1 和 x_2，然后从 x_1 和 x_2 中择优执行邻域搜索操作以获得更好的蜜源。

5. 侦察蜂阶段

在搜索最优蜜源的过程中，对当前最优蜜源执行 30 次邻域扰动，用扰动后的最优蜜源替换该蜜源，此时为该蜜源分派侦察蜂再次进行 10 次邻域扰动得到最优蜜源。

6. 算法流程

结合以上步骤，DABC 算法的整个框架伪代码如伪代码 5-3 所示。

伪代码 5-3　　DABC 算法伪代码

1	SN：蜜源数量
2	$\mu,\tau,$limit：终止条件　N：任务数量　$N=n_a+n_b$
	/＊雇佣蜂阶段＊/
3	**For** agent $x=a$ or b
4	按照任务排列序号为每一个雇佣蜂编码
5	生成 SN 个食物来源作为初始种群 $X_i=\{x_1,x_2,\cdots,x_{SN}\}$
6	为每个雇佣蜂分配一个食物来源
7	**End for**
8	**For** $i=1$ **to** μ
9	通过邻域搜索对每个 x_i 生成新的食物来源 $x'_i,i=1,2,\cdots,n_x$,更新当前种群 X'_i
10	**End for**
	/＊跟随蜂阶段＊/
11	**For** $i=1$ **to** τ
	随机从当前种群 $X'_i=\{x'_1,x'_2,\cdots,x'_{SN}\}$ 中选择两个不同的个体 x'_1 和 x'_2
12	分别计算目标值 $O(x'_1)$ 和 $O(x'_2)$,选取较好的个体记为 S_o
13	对 S_o 执行邻域搜索操作并且更新当前解 S'_o
14	**End for**
	/＊侦察蜂阶段＊/
15	**For** $i=1$ **to** limit
16	在 S'_o 执行邻域搜索,然后找到更好解 $S^*_x,x=A,B$
17	**End for**

5.6　数值仿真实验

为了验证分支定界算法、智能优化算法及启发式算法的有效性,本节设计了不同规模的数值仿真实验,用于测试所提出算法的求解性能。所有算法采用 C++语言编写运行代码,两种代理的任务数量之比为 3：5,测试环境为 Intel Core i5-8300 CPU、8GB 内存、Windows 10 操作系统。测试结果及相关数据如下所示。

5.6.1　分支定界算法

为了验证分支定界算法求解实际问题的性能,这里将其与商业优化软件

CPLEX 进行对比实验,记录各自的运行时间与最终值。算法与求解器运行终止时间设定为 1800s,若超过 1800s,则终止运算并记录当前最好目标值。在测试中,处理器数为 $m=3,5,8$,任务数为 $n=8,10,12,15$。针对不同规模的处理器与任务组合,随机生成 5 组测试算例,采用本章所提出的分支定界算法与 CPLEX 求解器分别进行计算。任务的处理时间 $p_{i,j}$ 由离散均匀分布 $[1,10]$ 随机生成。释放时间 r_j 由离散均匀分布 $[0,5n]$ 随机生成,且至少有一个任务的释放时间设置为零。

从表 5-1 中展示的测试结果可以看出,分支定界算法能够在设定的求解时间内求得所有测试算例的最优解,并且约 68%(41/60)的算例在 10s 内得到了最优解。然而,在 CPLEX 求解器中,大约 12%(7/60)的算例在 1800s 内无法求得最优解。同时,针对其余 88%(53/60)能够求得最优解的算例,CPLEX 求解器的运行时间也比分支定界算法的运行时间长得多。可见,分支定界算法的求解效率显著优于 CPLEX 求解器。

另外,使用选自 Taillard(1993)基准集的处理器-任务组合 $m \times n = 5 \times 20$ 对所提出的分支定界算法进行测试。释放时间 r_j 由离散均匀分布 $[0,60n]$ 随机生成,且至少有一个任务的释放时间设置为零。表 5-2 中的数据是分支定界算法及 CPLEX 求解器运行的最优目标值(或 1800s 内的当前最好目标值)、CPU 时间、修剪节点数(NPN)和有效节点总数(SVN)。在给定运行时间内,分支定界算法解决了 33.3%(3/10)的算例。但是,所有算例在 CPLEX 求解器中都无法求解。对于 7 个未解决算例中的 6 个算例,分支定界算法获得的当前最好目标值要明显优于 CPLEX 求解器。显然,分支定界算法具有良好的求解性能。

5.6.2 离散人工蜂群算法

智能优化算法的寻优性能很大程度上取决于参数的设置。因此,在使用 DABC 算法求解问题之前需要通过正交实验确定合适的参数(详见附录 D.2)。遗传算法的参数与 Caraffa 等(2001)中提出的参数一致。

实验时,从基准数据集(Taillard,1993)中选取了 11 种任务处理器组合的数据作为处理时间 $p_{i,j}$,释放时间 r_j 由离散均匀分布 $[0,50n]$ 随机生成。不失一般性,保证其中至少有一项任务的释放时间为零。针对每组测试数据,DABC 算法与 GA 算法分别进行 5 次重复独立实验。为了验证算法的有效性,采用了相对差异百分比(releative difference percentage,RDP):$\mathrm{RDP} = \dfrac{Z^H - Z^*}{Z^*} \times$ 100%作为评价指标,其中 Z^H 表示算法求得的最终值,Z^* 表示该组测试数据 5

表 5-1　对比分支定界算法和 CPLEX

	组数	m=3 最优值	m=3 CPU 时间/s B&B/CPLEX	m=5 最优值	m=5 CPU 时间/s B&B/CPLEX	m=8 最优值	m=8 CPU 时间/s B&B/CPLEX
n=8	1	94.059	0.001/0.684	339.989	0.015/0.444	228.727	0.109/2.217
	2	208.597	0.015/0.804	127.119	0.031/0.534	101.191	0.046/0.292
	3	99.174	0.015/0.741	107.392	0.031/0.267	262.313	0.046/0.361
	4	178.990	0.001/4.324	54.256	0.031/0.267	180.485	0.001/0.124
	5	97.017	0.001/0.118	268.871	0.031/2.730	156.088	0.056/0.555
n=10	1	86.629	0.124/1.380	131.184	0.374/2.373	136.403	1.950/35.451
	2	144.867	0.093/5.134	107.696	0.327/0.879	178.582	0.592/11.346
	3	79.604	0.015/1.001	143.688	0.031/0.351	251.905	4.196/83.914
	4	53.166	0.001/0.198	127.695	0.218/39.776	170.225	3.744/56.151
	5	101.729	0.015/1.535	61.221	0.078/2.111	304.954	1.466/33.148
n=12	1	182.959	1.5130/8.712	92.058	**12.433**/1.974	274.906	95.394/961.165
	2	146.677	0.156/267.335	131.815	41.341/780.566	261.180	0.405/10.148
	3	281.501	0.140/34.702	159.264	27.316/553.147	112.616	65.598/716.264
	4	106.857	1.185/129.80	216.166	4.024/79.161	94.240	61.978/806.163
	5	197.653	0.406/827.574	150.617	2.652/53.055	276.657	6.676/653.543
n=15	1	113.573	16.165/230.263	239.446	56.799/946.220	143.341/**155.544**	1571.137/**1800**
	2	57.694	**5.776**/5.113	371.275/**376.346**	559.992/**1800**	444.679/**451.682**	685.548/**1800**
	3	159.133	0.921/779.887	96.697	32.991/726.541	175.458/**177.265**	541.148/**1800**
	4	236.756	64.624/740.290	111.356	49.264/361.218	284.514/**286.656**	581.491/**1800**
	5	235.612	14.242/36.135	88.920/**91.265**	122.583/**1800**	322.485/**341.654**	1211.363/**1800**

表 5-2　基准集数据的分支定界算法实验结果

$m \times n$	组数	CBUB/s B&B/CPLEX	CPU 时间/s B&B/CPLEX	SVN	NPN
5×20	1	2837.222/2893.221	2.024/1800	149 954	14 604
	2	2088.609/2141.141	1800/1800	71 545 093	19 815 240
	3	2056.660/2074.523	1800/1800	93 493 208	7 360 285
	4	4012.315/4068.025	193.255/1800	23 455 823	34 716
	5	3539.728/3539.728	1800/1800	127 272 328	6 872 372
	6	1843.138/1866.200	1800/1800	68 137 283	4 959 632
	7	4791.001/4878.773	65.671/1800	4 650 299	122 930
	8	3002.863/3029.488	1800/1800	119 024 348	4 403 972
	9	3176.770/3219.830	1800/1800	65 205 486	3 586 024
	10	3481.389/3560.363	1800/1800	171 075 130	415

次重复独立实验中所有 Z^H 值中的最好值。表 5-3 中记录了最终结果的平均值。

表 5-3　DABC 算法与 GA 算法对比实验

$m \times n$	DABC				GA			
	MRDP	MaxRDP	MinRDP	SD	MRDP	MaxRDP	MinRDP	SD
5×20	1.681	0.000	0.293	0.402	39.788	9.797	24.091	7.025
5×50	2.047	0.000	0.634	0.580	66.539	33.549	46.192	6.571
5×100	6.441	0.000	2.108	1.815	56.143	40.670	48.434	3.306
10×20	1.561	0.000	0.209	0.351	40.486	14.965	23.838	5.300
10×50	3.219	0.000	1.308	1.019	57.942	29.796	44.562	6.028
10×100	15.411	0.000	3.217	3.035	57.616	34.466	48.605	5.146
10×200	10.465	0.000	3.107	2.911	44.462	25.657	33.736	5.125
20×20	0.620	0.000	0.192	0.207	30.449	6.772	18.516	5.184
20×50	3.606	0.000	1.085	0.934	50.099	31.948	40.686	4.109
20×100	6.566	0.000	2.127	1.889	50.175	31.785	41.286	5.081
20×200	8.225	0.000	3.185	2.372	34.810	22.596	30.809	2.455

表 5-3 中，MRDP、MinRDP、MaxRDP 和 SD 分别表示平均 RDP、最小 RDP、最大 RDP 和标准差。DABC 算法的 MaxRDP 值都为零，这表明 DABC 算法在 55(11×5)个测试用例中都得到了比 GA 算法更优的目标值。而且，前

者的 SD 值明显小于后者,这体现了 DABC 算法的稳定性。

5.6.3　启发式的数值仿真实验

本节进行了一系列数值实验,以证明输入数据对基于 ADA 的启发式算法的渐近最优性的影响,同时对 $Z_{5.6}^{\mathrm{LB}}$ 和 $Z_{5.5}^{\mathrm{LB}}$ 进行了对比实验。任务与处理器的规模分别设置为 $m=3,5,10$ 与 $n=100,500,1000$。对于设定的每种测试规模 ($m \times n$),分别生成 10 组测试数据,记录每组平均值。任务的处理时间在 [1, 10] 区间范围内由期望值为 20,方差为 25 的离散正态分布随机生成的。释放时间分别由均匀分布 [0,7n] 和正态分布 [0,26n] 随机生成。不失一般性,保证其中至少有一项任务的释放时间为零。使用平均相对间隙 MRG = (Z^{ALG} − Z^{LB})/$Z^{\mathrm{LB}} \times 100\%$ 作为评价标准,其中 Z^{ALG} 和 Z^{LB} 分别表示启发式算法和下界的目标值。引入平均相对差 MRD = ($Z^{\mathrm{ALG}_1}/Z^{\mathrm{ALG}_2}) \times 100\%$ 来衡量两种启发式算法之间的差异,其中 Z^{ALG_k} 表示启发式 ALG_k 的目标值,$k=1,2$。

在表 5-4 中,比率 α_1 和 α_2 分别是通过 $\mathrm{ADA_F}$ 或 $\mathrm{ADA_A}$ 启发式方法获得的 MRG 值,其中 $Z^{\mathrm{LB}} = Z_{5.6}^{\mathrm{LB}}$;比率 α_3 和 α_4 则是在 $Z^{\mathrm{LB}} = Z_{5.5}^{\mathrm{LB}}$ 时,分别是通过 $\mathrm{ADA_F}$ 或 $\mathrm{ADA_A}$ 启发式方法获得的 MRG 值。MRG 值表明,当 m 值固定时,基于 ADA 的启发式方法的解会随着 n 的增加逐渐接近最优值,这证实了定理 5.11 和定理 5.12。对于均匀分布下的实例,当 $m=5$ 时,随着任务数量从 100 项增加到 1000 项,比率 $\alpha_1(\alpha_2)$ 分别从 2.5191%(2.7882%)减小至 0.2127%(0.2463%)。比率 β_1 是基于 ADA 的启发式算法的 MRD 值,其中 $\mathrm{ALG_1} = \mathrm{ADA_F}$ 且 $\mathrm{ALG_2} = \mathrm{ADA_A}$。对于所有规模处理器-任务的测试数据,比率 β_1 的值均接近 100%,这证明了推论 5.2 的结果。MRG 值的下降表明,当 n 值固定时,随着 m 的增加,基于 ADA 的启发式方法的效率会减弱。这种情况说明,启发式算法的渐近最优性取决于处理器的数量。对于均匀分布下的 500 项任务的实例,随着处理器数量从 3 增加到 10,比率 $\alpha_1(\alpha_2)$ 分别从 0.2577%(0.2983%)增大到 1.1501%(1.2204%)。这种现象可以解释为,随着处理器数量的增加,两个相邻操作之间存在的空闲时间增大了启发式和下界之间的差距。然而,在不同分布下 MRG 值的相同趋势表明,基于 ADA 的启发式算法的渐近最优性与分布无关。另外,通过两种下界的比较我们可以看出,$Z_{5.5}^{\mathrm{LB}}$ 的值相比于 $Z_{5.6}^{\mathrm{LB}}$ 更大一些,也就是更能贴近最优解,这和在 5.3 节中的分析一致。

接下来使用 Taillard (1993) 提出的流水作业基准集测试算法的性能。任务处理时间与基准数据一致。

表 5-5 中的 DA 启发式方法采用的测试规模分别为 $m \times n = 5 \times 100$、$10 \times 100$、$20 \times 100$、$20 \times 200$ 和 20×500。其中,比率 α_5 和 α_6 分别是通过 $\mathrm{DA_F}$ 或

表 5-4　基于 ADA 的启发式实验结果

%

均匀分布

	$m=3$					$m=5$					$m=10$				
	α_1	α_2	α_3	α_4	β_1	α_1	α_2	α_3	α_4	β_1	α_1	α_2	α_3	α_4	β_1
$n=100$	1.11	1.00	4.33	4.22	100.11	2.46	2.95	6.76	7.28	99.53	7.23	7.01	16.55	16.31	100.21
$n=500$	0.31	0.29	0.90	0.87	100.03	0.35	0.40	1.21	1.25	99.95	1.18	1.28	3.04	3.14	99.91
$n=1000$	0.05	0.05	0.26	0.26	100.00	0.15	0.20	0.54	0.58	99.95	0.45	0.45	1.25	1.26	100.00

随机分布

	$m=3$					$m=5$					$m=10$				
	α_1	α_2	α_3	α_4	β_1	α_1	α_2	α_3	α_4	β_1	α_1	α_2	α_3	α_4	β_1
$n=100$	0.85	0.85	3.73	3.73	100.00	2.85	3.07	7.40	7.62	99.80	5.89	6.37	15.66	16.17	99.57
$n=500$	0.18	0.20	0.64	0.65	99.99	0.31	0.33	1.08	1.10	99.98	0.56	0.62	2.12	2.19	99.93
$n=1000$	0.11	0.11	0.38	0.38	100.00	0.19	0.19	0.57	0.57	100.00	0.28	0.34	1.08	1.14	99.95

DA_A 启发式方法获得的 MRG 值，$Z^{LB}=Z_{5.3}^{LB}$。表 5-5 中 MRG 值的趋势与表 5-4 相同。对于 20 个处理器的实例，随着任务数量从 100 项增加到 500 项，比率 α_5（α_6）分别从 43.3295%（49.8227%）减小至 21.5210%（21.7510%）。这些结果表明，在没有条件 5-1 和条件 5-2 的情况下，基于 DA 的启发式算法的渐近最优性是成立的。表 5-5 的比率 β_2 是通过基于 DA 的启发式方法获得的 MRG 值，其中 $ALG_1=DA_F$，$ALG_2=DA_A$。实例 5-1 和定理 5.3 的结果表明，在某些极端情况下，DA_A 启发式方法的最坏情况性能优于 DA_F 启发式方法。在 100 项任务的实例中，对 β_2 进行假设检验来突显基准数据下这两种启发式方法的优势。因此，利用表 5-5 的 MRD 值，将原假设和替代假设设置为 $\beta_2 \geqslant 100\%$ 和 $\beta_2 < 100\%$。引入 z-检验，显著性水平为 0.05。标准检验统计量和临界值分别确定为 $z=-3.346$ 和 $z_{0.05}=-1.645$。$z=-3.346 < -1.645$，因此拒绝原假设。这种现象可能是由中等规模实例的基准集结构引起的。随着问题规模不断扩大，MRD 值将趋于 100%。

表 5-5　基准集数据的基于 DA 的启发式实验结果　　　　　　　　　%

$m \times n$	α_5	α_6	β_2
5×100	41.0511	42.1340	99.2870
10×100	26.0305	28.5610	98.0418
20×100	43.3295	49.8227	95.7608
20×200	30.3066	32.8594	98.1120
20×500	21.5210	21.7510	99.8130

5.7　本章小结

本章研究了带有释放时间的双代理流水作业调度模型，优化目标为极小化最大完工时间的加权组合。该模型提供了新的调度框架用于描述定制化生产中客户间竞争关系。针对大规模问题，提出一类基于 DA 规则的启发式快速求得可行解，并在概率假设下分析了此类启发式的渐近性能与最坏性能。数值仿真结果表明，这些结构简单的启发式可以作为最优算法求解现实中大规模调度问题，不仅能够提高效率，还保证了生产的连续性。针对小规模问题，设计了有效的 B&B 算法进行最优求解，其中基于问题特性设计的下界和剪支策略显著减少了计算时间。实验结果表明，B&B 算法的性能明显优于 CPLEX 求解器。针对中等规模问题，采用 DABC 算法求得高质量可行解。对比实验表明，DABC 算法优于遗传算法。

第6章 双代理阻塞流水作业及其扩展问题

6.1 引言

随着市场竞争愈演愈烈,制造业中出现了标准化生产的概念。通过产品标准化生产,工厂可以在同一时间处理不同客户的订单,在提高生产效率的同时满足多个客户的生产需求。例如,艾默生子公司 Fisher 的大型双法兰蝶阀(直径为 1200～2000mm)生产线。不同规格的蝶阀阀体遵循相同的工艺流程,包括 7 个主要工序:铸坯、标记检验、铣面、焊接法兰密封面、粗细车削、流量检测和水压试验。Fisher 为多个客户(代理)提供各种参数或尺寸的阀门(任务),其中,客户共享制造设备(资源),同时追求自己利益的最大化,因此存在竞争关系。由于阀门的体积较大,中间缓冲区无法无限存储在制品。在这种生产模式下,不同客户的订单可抽象为属于不同代理的任务,多个代理共享相同的生产资源,Fisher 需要对来自不同客户的订单进行最佳调度,以尽可能满足每个客户的生产需求。

本章讨论双代理阻塞流水作业调度模型(简记为问题 6.1),目标为极小化最大完工时间。其中,来自两个不同的代理的任务需要在多个阶段进行处理,且阶段间缓冲区容量为 0。此外,作为流水作业调度问题的扩展,非转置流水作业调度问题的解空间范围远远扩大,更具有挑战性。因此,将双代理阻塞流水作业调度模型扩展至缓冲区容量受限的非转置流水作业环境中进一步研究(简记为问题 6.2),其中,缓冲区仅能暂存固定数量的在制品。

自 Baker 等(2003)首次提出多代理调度的概念后,多代理问题得到了广泛的研究。当前,关于多代理调度的研究工作主要集中于单机问题,并行机问题和流水调度问题三个方面。2016 年之前的研究,读者可以参考 Perez-Gonzalez 等(2014)及 Li 等(2017)的调研。近几年来,针对单机调度问题,研究主要集中在理论分析和近似算法上。Hermelin 等(2019)提出了参数复杂性分析方法。Li 等(2020)构建了新的动态规划算法,目标是最小化总加权拖期时间。Yin 等(2018a)在给定第二个代理阈值的情况下,采用近似算法优化第一个代理的目标值。Yin 等(2018b)和 Yin 等(2017)分别对双代理串行批处理问题和考虑机器不可用时间间隔的多代理问题进行了研究。并行机调度问题方面,研究主要集中在近似算法和智能优化算法上。Gu 等(2019)提出近似算法,目标是最小化各个代理的最大完工时间。Zhao 等(2016)针对同型机做了相似的工作。Lee 等(2016)在不拖延第二个代理中任务完工时间的情况下,将遗传算法与局部搜索算法结合,对第一个代理的最大完工时间进行了优化。Yin 等(2016)分析了并行机问题的复杂性,并提出了一种伪多项式算法以最小化拖延任务个数。针对流水作业问题,研究也是主要集中在近似算法和智能优化算法上。Fan 等(2016)提出基于线性规划松弛的近似算法。Yin 等(2017)还研究了双代理准时制调度问题,并在多项式时间内找到了一些帕累托解。Fu 等(2018)提出一种混合多目标进化算法用于解决考虑恶化效应的双代理调度问题。当前关于多代理流水作业模型的研究,大多忽略缓冲限制。然而,在实际生产中,往往存在产品体积较大或中间存储区容量有限的情况。因此,双代理阻塞流水作业调度模型更符合实际生产情况。

本章针对双代理阻塞流水作业调度及其扩展问题,分别建立了混合整数规划模型,采用商业优化软件 CPLEX 进行求解;针对小规模问题,设计了分支定界算法精确求解;针对中等规模问题,提出混合粒子群优化算法近似求解。最后,通过数值仿真验证了提出算法的有效性。

6.2　问题描述与数学模型

本章为双代理阻塞流水作业调度及其扩展问题进行了全面描述,并在 6.2.1 节和 6.2.2 节中分别建立了混合整数规划模型。

6.2.1　双代理阻塞流水作业调度问题

在问题 6.1 中,n 项不同的任务按照相同的工艺路线经过 m 台处理器,相邻处理器之间的缓冲区容量为 0。与经典流水作业调度模型不同的是,n 项任务虽然共享处理器,但却属于两个具有竞争关系的代理,即代理 a 和代理 b。为了方便描述,对所有任务进行统一编号,即 $\{1^x, 2^x, \cdots, j^x, \cdots, n^x\}$($x \in \{a, b\}$)。任务 j^x 在释放时间 r_j^x 进入系统,这是该任务可以开始执行的最早时刻。工序 $O_{i,j}^x$ 表示任务 j^x 在处理器 i($i = 1, 2, \cdots, m$)上执行。处理时间 $p_{i,j}^x \geqslant 0$ 表示执行工序 $O_{i,j}^x$ 花费的时间。完工时间 $C_{i,j}^x$ 表示工序 $O_{i,j}^x$ 结束加工后离开处理器 i 的时刻,$C_{m,j}^x$ 简记为 C_j^x。这些任务按照相同的顺序经过每台处理器,且在处理过程中不允许中断,即任务一旦开始处理就要持续至其完工为止。在相同时刻,一台处理器只能执行一项任务,而且一项任务只能由一台处理器执行。优化目标为最小化两个代理最大完工时间加权组合 $C_{\max}^a + \theta C_{\max}^b$,其中

$\theta \in (0, \infty)$。

为了建立 MIP 模型,给出如下符号表示。

$X_{j,k}$:0-1 变量。若任务 j^x 在第 k 个位置加工,则为 1,否则为 0;

$C_{i,j}^x$:任务 j^x 在处理器 i 上的完工时间;

M:足够大的正数。

据此,上述问题可以表示为如下的数学规划模型:

$$\text{Minimize } C_{\max}^a + \theta C_{\max}^b$$

$$\text{s. t. } \sum_{j=1}^{n} X_{j,k} = 1, k = 1, 2, \cdots, n \tag{6-1}$$

$$\sum_{k=1}^{n} X_{j,k} = 1, j = 1, 2, \cdots, n \tag{6-2}$$

$$C_{1,j}^x \geqslant r_j^x + p_{i,j}^x, j = 1, 2, \cdots, n \tag{6-3}$$

$$C_{i+1,j}^x - C_{i,j}^x \geqslant p_{i+1,j}^x, i = 1, 2, \cdots, m; j = 1, 2, \cdots, n \tag{6-4}$$

$$C_{i,j_2}^x - C_{i,j_1}^x \geqslant p_{i,j_2}^x - Y(2 - X_{j_1,k-1} - X_{j_2,k}),$$
$$i = 1, 2, \cdots, m; j_1, j_2 = 1, 2, \cdots, n; k = 2, \cdots, n \tag{6-5}$$

$$C_{i,j_2}^x \geqslant C_{i+1,j_1}^x - Y(2 - X_{j_1,k-1} - X_{j_2,k}),$$
$$i = 2, \cdots, m; j_1, j_2 = 1, 2, \cdots, n; k = 2, \cdots, n \tag{6-6}$$

$$C_{\max}^x \geqslant C_{i,j}^x, i = 1, 2, \cdots, m; j = 1, 2, \cdots, n; x = a, b \tag{6-7}$$

$$X_{j,k} \in \{0, 1\}; C_{i,j}^x \geqslant 0; r_j^x \geqslant 0; p_{i,j}^x \geqslant 0 \tag{6-8}$$

约束(6-1)和约束(6-2)确保在可行解中,任务与位置一一对应。约束(6-3)规定任务的开始时间不能小于任务的释放时间。约束(6-4)和约束(6-5)分别限制了相同任务在相邻处理器之间、相同处理器上相邻任务之间的完工时间关系。约束(6-6)考虑了阻塞情况。约束(6-7)定义了两个代理的最大完工时间。约束(6-8)定义了相关变量及参数的取值范围。

6.2.2　扩展问题

问题 6.2 是问题 6.1 的扩展模型,其中,转置排列约束被松弛,阻塞约束被泛化为缓冲区容量有限约束。在非转置调度中,允许任务在多个处理器上以不同的顺序处理;在缓冲区容量有限的作业环境中,如果处理器 i 和 $i+1$ 之间的缓冲已满,j^x 完工后必须继续占用处理器 i。

在问题 6.2 的模型中,容量为 B 的缓冲区作为 B 个并行机 $M^{\text{BF}} = \{1, 2, \cdots, B\}$ 处理,进而将原 m 台处理器转换为 $2m+1$ 个处理阶段 $S = \{1, 2, \cdots,$

$h, \cdots, 2m+1\}$ $(1 \leqslant h \leqslant 2m+1)$，其中奇数为处理阶段，偶数为缓冲阶段。任务 j^x 在某阶段 h 上的缓冲时间为 j^x 从上一阶段离开至到达下一阶段的时间间隔。因此，有限缓冲区可以描述为相邻阶段之间的任务阻塞。

与扩展模型相关的符号表示如下。

type_h：0-1 变量。若 S_h 是处理阶段，则为 1；否则为 0（例如，当 $m=3$ 时，$\text{type}=\{1,0,1,0,1\}$）；

$\text{InB}_{h,j}$：0-1 变量。若任务 j^x 在缓冲阶段 h 暂时存储，则为 1，否则为 0；

$X_{h,j,k}$：0-1 变量。若任务 j^x 在处理阶段 h 第 k 个位置加工，则为 1，否则为 0；

$\text{BX}_{h,i,j,k}$：0-1 变量。若任务 j^x 在缓冲阶段 h 第 k 个位置暂存，则为 1，否则为 0；

$\text{ST}_{h,j}^x$：任务 j^x 到达阶段 h 的时间。

$$\text{Minimize } C_{\max}^a + \theta C_{\max}^b$$

$$\text{s. t.} \sum_{j=1}^{n} X_{h,j,k} = \text{type}_h, k \in 1,2,\cdots,n; h \in 1,2,\cdots,2m+1 \tag{6-9}$$

$$\sum_{k=1}^{n} X_{h,j,k} = \text{type}_h, j \in 1,2,\cdots,n; h \in 1,2,\cdots,2m+1 \tag{6-10}$$

$$\sum_{i=1}^{B} \sum_{k=1}^{n} \text{BX}_{h,i,j,k} \leqslant \text{InB}_{h,j} - \text{type}_h, j \in 1,2,\cdots,n; h \in 1,2,\cdots,2m+1 \tag{6-11}$$

$$\sum_{j=1}^{n} \sum_{k=1}^{n} \sum_{i=1}^{B} \text{BX}_{h,i,j,k} = (1-\text{type}_h) \sum_{j=1}^{n} \text{InB}_{h,j}, h \in 1,2,\cdots,2m+1 \tag{6-12}$$

$$\sum_{j=1}^{n} \text{BX}_{h,i,j,k} \leqslant 1-\text{type}_h, h \in 1,2,\cdots,2m+1; i \in 1,2,\cdots,B;$$
$$k \in 1,2,\cdots,n \tag{6-13}$$

$$\sum_{j=1}^{n} (1-\text{type}_h) \text{BX}_{h,i,j,k} \leqslant \sum_{j=1}^{n} (1-\text{type}_h) \text{BX}_{h,i,j,k-1},$$
$$h \in 1,2,\cdots,2m+1; i \in 1,2,\cdots,B; k \in 2,\cdots,n \tag{6-14}$$

$$\text{ST}_{h+1,j}^x = C_{h,j}^x, h \in 2,\cdots,2m+1; j \in 1,2,\cdots,n \tag{6-15}$$

$$C_{h,j}^x - \text{ST}_{h,j}^x \geqslant Y(\text{InB}_{h,j}-1) + 0.5, h \in 1,2,\cdots,2m+1; j \in 1,2,\cdots,n \tag{6-16}$$

$$C_{h,j}^x - \text{ST}_{h,j}^x \leqslant Y \cdot \text{InB}_{h,j}, h \in 1,2,\cdots,2m+1; j \in 1,2,\cdots,n \tag{6-17}$$

$$\mathrm{ST}_{1,j}^x \geqslant r_j^x, j \in 1,2,\cdots,n \tag{6-18}$$

$$C_{h,j}^x \geqslant \mathrm{ST}_{h,j}^x + p_{h,j}^x, h \in 1,2,\cdots,2m+1; j \in 1,2,\cdots,n \tag{6-19}$$

$$C_{h,j_2}^x - C_{h,j_1}^x \geqslant p_{h,j_2}^x - Y(3 - X_{h,j_1,k-1} - X_{h,j_2,k} - \mathrm{type}_h),$$
$$h \in 1,2,\cdots,2m+1; j_1,j_2 \in 1,2,\cdots,n; k \in 2,\cdots,n \tag{6-20}$$

$$\mathrm{ST}_{h,j2}^x \geqslant C_{h,j_1}^x - Y(2 - \mathrm{BX}_{h,i,j_1,k-1} - \mathrm{BX}_{h,i,j_2,k}) - Y \cdot \mathrm{type}_h,$$
$$h \in 1,2,\cdots,2m+1; j_1,j_2 \in 1,2,\cdots,n; k \in 2,\cdots,n \tag{6-21}$$

$$C_{h,j_2}^x \geqslant C_{h+1,j_1}^x - Y(3 - \mathrm{BX}_{h+1,i,j_1,k-1} - \mathrm{BX}_{h+1,i,j_2,k} - \mathrm{type}_h),$$
$$h \in 2,\cdots,2m+1; j_1,j_2 \in 1,2,\cdots,n; k \in 2,\cdots,n; i \in 1,2,\cdots,B \tag{6-22}$$

$$C_{h,j_2}^x \geqslant C_{h+1,j_1}^x - Y(2 - X_{h+1,j_1,k-1} - X_{h+1,j_2,k}) - Y \cdot \mathrm{type}_h,$$
$$h \in 2,\cdots,2m+1; j_1,j_2 \in 1,2,\cdots,n; k \in 2,\cdots,n \tag{6-23}$$

$$C_{\max}^x \geqslant C_{2m+1,j}^x, j \in 1,2,\cdots,n; x \in \{a,b\} \tag{6-24}$$

$$X_{h,j,k} \in \{0,1\}; \mathrm{BX}_{h,i,j,k} \in \{0,1\}; \mathrm{InB}_{h,j} \in \{0,1\};$$
$$C_{h,j}^x \geqslant 0; \mathrm{ST}_{h,j}^x \geqslant 0; r_j^x \geqslant 0; p_{h,j}^x \geqslant 0. \tag{6-25}$$

约束(6-9)、约束(6-10)和约束(6-11)～约束(6-14)首先分别保证了处理和缓冲阶段任务与位置的对应关系。在每个阶段,任务的到达和离开时间由约束(6-15)严格定义。约束(6-16)和约束(6-17)表示任务 j^x 暂存在缓冲区 h 时,其离开时间必须晚于到达阶段 h 的时间。约束(6-18)、约束(6-19)、约束(6-24)和约束(6-25)与约束(6-3)、约束(6-4)、约束(6-7)和约束(6-8)表达的含义一一对应。连续处理约束(6-20)和约束(6-21)以及相邻阶段的阻塞约束(6-22)和约束(6-23)分别根据问题 6.1 模型中的约束(6-5)和约束(6-6)开发。

6.3　分支定界算法

分支定界是一种用于求解小规模 NP-难问题的精确算法,在调度领域有广泛的应用。使用分支定界算法进行求解时,需要针对不同的实际问题,在下界、剪支规则和初始上界等方面进行改进。为了提升分支定界算法的求解效率,本章基于任务释放时间的特性、单机最优调度规则及阻塞问题的启发式,分别提出了剪支规则与分支定界算法的下界用于减少有效节点数量提高算法求解速度。

6.3.1　剪支规则

考虑带有释放时间的双代理混合流水作业调度模型中某个可行调度,若将某项已经释放的任务延迟至较晚释放任务完工之后开始处理,则必会人为地产生较多空闲时间,导致目标函数值恶化。这种情况可以归纳为如下性质:

性质 6.1　对于某个已经固定 $j-1$ 项任务顺序的部分序列,若其紧后任务 j^x 满足如下条件:

$$S_{i,j}^x \geqslant \min_{q^x \in \bar{N}} \{C_{i,q}^x\}, i=1,2,\cdots,m-1 \tag{6-26}$$

则剩余未调度任务的开始时间被延迟,目标函数值恶化。式中,$\bar{N}$ 表示未调度任务集合;$S_{i,j}^x$ 表示任务 j^x 在处理器 i 上的开工时间。

证明　若任务 j^x 满足条件,存在未调度任务 $q^x \in N'$ 能够在任务 j^x 开始之前结束其所有处理器上的加工,则不必将任务 q^x 安排在 j^x 之后加工,否则将人为增加处理器空闲时间,导致目标函数值变差。

性质 6.2　在性质 6.1 的基础上,若任务 j^x 在最后一阶段满足中以下任意一个条件,则将未调度任务 q^x 安排在 j^x 后处理会导致目标函数值恶化。

(1) $S_{m,j}^x \geqslant \min_{q^x \in \bar{N}} \{C_{m,q}^x\}$

(2) 任务 j^x 和 q^x 属于同一代理任务

(3) $\theta p_{m,q}^a \leqslant p_{m,j}^b$

(4) $p_{m,q}^b \leqslant \theta p_{m,j}^a$

证明　(1) 若满足不等式,表示存在未调度任务 q^x 可以在不延迟 j^x 开工时间的前提下完成处理。因此,安排任务 j^x 在 q^x 前处理的解的目标值一定不是最优解。

(2) 若任务 j^x 和 q^x 属于同一代理任务,则最后一阶段的处理可以简化为在当前完工时间最小的处理器上的 $1|r_j|C_{\max}$ 问题,已知利用 FCFS 规则可以求得其最优解。

(3)~(4) 若任务 j^x 和 q^x 属于不同代理任务,则最后一阶段的处理可以简化为在当前完工时间最小的处理器上的 $1|r_j|C_{\max}^a + \theta C_{\max}^b$ 问题。根据相邻任务交换法可推导出结论。

基于性质 6.1 和性质 6.2 形成剪支规则,如果候选节点满足剪支规则,则其将作为无效节点被删除。使用剪支规则能够消除大量无效节点,缩小解空间范围,显著提高了分支定界算法的有效性。

6.3.2　分支定界算法下界

分支定界算法的下界设计对算法效率有重要影响,一个好的下界能够尽可能多地剪掉多余的分支,提高算法的求解速度。在本节中,通过将问题 6.1 在每台处理器上简化为 $1|r_j,\text{prmp}|C_{\max}^a + \theta C_{\max}^b$ 问题(简记为问题 P')得到下

界。Ding 等(2010)的研究表明,问题 P′可以通过 D&S 规则在多项式时间内得到最优解,该规则由可中断的优势代理优先策略生成最优调度,其中,优先级分别给予代理 a 和 b。

不失一般性,考虑某分支节点 $\pi(j)=([1^x],[2^x],\cdots,[g^x],\cdots,[j^x])$,$j\in N$,表示其中前 j 项任务已经做好安排,这里 N 表示系统中所有任务的集合。$[j^x]$ 表示位于第 j 位置任务属于代理 x。基于单机调度,下一个待处理任务的开工时间 $S^x_{i,\bar{N}}$ 和所有未排任务的最早可用时间 $r^x_{i,h}$ 定义如下,其中,$\bar{N}$ 表示未排任务集合,$h\in\bar{N}$。

在第一台处理器上,有

$$S^x_{1,\bar{N}}=\max\{C^x_{1,j},\min_{q\in\bar{N}}\{r^x_q\}\}$$

$$r^x_{1,h}=\max\{r^x_h,C^x_{1,j}\}$$

在第 i 台处理器上($1<i\leqslant m$),有

$$S^x_{i,\bar{N}}=\max\{C^x_{i,j},S^x_{i-1,\bar{N}}+\min_{q\in\bar{N}}\{p^x_{i-1,q}\}\}$$

$$r^x_{1,h}=\max\{0,r^x_h+\sum_{v=1}^{i-1}p^x_{v,h}-S^x_{i,\bar{N}}\}$$

基于 D&S 规则,任务 $[g^x]$ 的完工时间由所有处理器上完工时间的最大估计值计算可得

$$C^x_{[g]}\geqslant\max_{1\leqslant i\leqslant m}\{C^x_{i,j}+\hat{C}^x_{i,[g]}+\min_{q\in\bar{N}}\sum_{v=i+1}^m p^x_{v,q}\}$$

式中,当 $i=m$ 时 $\sum_{v=i+1}^m p_{v,q}=0$;$\hat{C}^x_{i,[g]}=\max_{j+1\leqslant u\leqslant g}\{r^x_{i,[u]}+\sum_{q=[u]}^{[g]}p^x_{i,q}\}$ 为将任务 $[g^x]$ 在单机上通过 D&S 规则排序的可能完工时间。因此,每台处理器上的下界目标值可以表示如下,其中,代理 a 和 b 的完工位置分别为 $\hat{n}^a$ 和 $\hat{n}^b$(即若 a 代理先完工,则 $\hat{n}^b=n$;反之亦然)。此时 Z^{LB} 为

$$Z^{\text{LB}}=\max_{1\leqslant i\leqslant m}\{S_{i,\bar{N}}+\hat{C}^a_{i,[\hat{n}^a]}+\min_{h_1\in\bar{N}}\sum_{v=i+1}^m p^a_{v,h_1}+$$

$$\theta(S_{i,\bar{N}}+\hat{C}^b_{i,[\hat{n}^b]}+\min_{h_2\in\bar{N}}\sum_{v=i+1}^m p^b_{v,h_2})\}$$

若剩余未加工任务中仅包含代理 b 的任务,则剩余任务在各阶段的加工可以简化为 $1|r_j|C_{\max}$ 问题,该问题可以通过 FCFS 规则得到最优解。$\widetilde{C}^x_{i,[n]}$ 表示非优势代理最后处理的任务在处理器上的完工时间。此时分支定界算法的下界目标值可表示为

$$Z^{\mathrm{LB}} = \max_{1 \leqslant i \leqslant m} \left\{ C_{\max}^a + \theta \left(S_{i,\overline{N}} + \widetilde{C}_{i,[n]}^b + \min_{h \in \overline{N}} \sum_{v=i+1}^m p_{v,h}^b \right) \right\}$$

若剩余未加工任务中仅包含代理 a 的任务,则此时分支定界算法的下界目标值可表示为

$$Z^{\mathrm{LB}} = \max_{1 \leqslant i \leqslant m} \left\{ S_{i,\overline{N}} + \widetilde{C}_{i,[n]}^a + \min_{h \in \overline{N}} \sum_{v=i+1}^m p_{v,h}^a + \theta C_{\max}^b \right\}$$

6.3.3　初始上界

CBUB 可以删除搜索树中下界目标值较差的节点。在分支定界算法中,通常随机生成一个可行解计算初始上界目标值。在算法早期,可能由于可行解不够好而无法有效删除节点。好的初始上界值可以大大提高分支定界算法效率。

本节通过 $\mathrm{DMBT_{DA}}$ 启发式生成初始上界,该启发式有机结合了优势代理优先规则(Bai et al,2021)和最小阻塞时间算法(Pan et al,2011)。MBT 算法的伪代码如伪代码 6-1 所示,其中 $d_j = \sum_{i=2}^m \max \left[0, (p_{i,[k-1]}^x - p_{i-1,j}^x) \right]$ 表示阻塞时间。

伪代码 6-1　MBT 算法

　　输入:所有任务集合 N,未排任务集合 $\overline{N} := N$

　　输出:π

1　**开始**

2　　　在第一台和最后一台处理机上处理时间最小的任务分别作为[1]和[n];

3　　　更新未排任务集合 $\overline{N} := \overline{N} - \{[1],[n]\}$;

4　　　**For** $k = 2$ **to** $n-1$ **do**

5　　　　　计算每个任务的 d_j 值,最小的任务作为[k];

6　　　　　更新未排任务集合 $\overline{N} := \overline{N} - \{[k]\}$;

7　　　**End for**

8　　　**Return** π

9　**结束**

基于问题 6.1 中考虑了任务的释放时间,本节通过修正 MBT 算法设计了新的启发式 DMBT 算法。首先,第一个和最后一个位置上处理的任务的选择标准调整为最小前方空闲时间(front idle time,FIT)和最小后方空闲时间(back idle time,BIT),FIT 和 BIT 定义如下:

$$\mathrm{FIT}_j = m r_j^x + \sum_{i=1}^{m-1} (m+1-i) p_{i,j}^x$$

$$\text{BIT}_j = \sum_{i=2}^{m} i p_{i,j}^x$$

接着,引入虚拟处理器 0 来描述释放时间对 d_j 的影响。针对某个可以安排在位置 k 的任务 j^x,若 $r_j \leqslant r_{[k-1]} + p_{1,[k-1]}$,那么 $p_{0,j} = p_{1,[k-1]}$;否则,$p_{0,j} = r_j - r_{[k-1]}$。最后,$d_j$ 被修正为所有处理器上空闲时间和阻塞时间的和,因为空闲和阻塞都会导致目标函数值恶化。新的计算方法定义如下所示,例 6-1 说明了两种 d_j 计算方式的区别。

$$d_j = \sum_{i=1}^{m} \Big| \sum_{u=1}^{i} p_{u,[k-1]}^x - \sum_{v=0}^{i-1} p_{v,j}^x \Big|$$

例 6-1　当前 $k-1$ 个任务固定时,任务 j^x 将在第 k 个位置上处理,如图 6-1 所示。任务 j^x 和 $[k-1]$ 的处理时间分别为 $\{3,4,5\}$ 和 $\{8,2,2\}$。阴影部分表示空闲时间,该空闲时间是由于 $O_{1,j}^x$ 处理时间较长导致的。尽管没有发生阻塞,通过 MBT 算法计算得出的 d_j 值为 3;然而修正后为 5。因此,DMBT 能够更好的描述调度中的阻塞和空闲时间。

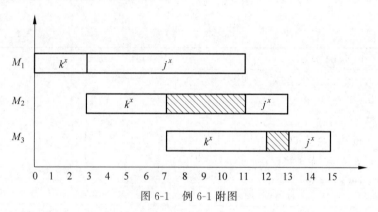

图 6-1　例 6-1 附图

DMBT 算法的伪代码如伪代码 6-2 所示。

伪代码 6-2　DMBT 算法

　　输入:所有任务集合 N,未排任务集合 $\overline{N} := N$

　　输出:π

1　**开始**

2　　　计算所有任务的 FIT 和 BIT 值;

3　　　FIT 和 BIT 值最小的任务分别作为 $[1]$ 和 $[n]$;

4　　　更新未排任务集合 $\overline{N} := \overline{N} - \{[1],[n]\}$

5　　　**For** $k = 2$ **to** $n-1$ **do**

6		计算每个任务的 d_j 值,最小的任务作为 $[k]$;
7		更新未排任务集合 $\overline{N}:=\overline{N}-\{[k]\}$
8		**End for**
9		**Return** π
10	**结束**	

为了生成高质量的非延迟序列作为初始上界,将 DMBT 和 DA 规则有机结合形成启发式 DMBT_{DA},伪代码如伪代码 6-3 所示。

伪代码 6-3　DMBT_{DA} 启发式

输入:所有任务集合 N,未排任务集合 $\overline{N}:=N$

输出:IUB

1	开始
2	分别令代理 a 和 b 作为优势代理 x,生成两个解 π_a 和 π_b;
3	通过 DMBT 算法生成优势代理 x 的任务序列 $\pi_x=\{[1],[2],\cdots,[n^x]\}$;
4	更新未排任务集合 $\overline{N}:=\overline{N}-\{[k]\}$
5	**For** $k=1$ **to** n^x-1 **do**
6	**While** 存在任务 $q\in\overline{N}$ 在位置 k 上满足性质 6.1 和性质 6.2(1);
7	将任务插入 k 位置;
8	更新 $\overline{N}$ 和 π_x
9	**End for**
10	通过 DMBT 算法安排剩余未排任务,其中,π_x 的最后一个任务作为剩余未排任务的第一个任务;
11	初始上界值为 $\min\{Z(\pi_a),Z(\pi_b)\}$;
12	**Return** IUB
13	**结束**

6.3.4　算法流程

分支定界算法是一种利用分支树结构求得最优解的算法,它通过下界和剪支策略不断剪支提高算法效率。分支定界算法的流程如图 6-2 所示。

为了便于对分支定界算法求解过程的理解,下面给出数值实例加以说明。

例 6-2　考虑带有释放时间的双代理阻塞流水作业调度问题,其中包括 3 台处理器,6 项任务,设置权重 θ 为 1.2,目标函数为极小化最大完工时间加权和 $C_{\max}^a+\theta C_{\max}^b$。任务的释放时间、处理时间以及所属代理如下所示:

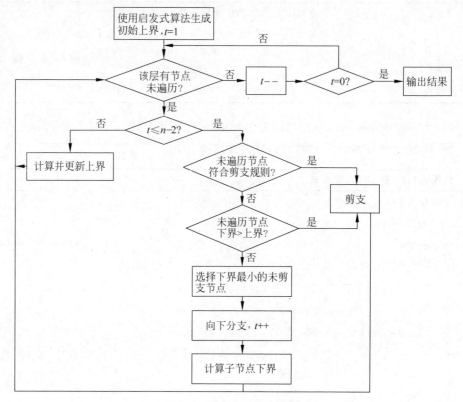

图 6-2　分支定界算法流程

	J_1	J_2	J_3	J_4	J_5	J_6
M_1	10	5	10	2	9	7
M_2	5	8	7	4	5	7
M_3	4	9	3	3	10	6
r_j	14	25	14	26	0	21
Agent	a	a	a	b	b	b

　　使用分支定界算法求解该问题的过程如图 6-3~图 6-5 所示,其中,符号"LB=∞"和"×"分别表示该节点被剪支规则和 CBUB 删除。第一阶段,在第 0 层,采用 $\mathrm{DMBT_{DA}}$ 启发式求得根节点处的初始上界值为 $Z_0^{\mathrm{UB}} = 144.5$。在第 5 层得到两个完整序列,CBUB 更新为 134.5。第二阶段为回溯剪支。剩余节点全部访问完毕后得到最优解 $\langle J_5, J_1, J_2, J_3, J_6, J_4 \rangle$。在整个搜索过程中,剪支规则和 CBUB 分别删除了 8 和 20 个节点,从而使分支定界算法仅访问了 6!个节点中的 33 个就找到了最优调度,这充分表现了分支定界算法的高效性。

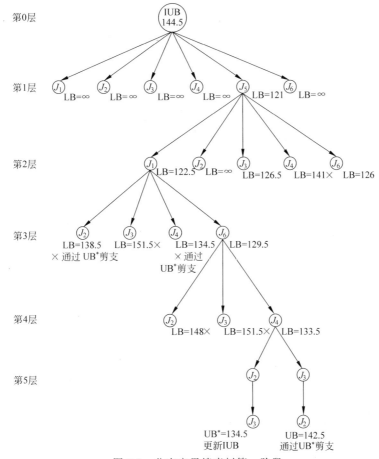

图 6-3　分支定界搜索树第一阶段

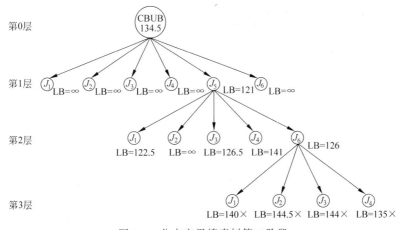

图 6-4　分支定界搜索树第二阶段

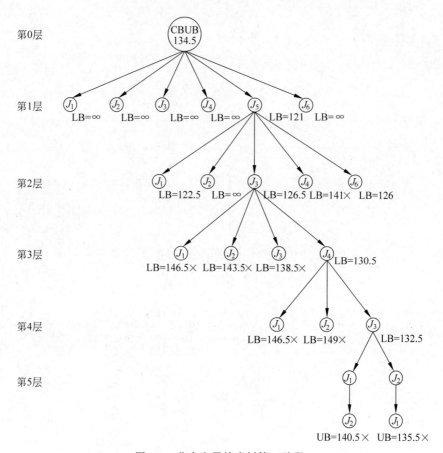

图 6-5　分支定界搜索树第三阶段

6.4　混合粒子群优化算法

在优化调度问题中,解决中等规模问题的算法需要兼顾求解效率和解的质量。启发式算法虽然能够在短时间内得到一个可行解,但是解的质量不能满足要求,因此本节设计了混合粒子群优化(hybrid particle swarm optimization,HPSO)算法来求解中等规模下的双代理阻塞流水作业调度及其扩展问题。为了使算法的性能进一步提升,在保留 PSO 算法的优势的基础上,本节设计了基于问题性质的改进策略,包括初始化方式、精英进化机制及邻域搜索。下面介绍 HPSO 算法求解问题 6.1 和问题 6.2 的详细过程。

1. 编码解码方式及更新公式

HPSO 在编码时,采用连续编码方法将解方案表示为 n 维向量。解码时,根据 ROV(ranked ordered value)规则(Mahdi et al,2014)解码得到对应的调度序列。例如,粒子 $X_i=(0.25,0.14,0.54,0.87,0.61)$ 对应的解方案为 $\{J_2,J_1,J_3,J_5,J_4\}$。

更新公式与 Wu 等(2019)中表现最好的 PSO 变体一致,粒子更新过程如下:

$$V_{i,d}=\omega V_{i,d}+c_1\cdot\mathrm{rand}_1(\mathrm{Pb}_{i,d}-X_{i,d})+c_2\cdot\mathrm{rand}_2(\mathrm{Gb}_{i,d}-X_{i,d})$$

$$X_{i,d}=X_{i,d}+V_{i,d}$$

式中,$V_{i,d}$ 和 $X_{i,d}$ 分别表示粒子 i 速度和位置向量中的第 d 维度;$\mathrm{Pb}_{i,d}$ 和 $\mathrm{Gb}_{i,d}$ 分别为个体历史最优和粒子群全局最优。

2. 初始化方式

通常,PSO 算法的初始种群是随机生成的。但是,随机解的质量无法保证。因此,在本章设计的 HPSO 算法中,初始种群按照基于 DA 和非延迟的规则生成。具体来说,将初始种群分为 3 个部分,记为 $\mathrm{PN}_x(x=1,2,3)$,其中,PN_1 和 PN_2 分别以 a 和 b 作为优势代理进行排序,PN_3 则采用随机策略以保证初始种群的质量和多样性。考虑到释放时间,在每个部分中,都有一个个体基于 FCFS 排序。三部分的比例分别为 40%、40% 和 20%。

3. 邻域搜索

HPSO 应用交换和倒置的邻域搜索策略以避免陷入局部最优。特别地,在先完工的代理之前进行改进对目标值的影响更大。考虑解方案 π,其目标值为 $Z(\pi)=C_{\max}^a+\theta C_{\max}^b$,此外,代理 a 率先完工,完工位置为 $p^*(p^*<n)$。假设 π_1 和 π_2 分别在 p^* 前后改进了 μ 单位时间,则其目标值分别对应 $Z(\pi_1)=C_{\max}^a+\theta C_{\max}^b-\mu(1+\theta)$ 和 $Z(\pi_2)=C_{\max}^a+\theta C_{\max}^b-\mu$。显然,由于 μ 和 θ 均为正数,$Z(\pi_1)<Z(\pi_2)$。因此,交换和倒置算子在位置 p^* 之前进行搜索。邻域搜索的伪代码如伪代码 6-4 所示。

伪代码 6-4　邻域搜索

　　输入:粒子 i 的解方案 π,邻域规模 Q

　　输出:新的解方案 π

1　　**开始**

2　　　　将粒子 i 的目标值设置为充分大的正数;

3　　　　找到位置 p^*

4　　　　/ * **交换算子** * /

```
5        For 1 to Q do
6            随机生成两个位置 r_1,r_2=1,2,…,p^*,(r_1≠r_2);
7            交换任务[r_1]和[r_2],生成新序列 π′;
8            计算目标值 Z(π′);
9            If Z(π′)≤Z_0
10               π←π′;
11               Z_0=Z(π′);
12           End if
13       End for
14   /*倒置算子*/
15       For 1 to Q do
16           随机生成两个位置 r_1,r_2=1,2,…,p^*,(r_1≠r_2);
17           倒置位置 r_1 和 r_2 之间的任务,生成新序列 π′;
18           计算目标值 Z(π′);
19           If Z(π′)≤Z_0
20               π←π′;
21               Z_0=Z(π′);
22           End if
23       End for
24       Return π
25   结束
```

4. 精英进化机制

为了加速收敛,提出基于 NEH 的精英进化机制,其中,种群中前 α 好的粒子定义为"精英"。一方面,基于 NEH 的启发式往往能够得到阻塞问题的高质量近优解,但同时非常耗时。另一方面,精英个体的序列本身的相对优势应当被有效利用。因此,精英进化机制将精英个体序列划分为两部分:$\pi_1=\{[1],[2],…,[n-\beta]\}$ 和 $\pi_2=\{[n-\beta+1],[n-\beta+2],…,[n]\}$,将 π_2 中的任务按 NEH 插入 π_1(Pan et al,2011),既保留了 π_1 中任务的相对位置,又充分发挥了 NEH 的优越性。伪代码如伪代码 6-5 所示。

伪代码 6-5　精英进化机制

输入:精英集合 $E=\{\pi_e\},(e=1,2,…,\alpha)$,参数 β

输出:精英集合 $E=\{\pi_e\},(e=1,2,…,\alpha)$,

```
1    开始
```

2	**For** $e := 1$ **to** α **do**
3	将 π_e 划分为 $\pi_{e,1} = \{[1], \cdots, [n-\beta]\}$ 和 $\pi_{e,2} = \{[n-\beta+1], \cdots, [n]\}$
4	**For** $p := 1$ **to** β **do**
5	将 $\pi_{e,2}$ 中的任务 $[p]$ 遍历 $\pi_{e,1}$ 的所有插入位置;
6	将 $[p]$ 插入目标值最小的位置;
7	**End for**
8	$\pi_e \leftarrow \pi_{e,1}$;
9	**End for**
10	**Return** E
11	结束

5. 接受准则

HPSO 算法结合了模拟退火算法的优点,以一定概率接受劣解。接受概率为 $ap = \exp(\Delta/k)$,式中,k 表示当前迭代次数;$\Delta = f(\pi'') - f(\pi)$。$\pi''$ 的目标值越好,算法迭代次数越多,被接受的概率越大。

6. HPSO 解决扩展问题

针对问题 6.2,HPSO 算法略有不同。首先,非转置序列包含两个数组维度 $[m][n]$,例如,粒子 $X_i = [[0.14, 0.54, 0.87, 0.61][0.32, 0.54, 0.15, 0.17]$ $[0.67, 0.24, 0.77, 0.31]]$ 对应序列 $[[J_1, J_2, J_4, J_3][J_3, J_4, J_1, J_2][J_3, J_1, J_4, J_2]]$。然而,若缓冲区容量为 2,则当 j_3 在处理器 2 上处理时,缓冲区中必须暂存 3 个任务,该序列显然是错误的。因此,提出修正策略用于修改非法解。任一时刻在任一处理器 i 上,当缓冲区中的任务超过其容量时,将此时第一个进入缓冲区的任务插入 i 上正在处理的任务之前。

此外,邻域搜索中的关键位置 p^* 为任一处理器上先完工代理的完工位置。精英进化机制中,π 不再划分为两段,而是逐个抽取某处理器上最后 β 个任务,逐个执行 NEH 插入操作。

7. 算法流程

结合以上步骤,HPSO 算法的整个框架伪代码如伪代码 6-6 所示。

伪代码 6-6　HPSO 算法

输入:算例信息,运行时间 T,参数 $\omega, c_1, c_2, \alpha, \beta$

输出:Gb

| 1 | 开始 |

2	初始化
3	**While** 运行时间 $<T$
4	**Do**
5	应用更新公式进化
6	以一定概率接受劣解;
7	更新 pb 和 Gb;
8	邻域搜索
9	更新 pb 和 Gb;
10	精英进化机制
11	更新 pb 和 Gb;
12	**Return** Gb
13	结束

6.5 数值仿真实验

为了验证智能优化算法、分支定界算法的优越性,以及模型的有效性,本节设计了不同规模的数值仿真实验,用于测试所提出算法的求解性能。所有测试算例中,代理 b 的权重和代理 a 的任务数量随机生成。参与测试的算法采用C++语言编写,用 Visual Studio 2017 软件编译运行,测试环境为 Intel Xeon Gold 6278C CPU、8GB 内存。测试结果及相关数据展示如下。

6.5.1 混合粒子群优化算法数值仿真实验

为了突出 HPSO 算法的优良性能,将其与最新提出用于解决双代理问题的 DABC 算法(Bai et al,2021)进行对比;另外,进行了一系列组件分析实验证明了所提出改进策略的高效性。实验均选用 5 组 Taillard (1993)提出的流水作业基准集测试算法的性能,处理器 $m=5,10,20$,任务数 $n=100,200$。任务处理时间与基准数据一致。释放时间由离散均匀分布 $[0,60n]$ 随机生成,设权重值 $\theta=2$。算法运行时间设定为 $m \times n \times 0.1$ s。针对每个实验算例,进行 10 次独立测试,记录平均目标值。使用 RDP 值作为实验分析指标,其表达式为

$$\text{RDP} = \frac{Z^{H_i} - Z^*}{Z^*} \times 100\%$$

式中, Z^{H_i} 表示算法 H_i 在第 i 次执行时求得的最终值; Z^* 表示所有算法目标值中的最好值。

1. 参数设置

由于阻塞约束,DABC 算法的原始参数设置并不能在求解问题 6.1 时发挥

最好的性能,因此,进行了一系列正交实验(见附录 E)校准算法参数。DABC 算法参数设置为:蜜源(雇佣蜂)数量为 $SN=100$,跟随蜂数量为 $ON=100$,侦察蜂数量为 $SN=30$,邻域规模为 $Q=50$,保留概率为 $p^r=0.2$。

公平起见,HPSO 算法的种群规模同样设置为 100。更新公式中的相关参数设置为:$\omega=-0.322$,$c_1=c_2=0.5$。精英进化机制和邻域搜索的相关参数通过正交实验校准(见附录 E),结果为:精英数量 $\alpha=5$,NEH 操作长度 $\beta=15$,邻域规模 $Q=50$。

2. 对比实验

表 6-1 列出了两个算法在规定运行时间内求解所有算例输出的平均目标值和 RDP,表 6-2 则详细展示了每种处理器-任务组合所得目标值的平均、最好和最差值的 RDP,分别简记为 MRDP、MinRDP 和 MaxRDP。

表 6-1　HPSO 和 DABC 算法求解问题 6.1 实验结果

$m \times n$	组号	AOV HPSO	DABC	RDP/% HPSO	DABC
	1	19 854.4	21 405	0.00	7.81
	2	19 399.4	21 029.8	0.00	8.40
	3	20 036.2	22 173.5	0.00	10.67
	4	17 324.5	18 271.2	0.00	5.46
5×100	5	19 393.1	20 852.6	0.00	7.53
	6	19 596.9	20 884.8	0.00	6.57
	7	18 677.3	19 699.7	0.00	5.47
	8	13 289.6	13 767.1	0.00	3.59
	9	20 188.8	22 133.2	0.00	9.63
	10	19 960.4	22 247.6	0.00	11.46
	1	22 218.2	23 347	0.00	5.08
	2	21 030.2	23 119.9	0.00	9.94
	3	21 264.1	23 349.4	0.00	9.81
	4	20 738.2	21 376.1	0.00	3.08
10×100	5	21 268.4	22 426.6	0.00	5.45
	6	19 970.6	20 489.8	0.00	2.60
	7	20 734.6	21 686.9	0.00	4.59
	8	21 365.6	23144.6	0.00	8.33
	9	22 008.7	23 281.5	0.00	5.78
	10	21 639.4	23 062.9	0.00	6.58

续表

$m \times n$	组号	AOV		RDP/%	
		HPSO	DABC	HPSO	DABC
20×100	1	23 030.1	24 676.7	0.00	7.15
	2	23 130.6	25 383.5	0.00	9.74
	3	22 616.6	23 721.9	0.00	4.89
	4	23 255.5	25 359.9	0.00	9.05
	5	23 958.8	25 044.2	0.00	4.53
	6	22 409.7	24 567.7	0.00	9.63
	7	23 654.7	25 224.8	0.00	6.64
	8	24 061.8	25 239.8	0.00	4.90
	9	21 943.6	22 772.3	0.00	3.78
	10	22 154	22 982.1	0.00	3.74
10×200	1	43 159.8	45 227.5	0.00	4.79
	2	39 811.7	42 110.2	0.00	5.77
	3	44 179.1	45 046	0.00	1.96
	4	41 013.6	46 368.3	0.00	13.06
	5	41 517.8	43 675	0.00	5.20
	6	41 645.7	42 817.1	0.00	2.81
	7	43 130.6	45 547.3	0.00	5.60
	8	41 093.1	45 482.8	0.00	10.68
	9	41 013.3	45 951.7	0.00	12.04
	10	44 221.1	45 988.3	0.00	4.00
20×200	1	45 977.6	46 204.4	0.00	0.49
	2	45 531.1	46 526.9	0.00	2.19
	3	43 091	47 199.5	0.00	9.53
	4	43 037.2	46 959.5	0.00	9.11
	5	45 576.3	45 241	0.74	0.00
	6	39 870.8	41 592.4	0.00	4.32
	7	44 150.5	48 113.1	0.00	8.98
	8	43 044.6	45 523.3	0.00	5.76
	9	43 606.4	47 586.6	0.00	9.13
	10	43 750	45 409.3	0.00	3.79

表 6-2　HPSO 和 DABC 算法求解问题 6.1 的 RDP 值对比　　　　　%

$m \times n$	HPSO			DABC		
	MRDP	MaxRDP	MinRDP	MRDP	MaxRDP	MinRDP
5×100	0.00	0.00	0.00	7.66	11.46	3.59
10×100	0.00	0.00	0.00	6.12	9.94	2.60
20×100	0.00	0.00	0.00	6.40	9.74	3.74
10×200	0.00	0.00	0.00	6.59	13.06	1.96
20×200	0.07	0.74	0.00	5.33	9.53	0.00

表 6-2 中的实验结果表明,HPSO 算法所得目标值均明显优于 DABC,得到了 50 个算例中 49 个的最好解。表 6-3 的结果进一步验证了 HPSO 算法的优越性,DABC 算法的 MRDP 均大于 5%,最高达到了 13.06%。而 HABC 算法的 MRDP 值最大为 0.07%。这是由于 HABC 算法采用了多种基于问题属性的改进策略,提高了算法的搜索能力,因此算法效果较好。

3. 组件分析

为了验证所提出改进策略的高效性,在 HPSO 算法的基础上,分别除去初始化规则、精英进化机制和邻域搜索,建立 3 个算法变体,简记为 $HPSO_1$、$HPSO_2$ 和 $HPSO_3$。变体算法的各种参数与 HPSO 保持一致。表 6-3 总结了 4 种算法的 MRDP、MinRDP 和 MaxRDP 值。结果表明,HPSO 算法得到了 50 个算例中 48 个的最优解,显示了整合 3 种改进策略的必要性。$HPSO_1$ 的 MRDP 值从 3.14% 扩大至 14.45%,表明随着算例规模的扩大,初始化规则对算法的正向影响越明显。$HPSO_2$ 算法的 MRDP 值稳定在 5% 左右,体现了精英进化机制对提升算法效率作用的稳定性;此外,HPSO 算法未得到最优解的两个算例均被 $HPSO_2$ 解决,这可能是因为精英进化机制相对耗时,使 HPSO 迭代次数不足。相比之下,$HPSO_3$ 算法的 MRDP 值稳定在 2% 左右,虽然较小,但对算法的影响不容忽视。

表 6-3　HPSO 和三种变体求解问题 6.1 的 RDP 值对比　　　　　%

$m \times n$		5×100	10×100	20×100	10×200	20×200
HPSO	MRDP	0.00	0.00	0.00	0.17	0.00
	MaxRDP	0.00	0.00	0.00	1.37	0.00
	MinRDP	0.00	0.00	0.00	0.00	0.00

续表

$m \times n$		5×100	10×100	20×100	10×200	20×200
	MRDP	3.14	3.59	7.01	11.50	14.45
$HPSO_1$	MaxRDP	5.77	7.65	11.29	15.79	20.55
	MinRDP	0.36	0.96	1.81	7.49	7.88
	MRDP	6.17	5.00	3.78	4.55	5.77
$HPSO_2$	MaxRDP	10.11	9.94	9.34	9.34	13.92
	MinRDP	3.23	0.47	0.38	0.00	1.53
	MRDP	2.30	2.97	2.25	2.00	1.17
$HPSO_3$	MaxRDP	4.39	5.25	4.23	4.98	2.23
	MinRDP	1.08	1.63	0.98	0.85	0.15

在统计学意义上,应用威尔克逊符号秩检验证明 HPSO 算法分别与 3 个变体的显著性差异。显著水平设置为 $\alpha = 0.01$。符号秩基于 RDP 值计算得出。表 6-4 展示了符号秩的统计结果,其中,SNR 和 SPR 分别表示负秩与正秩之和,统计量 w 为 SNR 和 SPR 的最小绝对值。经查表,样本量为 50 的关键值为 373,$w_{HPSO_1} = 0$,$w_{HPSO_2} = 6$ 和 $w_{HPSO_3} = 0$ 均远远小于 373,表明三种变体均与 HPSO 算法具有显著差异。

表 6-4　威尔克逊符号秩检验结果

	$HPSO-HPSO_1$	$HPSO-HPSO_2$	$HPSO-HPSO_3$
SNR	0	-6	0
SPR	1275	1269	1275
w	0	6	0

6.5.2　分支定界算法数值仿真实验

为了突出分支定界算法的优势,将其与商业优化软件 CPLEX(12.80 版本)进行对比实验,记录各自的运行时间与最终值。算法与求解器运行终止时间设定为 600s,若超过 600s,则终止运算并记录当前最好目标值。处理器数分别为 $m = 3, 5, 8$;任务数分别为 $n = 10, 15, 20$。处理时间由均匀分布 $[0, 10]$ 随机生成,释放时间由离散均匀分布 $[0, 6n]$ 随机生成,且至少有一个任务在 0 时刻释放。权重值 θ 随机设定。针对不同规模的实验数据,随机生成 10 组测试算例,分别采用本章所提出的分支定界算法与 CPLEX 求解器进行求解。表 6-5 展示了实验结果,时间单位设定为秒。

表 6-5　分支定界算法和 CPLEX 求解问题 6.1 实验结果

	算例	m=3 目标函数值 B&B|CPLEX	m=3 运行时间/s B&B|CPLEX	m=5 目标函数值 B&B|CPLEX	m=5 运行时间/s B&B|CPLEX	m=8 目标函数值 B&B|CPLEX	m=8 运行时间/s B&B|CPLEX
n=10 θ=1.2	1	154.800	0.002|1.410	146.400	0.021|1.750	208.800	0.068|11.600
	2	156.600	0.009|3.030	192.200	0.008|0.680	220.800	0.093|10.620
	3	151.000	0.003|15.730	166.600	0.029|4.790	238.800	0.015|6.720
	4	166.000	0.003|2.810	177.800	0.013|11.880	239.800	0.050|16.760
	5	140.800	0.001|1.550	180.000	0.021|14.070	248.800	0.072|6.790
	6	186.400	0.002|29.920	165.600	0.009|8.590	201.800	0.037|23.330
	7	175.000	0.001|0.800	180.200	0.086|9.420	201.200	0.004|1.490
	8	112.200	0.005|1.350	143.800	0.015|3.170	243.200	0.022|6.480
	9	129.000	0.001|1.650	169.200	0.016|7.170	248.600	0.038|57.730
	10	157.600	0.007|7.600	171.800	0.013|6.130	240.200	0.013|2.850
n=15 θ=1.5	1	243.000|243.500	0.786|600.000	290.000|291.500	0.174|600.000	382.000|384.000	2.654|600.000
	2	247.500|250.500	1.583|600.000	309.000|310.000	1.529|600.000	349.500|354.000	2.781|600.000
	3	191.000	0.043|600.000	325.000|330.500	7.765|600.000	357.500	6.885|600.000
	4	266.500	3.558|600.000	209.000	0.561|600.000	344.500|352.500	3.361|600.000
	5	299.000	17.315|600.000	297.000|302.000	0.295|600.000	333.500	49.350|600.000
	6	240.000|240.500	0.395|600.000	318.000	0.305|600.000	309.000|310.000	3.084|600.000
	7	258.500|262.500	1.012|600.000	304.000|309.000	36.799|600.000	359.000	16.742|600.000
	8	271.500|273.500	0.224|600.000	304.500|311.500	4.562|600.000	279.500	1.475|600.000
	9	295.000|295.500	0.002|600.000	256.000|257.000	0.295|600.000	243.000|244.000	0.851|600.000
	10	265.500|267.000	0.072|600.000	302.500|308.500	16.827|600.000	399.000|400.500	0.030|600.000

续表

算例	m=3 目标函数值 B&B|CPLEX	m=3 运行时间/s B&B|CPLEX	m=5 目标函数值 B&B|CPLEX	m=5 运行时间/s B&B|CPLEX	m=8 目标函数值 B&B|CPLEX	m=8 运行时间/s B&B|CPLEX
1	349.200|358.200	111.783|600.000	418.400|423.600	48.272|600.000	480.000|492.600	385.325|600.000
2	360.600|365.400	18.827|600.000	406.000|413.000	600.000	516.200|518.200	600.000
3	359.000	0.804|600.000	409.400|421.400	600.000	530.600|544.600	600.000
4	425.600|443.600	25.893|600.000	419.600|426.800	600.000	507.200|525.200	600.000
5	374.600	0.175|600.000	464.200|481.400	600.000	481.000|470.200	600.000
6	392.400|412.800	9.682|600.000	454.400|476.000	26.999|600.000	494.600|503.600	182.775|600.000
7	412.800|426.800	3.579|600.000	401.800|418.800	245.705|600.000	492.400|526.800	600.000
8	366.600|375.800	580.880|600.000	456.800|455.800	600.000	493.200|513.000	600.000
9	405.800|420.200	3.903|600.000	409.000|415.000	22.215|600.000	480.800|486.000	600.000
10	380.000|386.000	600.000	457.200|466.200	600.000	504.800|527.600	600.000

$n=20$
$\theta=1.8$

从表 6-5 中展示的测试结果可以明显看出,在两者均得出最优解的算例中,分支定界算法的求解时间远远小于 CPLEX。在 600s 内,CPLEX 仅能求得约 33.33%(1/3)的算例;而分支定界能够求解 83.33%(15/18),并且其中 80%(4/5)能够在 10s 内求解,60%(3/5)能够在 1s 内求解。在 15 个分支定界算法无法得到最优解的算例中,13 个算例的最终解优于 CPLEX。总体来说,分支定界在 97.78%(44/45)算例中表现优于 CPLEX。由此可见,分支定界算法无论是计算效率还是求解效果均明显优于 CPLEX 求解器。

6.5.3　扩展问题数值仿真实验

本节针对扩展问题 6.2,进行了一系列实验证明所提出模型的有效性和 HPSO 算法良好的泛化能力。

1. 模型验证

通过对比商业优化软件 CPLEX(12.80 版本)求解小规模问题 6.1 和问题 6.2 的运行时间与最终值,模型有效性得到验证。求解器运行终止时间设定为 7200s,若超过 7200s,则终止运算并记录当前最好目标值。处理器数分别为 $m=3,4,5$;任务数分别为 $n=7,8,9$。算例相关数据生成方式与 6.5.2 节一致。特别地,缓冲区容量设置为 1,权重值 $\theta=1.2$。针对不同规模的实验数据,随机生成 10 组测试算例,分别求解问题 6.1 和问题 6.2。表 6-6 展示了实验结果,时间单位设定为秒。

实验结果表明,尽管问题 6.2 的求解时间远远大于问题 6.1,但其所得到的最优解均不劣于后者,其中,约 74%(51/69)绝对优于后者,体现了非转置和缓冲区对目标函数值的影响。在问题 6.2 未能得到最优解的 21 个算例中,约一半(11/21)算例得到的最终值比问题 6.1 差,这是由于非转置性质使搜索空间大大扩大,CPLEX 在规定时间内未能枚举到更优解,计算复杂度陡然大幅提升。实验结果体现了两个问题的特点,模型有效性得到验证。

2. HPSO 算法泛化性

为了突出算法的泛化能力,对比 HPSO 和 DABC 算法求解中等规模问题的 RDP 值。测试算例,参数选择和实验设置均与 6.6.1 节一致。缓冲区容量设置为 $n/10$。针对不同规模的实验数据,随机生成 10 组测试算例,求解问题 6.2。表 6-7 展示了每种规模算例的 MRDP、MinRDP 和 MaxRDP 值,其中,DABC 算法的 MinRDP 最小为 19.78%,MaxRDP 最大达到了 132.75%。显然,所提出的 HPSO 算法具有非常强的泛化能力。

表 6-6　CPLEX 求解问题 6.1 和问题 6.2 实验结果

| | | $m=3$ | | | $m=4$ | | | $m=5$ | | |
| | | BBFS | | GBBFS | | BBFS | | GBBFS | | BBFS | | GBBFS | |
算例		目标值	运行时间/s	目标值	运行时间/s	目标值	运行时间/s	目标值	运行时间/s	目标值	运行时间/s	目标值	运行时间/s
$n=7$	1	85.40	0.23	85.40	9.97	121.80	0.67	119.20	3045.45	116.00	0.45	112.00	2956.00
	2	114.20	0.25	111.80	9.57	137.00	0.27	135.80	19.51	147.00	0.31	143.40	2139.90
	3	122.80	0.31	119.60	23.81	155.80	0.41	155.80	3171.66	155.40	0.68	148.00	55.02
	4	111.40	0.32	108.60	9.96	140.40	0.57	140.40	19.75	155.80	0.82	145.40	1322.94
	5	129.80	0.25	129.80	10.54	146.20	0.71	141.40	39.71	129.00	0.50	122.80	89.06
	6	98.40	0.27	93.20	4.43	148.60	0.39	148.60	50.22	172.40	0.88	159.60	317.53
	7	135.40	0.28	135.40	20.42	145.80	0.43	145.80	19.91	168.60	0.89	166.40	95.00
	8	124.60	0.50	123.40	5.83	122.60	0.39	119.60	148.45	166.40	0.45	166.40	53.06
	9	141.20	0.52	133.20	10.44	148.80	0.55	146.80	27.13	123.60	0.50	120.00	79.07
	10	90.20	0.28	89.20	21.80	128.20	0.57	128.20	43.59	135.20	0.57	130.40	796.35
$n=8$	1	143.80	2.25	140.80	107.03	121.60	0.65	120.60	114.59	157.40	5.21	163.20	7200.00
	2	120.60	3.41	114.60	2818.57	131.00	3.18	123.80	485.85	162.80	1.44	157.00	1909.22
	3	115.00	2.46	114.00	694.51	163.60	1.76	163.60	405.12	187.80	3.24	184.20	4963.45
	4	137.80	0.57	137.80	85.09	156.40	1.82	156.40	418.74	131.80	1.27	129.20	1171.92
	5	130.20	0.58	125.60	446.27	148.20	3.27	143.40	703.74	167.80	5.21	226.40	7200.00
	6	153.60	2.57	153.60	16.33	146.60	1.52	146.60	256.75	163.60	2.11	161.60	7200.00
	7	106.40	0.36	106.40	58.39	139.00	2.26	137.80	192.71	152.00	3.11	156.00	7200.00
	8	145.00	1.88	140.40	179.35	168.40	1.15	168.40	254.48	183.80	2.85	177.60	1171.97
	9	151.20	2.35	150.80	302.33	152.40	3.20	148.80	216.60	164.00	4.25	157.40	5304.56
	10	100.60	1.78	98.20	3061.98	89.00	0.92	88.00	4280.52	178.40	2.25	177.40	7200.00

续表

算例	m=3 BBFS 目标值	BBFS 运行时间/s	m=3 GBBFS 目标值	GBBFS 运行时间/s	m=4 BBFS 目标值	BBFS 运行时间/s	m=4 GBBFS 目标值	GBBFS 运行时间/s	m=5 BBFS 目标值	BBFS 运行时间/s	m=5 GBBFS 目标值	GBBFS 运行时间/s
1	125.60	3.61	125.60	556.07	154.20	8.40	197.40	7200.00	162.60	5.40	161.60	7200.00
2	103.00	2.31	99.00	2374.12	193.60	17.88	192.00	7200.00	193.00	12.18	196.20	7200.00
3	126.60	12.04	122.40	5347.42	143.20	19.24	135.00	7200.00	184.40	13.03	188.40	7200.00
4	117.80	3.72	113.80	516.14	151.40	17.40	150.40	4605.33	193.60	33.55	194.60	7200.00
5	162.00	19.09	153.60	1052.50	135.60	28.75	135.60	7200.00	167.60	8.68	191.20	7200.00
6	153.40	4.07	153.40	3329.68	146.00	9.25	141.20	2406.62	123.60	2.48	250.40	7200.00
7	166.80	10.39	166.80	6223.93	151.60	6.46	146.60	7200.00	159.40	10.38	180.40	7200.00
8	123.20	5.79	123.00	1034.06	147.20	8.44	180.00	7200.00	193.40	8.98	223.40	7200.00
9	139.00	15.18	135.00	1852.97	147.80	7.76	137.20	≤104.28	149.80	4.40	149.80	7200.00
10	124.60	4.35	121.60	137.90	124.80	2.46	123.60	107.99	184.80	4.76	189.20	7200.00

n=9

表 6-7　HPSO 和 DABC 算法求解问题 6.2 实验结果   ％

$m \times n$	HPSO			DABC		
	MRDP	MaxRDP	MinRDP	MRDP	MaxRDP	MinRDP
5×100	0.00	0.00	0.00	35.43	44.72	19.78
10×100	0.00	0.00	0.00	57.02	73.40	24.84
20×100	0.00	0.00	0.00	101.17	107.26	91.34
10×200	0.00	0.00	0.00	81.11	95.41	67.05
20×200	0.00	0.00	0.00	132.75	143.14	122.77

6.6　本章小结

　　本章研究了带有释放时间的双代理阻塞流水作业调度极其扩展模型,目标为最小化两个代理最大完工时间加权组合。实验验证了模型的有效性。针对小规模问题,采用分支定界算法进行求解,提出基于问题性质的剪支规则,下界和初始上界启发式用于大量删除无效节点,从而提高算法求解速度。与CPLEX 对比的结果表明该算法具有较高的求解效率。针对中规模问题,采用HPSO 算法进行求解。实验结果表明,该算法能在较短时间内求得高质量的可行解,并且具有良好的泛化能力。

第7章　考虑学习效应的混合流水作业调度问题

7.1　引言

第4章研究了考虑学习效应的流水作业调度问题,在其基础上,本章将流水作业调度问题扩展为混合流水作业调度问题,优化目标为极小化最大完工时间。考虑学习效应的混合流水作业调度是工业生产中常见的模型。例如,游戏机的生产过程,其主要工序包括安装主板、安装电池和风扇、固定屏幕、总装等步骤,生产线中的每个阶段均由多名工人并行处理。在实际的生产中,随着相同任务的重复执行,工人会对自己的加工过程越来越熟练,因此实际加工时间逐渐缩短。显然,上述过程可以抽象为考虑学习效应的混合流水作业调度模型。

混合流水作业调度问题(hybrid flow shop scheduling problem)在工业生产中非常常见,广泛存在于电子、造纸和纺织等多个行业。该问题与经典流水作业调度问题的区别在于,混合流水作业调度问题中,每个处理阶段都有多台处理器并行处理。因此,混合流水作业调度模型比经典模型更加贴近实际生产。

第4章已对考虑学习效应的相关成果进行综述,这里不再赘述。关于混合流水作业调度问题,根据不同的问题特征和条件约束,近年来的研究衍生出了多种类型。针对缓冲容量的不同情况,Wei 等(2019)考虑没有缓冲容量,以极小化最大完工时间为目标,首次提出了恒定时间的求解算法;Lin 等(2020)考虑缓冲容量有限,提出了混合和声搜索遗传算法,以同时极小化最大完工时间和平均流程时间。针对混合流水车间调度问题中处理机的特征约束,Meng 等(2020)在处理机为变速机的条件下,建立了8个混合整数线性规划模型,并验证了基于阶段优先级开发的模型的最优性能;Aqil 等(2020)在处理机考虑顺序相关准备时间的条件下提出了基于 NEH 启发式的迭代贪婪(iterative greedy,IG)元启发式算法,在初始化和邻域搜索阶段进行了改进,以使得总拖期最小化。针对多阶段混合流水车间调度问题,Qin 等(2019)设计了两阶段蚁群算法,将原问题分解为两个高度耦合的子问题;Marichelvam 等(2020)进一步考虑了各种劳动力水平及其学习和遗忘的影响,通过将变邻域搜索算法与粒子群优化算法相结合,获得了计算耗时较短的最优解;Wang 等(2019)考虑集成批处理和批量流的两阶段问题,以总加权完工时间最小化为目标建立了混合整数线性规划模型,并评估了 9 种启发式的性能。此外,混合流水车间的调度问题还被进一步推广至分布式车间。Shao 等(2020)提出了多邻域 IG 算法求解分布式混合流水车间调度问题。Zheng 等(2020)将分布估计算法与自适应 IG 相结合构建协同进化算法,目标是在模糊分布式混合流水车间问题中同时优化的总拖期和鲁棒性。

现有的文献大多基于任务同时到达的情况,而在实际生产中,任务往往依次到达。根据现实生产场景,本章在考虑学习效应的混合流水作业调度模型中引入任务释放时间,以提高理论研究的工业适用性。

本章针对考虑学习效应的混合流水作业调度问题,建立了混合整数规划模型,用于商业优化软件求解;设计了分支定界算法进行最优求解小规模问题;采用双种群离散差分进化算法近似求解中等规模问题;提出启发式算法在短时间内求得大规模问题的可行解。通过数值仿真验证这些算法的有效性。

7.2 问题介绍

7.2.1 问题描述与数学模型

在考虑学习效应的混合流水作业调度模型中,n 项不同的任务按照相同的工艺路线经过 s 个阶段的混合流水线,各阶段都存在 m 台并行的处理器。工序 $O_{i,j}$ 表示任务 $j(j=1,2,\cdots,n)$ 需要经过阶段 $i(i=1,2,\cdots,s)$ 执行。处理时间 $p_{i,j} \geqslant 0$ 表示执行工序 $O_{i,j}$ 花费的时间。任务 j 在释放时间 r_j 进入系统,这是该任务可以开始执行的最早时刻。完工时间 $C_{i,j}$ 表示工序 $O_{i,j}$ 结束加工的时刻,$C_{s,j}$ 简记为 C_j。这些任务按照相同的顺序经过每一阶段,任务可在某一阶段内的任意一台处理器上处理。任意两台相邻处理器之间的缓存能力是无限的。每项任务在处理过程中不允许中断,即任务一旦开始处理就要持续至其完工为止。在相同时刻,一台处理器只能执行一项任务,而且一项任务只能由一台处理器加工。优化目标为极小化最大完工时间 $C_{\max} = \max\{C_1, C_2, \cdots, C_n\}$。

为了建立 MIP 模型,给出如下符号表示。

1. 索引

j 为任务编号,$1 \leqslant j \leqslant n$。

i 为阶段编号,$1 \leqslant i \leqslant s$。

m 为处理器编号，$1 \leqslant m \leqslant M_i$。

t 为加工位置，$1 \leqslant t \leqslant n$。

q 为编码位置，$1 \leqslant q \leqslant n$。

2. 参数

n 为任务数量。

s 为阶段数量。

$g(t)$ 为处在处理器第 t 个位置的任务的学习效应函数值。

k_i 为阶段 i 的处理器数量。

Y 为无穷大的正数。

3. 变量

$\lambda_{i,t,j,m}$：0-1 变量。若任务 j 在阶段 i 的第 m 台处理器上的第 t 个位置上，则为 1，否则为 0。

$S_{i,j}$：工序 $O_{i,j}$ 的开始时间，$i=1,2,\cdots,m$；$j=1,2,\cdots,n$。

$\delta_{i,j,q}$：0-1 变量。如果任务 j 在阶段 i 的编码顺序中排在任务 q 紧前，就为 1，否则为 0。

特别地，为了使序列中第 1 个位置上的任务满足约束（7-12）和约束（7-13），引入排在第 0 个位置的虚拟任务。

据此，上述问题可以表示为如下的数学规划模型。

$$\text{Minimize } C_{\max}$$

$$\text{s.t.} \sum_{t=1}^{n} \sum_{j=1}^{n} \sum_{m=1}^{k_j} \lambda_{i,t,j,m} = n, \forall i \tag{7-1}$$

$$\sum_{m=1}^{k_j} \lambda_{i,t,j,m} \leqslant 1, \forall j,t,i \tag{7-2}$$

$$\sum_{m=1}^{k_j} \sum_{t=1}^{n} \lambda_{i,t,j,m} = 1, \forall j,i \tag{7-3}$$

$$\sum_{j=1}^{n} \lambda_{i,t,j,m} \leqslant 1, \forall i,t,m \tag{7-4}$$

$$\sum_{t=1}^{n} \lambda_{i,t,j,m} \leqslant 1, \forall j,i,m \tag{7-5}$$

$$\sum_{j_1=1}^{n} \lambda_{i,t,j_1,m} - \sum_{j_2=1}^{n} \lambda_{i,t+1,j_2,m} \geqslant 0, j_1 \neq j_2, \forall i,t \leqslant n-1,m \tag{7-6}$$

$$\sum_{j=1}^{n}\sum_{m=1}^{k_j}\lambda_{i,t,j,m} \leqslant k_j, \forall i,t \tag{7-7}$$

$$S_{i,j} \geqslant r_j, \forall i,j \tag{7-8}$$

$$S_{i+1,j} \geqslant C_{i,j}, \forall i \leqslant s-1, j \tag{7-9}$$

$$C_{i,j} = S_{i,j} + \sum_{t=1}^{n}\sum_{m=1}^{k_j} p_{i,j} \cdot g(t) \cdot \lambda_{i,t,j,m}, \forall i,j \tag{7-10}$$

$$S_{i,j_1} + p_{i,j} \cdot g(t) \cdot \lambda_{i,t,j_1,m} - Y(1-\lambda_{i,t,j_1,m}) \leqslant S_{i,j_2} + Y(1-\lambda_{i,t+1,j_2,m})$$
$$\forall i, t \leqslant n-1, m, j_1 \neq j_2 \in n \tag{7-11}$$

$$\sum_{j=0}^{n}\delta_{i,j,q} = 0, \forall i \tag{7-12}$$

$$\sum_{q=0}^{n}\delta_{i,j,q} = 1, \forall i,j \tag{7-13}$$

$$\sum_{j=0}^{n}\delta_{i,j,q} = 1, \forall i,q \tag{7-14}$$

$$\delta_{i,j,q} + \delta_{i,q,j} \leqslant 1, \forall i, j \neq q \tag{7-15}$$

$$S_{i,j} - S_{i,q} \geqslant 0 - Y(1-\delta_{i,q,j}), \forall i,j,q \tag{7-16}$$

$$\lambda_{i,t,j,m} \in \{0,1\}, \delta_{i,j,q} \in \{0,1\}, r_j \geqslant 0, p_{i,j} \geqslant 0, C_{i,j} \geqslant 0 \tag{7-17}$$

约束(7-1)限制了每阶段各处理器上的任务数总和必须等于任务的总数量；约束(7-2)表示每阶段一个任务只能在一台处理器的一个位置处理；约束(7-3)限制了任意任务在每个阶段必须被处理且仅被处理一次；约束(7-4)定义了每阶段的每台处理器的每个位置只能对应一个任务；约束(7-5)表示每个任务只能出现在一个位置；约束(7-6)限制每阶段的每台处理器不能出现跳过某位置的情况；约束(7-7)约束了每阶段对应每个位置上的任务数总和不能超过该阶段的处理器数量；约束(7-1)~约束(7-7)保证了每个阶段任务安排的正确性以及唯一性。约束(7-8)定义了任务的开始时间不能小于其释放时间；约束(7-9)描述了同一任务在下一阶段的开始时间不能小于它在上一阶段的完成时间；约束(7-10)定义了任务的完工时间与其开始时间及实际处理时间之间的关系；约束(7-11)表示处理器同一时刻只能加工一个任务；约束(7-8)~约束(7-11)保证了任务处理的正确性。约束(7-12)~约束(7-15)保证了编码中任务的唯一性；约束(7-16)定义了编码中相邻两个任务在同一阶段其开始时间之间的关系；约束(7-12)~约束(7-16)保证了各阶段编码的正确性；约束(7-17)定义了相关变量以及参数的取值范围。

7.2.2　学习效应函数

本章使用的 3 种学习效应函数与 4.2.2 节中提出的一致,在此不再赘述。3 种学习效应函数图像如图 7-1 所示。

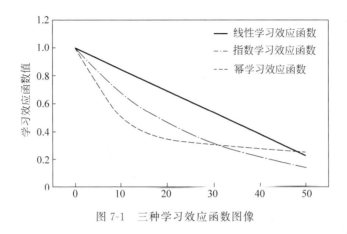

图 7-1　三种学习效应函数图像

7.3　分支定界算法

分支定界是一种用于求解 NP-难问题的隐枚举算法框架,通过系统地搜索状态空间求得小规模问题的最优解。为了提升分支定界算法的求解效率,本章基于任务释放时间的特性及学习效应的特点,分别提出了剪支规则与算法下界用于减少有效节点数量,提高算法求解速度需要说明的是,为了缩小解空间的搜索范围,问题增加了任务加工的同顺序约束,即所有任务在每一阶段的加工顺序是一致的,表示如式(7-18)所示。

$$\delta_{i,j,q} = \delta_{i+1,j,q}, 1 \leqslant i \leqslant s-1, \forall j, q \in N, j \neq q \tag{7-18}$$

7.3.1　框架设计

使用分支定界算法求解混合流水作业问题时,需要注意分支树的加工序列编码不能重复。针对各阶段内部的并行机问题,本节设计了一种新颖的节点表示方法,可以有效避免分支树中节点编号重复的出现问题,具体描述如下。

假设一个混合流水作业问题有 s 个阶段,每个阶段有 M_i 台处理器,需要处理 n 个任务。那么,每个任务在每个阶段都有 M_i 种排列方式,每个任务在所有阶段总共有 $\prod\limits_{i=1}^{s} M_i$ 种组合排列,n 个任务就有 $n \times \prod\limits_{i=1}^{s} M_i$ 种。因此,每一种排

列方式对应一个 $\left[1, n \times \prod_{i=1}^{s} M_i\right]$ 范围内的整数,相当于给所有排列方式编号。例如,一个两阶段,每个阶段有 2 台处理器,需要处理 4 个任务的混合流水问题的对应关系如图 7-2 所示。

图 7-2　任务排列方式编号示意图

从图 7-2 可知,按照这种方式进行编码,存储整数编号就可以确定任务在每个阶段处理器上的排列情况。这种节点表示方式能够大大提高算法的运算速度。

为了避免节点的重复计算,规定每个阶段第一个位置的任务必须安排在第一台处理器上加工。也就是说,当 $n = 4$ 时,在分支树的第一层,只能出现编号为 1,5,9,13 的节点。按照这种方式,分支树如图 7-3 所示。其中,第三个分支从第一层到第四层中间的四个节点组成了四个可行的编码序列 $\pi = (9, 6, 10, 1)$、$\pi = (9, 6, 10, 2)$、$\pi = (9, 6, 10, 3)$ 和 $\pi = (9, 6, 10, 4)$。算法从一个虚拟根节点开始分支,该节点不代表任何位置。根节点在第 0 层,第 i 层编号为 x 的节点表示任务 $\left[(x-1)/\prod_{i=1}^{s} M_i\right] + 1$ 按照第 $\mathrm{mod}\left[(x-1)/\prod_{i=1}^{s} M_i\right]$ 种方式排列,且遵循开始时间非递减的顺序,在编码顺序中排在第 i 个位置。

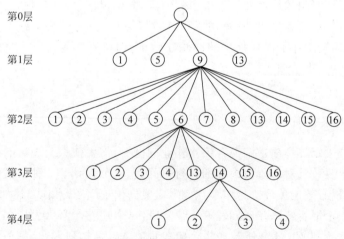

图 7-3　两处理器四任务的分支树示意图

分支定界算法的具体流程在前面的章节中已经详细说明,这里不再赘述。

7.3.2　剪支规则

考虑带有释放时间和学习效应的混合流水作业调度中的某个可行调度,若将某项已经释放的任务延迟至较晚释放任务完工之后开始处理,则必然会人为地产生较多空闲时间,导致目标函数值恶化。这种情况可以归纳为如下性质。

性质 7.1　对于某个已经固定 $j-1$ 项任务顺序的部分序列,若其紧后任务 j 满足如下条件:

$$t_{i,j} \geqslant \min_{q \in N'} \{\max\{R_{i,q}, c_{i,m}\} + p_{i,q} \cdot g([i,m]+1)\}, 1 \leqslant m \leqslant M_j, 1 \leqslant i \leqslant S$$

$$(7\text{-}19)$$

则剩余未调度任务的开始时间被延迟,目标函数值恶化。式中,N' 表示未排序作业的集合;$R_{i,q}$ 表示任务 q 在阶段 i 计算得到的新的释放时间,$R_{i,q} = r_q + \sum_{s=1}^{i-1} p_{s,q}$;$c_{i,m}$ 表示阶段 i 的第 m 台处理器的当前最大完成时间;$[i,m]$ 表示当前在阶段 i 的第 m 台处理器上的任务数,$t_{i,j} = r_j + \sum_{s=1}^{i-1}(p_{s,j}g([s,j_{\text{layer}-1}]+1))$。

显然,式(7-19)表明,若存在未排序任务 $q \in N'$ 能够在任务 j 开始之前结束其在所有处理器上的加工,则不必将任务 q 安排在任务 j 之后加工,否则将人为增加处理器空闲时间,导致目标函数值变差。因此,若分支节点满足式(7-19)的剪支条件,则被剪支。针对搜索树上的每个候选节点,利用上述剪支规则判断是否需要进行分支。剪支规则剪掉的无效节点越多,分支定界算法的搜索空间就越小,求解效率越高。

7.3.3　算法下界

在分支定界算法的分支和回溯剪支过程中,每当计算出节点的下界值不小于当前上界,该节点就会被剪掉。显然,算法下界越有效、越接近最优解,剪掉的节点数就越多。因此,对于目标函数为极小化的调度问题,设计出尽可能大的下界是十分重要的。考虑某分支节点 $\pi(j) = ([1],[2],\cdots[j])$,$j \in N$,其中前 j 项任务已经固定顺序。不失一般性,将包含未调度任务的部分序列表示为 $\pi'(j+1) = ([j+1],[j+2],\cdots,[n])$,$r_{i,h}$ 表示任务 h 在阶段 i 的释放时间,$r_{j,h} = r_h + \sum_{i'=1}^{i-1} p_{i',j}g(n)$,那么 $\pi'(j+1)$ 中的任务 h 在阶段 i 的最早可用时间 $R_{i,[h]}$ 可以表示为如下形式。

在第一阶段上,有

$$R_{1,[h]} = \max\{\min_{1 \leqslant m \leqslant M_i} \{c_{1,m}\}, r_{[h]}\}$$

在第 i 阶段上,有

$$R_{i,[h]} = \max\Big\{ \min_{1 \leqslant m \leqslant M_i} \{c_{i,m}\}, R_{i-1,[h]} + p_{i-1,[h]} \Big\}$$

式中, $h \in N'$, $i = 2, 3, \cdots, m_j$, $c_{i,m}$ 表示阶段 i 上处理器 m 的最早可用时间。显然,若不考虑任务前后处理关系的约束,则求每个阶段处理器上未调度工序的最优解问题可简化为单阶段并行机调度问题。任务 $[h]$ 在阶段 i 的完工时间的可能估计值为

$$C_{i,\langle h \rangle} \geqslant \max\Big\{ R_{i,[j+1]} + \sum_{q=j+1}^{u} \frac{p_{i,q}}{M_i} g(q), \max_{j+1 < x \leqslant u} \Big\{ r_{i,[x]} + \sum_{q=x}^{u} \frac{p_{i,q}}{M_i} g(q) \Big\} \Big\} +$$

$$\min_{q \in N'} \Big\{ \sum_{t=i+1}^{s} p_{t,q} g(q) \Big\} \tag{7-20}$$

其中,若阶段 i 是最后阶段,即 $i = s$,那么 $\min_{q \in N'} \Big\{ \sum_{t=i+1}^{s} p_{t,q} g(q) \Big\} = 0$。 在式(7-20)右边,除了 $\sum_{q=j+1}^{u} p_{i,q} g(q)/M_i$ 与序列相关,所有项都是常量,可以独立看作考虑学习效应和释放时间的并行机调度问题。松弛不可打断约束,可以应用扩展的 SRPT 规则(ESRPT)在多项式时间内解决松弛问题,该规则描述为:在任何时刻,优先调度剩余处理时间最短的可用任务,如果有处理时间小于当前任务剩余处理时间的任务到达,则抢占当前任务的处理。

任务 $[h]$ 在阶段 i 的完工时间下界表示如下:

$$C_{i,\langle h \rangle}^{\text{LB}} \geqslant \max\Big\{ R_{i,[j+1]} + \sum_{q=j+1}^{u} p_{i,q}^{\text{ESRPT}} g(a), \max_{j+1 < x \leqslant u} \Big\{ r_{i,[x]} + \sum_{q=x}^{u} p_{i,q}^{\text{ESRPT}} g(a) \Big\} \Big\} +$$

$$\min_{q \in N'} \Big\{ \sum_{t=i+1}^{s} p_{t,q} g(n) \Big\}$$

式中, $p_{i,q}^{\text{ESRPT}}$ 表示任务根据 ESRPT 排序后对应的处理时间, $g(a)$ 表示根据该阶段当前时刻的可用任务数计算学习效应值。令 $C_{i,\langle h \rangle}^{\text{ESRPT}} = \max\Big\{ R_{i,[j+1]} +$

$\sum_{q=j+1}^{u} p_{i,q}^{\text{ESRPT}} g(a), \max_{j+1 < x \leqslant u} \Big\{ r_{i,[x]} + \sum_{q=x}^{u} p_{i,q}^{\text{ESRPT}} g(a) \Big\} \Big\}$, 分支定界算法下界为

$$Z_{7.1}^{\text{LB}} = \max_{1 \leqslant i \leqslant s} \Big\{ C_{i,[n]}^{\text{ESRPT}} + \min_{j+1 < x \leqslant n} \Big\{ \sum_{s=i+1}^{S} p_{s,h} \times g(n) \Big\} \Big\} \tag{7-21}$$

为了便于理解分支定界算法的求解过程,下面给出具体数值实例。

例 7-1 考虑考虑学习效应的混合流水作业调度问题,其中包括两阶段,每个阶段包括 2 台处理器 $\{M_1, M_2\}$,5 项任务 $\{J_1, J_2, J_3, J_4, J_5\}$,目标函数为极小化 $C_{\max}$。学习效应函数为 $g_1(t) = 1.1 - 0.1(t-1)$。任务的释放时间 r_j,处理时间 $p_{i,j}$ 如下所示:

	M_1	M_2	r_j
J_1	6	2	0
J_2	10	5	4
J_3	3	5	0
J_4	5	4	8
J_5	4	10	6

图 7-4 是下界算法的调度甘特图。从图中数据计算可得：$\mathrm{LB}_1 = 16$，$\mathrm{LB}_2 = 21.25$，$\mathrm{LB} = \min\{\mathrm{LB}_1, \mathrm{LB}_2\} = 21.25$。

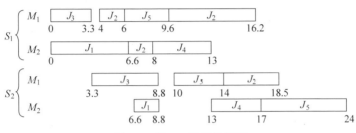

图 7-4　例 7-1 下界甘特图

7.3.4　算法流程

为了描述算法方便，给出如下符号定义：Z^{UB} 表示当前最好上界值，$Z^{\mathrm{LB}}_{\tau,j}$ 表示任务 j 在第 τ 层的下界值，$G_{\tau,h}$ 是在第 $\tau-1$ 层搜索树中包括节点 h 全部有效后继节点的集合，式中，$1 \leqslant j \leqslant n$；$1 \leqslant h$；$\tau \leqslant n$。该分支定界算法的伪代码如伪代码 7-1 所示。

伪代码 7-1　分支定界算法伪代码

1	**开始**
2	令 $\tau=0$，$N'=N$，$G_{0,h}=\varnothing$，$Z^{\mathrm{LB}}_{0,j}=0$；
3	通过 GSPT 规则计算初始上界 Z^{UB}_0，令 $Z^{\mathrm{UB}}=Z^{\mathrm{UB}}_0$
4	**While**
5	令 $\tau=\tau+1$
6	**If** $\tau \leqslant n-1$
7	**For** $j \in N'$
8	若满足剪支条件，令 $Z^{\mathrm{LB}}_{0,j}=\infty$
9	**If** j 未被剪支
10	$G_{\tau-1,h}=G_{\tau-1,h}\cup j$；
11	**End if**

12	计算每个有效节点 j 的下界值 $Z_{\tau,j}^{\text{LB}}$
13	**If** $Z_{\tau,j}^{\text{LB}} \geq Z^{\text{UB}} \,\&\, j \in G_{\tau-1,h}$
14	**Break**
15	**Else**
16	对于所有满足 $Z_{\tau,j}^{\text{LB}} < Z^{\text{UB}}$ 的节点 $j,j \in N'$,将其按照下界从小到大的顺序加入集合 $G_{\tau-1}$ 若存在多个候选节点具有相同的最小下界值,则优先选择任务可用时间早的节点排在前面。
17	**End if**
18	**If** $G_{\tau-1} = \varnothing$
19	**If** $\tau = 1$
20	算法终止,当前的上界对应的序列就是最优解
21	**Else**
22	$\tau = \tau - 1, N' = N' + \{\pi(\tau)\}$
23	**End if**
24	**Else**
25	选择 $G_{\tau-1}$ 中的第一个节点 j,即下界最小的一个节点,将其从 $G_{\tau-1}$ 中删除,加入到序列 π 中 $\pi(\tau) = j, N' = N' - \{j\}$
26	**End if**
27	**End for**
28	**Else**
29	计算两个可行解的目标函数值 $Z_{\pi(n-1),1}^{\text{UB}}$ 和 $Z_{\pi(n-1),2}^{\text{UB}}$
30	**If** $Z^{\text{UB}} > Z_{\pi(n-1)^*}^{\text{UB}} = \min\{Z_{\pi(n-1),1}^{\text{UB}}, Z_{\pi(n-1),2}^{\text{UB}}\}$
31	$Z^{\text{UB}} = Z_{\pi(n-1)^*}^{\text{UB}}$
32	用新上界剪支:对于每个层次 $1 \leqslant \tau \leqslant n$ 的每个有效节点 $j \in G_{\tau-1}$,若满足 $Z_{\tau,j}^{\text{LB}} < Z^{\text{UB}}$,则将其从集合 $G_{\tau-1}$ 中删除
33	**End if**
34	**End if**
35	**End while**
36	结束

　　为了便于对分支定界算法求解过程的理解,下面给出数值实例加以说明。

　　例 7-2 考虑学习效应的混合流水作业调度问题,其中包括两个阶段,每个阶段包括 2 台处理器,4 项任务,目标函数为极小化 $C_{\max}$。任务的释放时间 r_j,处理时间 $p_{i,j}$ 如下所示:

	M_1	M_2	r_j
J_1	10	2	10
J_2	7	8	3
J_3	4	6	7
J_4	9	8	0

使用分支定界算法求解该问题的过程中,在第 0 层,采用 GSPTA(general shortest processing time available)启发式求得根节点处的初始上界值为 $Z_0^{\mathrm{UB}} = 23.85$。然后使用剪支规则 5 个节点,使用下界剪掉了 32 个节点。总共计算了 63 次下界,得到最优调度 {13,8,11,2},即 J_4 在阶段 1 被安排在 M_1 上,在阶段 2 被安排在 M_1 上;J_2 在阶段 1 被安排在 M_2 上,在阶段 2 被安排在 M_2 上;J_3 在阶段 1 被安排在 M_1 上,在阶段 2 被安排在 M_1;J_1 在阶段 1 被安排在 M_2 上,在阶段 2 被安排在 M_2 上。对应的目标函数值为 22.7。

7.4　双种群离散差分进化算法

虽然分支定界算法能有效地求解小规模问题,但是其本质上是基于枚举的算法,计算时间会随着任务数的增加而急剧增长。因此本节将离散差分进化算法应用于考虑学习效应的混合流水作业调度模型中,与前面章节不同的是在本节设计的 DDE 算法中应用了双种群策略,并设计了不同于前面章节的高效编解码方式。DDE 算法是一种基于种群的随机搜索算法,因此难免会陷入局部最优,为了避免上述情况,本节设计了双种群策略,其中一个种群主要负责挖掘种群最优个体,另一个种群主要负责开发种群多样性。

1. 编码与解码

DDE 算法是基于种群进化的优化算法,种群中包含许多个体,每个个体对应着解空间中的某个解。DDE 算法中的变异、交叉和选择操作都是针对种群中的个体而言的。由于混合流水作业调度模型的特殊性,在前面章节中使用的基于个体的编解码方式不再适用于本章节,因此需要针对混合流水作业调度模型设计一种有效且正确的编解码方式。

本节用矩阵来表示混合流水作业加工序列中的个体,其中,矩阵的行表示某个阶段内任务的加工序列,矩阵的列表示任务编号。具体地,设矩阵 $A_{s \times n}$ 表示一个个体,其表达式如下所示:

$$\boldsymbol{A}_{s\times n} = \begin{bmatrix} a_{11} & a_{12} & \cdots & a_{1n} \\ a_{21} & a_{22} & \cdots & a_{2n} \\ \vdots & \vdots & & \vdots \\ a_{s1} & a_{s2} & \cdots & a_{sn} \end{bmatrix}$$

矩阵中的每一行对应混合流水作业调度问题中每一阶段的加工序列,阶段内采用直线编码的方式。编码时采用如下规则:所有处理器上的任务按照实际开始加工时间由小到大、任务所在处理器编号由小到大的顺序组成一条包含 n 个实数的序列。解码时采用如下规则:序列中越靠前的任务越早开始,相同开始时间的任务排序越靠前其所在处理器编号越小。下面通过实例说明编解码的具体过程。

例 7-3   考虑一个 $n=8, m=3$ 的算例在某一阶段编解码的过程。表 7-1 是任务的加工时间及释放时间。

表 7-1   例 7-3 加工时间及释放时间

	J_1	J_2	J_3	J_4	J_5	J_6	J_7	J_8
p	7	4	6	10	5	8	9	6
r	3	0	10	5	20	15	10	9

首先由 GSPT 启发式规则得到任务在该阶段的一个可行排序,甘特图如图 7-5 所示。按照上述编码方式,对该排序进行编码之后的实数序列为:[2,1,4,8,3,7,6,5],对其进行解码时按照 FCFS 规则及稠密排序规则即可还原出可行解。其中[2,1,4,8,3,7,6,5]是种群中一个个体的部分序列,每个个体由 s 个上述部分序列组成。

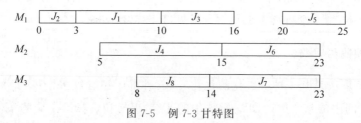

图 7-5   例 7-3 甘特图

2. 双种群初始化

为了使种群在进化过程中有较大区分度从而保持差异性,在初始化种群时生成两个种群:探索子种群和挖掘子种群。探索子种群的变异和交叉概率较大,挖掘子种群的变异和交叉概率较小。较大的变异和交叉概率有利于全局探索,从而保持种群多样性,较小的变异和交叉概率有利于局部挖掘,从而搜索更优的局部最优解。此外设置了如下的种群交流策略：两个种群每进化 I 代后,要进行种群间的信息交互,用探索子种群中最优的 K 个个体替换挖掘子种群中最差的 K 个个体,同样地,用挖掘子种群中最优的 K 个个体替换探索子种群中最差的 K 个个体。

3. 变异操作

对第一阶段的编码序列执行变异操作,变异操作与 2.5 节中的一致,这里不再赘述,变异操作的伪代码如伪代码 7-2 所示。

伪代码 7-2　HDDE 算法变异过程

输入：Population

输出：V_h^τ

1	开始
2	$\quad$ **do**{
3	$\qquad a \leftarrow \text{random}(1,\Lambda);$
4	$\qquad b \leftarrow \text{random}(1,\Lambda);$
5	$\qquad c \leftarrow \text{random}(1,\Lambda);$
6	$\qquad d \leftarrow \text{random}(1,\Lambda);$
7	$\quad$}**while**$(a,b,c,d$ 两两不同$);$
8	$\quad$/* 变异操作第一步 */
9	$\quad$**For** $j=1$ **to** n **do** $\quad$//n 为任务数
10	$\qquad x \leftarrow \text{random}(0,1);$
11	$\qquad$**If** $x<\text{MP}$ **do**
12	$\qquad\quad G_{h_1,j}^\tau = X_{a,j}^{\tau-1} - X_{b,j}^{\tau-1}; G_{h_1,j}^\tau = X_{c,j}^{\tau-1} - X_{d,j}^{\tau-1};$
13	$\qquad$**else**
14	$\qquad\quad G_{h_1,j}^\tau = 0; G_{h_2,j}^\tau = 0$
15	$\qquad$**End if**
16	$\quad$**End for**
17	$\quad$/* 变异操作第二步 */
18	$\quad$**For** $j=1$ **to** n **do**
19	$\qquad v_{h,j}^\tau = \text{mod}\{[x_{\delta,j}^{\tau-1} + (g_{h_1,j}^\tau + g_{h_2,j}^\tau) + n-1], n\} + 1;$
20	$\quad$**End for**
21	$\quad$**Return** V_h^τ
22	结束

4. 交叉操作

对第一阶段的编码序列执行交叉操作,同样地,交叉操作与 2.5 节中一致,这里不再赘述。交叉操作的伪代码如伪代码 7-3 所示。

伪代码 7-3   HDDE 算法交叉过程

输入:V_h^τ

输出:U_h^τ

1	开始
2	**For** $j=1$ **to** n **do**
3	$x \leftarrow \text{random}(0,1)$;
4	**If** $x \geqslant CP \parallel v_{h,j}^\tau$ **in** V_h^τ **do**
5	删除 $v_{h,j}^\tau \in V_h^\tau$;
6	**End if**
7	**End for**
8	$U_h^\tau \leftarrow X_h^{\tau-1}$;
9	从 U_h^τ 移除 V_h 中的任务
10	$h \leftarrow 1$;
11	**While** V_h^τ 不为空 **do**
12	随机地把 V_h^τ 分为 3 个片段;
13	随机地将 3 个片段插入 U_h^τ 中;
14	删除 U_h^τ 中重复的片段
15	$h \leftarrow h+1$;
16	**End while**
17	**Return** U_h^t
18	结束

---

5. 算法流程

双种群离散差分进化算法的算法流程可以简述为:首先对第一阶段的编码序列进行变异交叉操作,去除序列中重复的任务编号(保留第一次出现的编号),然后随机交换编码中两个序号,从而得到后续阶段的编码序列。结合以上步骤,DDE 算法的整个框架伪代码如伪代码 7-4 所示。

伪代码 7-4   HDDE 算法流程

输入:参数 Λ,CP,MP,θ,φ

输出:bestsofar

```
1    开始
         /＊初始化阶段＊/
2        Population←用分支定界算法初始化种群；
3        计算种群中每个个体的目标函数值；
4        bestsofar←当前种群中最优的目标函数值；
5        τ←0；
6        While 不满足终止条件 do
7            For h＝1 to Λ do
                 /＊变异阶段＊/
8                V_h^τ 基于个体 X_{a,j}^{τ-1}, X_{b,j}^{τ-1}, X_{c,j}^{τ-1} 变异生成；
                 /＊交叉阶段＊/
9                U_h^τ←基于个体 X_h^{τ-1}, V_h^τ 交叉生成；
14               If f(U_h^τ)＜f(X_h^{τ-1}) do
15                   X_h^τ＝U_h^τ；
16               End if
17           End for
18           For i＝2 to s do
19               随机交换第一阶段的编码序列中两个个体得到第 i 阶段编码；
20           End for
21           更新 bestsofar；
22           τ←τ＋1；
23       End while
24       Return bestsofar；
25   结束
```

7.5　GSPTA 启发式算法及问题下界

7.5.1　GSPTA 启发式算法

GSPTA 启发式算法的核心思想是优先加工先到达的任务，当有多个任务到达的时候优先加工处理时间小的任务。具体地讲，在任意时刻 t 有任务 j 到达，只要此时处理器 i 可用，那么立即安排任务 j 在处理器 i 上加工。若在某一时刻有多个任务到达，那么从中选择加工时间最短的任务加工。GSPTA 启发式算法的伪代码如伪代码 7-5 所示。

伪代码 7-5　GSPTA 启发式算法伪代码

输入：$n, s, r_j, p_{i,j}, k_j, g(t)$

输出：$C_{\max}$

1　开始

2　　　**For** $i=1$ **to** s **do**

　　　　　For $j=1$ **to** n **do**

3　　　　　　　**While** count$<n$ **do**

4　　　　　　　　　**If** 只有一个任务 j 可用

5　　　　　　　　　　将任务 j 安排到下标较小的可用处理器 m 上，按处理器 m 上此时的学习效应函数值计算任务 j 的实际处理时间，更新任务 j 的完成时间 $c_{i,j}$，处理器 m 的累计任务数加 1；

6　　　　　　　　　**End if**

7　　　　　　　　　**If** 有多个任务可用

8　　　　　　　　　　首先选择处理时长最短的任务 j，然后选择下标较小的可用处理器 m，按处理器 m 上此时的学习效应函数值计算任务 j 的实际处理时间，更新任务 j 的完成时间 $c_{i,j}$，处理器 m 的累计任务数加 1；

9　　　　　　　　　**End if**

10　　　　　　　**End while**

　　　　　End For

11　　　　　　　$r_j \leftarrow c_{i,j}$，将阶段 i 的完成时间赋值给任务 j 的释放时间；

12　　　**End for**

13　　　**Return** $C_{\max}=\max\limits_{j\in n}c_{i,j}$

14　结束

　　　为了便于理解 GSPTA 启发式算法的求解过程，下面给出具体数值实例。

　　　例 7-4　考虑带有释放时间的混合流水作业调度问题，其中包括 2 个阶段，每个阶段有 2 台处理器 $\{M_1, M_2\}$，5 项任务 $\{J_1, J_2, J_3, J_4, J_5\}$，使用的学习效应函数为 $g_1(t)=1.1-0.1(t-1)$，目标函数为极小化 $C_{\max}$。任务的释放时间 r_j，处理时间 $p_{i,j}$ 如下所示：

	S_1	S_2	r_j
J_1	6	2	1
J_2	10	3	6
J_3	3	5	0
J_4	5	4	6
J_5	4	10	6

按照 SPTA 规则,在第一阶段,将 J_3 安排到 M_1 上加工,此时学习效应函数值是 $1.1,p_{1,3}=3$,因此实际处理时间是 3.3。接下来 J_1 在时刻 1 到达,将 J_1 安排到 M_2 上处理,$p_{1,1}=6$,因此实际处理时间是 6.6。依次类推,将 J_5 和 J_2 安排在 M_1 上处理,J_4 安排在 M_2 上处理。任务完成第一阶段的处理后,继续按照 SPTA 规则,进行第二阶段的处理,即将 J_3 和 J_5 安排在 M_1 上处理,J_1、J_4 和 J_2 安排在 M_2 上处理,GSPTA 启发式调度甘特图如图 7-6 所示,最终得到目标函数值为 21.7。

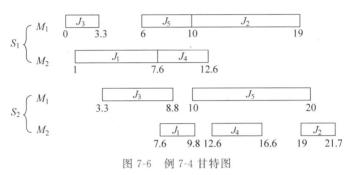

图 7-6　例 7-4 甘特图

7.5.2　问题下界

本节使用的下界基于 7.3.2 节中提出的下界思想,松弛掉任务处理不可中断的约束,对于每个阶段都求得一个下界,最后各个阶段的下界值取大即为问题下界值。具体表示如下:

$$Z_{7.2}^{\mathrm{LB}} = \max_{1 \leqslant i \leqslant s} \left\{ \sum_{k=1}^{M_j} \left(R_{i,[x]}^k + \sum_{u=x}^{h} p_{i,[u],k}^{\mathrm{SRPT}} g([u]) \right) / M_j + \min_{l \in N'} \left\{ \sum_{s=i+1}^{S} p_{s,l} g(n) \right\} \right\}$$

$$(7\text{-}22)$$

7.6　数值仿真实验

为了验证分支定界算法、智能优化算法及启发式算法的有效性,本节设计了不同规模的数值仿真实验,用于测试所提出算法的求解性能。所有参与测试的算法采用 C++ 语言编写运行,测试环境为 Intel Core i5-8300 CPU、8GB 内存、Windows 10 操作系统。输入数据 p_{ij} 和 r_j 的生成方式与 2.6 节中保持一致,在此不再赘述。测试结果及相关数据展示如下。

7.6.1　分支定界算法测试

为了验证上述分支定界算法的有效性,设计了如下数值仿真实验。实验时,阶段数固定为 $s=2$,每阶段处理器数量固定为 $m=2$,任务的测试规模设置为 $n=6,7,8,10,11$。由于实验规模较小,当学习效应函数为幂函数和指数函数时,它们的影响均近似于线性函数,所以本节仅针对学习效应函数为线性函数的情况进行测试,测试时使用的学习效应函数为 $g_1(t)=1-\dfrac{0.2}{n}(t-1)$。对于设定的每种测试规模$(s\times m\times n)$随机生成 5 组测试算例,分别采用本章所提出的分支定界算法与 CPLEX 求解器进行求解。从表 7-2 中展示的测试结果可以看出,分支定界算法可以求得其中约 88%(22/25)算例的最优解,其中,56%(14/25)的算例在 10s 内完成求解;而 CPLEX 求解器仅能求得其中约 60%(3/5)算例的最优解,其中,约 36%(9/25)算例在 10s 内求得最优解。可见,分支定界算法的求解能力和运行时间都要显著优于 CPLEX 求解器。

表 7-2　分支定界实验结果

	序号	目标函数值	CPLEX 时间/ms	目标函数值	B&B 时间/ms
$n=6$	1	39.166	1480	39.167	42
	2	27.933	740	27.933	33
	3	42.133	2010	42.133	93
	4	38.933	2240	38.933	186
	5	37.900	840	37.900	25
$n=7$	1	44.729	17 780	44.729	5407
	2	45.314	5720	45.314	34
	3	48.000	9520	48.000	1231
	4	36.071	2360	36.071	76
	5	49.071	5130	49.071	302
$n=8$	1	41.500	15 230	41.500	3227
	2	47.775	138 320	47.775	34 341
	3	46.675	335 584	46.675	23 780
	4	49.350	127 030	49.350	8325
	5	43.950	80 447	43.950	293
$n=10$	1	49.900	600 000	49.280	457 955
	2	56.000	600 000	55.760	413 212
	3	58.320	600 000	57.780	6187
	4	54.780	600 000	54.740	289 534
	5	64.760	600 000	64.740	207 957

续表

	序号	目标函数值	CPLEX 时间/ms	目标函数值	B&B 时间/ms
	1	69.536	600 000	56.873	600 000
	2		600 000	47.900	296 616
$n=11$	3	95.664	600 000	54.736	600 000
	4		600 000	53.691	573 150
	5		600 000	56.873	600 000

7.6.2　双种群离散差分进化算法仿真实验

在双种群离散差分进化算法的数值仿真实验中,任务的处理时间 $p_{i,j}$ 由离散均匀分布[1,10]随机生成。释放时间 r_j 由离散均匀分布[0,n]随机生成。不失一般性,保证其中至少有一项任务的释放时间为零。测试时使用的 3 种学习效应函数分别为 $g_1(t)=1.1-0.9\times t/n$,$g_2(t)=(t+1)^{-0.5}$ 和 $g_3(t)=0.95^{t-1}$。处理器与阶段数的测试规模分别设置为 $m=3,s=3$,任务数的测试规模设置为 $n=100,160,220,280$。对于设定的每种测试规模($s\times m\times n$),分别生成 10 组测试数据(包括处理时间和释放时间)。针对每组测试数据,智能优化算法分别进行 5 次重复独立实验。为了验证算法的有效性,采用了 RDP (RDP=$\dfrac{Z^H-Z^*}{Z^*}\times100\%$),式中,$Z^H$ 表示算法求得的最终值;Z^* 表示该组测试数据 5 次重复独立实验中所有 Z^H 值中的最好值。下面的数据表格中记录了 3 种学习效应函数下最终实验结果的平均值,其中表 7-3~表 7-5 为 3 种学习效应函数下,双种群(two-population)离散差分进化(TPDDE)算法与 DDE 算法和 PSO 算法的对比实验统计结果,表 7-6 是各算法在 3 种学习效应函数下统计结果的平均值汇总。

表 7-3　线性学习效应函数统计结果　　　　　%

	n	100	160	220	280
	MRDP	1.95	3.23	1.03	0.33
	MaxRDP	4.69	7.79	2.97	2.15
DDE	MinRDP	0.00	0.00	0.00	0.00
	SD	1.54	2.32	1.09	0.65

	n	100	160	220	280
TPDE	MRDP	0.61	0.14	0.31	0.70
	MaxRDP	4.82	1.40	1.33	3.08
	MinRDP	0.00	0.00	0.00	0.00
	SD	1.44	0.42	0.46	0.87
PSO	MRDP	26.53	28.35	27.50	4.01
	MaxRDP	30.62	33.70	36.77	7.91
	MinRDP	19.77	24.31	21.22	0.02
	SD	3.66	2.72	4.35	2.77

表 7-4　幂函数学习效应函数统计结果　　　　　　　　　　　　%

	n	100	160	220	280
DDE	MRDP	1.66	2.09	0.76	1.58
	MaxRDP	4.96	5.42	1.79	4.10
	MinRDP	0.00	0.00	0.00	0.00
	SD	1.94	1.56	0.62	1.33
TPDE	MRDP	0.85	0.29	0.42	0.45
	MaxRDP	3.94	2.76	3.12	1.79
	MinRDP	0.00	0.00	0.00	0.00
	SD	1.39	0.82	0.95	0.69
PSO	MRDP	17.28	20.41	19.42	5.24
	MaxRDP	21.19	30.95	24.55	11.56
	MinRDP	10.58	13.36	16.54	0.00
	SD	3.56	4.96	2.61	3.46

表 7-5　指数学习效应函数统计结果　　　　　　　　　　　　%

	n	100	160	220	280
DDE	MRDP	2.52	1.77	1.84	1.94
	MaxRDP	10.06	7.40	7.15	4.64
	MinRDP	0.00	0.00	0.00	0.00
	SD	3.34	2.52	2.27	1.69

续表

	n	100	160	220	280
	MRDP	0.60	0.65	0.56	0.51
TPDE	MaxRDP	2.61	3.58	2.04	3.13
	MinRDP	0.00	0.00	0.00	0.00
	SD	0.97	1.26	0.76	0.97
	MRDP	19.72	21.91	24.07	5.63
PSO	MaxRDP	28.28	29.54	30.04	11.71
	MinRDP	13.39	13.73	16.57	0.00
	SD	4.67	4.18	4.48	4.35

表 7-6　不同学习效应函数下实验结果的平均值　　　　　　%

	平均值			
	MRDP	MaxRDP	MinRDP	SD
DDE	1.73	5.26	0.00	1.73
TPDE	0.51	2.88	0.00	0.96
PSO	13.16	14.13	2.18	1.35

在表 7-3 ～ 表 7-6 中，MRDP、MinRDP、MaxRDP 和 SD 分别表示平均 RDP、最小 RDP、最大 RDP 和标准差。TPDDE 算法的 MRDP 值明显优于 DDE 算法和 PSO 算法。例如，TPDDE 算法 3 种学习效应函数下的平均 MRDP 值只有 0.51%，而 DDE 算法和 PSO 算法的平均 MRDP 值分别为 1.73% 和 13.16%；而且，TPDDE 算法的平均 SD 值更小，这体现了 TPDDE 算法的稳定性。

7.6.3　启发式算法仿真实验

在 GSPTA 启发式算法的数值仿真实验中，处理器与阶段数的测试规模分别设置为 $m=3$，$s=2$，任务数的测试规模设置为 $n=300,400,500,600$。对于设定的每种测试规模 $(m \times n \times s)$，分别生成 10 组测试数据 (包括处理时间和释放时间)。针对每组测试数据，记录启发式算法与问题下界之间的 GAP(GAP $=$ $\dfrac{Z^{\text{obj}} - Z^{\text{LB}}}{Z^{\text{LB}}} \times 100\%$)，式中，$Z^{\text{obj}}$ 与 Z^{LB} 分别表示启发式算法得到的目标函数值跟下界值。在每种测试规模下，计算得出 10 组测试数据的平均 GAP 值作为该规模的最终结果统计值。实验结果如表 7-7 ～ 表 7-9 所示。

表 7-7　线性学习效应函数 GAP 值　　　　　　　　　　　　　　　%

$m=3$	$s=2$	$s=3$	$s=5$
$n=300$	5.67	7.22	7.77
$n=400$	6.00	7.20	7.05
$n=500$	5.32	6.53	6.21
$n=600$	4.99	5.99	6.24

表 7-8　幂学习效应函数 GAP 值　　　　　　　　　　　　　　　%

$m=3$	$s=2$	$s=3$	$s=5$
$n=300$	1.60	1.73	1.93
$n=400$	2.53	1.17	1.22
$n=500$	1.23	1.39	1.02
$n=600$	1.30	1.33	1.08

表 7-9　指数学习效应函数 GAP 值　　　　　　　　　　　　　　　%

$m=3$	$s=2$	$s=3$	$s=5$
$n=300$	2.34	2.08	2.72
$n=400$	1.99	2.15	1.26
$n=500$	0.71	1.18	1.16
$n=600$	0.61	1.03	1.25

观察实验结果可知,对于给定的阶段数,随着任务数量的增加,GAP 值基本呈现递减的趋势,上述现象表明随着任务数量的增加,GSPTA 启发式算法求得的解与下界值越来越接近,说明 GSPTA 启发式算法是逐步收敛的,具有渐近最优性。例如,在表 7-8 中,阶段数 $s=2$,当任务数由 300 增加到 600 时,GAP 值由 2.34% 减小到 0.61%,说明在阶段数一定的情况下,随着任务数的增加,GSPTA 启发式算法的求解值会逐渐趋近于最优解。在实际生产中,对于给定的阶段数,当任务规模比较大时,使用 GSPTA 启发式算法可以在短时间内得到一个接近于最优解的次优解。但是对于给定的任务数,随着阶段数的增加,GAP 值呈现出了递增的趋势。例如,在表 7-8 中,任务数 $n=600$,当阶段数由 2 增加到 5 时,GAP 值由 0.61% 增加到 1.25%。造成这个现象的原因是当任务数固定时,随着阶段数的增加,由于工序之间的影响导致的间隙会越来越大,从而使得 GAP 值呈发散趋势。

7.7　本章小结

本章研究了考虑学习效应的流水作业调度模型,其中优化目标为极小化最大完工时间;提出 GSPTA 启发式算法近似求解大规模问题,数值实验显示了启发式算法的性能。针对小规模问题,设计了 B&B 算法进行精确求解,其中基于可中断的下界以及剪支策略显著缩小了搜索空间。数值实验证实 B&B 算法的性能明显优于 CPLEX 求解器。针对中等规模问题,采用双种群离散差分进化算法求得高质量可行解。对比实验验证了算法的有效性。

参 考 文 献

AGNETIS A,MIRCHANDANI P B,PACCIARELLI D,et al. 2004. Scheduling problems with two competing agents[J]. Operations Research,52: 229-242.

AMIRIAN H,SAHRAEIAN R. 2015. Augmented ε-constraint method in multi-objective flowshop problem with past sequence set-up times and a modified learning effect[J]. International Journal of Production Research,53: 5962-5976.

ANDRADE C E,SILVA T,PESSOA L S. 2019. Minimizing flowtime in a flowshop scheduling problem with a biased random-key genetic algorithm[J]. Expert Systems with Applications,128: 67-80.

AQIL S,ALLALI K. 2020. Local search metaheuristic for solving hybrid flow shop problem in slabs and beams manufacturing[J]. Expert Systems with Applications,162: 113716.

AQIL S,ALLALI K. 2021. Two efficient nature inspired meta-heuristics solving blocking hybrid flow shop manufacturing problem [J]: Engineering Applications of Artificial Intelligence,100: 104196.

BACHMAN A,JANIAK A. 2004. Scheduling jobs with position-dependent processing times [J]. Journal of the Operational Research Society,55: 257-264.

BAI D Y. 2015. Asymptotic analysis of online algorithms and improved scheme for the flow shop scheduling problem with release dates[J]. International Journal of Systems Science, 46(11): 1994-2005.

BAI D Y,BAI X Y,YANG J,et al. 2021. Minimization of maximum lateness in a flowshop learning effect scheduling with release dates[J]. Computers & Industrial Engineering, 158: 107309.

BAI D Y,DIABAT A,WANG X Y,et al. 2021. Competitive bi-agent flowshop scheduling to minimise the weighted combination of makespans[J]. International Journal of Production Research,1-22.

BAI D Y,DIABAT A,WANG X Y,et al. 2022. Competitive bi-agent flowshop scheduling to minimise the weighted combination of makespans[J]. International Journal of Production Research,60(22): 6750-6771.

BAI D Y,LIANG J H,LIU B Q,et al. 2017. Permutation flow shop scheduling problem to minimize nonlinear objective function with release dates [J]. Computers & Industrial Engineering,112: 336-347.

BAI D Y,QIN H Z,ZHANG Z H. 2016. Permutation flowshop group scheduling with position-based learning effect[J]. Computers & Industrial Engineering,92: 1-15.

BAI D Y,REN T. 2013. New approximation algorithms for flow shop total completion time problem[J]. Engineering Optimization,45: 1091-1105.

BAI D Y,TANG L X. 2010. New heuristics for flow shop problem to minimize makespan[J]. Journal of the Operational Research Society,61: 1032-1040.

BAI D Y, TANG M Q, ZHANG Z H, et al. 2018. Flow shop learning effect scheduling problem with release dates[J]. Omega,78: 21-38.

BAI D Y,XUE H Y,WANG L, WU C C, et al. 2020. Effective algorithms for single-machine learning-effect scheduling to minimize completion-time-based criteria with release dates [J]. Expert Systems with Applications,156: 113445.

BAI D Y, ZHANG Z H. 2014. Asymptotic optimality of shortest processing time-based algorithms for flow shop and open shop problems with nonlinear objective function[J]. Engineering Optimization,46: 1709-1728.

BAI D Y, ZHANG Z H. 2014. Asymptotic optimality of shortest processing time-based algorithms for flow shop and open shop problems with nonlinear objective functions[J]. Engineering Optimization,46(12): 1709-1728.

BAI D Y,ZHANG Z H,ZHANG Q. 2016. Flexible open shop scheduling problem to minimize makespan[J]. Computers & Operations Research,67: 207-215.

BAI D,TANG M,ZHANG Z H,et al. 2017. Flow shop learning effect scheduling problem with release dates[J]. Omega,78: 21-38.

BAKER K R, SMITH J C. 2003. A multiple-criterion model for machine scheduling[J]. Journal of Scheduling,6: 7-16.

BEKTAŞ T,HAMZADAYI A,RUIZ R. 2020. Benders decomposition for the mixed no-idle permutation flowshop scheduling problem[J]. Journal of Scheduling,23: 513-523.

BISKUP D. 1999. Single-machine scheduling with learning considerations [J]. European Journal of Operational Research,115(1): 173-178.

BLAZEWICZ J,ECKER K H,PESCH E,et al. 2019. Handbook on scheduling[M]. 2nd ed. Berlin: Springer.

BRANDA A,CASTELLANO D,GUIZZI G,et al. 2021. Metaheuristics for the flow shop scheduling problem with maintenance activities integrated[J]. Computers & Industrial Engineering,151: 106989.

Brucker P. 1999. Scheduling algorithms[M]. Berlin: Springer.

CAI J C,LEI D M,LI M. 2021. A shuffled frog-leaping algorithm with memeplex quality for bi-objective distributed scheduling in hybrid flow shop [J]. International Journal of Production Research,59(18): 5404-5421.

CAI J C,ZHOU R,LEI D M. 2020. Dynamic shuffled frog-leaping algorithm for distributed hybrid flow shop scheduling with multiprocessor tasks[J]. Engineering Applications of Artificial Intelligence,90: 103540.

CAMPBELL H G,DUDEK R A,SMITH M L. 1970. A heuristic algorithm for the n job,m machine sequencing problem[J]. Management science,16(10): 630-637.

CARAFFA V,IANES S,BAGCHI T P,et al. 2001. Minimizing makespan in a blocking flowshop using genetic algorithms[J]. International Journal of Production Economics, 70: 101-115.

CARAFFA V, IANES S, BAGCHI T P, et al. 2013. Minimizing makespan in a blocking flowshop using genetic algorithms[J]. International Journal of Production Economics, 70: 101-115.

CARLIER J, HAOUARI M, KHARBECHE M, et al. 2010. An optimization-based heuristic for the robotic cell problem [J]. European Journal of Operational Research, 202: 636-645.

CHEN B, POTTS C N, WOEGINGER G J. 1998. A Review of Machine Scheduling: Complexity, Algorithms and Approximability [J]. Handbook of combinatorial optimization, 1: 1493-1641.

CHEN B, POTTS C N, WOEGINGER G J. 1998. A review of machine scheduling: complexity, algorithms and approximability[M]. London: Kluwer Academic Publishers.

CHEN G, SHEN Z J M. 2007. Probabilistic asymptotic analysis of stochastic online scheduling problems[J]. IIE Transactions, 39(5): 525-538.

CHEN J F, WANG L, PENG Z P. 2019. A collaborative optimization algorithm for energy-efficient multi-objective distributed no-idle flow-shop scheduling [J]. Swarm and Evolutionary Computation, 50: 100557.

CHEN P, WU C C, LEE W C. 2006. A bi-criteria two-machine flowshop scheduling problem with a learning effect[J]. Journal of the Operational Research Society, 57: 1113-1125.

CHEN T L, CHENG C Y, CHOU Y H. 2020. Multi-objective genetic algorithm for energy-efficient hybrid flow shop scheduling with lot streaming[J]. Annals of Operations Research, 290(1): 813-836.

CHEN X, MIAO Q, LIN B M T, et al. 2022. Two-machine flow shop scheduling with a common due date to maximize total early work[J]. European Journal of Operational Research, 300(2): 504-511.

CHEN X, WANG Z Y, PESCH E, et al. 2019. Two-machine flow-shop scheduling to minimize total late work: revisited[J]. Engineering Optimization, 51(7): 1268-1278.

CHENG J L, STEINER G, STEPHENSON P. 2001. A computational study with a new algorithm for the three-machine permutation flow-shop problem with release times[J]. European Journal of Operational Research, 130: 559-575.

CHENG M B, TADIKAMALLA P R, SHANG J, et al. 2015. Single machine scheduling problems with exponentially time-dependent learning effects [J]. Journal of Manufacturing Systems, 34: 60-65.

CHENG T C E, FAN B Q. 2016. Two-agent scheduling in a flowshop[J]. European Journal of Operational Research, 252(2): 376-384.

CHENG T C E, CHENG S R, WU W H, et al. 2011. A two-agent single-machine scheduling problem with truncated sum-of-processing-times-based learning considerations [J].

Computers & Industrial Engineering, 60: 534-541.

CHENG T C E, CHUNG Y H, LIAO S C, et al. 2013. Two-agent singe-machine scheduling with release times to minimize the total weighted completion time[J]. Computers & Operations Research, 40: 353-361.

CHENG T C E, LIU Z H. 2004. Parallel machine scheduling to minimize the sum of quadratic completion times[J]. IIE Transactions, 36: 11-17.

CHENG T C E, NG C T, YUAN J J. 2008. Multi-agent scheduling on a single machine with max-form criteria[J]. European Journal of Operational Research, 188: 603-609.

CHENG T C E, WANG G Q. 2000. Single machine scheduling with learning effect consideration[J]. Annals of Operations Research, 98(1): 273-290.

CHENG T C E, WU C C, CHEN J C, et al. 2013. Two-machine flowshop scheduling with a truncated learning function to minimize the makespan [J]. International Journal of Production Economics, 141: 79-86.

CHENG T C E, WU C C, LEE W C. 2008. Some scheduling problems with sum-of-processing-times-based and job-position-based learning effects[J]. Information Sciences, 178: 2476-2487.

CHENG T, WU C C, CHEN J C, et al. 2013. Two-machine flowshop scheduling with a truncated learning function to minimize the makespan [J]. International Journal of Production Economics, 141(1): 79-86.

CHENG T, WU C C, LEE W C. 2008. Some scheduling problems with deteriorating jobs and learning effects[J]. Computers & Industrial Engineering, 54(4): 972-982.

CHUNG C S, FLYNN J, KIRCA O. 2002. A branch and bound algorithm to minimize the total flow time for m-machine permutation flowshop problems[J]. International Journal of Production Economics, 79: 185-196.

CHUNG Y H, TONG L I. 2011. Makespan minimization for m-machine permutation flowshop scheduling problem with learning considerations[J]. The International Journal of Advanced Manufacturing Technology, 56: 355-367.

COFFMAN E G, LUEKER G S. 1991. Probabilistic analysis of packing and partitioning algorithms. Wiley, Chichester.

COMPANYS R, MATEO M. 2007. Different behaviour of a double branch-and bound algorithm on Fm | prmu | Cmax and Fm | block | Cmax problems [J]. Computers & Operations Research, 34: 938-953.

COMPANYS R, RIBAS I, MATEO M. 2010. Note on the behaviour of an improvement heuristic on permutation and blocking flow-shop scheduling[J]. International Journal of Manufacturing Technology and Management, 20: 331-357.

COSTA A, FERNANDEZ-VIAGAS V, FRAMINAN J M. 2020. Solving the hybrid flow shop scheduling problem with limited human resource constraint[J]. Computers & Industrial Engineering, 146: 106545.

DAVENDRA D,BIALIC-DAVENDRA M. 2013. Scheduling flow shops with blocking using a discrete self-organising migrating algorithm[J]. International Journal of Production Research,51: 2200-2218.

DAVENDRA D, ZELINKA I, BIALIC-DAVENDRA M, et al. 2012. Clustered enhanced differential evolution for the blocking flow shop scheduling problem[J]. Central European Journal of Operations Research,20: 679-717.

DE SIQUEIRA E C,SOUZA M J F,DE SOUZA S R. 2020. An MO-GVNS algorithm for solving a multiobjective hybrid flow shop scheduling problem[J]. International Transactions in Operational Research,27: 614-650.

DENG G L,XU Z H,GU X S. 2012. A discrete artificial bee colony algorithm for minimizing the total flow time in the blocking flow shop scheduling[J]. Chinese Journal of Chemical Engineering,20: 1067-1073.

DING G S,SUN S J. 2010. Single-machine scheduling problems with two agents competing for makespan[J]. Lecture notes on Computer Science,6328: 244-255.

DING J Y, SONG S J, GUPTA J N D, et al. 2015. New block properties for flowshop scheduling with blocking and their application in an iterated greedy algorithm[J]. International Journal of Production Research,54: 4759-4772.

EBERHART R,KENNEDY J. 1995. Particle swarm optimization[J]. Proceedings of the IEEE international conference on neural networks,4: 1942-1948.

ELVIKIS D, HAMACHER H W, T'KINDT V. 2011. Scheduling two agents on uniform parallel machines with makespan and cost functions[J]. Journal of Scheduling, 14: 471-481.

ENGIN O,GÜÇLÜ A. 2018. A new hybrid ant colony optimization algorithm for solving the no-wait flow shop scheduling problems[J]. Applied Soft Computing,72: 166-176.

FABRI M,RAMALHINHO H,Souza M C D,et al. 2019. The Lagrangean Relaxation for the Flow Shop Scheduling Problem with Precedence Constraints,Release Dates and Delivery Times[J]. Journal of Advanced Transportation,1-10.

FAN B Q,CHENG T C E. 2016. Two-agent scheduling in a flowshop[J]. European Journal of Operational Research,252: 376-384.

FENG Q,FAN B Q,LI S S,et al. 2014. Two-agent scheduling with rejection on a single machine[J]. Applied Mathematical Modelling,39: 1183-1193.

FERNANDEZ-VIAGAS V, LEISTEN R, FRAMINAN J M. 2016. A computational evaluation of constructive and improvement heuristics for the blocking flow shop to minimise total flowtime[J]. Expert Systems with Applications,61: 290-301.

FERNANDEZ-VIAGAS V,PEREZ-GONZALEZ P,FRAMINAN J M. 2018. The distributed permutation flow shop to minimise the total flowtime[J]. Computers & Industrial Engineering,118: 464-477.

FERNANDEZ-VIAGAS V,PEREZ-GONZALEZ P,FRAMINAN J M. 2019. Efficiency of the solution representations for the hybrid flow shop scheduling problem with makespan objective[J]. Computers & Operations Research,109: 77-88.

FERONE D, HATAMI S, GONZÁLEZ-NEIRA E M, et al. 2020. A biased-randomized iterated local search for the distributed assembly permutation flow-shop problem[J]. International Transactions in Operational Research,27(3): 1368-1391.

FU Y P,DING J L,WANG H F,et al. 2018. Two-objective stochastic flow-shop scheduling with deteriorating and learning effect in Industry 4. 0-based manufacturing system[J]. Applied Soft Computing,68: 847-855.

FU Y, WANG H, TIAN G, et al. 2018. Two-agent stochastic flow shop deteriorating scheduling via a hybrid multi-objective evolutionary algorithm[J]. Journal of Intelligent Manufacturing,30(5): 2257-2272.

GERSTL E, MOR B, MOSHEIOV G. 2019. Scheduling on a proportionate flowshop to minimise total late work[J]. International Journal of Production Research, 57 (2): 531-543.

GHEISARIHA E,TAVANA M,JOLAI F,et al. 2021. A simulation-optimization model for solving flexible flow shop scheduling problems with rework and transportation[J]. Mathematics and Computers in Simulation,180: 152-178.

GILMORE P C,GOMORY R E. 1964. Sequencing a one state-Variable Machine: A Solvable case of the Traveling Salesman problem[J]. Operations Reasearch,12(5): 655-679.

GLOCK C H,JABER M Y. 2013a. A multi-stage production-inventory model with learning and forgetting effects,rework and scrap[J]. Computers & Industrial Engineering,64: 708-720.

GLOCK C H, JABER M Y. 2013b. Learning effects and the phenomenon of moving bottlenecks in a two-stage production system[J]. Applied Mathematical Modelling,37: 8617-8628.

GLOCK C H, JABER M Y, ZOLFAGHARI S. 2012. Production planning for a ramp-up process with learning in production and growth in demand[J]. International Journal of Production Research,50: 5707-5718.

GMYS J,MEZMAZ M,MELAB N,et al. 2020. A computationally efficient Branch-and-Bound algorithm for the permutation flow-shop scheduling problem[J]. European Journal of Operational Research,284(3): 814-833.

GONG D W,HAN Y Y,SUN J Y. 2018. A novel hybrid multi-objective artificial bee colony algorithm for blocking lot-streaming flow shop scheduling problems[J]. Knowledge-Based Systems,148: 115-130.

GONG G L, CHIONG R, DENG Q W, et al. 2020. Energy-efficient flexible flow shop scheduling with worker flexibility[J]. Expert Systems with Applications,141: 112902.

GONG H,TANG L X,DUIN C W. 2010. A two-stage flow shop scheduling problem on a batching machine and a discrete machine with blocking and shared setup times[J].

Computers & Operations Research,37：960-969.

GRABOWSKI J,PEMPERA J. 2007. The permutation flow shop problem with blocking. A tabu search approach[J]. Omega,35：302-311.

GRABOWSKI J, SKUBALSKA E, SMUTNICKI C. 1983. On flow shop scheduling with release and due dates to minimize maximum lateness[J]. Journal of the Operational Research Society,34：615-620.

GRAHAM R L,LAWLER E L,LENSTRA J K,et al. 1977. Optimization and approximation in deterministic sequencing and scheduling：a survey [J]. Annals of Discrete Mathematics,5：287-326.

GRAHAM R L,LAWLER E L,LENSTRA J K,et al. 1979. Optimization and approximation in deterministic sequencing and scheduling：a survey [J]. Annals of Discrete Mathematics,5：287-326.

GROSSE E H,GLOCK C H. 2015a. The effect of worker learning on manual order picking processes[J]. International Journal of Production Economics,170：882-890.

GROSSE E H,GLOCK C H,JABER M Y. 2013. The effect of worker learning and forgetting on storage reassignment decisions in order picking systems[J]. Computers & Industrial Engineering,66：653-662.

GROSSE E H, GLOCK C H, MüLLER S. 2015b. Production economics and the learning curve：A meta-analysis[J]. International Journal of Production Economics,170：401-412.

GU M,LU X,GU J. 2019. An approximation algorithm for multi-agent scheduling on two uniform parallel machines[J]. Optimization Letters,13：907-933.

GUPTA J N. 1972. Heuristic algorithms for multistage flowshop scheduling problem[J]. AIIE Transactions,4(1)：11-18.

HALL N G,SRISKANDARAJAH C. 1996. A survey of machine scheduling problems with blocking and no-wait in process[J]. Operations Research,44：510-525.

HAMZADAYI A. 2020. An effective benders decomposition algorithm for solving the distributed permutation flowshop scheduling problem [J]. Computers & Operations Research,123：105006.

HAN Y Y, GONG D W, LI J Q, et al. 2016. Solving the blocking flow shop scheduling problem with makespan using a modified fruit fly optimization algorithm [J]. International Journal of Production Research,54：6782-6797.

HAN Y Y, GONG D W, SUN X Y. 2015. A discrete artificial bee colony algorithm incorporating differential evolution for the flow-shop scheduling problem with blocking [J]. Engineering Optimization,47：927-946.

HAN Y Y,LI J Q,SANG H Y,et al. 2020. Discrete evolutionary multi-objective optimization for energy-efficient blocking flow shop scheduling with setup time[J]. Applied Soft Computing,93：106343.

HAN Y Y,LIANG J J,PAN Q K,et al. 2013. Effective hybrid discrete artificial bee colony algorithms for the total flowtime minimization in the blocking flowshop problem[J]. The International Journal of Advanced Manufacturing Technology,67: 397-414.

HAN Y Y,PAN Q K,LI J Q,et al. 2012. An improved artificial bee colony algorithm for the blocking flowshop scheduling problem [J]. The International Journal of Advanced Manufacturing Technology,60: 1149-1159.

HASANI A,HOSSEINI S M H. 2020. A bi-objective flexible flow shop scheduling problem with machine-dependent processing stages: Trade-off between production costs and energy consumption[J]. Applied Mathematics and Computation,386: 125533.

HE H Y. 2016. Minimization of maximum lateness in an m-machine permutation flow shop with a general exponential learning effect[J]. Computers & Industrial Engineering,97: 73-83.

HEATHCOTE A,BROWN S,MEWHORT D J K. 2000. The power law repealed: The case for an exponential law of practice[J]. Psychonomic bulletin & review,7(2): 185-207.

HERMELIN D,KUBITZA J M,SHABTAY D,et al. 2019. Scheduling two agents on a single machine: A parameterized analysis of NP-hard problems[J]. Omega,83(3): 275-286.

HOLLAND J H. 1992. Adaptation in natural and artificial systems [J]. Ann Arbor, 6: 126-137.

HUANG J P, PAN Q K, GAO L. 2020. An effective iterated greedy method for the distributed permutation flowshop scheduling problem with sequence-dependent setup times[J]. Swarm and Evolutionary Computation,59: 100742.

HUANG Y Y,PAN Q K,HUANG J P,et al. 2021. An improved iterated greedy algorithm for the distributed assembly permutation flowshop scheduling problem[J]. Computers & Industrial Engineering,152: 107021.

IRAVANI S M R,TEO C P. 2005. Asymptotically optimal schedules for single-server flow shop problems with setup costs and times [J]. Operations Research Letters, 33 (4): 421-430.

JABER M Y. 2006. Learning and forgetting models and their applications[J]. Handbook of industrial and systems engineering,30: 30-127.

JABER M Y, GLOCK C H. 2013. A learning curve for tasks with cognitive and motor elements[J]. Computers & Industrial Engineering,64: 866-871.

JABER M Y, GUIFFRIDA A L. 2004. Learning curves for processes generating defects requiring reworks[J]. European Journal of Operational Research,159: 663-672.

JANIAK A,RUDEK R. 2010. A note on a makespan minimization problem with a multi-ability learning effect[J]. Omega,38: 213-217.

JEONG B J,KIM Y D,SHIM S O. 2020. Algorithms for a two-machine flowshop problem with jobs of two classes[J]. International Transactions in Operational Research,27(6): 3123-3143.

JIANG E D,WANG L. 2019. An improved multi-objective evolutionary algorithm based on decomposition for energy-efficient permutation flow shop scheduling problem with sequence-dependent setup time[J]. International Journal of Production Research,57(6): 1756-1771.

JIANG E D,WANG L,WANG J J. 2021. Decomposition-based multi-objective optimization for energy-aware distributed hybrid flow shop scheduling with multiprocessor tasks[J]. Tsinghua Science and Technology,26(5): 646-663.

JING X L,PAN Q K,GAO L,et al. 2020. An effective Iterated Greedy algorithm for the distributed permutation flowshop scheduling with due windows [J]. Applied soft computing,96: 106629.

JONSON S M. 1954. Optimal two- and three-state production schedules with setup times included[J]. Naval Research Logistics Quarterly,1: 61-68.

KAMINSKY P. 2003. The effectiveness of the longest delivery time rule for the flow shop delivery time problem[J]. Naval Research Logistics (NRL),50(3): 257-272.

KAMINSKY P,SIMCHI-LEVI D. 1998. Probabilistic analysis and practical algorithms for the flow shop weighted completion time problem[J]. Operations Research,46(6): 872-882.

KAMINSKY P,SIMCHI-LEVi D. 2001. Asymptotic analysis of an on-line algorithm for the single machine completion time problem with release dates[J]. Operations Research Letters,29: 141-148.

KAMINSKY P,SIMCHI-LEVI D. 2001. The asymptotic optimality of the SPT rule for the flow shop mean completion time problem[J]. Operations Research,49(2): 293-304.

Kaminsky P,Simchi-Levi D. 2003. Production and distribution lot sizing in a two stage supply chain[J]. IIE Transactions,35: 1065-1075.

KARABATI S,KOUVELIS P. 1993. The permutation flow shop problem with sum-of-completion times performance criterion[J]. Naval Research Logistics (NRL),40(6): 843-862.

KARABOGA D. 2005. An idea based on honeybee swarm for numerical optimization[R]. Technical Report,Erciyes University.

KENNETH R,BAKER J,COLE S. 2003. A multiple-criterion model for machine scheduling [J]. Journal of Scheduling,6(1).

KHORASANIAN D,MOSLEHI G. 2012. An iterated greedy algorithm for solving the blocking flow shop scheduling problem with total flow time criteria[J]. International Journal of Industrial Engineering & Production Research,23: 301-308.

KIM H J,LEE J H. 2019. Three-machine flow shop scheduling with overlapping waiting time constraints[J]. Computers & Operations Research,101: 93-102.

KOMAKI G M,SHEIKH S,MALAKOOTI B. 2019. Flow shop scheduling problems with assembly operations: a review and new trends[J]. International Journal of Production Research,57(10): 2926-2955.

KOULAMAS C. 2020. The proportionate flow shop total tardiness problem[J]. European

Journal of Operational Research,284(2): 439-444.

KOULAMAS C,KYPARISIS G J. 2000. Asymptotically optimal linear time algorithms for two-stage and three-stage flexible flow shops[J]. Naval Research Logistics (NRL),47 (3): 259-268.

KOULAMAS C,KYPARISIS G J. 2005. Algorithms with performance guarantees for flow shops with regular objective functions[J]. IIE Transactions,37: 1107-1111.

KOULAMAS C, KYPARISIS G J. 2007. Single-machine and two-machine flowshop scheduling with general learning functions [J]. European Journal of Operational Research,178: 402-407.

KOULAMAS C, KYPARISIS G J. 2021. The no-wait flow shop with rejection [J]. International Journal of Production Research,59(6): 1852-1859.

KOVALEV S,KOVALYOV M Y,MOSHEIOV G,et al. 2019. Semi-V-shape property for two-machine no-wait proportionate flow shop problem with TADC criterion [J]. International Journal of Production Research,57(2): 560-566.

KOVALYOV M Y,OULAMARA A,SOUKHAL A. 2015. Two-agent scheduling with agent specific batches on an unbounded serial batching machine[J]. Journal of Scheduling,18: 423-434.

KUO W H,HSU C J,YANG D L. 2012. Worst-case and numerical analysis of heuristic algorithms for flowshop scheduling problems with a time-dependent learning effect[J]. Information Sciences,184: 282-297.

KYPARISIS G J,KOULAMAS C. 2006. Flexible flow shop scheduling with uniform parallel machines[J]. European Journal of Operational Research,168(3): 985-997.

LAI P J,LEE W C. 2011. Single-machine scheduling with general sum-of-processing-time-based and position-based learning effects[J]. Omega,39: 467-471.

LAWLER E L,LENSTRA J K,KAN A H G R. 1982. Recent developments in deterministic sequencing and scheduling: a survey[J]. Deterministic and Stochastic Scheduling,84: 35-73.

LEE J Y,Y KIM. 2017. Minimizing Total Tardiness in a two-machine flowshop scheduling problem with availability constraint on the first machine[J]. Computers and Industrial Engineering,114: 22-30.

LEE W C,CHEN S K,CHEN C W,et al. 2011. A two-machine flowshop problem with two agents[J]. Computers & Operations Research,38: 98-104.

LEE W C, CHUNG Y H. 2013. Permutation flowshop scheduling to minimize the total tardiness with learning effects[J]. International Journal of Production Economics,141 (1): 327-334.

LEE W C,CHUNG Y H,HU M C. 2012. Genetic algorithms for a two-agent single-machine problem with release time[J]. Applied Soft Computing,12: 3580-3589.

LEE W C,CHUNG Y H,WANG J Y. 2016. A parallel-machine scheduling problem with two competing agents[J]. Engineering Optimization,49(6): 962-975.

LEE W C,SHIAU Y R,CHEN S K,et al. 2010. A two-machine flowshop scheduling problem with deteriorating jobs and blocking[J]. International Journal of Production Economics, 124: 188-197.

LEE W C,WU C C. 2004. Minimizing total completion time in a two-machine flowshop with a learning effect[J]. International Journal of Production Economics,88: 85-93.

LEE W C,WU C C,HSU P H. 2010. A single-machine learning effect scheduling problem with release times[J]. Omega,38: 3-11.

LEI D M,GUO X P. 2015. A shuffled frog-leaping algorithm for hybrid flow shop scheduling with two agents[J]. Expert Systems with Applications,42(23): 9333-9339.

LEI D M,SU B,LI M. 2021. Cooperated teaching-learning-based optimisation for distributed two-stage assembly flow shop scheduling [J]. International Journal of Production Research,59(23): 7232-7245.

LENSTRA J K,KAN A H G R,BRUCKER P. 1977. Complexity of machine scheduling problems[J]. Annals of discrete mathematics,1: 343-362.

LENSTRA J K,RINNOOY KAN A H G,BRUCKER P. 1977. Complexity of machine scheduling problems[J]. Annals of Discrete Mathematics,1: 343-362.

LEUNG J Y T,PINEDO M,WAN G H. 2010. Competitive two-agent scheduling and its applications[J]. Operations Research,58: 458-469.

LEVNER E V. 1969. Optimal planning of parts machining on a number of machines[J]. Automatin and Remote Control,12: 1972-1978.

LEVORATO M,FIGUEIREDO R,FROTA Y. 2022. Exact solutions for the two-machine robust flow shop with budgeted uncertainty [J]. European Journal of Operational Research,300(1): 46-57.

LI C L,CHENG T C E. 1994. An economic production quantity model with learning and forgetting considerations[J]. Production and Operations Management,3: 118-132.

LI G,LI N,SAMBANDAM N,GERSTL S P,et al. 2018. Flow shop scheduling with jobs arriving at different times [J]. International Journal of Production Economics, 206: 250-260.

LI G,WANG X Y,WANG J B,et al. 2013. Worst case analysis of flow shop scheduling problems with a time-dependent learning effect[J]. International Journal of Production Economics,142: 98-104.

LI H,GAJPAL Y,BECTOR C R. 2017. A survey of due-date related single-machine with two-agent scheduling problem[J]. Journal of Industrial and Management Optimization, 13(5): 1-19.

LI J Q,PAN Q K. 2015. Solving the large-scale hybrid flow shop scheduling problem with limited buffers by a hybrid artificial bee colony algorithm[J]. Information Sciences,316: 487-502.

LI J Q,PAN Q K,GAO K Z. 2011. Pareto-based discrete artificial bee colony algorithm for multi-objective flexible job shop scheduling problems[J]. The International Journal of Advanced Manufacturing Technology,55：1159-1169.

LI J Q,PAN Q K,TASGETIREN M F. 2014. A discrete artificial bee colony algorithm for the multi-objective flexible job-shop scheduling problem with maintenance activities[J]. Applied Mathematical Modelling,38：1111-1132.

LI J Q,SONG M X,WANG L,et al. 2019. Hybrid artificial bee colony algorithm for a parallel batching distributed flow-shop problem with deteriorating jobs[J]. IEEE Transactions on Cybernetics,50(6)：2425-2439.

LI M,LEI D M,CAI J C. 2019. Two-level imperialist competitive algorithm for energy-efficient hybrid flow shop scheduling problem with relative importance of objectives[J]. Swarm and Evolutionary Computation,49：34-43.

LI S S,YUAN J J. 2020. Single-machine scheduling with multi-agents to minimize total weighted late work[J]. Journal of Scheduling,23(4)：497-512.

LI W,NAULT B R,YE H. 2019. Trade-off balancing in scheduling for flow shop production and perioperative processes[J]. European Journal of Operational Research,273(3)：817-830.

LI Y L,LI X Y,GAO L,ZHANG B,et al. 2021. A discrete artificial bee colony algorithm for distributed hybrid flowshop scheduling problem with sequence-dependent setup times [J]. International Journal of Production Research,59(13)：3880-3899.

LI Y L,LI X Y,GAO L,MEI L L. 2020. An improved artificial bee colony algorithm for distributed heterogeneous hybrid flowshop scheduling problem with sequence-dependent setup times[J]. Computers & Industrial Engineering,147：106638.

LIANG J J,PAN Q K,CHEN T J,et al. 2011. Solving the blocking flow shop scheduling problem by a dynamic multi-swarm particle swarm optimizer[J]. The International Journal of Advanced Manufacturing Technology,55：755-762.

LIBRALESSO L,FOCKE P A,SECARDIN A,et al. 2021. Iterative beam search algorithms for the permutation flowshop[J]. European Journal of Operational Research,301(1)：217-234.

LIN C C,LIU W Y,CHEN Y H. 2020. Considering stockers in reentrant hybrid flow shop scheduling with limited buffer capacity[J]. Computers & Industrial Engineering,139：106154.

LIN S W,CHENG C Y,POURHEJAZY P,et al. 2021. New benchmark algorithm for hybrid flowshop scheduling with identical machines[J]. Expert Systems with Applications,183：115422.

LIN S W, YING K C. 2013. Minimizing makespan in a blocking flowshop using a revised artificial immune system algorithm[J]. Omega,41：383-389.

LIN W C,XU J Y,BAI D Y,et al. 2019. Artificial bee colony algorithms for the order scheduling with release dates[J]. Soft Computing,23: 8677-8688.

LIN Y K, HUANG D H. 2020. Reliability analysis for a hybrid flow shop with due date consideration[J]. Reliability Engineering & System Safety,199: 105905.

LIOU J P. 2020. Dominance conditions determination based on machine idle times for the permutation flowshop scheduling problem [J]. Computers & Operations Research, 122: 104964.

LIU B,WANG L,JIN Y H. 2008. An effective hybrid PSO-based algorithm for flow shop scheduling with limited buffers[J]. Computers & Operations Research,36: 2791-2806.

LIU H, QUEYRANNE M, SIMCHI-LEVI D. 2005. On the asymptotic optimality of algorithms for the flow shop problem with release dates[J]. Naval Research Logistics (NRL),52(3): 232-242.

LIU P,YI N,ZHOU X Y,GONG H. 2013. Scheduling two agents with sum-of-processing-times-based deterioration on a single machine [J]. Applied Mathematics and Computation,219: 8848-8855.

LIU S F,WANG P F,ZHANG J C. 2018. An improved biogeography-based optimization algorithm for blocking flow shop scheduling problem[J]. Chinese Journal of Electronics, 27: 351-358.

LIU S Q,KOZAN E. 2009. Scheduling a flow shop with combined buffer conditions[J]. International Journal of Production Economics,117: 371-380.

LOGENDRAN R, SRISKANDARAJAH C. 1993. Two-machine group scheduling problem with blocking and anticipatory setups[J]. European Journal of Operational Research,69: 467-481.

LU C,GAO L, YI J, et al. 2020. Energy-efficient scheduling of distributed flow shop with heterogeneous factories: a real-world case from automobile industry in China[J]. IEEE Transactions on Industrial Informatics,17(10): 6687-6696.

LUO W C,CHEN L,ZHANG G C. 2012. Approximation schemes for two-machine flow shop scheduling with two agents[J]. Journal of Combinatorial Optimization,24: 229-239.

MAO J Y, PAN Q K, MIAO Z H, et al. 2021. An effective multi-start iterated greedy algorithm to minimize makespan for the distributed permutation flowshop scheduling problem with preventive maintenance [J]. Expert Systems with Applications, 169: 114495.

MARICHELVAM M K, GEETHA M, TOSUN Ö. 2020. An improved particle swarm optimization algorithm to solve hybrid flowshop scheduling problems with the effect of human factors-a case study[J]. Computers & Operations Research,114: 104812.

MARTINS L D C,GONZALEZ-NEIRA E M,HATAMI S,et al. 2021. Combining production and distribution in supply chains: The hybrid flow-shop vehicle routing problem[J]. Computers & Industrial Engineering,159: 107486.

MCCORMICK S T,PINEDO M L,SHENKER S,et al. 1989. Sequencing in an assembly line with blocking to minimize cycle time[J]. Operations Research,37: 925-935.

MENG L L,ZHANG C Y,SHAO X Y,et al. 2019. Mathematical modelling and optimisation of energy-conscious hybrid flow shop scheduling problem with unrelated parallel machines[J]. International Journal of Production Research,57(4): 1119-1145.

MENG L L,ZHANG C Y,SHAO X Y,et al. 2020. More MILP models for hybrid flow shop scheduling problem and its extended problems[J]. International Journal of Production Research,58: 3905-3930.

MENG T,PAN Q K. 2021. A distributed heterogeneous permutation flowshop scheduling problem with lot-streaming and carryover sequence-dependent setup time[J]. Swarm and Evolutionary Computation,60: 100804.

MERCHAN A F,MARAVELIAS C T. 2016. Preprocessing and tightening methods for time-indexed MIP chemical production scheduling models [J]. Computers & Chemical Engineering,84: 516-535.

MIYATA H H, NAGANO M S. 2019. The blocking flow shop scheduling problem: a comprehensive and conceptual review [J]. Expert Systems with Applications, 137, 130-156.

MKADEM M A,MOUKRIM A,SERAIRI M. 2021. Exact method for the two-machine flow-shop problem with time delays[J]. Annals of Operations Research,298: 375-406.

MOR B, MOSHEIOV G. 2014. Polynomial time solutions for scheduling problems on a proportionate flowshop with two competing agents [J]. Journal of the Operational Research Society,65: 151-157.

MOR B,MOSHEIOV G,SHAPIRA D. 2020. Flowshop scheduling with learning effect and job rejection[J]. Journal of Scheduling,23: 631-641.

MOR B,SHAPIRA D. 2019. Improved algorithms for scheduling on proportionate flowshop with job-rejection[J]. Journal of the Operational Research Society,70(11): 1997-2003.

MOSHEIOV G. 2001. Scheduling problems with a learning effect[J]. European Journal of Operational Research,132: 687-693.

MOSLEHI G,KHORASANIAN D. 2013. Optimizing blocking flow shop scheduling problem with total completion time criterion [J]. Computers & Operations Research, 40: 1874-1883.

MOU J H,DUAN P Y,GAO L,et al. 2022. An effective hybrid collaborative algorithm for energy-efficient distributed permutation flow-shop inverse scheduling [J]. Future Generation Computer Systems,128: 521-537.

MOUSAVI S M,MAHDAVI I,REZAEIAN J,et al. 2018. An efficient bi-objective algorithm to solve re-entrant hybrid flow shop scheduling with learning effect and setup times[J]. Operational Research,18: 123-158.

NAGANO M S,KOMESU A S,MIYATA H H. 2019. An evolutionary clustering search for the total tardiness blocking flow shop problem[J]. Journal of Intelligent Manufacturing,

30: 1843-1857.

NAGANO M S,ROBAZZI J V S,TOMAZELLA C P. 2020. An improved lower bound for the blocking permutation flow shop with total completion time criterion[J]. Computers & Industrial Engineering,146: 106511.

NAWAZ M,ENSCORE E E,HAM I. 1993. A heuristic algorithm for the m-machine,n-job flow-shop sequencing problem[J]. Omega,11: 91-95.

PALMER D S. 1965. Sequencing jobs through a multi-stage process in the minimum total time-a quick method of obtaining a near optimum [J]. Journal of the Operational Research Society,16(1): 101-107.

PAN Q K. 2016. An effective co-evolutionary artificial bee colony algorithm for steelmaking-continuous casting scheduling [J]. European Journal of Operational Research, 250: 702-714.

PAN Q K,GAO L,LI X Y,et al. 2019. Effective constructive heuristics and meta-heuristics for the distributed assembly permutation flowshop scheduling problem[J]. Applied Soft Computing,81: 105492.

PAN Q K, TASGETIREN M F,SUGANTHAN P N,et al. 2011. A discrete artificial bee colony algorithm for the lot-streaming flow shop scheduling problem[J]. Information Sciences,181: 2455-2468.

PAN Q K,WANG L. 2012. Effective heuristics for the blocking flowshop scheduling problem with makespan minimization[J]. Omega,40: 218-229.

PAN Q K,WANG L,GAO,L. 2011. A chaotic harmony search algorithm for the flow shop scheduling problem with limited buffers[J]. Applied Soft Computing,11(8): 5270-5280.

PAN Q K,WANG L,LI J Q,et al. 2014. A novel discrete artificial bee colony algorithm for the hybrid flowshop scheduling problem with makespan minimization[J]. Omega,45: 42-56.

PAN Q K,WANG L,MAO K,et al. 2013. An effective artificial bee colony algorithm for a real-world hybrid flowshop problem in steelmaking process[J]. IEEE Transactions on Automation Science and Engineering,10: 307-322.

PAN Q K,WANG L,SANG H.Y,et al. 2013. A high performing memetic algorithm for the flowshop scheduling problem with blocking [J]. IEEE Transactions on Automation Science and Engineering,10: 741-756.

PARGARA F,ZANDIEH M. 2012. Bi-criteria SDST hybrid flow shop scheduling with learning effect of setup times: water flow-like algorithm approach[J]. International Journal of Production Research,50: 2609-2623.

PENG K K,PAN Q K,GAO L,et al. 2018. An improved artificial bee colony algorithm for real-world hybrid flowshop rescheduling in steelmaking-refining-continuous casting process[J]. Computers & Industrial Engineering,122: 235-250.

PEREZ-GONZALEZ P, J M FRAMINAN. 2014. A common framework and taxonomy for multicriteria scheduling problem with interfering and competing jobs: multiagent scheduling problems[J]. European Journal of Operational Research,235(1): 1-16.

PEREZ-GONZALEZ P,FRAMINAN J M. 2014. A common framework and taxonomy for multicriteria scheduling problems with interfering and competing jobs: Multi-agent scheduling problems[J]. European Journal of Operational Research,235: 1-16.

PINEDO M L. 2012. Scheduling: theory, algorithms, and systems [M]. 4nd ed. Berlin: Springer.

POTTS C N. 1985. Analysis of heuristics for two-machine flow-shop sequencing subject to release dates[J]. Mathematics of Operations Research,10: 576-584.

POTTS C N,STRUSEVICH V A. 2009. Fifty years of scheduling: a survey of milestones [J]. Journal of the Operational Research Society,60: S41-S68.

POTTS C N,VAN WASSENHOVE L N. 1982. A decomposition algorithm for the single machine total tardiness problem[J]. Operations Research Letters,1: 177-181.

PUKA R,DUDA J,STAWOWY A,et al. 2021. N-NEH+ algorithm for solving permutation flow shop problems[J]. Computers & Operations Research,132: 105296.

QIN H Z,ZHANG Z H,BAI D Y. 2016. Permutation flowshop group scheduling with position-based learning effect[J]. Computers & Industrial Engineering,92: 1-15.

QIN W,ZHUANG Z L,LIU Y,et al. 2019. A two-stage ant colony algorithm for hybrid flow shop scheduling with lot sizing and calendar constraints in printed circuit board assembly [J]. Computers & Industrial Engineering,138: 106115.

REDDI S S,RAMAMOORTHY C V. 1972. On the flow-shop sequencing problem with no wait in process[J]. Journal of the Operational Research Society,23: 323-331.

REN T,WANG X Y,LIU T Y,et al. 2021. Exact and metaheuristic algorithms for flow-shop scheduling problems with release dates [J]. Engineering Optimization, 54(11): 1853-1869.

REN T,ZHAO P,ZHANG D,et al. 2017. Permutation flow-shop scheduling problem to optimize a quadratic objective function[J]. Engineering Optimization,49: 1589-1603.

RIBAS I,COMPANYS R. 2015. Efficient heuristic algorithms for the blocking flow shop scheduling problem with total flow time minimization[J]. Computers & Industrial Engineering,87: 30-39.

RIBAS I,COMPANYS R,TORT-MARTORELL X. 2011. An iterated greedy algorithm for the flowshop scheduling problem with blocking[J]. Omega,39: 293-301.

RIBAS I, COMPANYS R, TORT-MARTORELL X. 2013a. A competitive variable neighbourhood search algorithm for the blocking flow shop problem [J]. European Journal of Industrial Engineering,7: 729-754.

RIBAS I,COMPANYS R,TORT-MARTORELL X. 2013b. An efficient iterated local search algorithm for the total tardiness blocking flow shop problem[J]. International Journal of Production Research,51: 5238-5252.

RIBAS I,COMPANYS R,TORT-MARTORELL X. 2015. An efficient discrete artificial bee colony algorithm for the blocking flow shop problem with total flowtime minimization [J]. Expert Systems with Applications,42: 6155-6167.

RIBAS I,COMPANYS R,TORT-MARTORELL X. 2019. An iterated greedy algorithm for solving the total tardiness parallel blocking flow shop scheduling problem[J]. Expert Systems with Applications,121: 347-361.

RONCONI D P. 2005. A branch-and-bound algorithm to minimize the makespan in a flowshop with blocking[J]. Annals of Operations Research,138: 53-65.

RONCONI D P,ARMENTANO V A. 2001. Lower bounding schemes for flowshops with blocking in-process[J]. Journal of the Operational Research Society,52: 1289-1297.

RONCONI D P,HENRIQUES L R S. 2009. Some heuristic algorithms for total tardiness minimization in a flowshop with blocking[J]. Omega,37: 272-281.

ROSSIT D A,TOHMÉ F,FRUTOS M. 2018. The non-permutation flow-shop scheduling problem: a literature review[J]. Omega,77: 143-153.

RUBÉN R,CONCEPCIÓN M. 2015. A comprehensive review and evaluation of permutation flowshop heuristics[J]. European Journal of Operational Research,165(2): 479-494.

RUIZ R, PAN Q K, NADERI B. 2019. Iterated Greedy methods for the distributed permutation flowshop scheduling problem[J]. Omega,83: 213-222.

RUIZ R,STÜTZLE T. 2007. A simple and effective iterated greedy algorithm for the permutation flowshop scheduling problem [J]. European Journal of Operational Research,177: 2033-2049.

RUSTOGI K,STRUSEVICH V A. 2014. Combining time and position dependent effects on a single machine subject to rate-modifying activities[J]. Omega,42: 166-178.

SCHALLER J,VALENTE J M S. 2020. Minimizing total earliness and tardiness in a nowait flow shop[J]. International Journal of Production Economics,224: 107542.

SCHALLER J, VALENTE J. 2019. Branch-and-bound algorithms for minimizing total earliness and tardiness in a two-machine permutation flow shop with unforced idle allowed[J]. Computers & Operations Research,109: 1-11.

SCHRAGE L. 1968. Letter to the editor-a proof of the optimality of the shortest remaining processing time discipline[J]. Operations Research,16: 687-690.

SHANG L,LENTÉ C,LIEDLOFF M,et al. 2018. Exact exponential algorithms for 3-machine flowshop scheduling problems[J]. Journal of Scheduling,21(2): 227-233.

SHAO W S,SHAO Z S,PI D C. 2020. Modeling and multi-neighborhood iterated greedy algorithm for distributed hybrid flow shop scheduling problem[J]. Knowledge-Based Systems,194: 105527.

SHAO W S,SHAO Z S,Pi D C. 2020. Modeling and multi-neighborhood iterated greedy algorithm for distributed hybrid flow shop scheduling problem[J]. Knowledge-Based Systems,194: 105527.

SHAO W S,SHAO Z S,Pi D C. 2021. Effective constructive heuristics for distributed no-wait flexible flow shop scheduling problem [J]. Computers & Operations Research, 136: 105482.

SHAO Z S,PI D C,SHAO W S. 2017. Self-adaptive discrete invasive weed optimization for the blocking flow-shop scheduling problem to minimize total tardiness[J]. Computers & Industrial Engineering,111: 331-351.

SHAO Z S, PI D C, SHAO W S. 2020a. Hybrid enhanced discrete fruit fly optimization algorithm for scheduling blocking flow-shop in distributed environment [J]. Expert Systems with Applications,145: 113147.

SHAO Z S,PI D C,SHAO W S,et al. 2019. An efficient discrete invasive weed optimization for blocking flow-shop scheduling problem[J]. Engineering Applications of Artificial Intelligence,78: 124-141.

SHAO Z S, SHAO W S, PI D C. 2020b. Effective heuristics and metaheuristics for the distributed fuzzy blocking flow-shop scheduling problem[J]. Swarm and Evolutionary Computation,59: 100747.

SHAO Z S,SHAO W S,PI D C. 2021. Effective constructive heuristic and iterated greedy algorithm for distributed mixed blocking permutation flow-shop scheduling problem[J]. Knowledge-Based Systems,221: 106959.

SHI L,GUO G,SONG X H. 2021. Multi-agent based dynamic scheduling optimisation of the sustainable hybrid flow shop in a ubiquitous environment[J]. International Journal of Production Research,59(2): 576-597.

SHIAU Y R,TSAI M S,LEE W C,et al. 2015. Two-agent two-machine flowshop scheduling with learning effects to minimize the total completion time[J]. Computers & Industrial Engineering,87: 580-589.

SIMCHI-LEVI D,CHEN X,BRAMEL J. 2014. The logic of logistics: theory,algorithms,and applications for logistics management[M]. 3nd ed. ,Berlin: Springer.

SIMCHI-LEVI D,CHEN X,BRAMEL J. 2013. The logic of logistics: theory,algorithms,and applications for logistics management[M]. 3nd ed. New York: Springer.

SIOUD A, GAGNÉ C. 2018. Enhanced migrating birds optimization algorithm for the permutation flow shop problem with sequence dependent setup times [J]. European Journal of Operational Research,264(1): 66-73.

STORN R,PRICE K. 1997. Differential evolution-a simple and efficient heuristic for global optimization over continuous spaces[J]. Journal of global optimization,11: 341-359.

SUHAMI I,MAH R S H. 1981. An implicit enumeration scheme for the flowshop problem with no intermediate storage[J]. Computers & Chemical Engineering,5: 83-91.

SUN L H,CUI K,CHEN J H,et al. 2013. Some results of the worst case analysis for flow shop scheduling with a learning effect [J]. Annals of Operations Research, 211(1): 481-490.

SUN L H,CUI K,CHEN J H,et al. 2013a. Research on permutation flow shop scheduling problems with general position-dependent learning effects[J]. Annals of Operations Research,211: 473-480.

SUN L H,CUI K,CHEN J H,et al. 2013b. Some results of the worst-case analysis for flow shop scheduling with a learning effect[J]. Annals of Operations Research,211: 481-490.

SUN L H,GE C C,ZHANG W,et al. 2019. Permutation flowshop scheduling with simple linear deterioration[J]. Engineering Optimization,51(8): 1281-1300.

SUN X Y,GENG X N,LIU F. 2020. Flow shop scheduling with general position weighted learning effects to minimise total weighted completion time [J]. Journal of the Operational Research Society,72(12): 2674-2689.

SUN X Y,GENG X N,LIU F. 2021. Flow shop scheduling with general position weighted learning effects to minimise total weighted completion time [J]. Journal of the Operational Research Society,72(12): 2674-2689.

TADEI R,GUPTA J N D,DELLA CROCE F,et al. 1998. Minimising makespan in the two-machine flow-shop with release times[J]. Journal of the Operational Research Society, 49: 77-85.

TAILARD E. 1993. Benchmarks for basic scheduling problems[J]. European Journal of Operational Research,64: 278-285.

TAKANO M I,NAGANO M S. 2019. Evaluating the performance of constructive heuristics for the blocking flow shop scheduling problem with setup times[J]. International Journal of Industrial Engineering Computations,10: 37-50.

TASGETIREN M F,KIZILAY D,PAN Q K,et al. 2017. Iterated greedy algorithms for the blocking flowshop scheduling problem with makespan criterion[J]. Computers and Operations Research,77: 111-126.

TASGETIREN M F,PAN Q K,SUGANTHAN P N,et al. 2011. A discrete artificial bee colony algorithm for the total flowtime minimization in permutation flow shops[J]. Information Sciences,181: 3459-3475.

THONG N H,SOUKHAL A,BILLAUT J C. 2012. Single-machine multi-agent scheduling problems with a global objective function[J]. Journal of Scheduling,15: 311-321.

TIRKOLAEE E B,GOLI A,WEBER G W. 2020. Fuzzy mathematical programming and self-adaptive artificial fish swarm algorithm for just-in-time energy-aware flow shop scheduling problem with outsourcing option[J]. IEEE Transactions on Fuzzy Systems,28 (11): 2772-2783.

TOKSARI M D. 2016. A branch and bound algorithm to minimize the single machine maximum tardiness problem under effects of learning and deterioration with setup times [J]. RAIRO-Operations Research,50: 211-219.

TOMAZELLA C P,NAGANO M S. 2020. A comprehensive review of Branch-and-Bound algorithms: guidelines and directions for further research on the flowshop scheduling problem[J]. Expert Systems with Applications,158: 113556.

TOUMI S,JARBOUI B,EDDALY M,et al. 2017. Branch-and-bound algorithm for solving blocking flowshop scheduling problems with makespan criterion[J]. International Journal of Mathematics in Operational Research,10: 34-48.

URGO M. 2019. A branch-and-bound approach to schedule a no-wait flow shop to minimize the CVaR of the residual work content[J]. Computers & Industrial Engineering,129: 67-75.

VAHEDI-NOURI B,FATTAHI P,RAMEZANIAN R. 2013a. Minimizing total flow time for the non-permutation flow shop scheduling problem with learning effects and availability constraints[J]. Journal of Manufacturing Systems,32: 167-173

VAHEDI-NOURI B, FATTAHI P, RAMEZANIAN R. 2013b. Hybrid firefly-simulated annealing algorithm for the flow shop problem with learning effects and flexible maintenance activities[J]. International Journal of Production Research,51: 3501-3515.

VAHEDI-NOURI B, FATTAHI P, Tavakkoli-Moghaddam R, et al. 2014. A general flow shop scheduling problem with consideration of position-based learning effect and multiple availability constraints [J]. The International Journal of Advanced Manufacturing Technology,73: 601-611.

WAN G H, VAKATI S R, LEUNG J Y T, et al. 2010. Scheduling two agents with controllable processing times [J]. European Journal of Operational Research, 205: 528-539.

WANG C,SONG S J,GUPTA J N D,et al. 2012. A three-phase algorithm for flowshop scheduling with blocking to minimize makespan[J]. Computers & Operations Research, 39: 2880-2887.

WANG G C,GAO L,LI X Y,et al. 2020. Energy-efficient distributed permutation flow shop scheduling problem using a multi-objective whale swarm algorithm [J]. Swarm and Evolutionary Computation,57: 100716.

WANG J B. 2005. Flow shop scheduling jobs with position-dependent processing times[J]. Journal of Applied Mathematics and Computing,18(1-2): 383-391.

WANG J B,JI P,CHENG T C E,et al. 2012. Minimizing makespan in a two-machine flow shop with effects of deterioration and learning[J]. Optimization Letters,6: 1393-1409.

WANG J B,LI J X. 2011a. Single machine past-sequence-dependent setup times scheduling with general position-dependent and time-dependent learning effects [J]. Applied Mathematical Modelling,35: 1388-1395.

WANG J B, LIN L, SHAN F. 2008. Flow shop scheduling with effects of learning and deterioration[J]. Journal of Applied Mathematics and Computing,26: 367-379.

WANG J B,LIU F,WANG J J. 2019. Research on m-machine flow shop scheduling with truncated learning effects[J]. International Transactions in Operational Research,26(3): 1135-1151.

WANG J B,LIU L L. 2009. Two-machine flow shop problem with effects of deterioration and learning[J]. Computers & Industrial Engineering,57: 1114-1121.

WANG J B,SUN L H,SUN L Y. 2010. Single machine scheduling with exponential sum-of-logarithm-processing-times based learning effect[J]. Applied Mathematical Modelling,34: 2813-2819.

WANG J B,WANG J J. 2013. Scheduling jobs with a general learning effect model[J]. Applied Mathematical Modelling,37: 2364-2373.

WANG J B,WANG J J. 2014. Flow Shop Scheduling with a General Exponential Learning Effect[J]. Computers & Operations Research,43: 292-308.

WANG J B,WANG M Z. 2011b. Worst-case behavior of simple sequencing rules in flow shop scheduling with general position-dependent learning effects[J]. Annals of Operations Research,191: 155-169.

WANG J B,WANG M Z. 2012. Worst-case analysis for flow shop scheduling problems with an exponential learning effect[J]. Journal of the Operational Research Society, 63: 130-137.

WANG J B,WANG M Z. 2013. Solution algorithms for the total weighted completion time minimization flow shop scheduling with decreasing liner deterioration [J]. The International Journal of Advanced Manufacturing Technology,67: 243-253.

WANG J B,XIA Z Q. 2005. Flow-shop scheduling with a learning effect[J]. Journal of the Operational Research Society,56: 1325-1330.

WANG J Y. 2020. Minimizing the total weighted tardiness of overlapping jobs on parallel machines with a learning effect[J]. Journal of the Operational Research Society,71: 910-927.

WANG J, XIA Z. 2005. Flow-shop scheduling with a learning effect [J]. Journal of the Operational Research Society. 56(11): 1325-1330.

WANG L,PAN Q K,SUGANTHAN P N,et al. 2010. A novel hybrid discrete differential evolution algorithm for blocking flow shop scheduling problems [J]. Computers & Operations Research,37: 509-520.

WANG L,PAN Q K,TASGETIREN M F. 2011. A hybrid harmony search algorithm for the blocking permutation flow shop scheduling problem [J]. Computers & Industrial Engineering,61: 76-83.

WANG S J,WANG X D,CHU F. 2020. An energy-efficient two-stage hybrid flow shop scheduling problem in a glass production [J]. International Journal of Production Research,58(8): 2283-2314.

WANG S S,KURZ M,MASON S J,et al. 2019. Two-stage hybrid flow shop batching and lot streaming with variable sublots and sequence-dependent setups[J]. International Journal of Production Research,57: 6893-6907.

WANG S,MASON S J,GANGAMMANAVAR H. 2020. Stochastic optimization for flowshop scheduling with on-site renewable energy generation using a case in the United States[J]. Computers & Industrial Engineering,149: 106812.

WANG X Y,ZHOU Z,ZHANG X,et al. 2013. Several flow shop scheduling problems with truncated position-based learning effect[J]. Computers & Operations Research,40(12): 2906-2929.

WANG X, TANG L. 2012. A discrete particle swarm optimization algorithm with self-adaptive diversity control for the permutation flowshop problem with blocking[J]. Applied Soft Computing,12: 652-662.

WANG Y K,WANG S L,LI D,et al. 2021. An improved multi-objective whale optimization algorithm for the hybrid flow shop scheduling problem considering device dynamic reconfiguration processes[J]. Expert Systems with Applications,174: 114793.

WEI Q, WU Y, JIANG Y W, et al. 2019. Two-machine hybrid flowshop scheduling with identical jobs: Solution algorithms and analysis of hybrid benefits[J]. Journal of the Operational Research Society,70: 817-826.

WRIGHT T P. 1936. Factors affecting the cost of airplanes[J]. Journal of Aeronautical Sciences,3(4): 122-128.

WRIGHT T P. 1936. Factors affecting the cost of airplanes[J]. Journal of the Aeronautical Sciences,3: 122-128.

WU C C. 2005. A makespan study of the two-machine flowshop scheduling problem with a learning effect[J]. Journal of Statistics and Management Systems,8: 13-25.

WU C C, BAI D Y, AZZOUZ A, et al. 2020. A branch-and-bound algorithm and four metaheuristics for minimizing total completion time for a two-stage assembly flow-shop scheduling problem with learning consideration[J]. Engineering Optimization,52(6): 1009-1036.

WU C C,CHEN J Y,LIN W C,et al. 2018a. A two-stage three-machine assembly flow shop scheduling with learning consideration to minimize the flowtime by six hybrids of particle swarm optimization[J]. Swarm and Evolutionary Computation,41: 97-110.

WU C C,CHEN J Y,LIN W C,et al. 2019. A two-stage three-machine assembly scheduling flowshop problem with both two-agent and learning phenomenon[J]. Computers & Industrial Engineering,130: 485-499.

WU C C,GUPTA J N D,CHENG S R,et al. 2021a. Robust scheduling for a two-stage assembly shop with scenario-dependent processing times[J]. International Journal of Production Research,59(17): 5372-5387.

WU C C,HUANG S K,LEE W C. 2011. Two-agent scheduling with learning consideration [J]. Computers & Industrial Engineering,61: 1324-1335.

WU C C,LEE W C. 2009. A note on the total completion time problem in a permutation flowshop with a learning effect[J]. European Journal of Operational Research,192(1): 343-347.

WU C C, LEE W C. 2009. Single-machine and flowshop scheduling with a general learning effect model[J]. Computers & Industrial Engineering, 56: 1553-1558.

WU C C, LIN W C, ZHANG X G, et al. 2019. Tardiness minimization for a customer order scheduling problem with sum-of-processing-time-based learning effect[J]. Journal of the Operational Research Society, 70: 487-501.

WU C C, WANG D J, CHENG S R, et al. 2018b. A two-stage three-machine assembly scheduling problem with a position-based learning effect [J]. International Journal of Production Research, 56(9): 3064-3079.

WU C C, WU W H, HSU P H, et al. 2012. A two-machine flowshop scheduling problem with a truncated sum of processing-times-based learning function[J]. Applied Mathematical Modelling, 36: 5001-5014.

WU C C, YIN Y Q, CHENG S R. 2011. Some single-machine scheduling problems with a truncation learning effect[J]. Computers & Industrial Engineering, 60: 790-795.

WU C C, ZHANG X G, AZZOUZ A, et al. 2021b. Metaheuristics for two-stage flow-shop assembly problem with a truncation learning function[J]. Engineering Optimization, 53 (5): 843-866.

WU Q H, GAO Q X, LIU W B, et al. 2021. Improved NEH-based heuristic for the blocking flow-shop problem with bicriteria of the makespan and machine utilization [J]. Engineering Optimization, 55(3): 399-415.

WU W H, XU J Y, WU W H, et al. 2013. A tabu method for a two-agent single-machine scheduling with deterioration jobs [J]. Computers & Operations Research, 40: 2116-2127.

WU X Q, CHE A. 2020. Energy-efficient no-wait permutation flow shop scheduling by adaptive multi-objective variable neighborhood search[J]. Omega, 94: 102117.

XIA C H, SHANTHIKUMAR G J, GLYNN P W. 2000. On the asymptotic optimality of the SPT rule for the flow shop average completion time problem[J]. Operations Research, 48: 615-622.

XIN J, NEGENBORN R R, LODEWIJKS G. 2014. Energy-aware control for automated container terminals using integrated flow shop scheduling and optimal control [J]. Transportation Research Part C: Emerging Technologies, 44: 214-230.

XU Z Y, SUN L Y, GONG J T. 2008. Worst-case analysis for flow shop scheduling with a learning effect[J]. International Journal of Production Economics, 113: 748-753.

YANG D L, KUO W H. 2010. Some scheduling problems with deteriorating jobs and learning effects[J]. Computers & Industrial Engineering, 58(1): 25-28.

YE H H, LI W, NAULT B R. 2020. Trade-off balancing between maximum and total completion times for no-wait flow shop production [J]. International Journal of Production Research, 58(11): 3235-3251.

YIN Y D, WANG D J, WU C C, et al. 2016c. CON/SLK due date assignment and scheduling on a single machine with two agents[J]. Naval Research Logistics,63: 416-429.

YIN Y Q,CHEN Y H,QIN K D, et al. 2019. Two-agent scheduling on unrelated parallel machines with total completion time and weighted number of tardy jobs criteria[J]. Journal of Scheduling,22: 315-333.

YIN Y Q,CHENG S R,CHENG T C E, et al. 2012. Two-agent single-machine scheduling with assignable due dates[J]. Applied Mathematics and Computation,219: 1674-1685.

YIN Y Q,CHENG S R, CHENG T C E, et al. 2016a. Just-in-time scheduling with two competing agents on unrelated parallel machines[J]. Omega,63: 41-47.

YIN Y Q,WANG W Y,WANG D J, et al. 2017. Multi-agent single-machine scheduling and unrestricted due date assignment with a fixed machine unavailability interval [J]. Computers & Industrial Engineering,111: 202-215.

YIN Y Q,WANG Y,CHENG T C E, et al. 2016b. Two-agent single-machine scheduling to minimize the batch delivery cost[J]. Computers & Industrial Engineering,92: 16-30.

YIN Y Q, WU C C,WU W H, et al. 2012. The single-machine total weighted tardiness scheduling problem with position-based learning effects[J]. Computers & Operations Research,39: 1109-1116.

YIN Y Q, YANG Y J, WANG D J, et al. 2018. Integrated production,inventory,and batch delivery scheduling with due date assignment and two competing agents[J]. Naval Research Logistics,65: 393-409.

YIN Y,CHENG S R,CHENG T C E,et al. 2016. Just-in-time scheduling with two competing agents on unrelated parallel machines[J]. Omega,63: 41-47.

YIN Y,CHENG T C E,WANG D J,et al. 2017. Two-agent flowshop scheduling to maximize the weighted number of just-in-time jobs[J]. Journal of Scheduling,20(4): 313-335.

YIN Y,LI D,WANG D,et al. 2018a. Single-machine serial-batch delivery scheduling with two competing agents and due date assignment[J]. Annals of Operations Research,298(1-2): 497-523.

YIN Y, WANG W, WANG D, et al. 2017. Multi-agent single-machine scheduling and unrestricted due date assignment with a fixed machine unavailability interval [J]. Computers and Industrial Engineering,111: 202-215.

YIN Y,YANG Y,WANG D,et al. 2018b. Integrated production,inventory,and batch delivery scheduling with due date assignment and two competing agents[J]. Naval Research Logistics,65: 393-409.

YU C, SEMERARO Q, MATTA A. 2018. A genetic algorithm for the hybrid flow shop scheduling with unrelated machines and machine eligibility[J]. Computers & Operations Research,100: 211-229.

ZABIHZADEH S S, REZAEIAN J. 2016. Two meta-heuristic algorithms for flexible flow shop scheduling problem with robotic transportation and release time[J]. Applied Soft Computing,40: 319-330.

ZHANG G H,XING K Y. 2019. Differential evolution metaheuristics for distributed limited-buffer flowshop scheduling with makespan criterion[J]. Computers & Operations Research,108: 33-43.

ZHANG Z K,TANG Q H,CHICA M. 2021. Maintenance costs and makespan minimization for assembly permutation flow shop scheduling by considering preventive and corrective maintenance[J]. Journal of Manufacturing Systems,59: 549-564.

ZHAO F Q, HE X, WANG L. 2020a. A two-stage cooperative evolutionary algorithm with problem-specific knowledge for energy-efficient scheduling of no-wait flow-shop problem [J]. IEEE Transactions on Cybernetics,51(11): 5291-5303.

ZHAO F Q,QIN S,ZHANG Y,et al. 2019. A hybrid biogeography-based optimization with variable neighborhood search mechanism for no-wait flow shop scheduling problem[J]. Expert Systems with Applications,126: 321-339.

ZHAO F Q, ZHANG L X, ZHANG Y, et al. 2020b. A hybrid discrete water wave optimization algorithm for the no-idle flowshop scheduling problem with total tardiness criterion[J]. Expert Systems with Applications,146: 113166.

ZHAO F Q,ZHAO L X,WANG L,et al. 2020c. An ensemble discrete differential evolution for the distributed blocking flowshop scheduling with minimizing makespan criterion[J]. Expert Systems with Applications,160: 113678.

ZHAO K J,LU X W. 2013. Approximation schemes for two-agent scheduling on parallel machines[J]. Theoretical Computer Science,468: 114-121.

ZHAO K,LU X,GU M. 2016. A new approximation algorithm for multi-agent scheduling to minimize makespan on two machines[J]. Journal of Scheduling,19: 21-31.

ZHENG D Z,WANG L. 2003. An effective hybrid heuristic for flow shop scheduling[J]. The International Journal of Advanced Manufacturing Technology,21: 38-44.

ZHENG J, WANG L, WANG J J. 2020. A cooperative coevolution algorithm for multi-objective fuzzy distributed hybrid flow shop [J]. Knowledge-Based Systems, 194: 105536.

ZHENG Q Q,ZHANG Y,TIAN H W,et al. 2021. An effective hybrid meta-heuristic for flexible flow shop scheduling with limited buffers and step-deteriorating jobs [J]. Engineering Applications of Artificial Intelligence,106:104503.

ZHENG X,ZHOU S C,XU R,et al. 2020. Energy-efficient scheduling for multi-objective two-stage flow shop using a hybrid ant colony optimisation algorithm[J]. International Journal of Production Research,58(13): 4103-4120.

ZHU Z L,LU X W. 2018. Minimizing makespan on two parallel machines with learning effects[J]. Operation Research Transactions,22(1): 55-66.

ZOHALI H,NADERI B,MOHAMMADI M,et al. 2019. Reformulation,linearization,and a hybrid iterated local search algorithm for economic lot-sizing and sequencing in hybrid flow shop problems[J]. Computers & Operations Research,104: 127-138.

İŞLER MC，TOKLU B，ÇELIK V. 2012. Scheduling in a two-machine flow-shop for earliness/tardiness under learning effect[J]. The International Journal of Advanced Manufacturing Technology，61：1129-1137.

ÖZTOP H，TASGETIREN M F，ELIIYI D T，et al. 2019. Metaheuristic algorithms for the hybrid flowshop scheduling problem[J]. Computers & Operations Research，111：177-196.

ÖZTOP H，TASGETIREN M F，ELIIYI D T，et al. 2020. An energy-efficient permutation flowshop scheduling problem[J]. Expert systems with applications，150：113279.

白丹宇. 2015. 流水车间与开放车间调度算法渐近分析[M]. 北京：清华大学出版社.

刘洋，唐恒永，赵传立. 2012. 同时具有学习效应和退化效应的单机排序问题[J]. 运筹与管理，21：81-86

唐恒永，赵传立. 2002. 排序引论[M]. 北京：科学出版社.

万国华. 2019. 排序与调度的理论、模型和算法[M]. 北京：清华大学出版社.

王凌，钱斌. 2012. 混合差分进化与调度算法[M]. 北京：清华大学出版社.

王凌，王圣尧，方晨. 2017. 分布估计调度算法[M]. 北京：清华大学出版社.

王凌，周刚，许烨，等. 2011. 混合流水线调度研究进展[J]. 化工自动化及仪表，38(1)：1-8, 22.

姚远远，叶春明，刘宇泰. 2015. 具有学习效应的置换流水车间调度问题布谷鸟搜索算法求解[J]. 数学理论与应用，35：47-55.

中国科学技术协会. 2014. 2012—2013 运筹学学科发展报告[M]. 北京：中国科学技术出版社.

附　录　A

A.1　遗传算法

遗传算法(genetic algorithm,GA)是模拟达尔文生物进化论的自然选择和遗传学机制的生物进化过程的计算模型,是一种通过模拟自然进化过程搜索最优解的方法,最早由美国学者 John 于 20 世纪 70 年代提出。遗传算法遵循了优胜劣汰、适者生存的原则,在每一代进化过程中,根据种群中每一个个体的适应度值进行个体的选择、交叉和变异操作,以产生新的个体,不断进化,经过反复迭代,最终获得最优解或者近似最优解。遗传算法的基本运算过程如下。

初始化:设置进化代数计数器 $\tau=0$,设置最大进化代数 $\tau_{\max}$,随机生成 Λ 个个体作为初始种群 $X(\tau)$。

个体评价:用轮盘赌策略确定个体的适应度。

选择运算:依据适应度选择再生个体,适应度高的个体被选中的概率高,适应度低的个体被淘汰。

交叉运算:按照一定的交叉概率和交叉方法,生成新的个体。

变异运算:按照一定的变异概率和变异方法,生成新的个体。

种群更新:经过选择、交叉、变异运算之后得到下一代种群 $X(\tau+1)$。

终止条件:若 $\tau=\tau_{\max}$,则以进化过程中所得到的具有最大适应度个体作为最优解输出,终止计算;否则返回个体评价。

A.2　粒子群优化算法

粒子群优化(particle swarm optimization,PSO)算法也称为鸟群觅食算法,是一种进化计算技术,最初由美国学者 Kennedy 等(1995)提出。与遗传算法、差分进化算法类似,粒子群优化算法也是从一个随机种群开始,通过不断迭代寻找更好的解。该算法的基本思想是通过群体中个体之间的协作和信息共享来寻找最优解。粒子群优化算法通过设计一种无质量的粒子来模拟鸟群中的鸟,一个粒子对应问题的一个可行解,粒子仅具有两个属性:速度和位置。速度代表移动的快慢和方向,位置代表当前状态(也称为解)。每个粒子在搜索空间中单独的搜寻最优解,记录搜索过程中得到的最优点为历史最优解。当前粒子群中最优的粒子为当前全局最优解。粒子群中的所有粒子根据自己找到的历史最优解和整个粒子群共享的当前全局最优解来调整自己的速度和位置。算法不断迭代,更新粒子的速度和位置,最终得到满足终止条件的最优解。粒子群优化算法流程如下。

1) 种群初始化

首先,将种群规模记为 Λ,任务数记为 n。定义第 i 个粒子的位置 $x_i = \{x_{i1}, x_{i2}, \cdots, x_{in}\}$,速度 $v_i = \{v_{i1}, v_{i2}, \cdots, v_{in}\}$,其中 $i = 1, 2, \cdots, \Lambda$。通过确定最大位置 X_{max} 和最大速度 V_{max} 保证粒子的位置值与速度值在合理的区域内,即 $x_{ij} \in [0, X_{max}]$,$v_{ij} \in [-V_{max}, V_{max}]$,$j = 1, 2, \cdots, n$。初始化粒子的历史最优解 $p_i^* = x_i$,初始化全局最优解 G^* 为当前种群中目标函数值最小的个体。解码时,基于粒子的位置值进行排序,x_{ij} 越小,对应的任务 j 的优先级越高,如表 A-1 中所示,粒子 $x_{i,7} = 0.2$ 是第 i 个粒子中最小的位置值,则解码时将任务7排在调度序列中的第一位。

表 A-1   粒子解码过程

粒子	$(i,1)$	$(i,2)$	$(i,3)$	$(i,4)$	$(i,5)$	$(i,6)$	$(i,7)$	$(i,8)$	$(i,9)$	$(i,10)$
$x_{i,j}$	2.5	0.7	1.8	1.9	3.6	0.7	0.2	3.5	1.0	1.9
原序列	1	2	3	4	5	6	7	8	9	10
粒子 i	7	2	6	9	3	4	10	1	8	5

2) 更新粒子

在每次迭代过程中,需要对粒子的速度值与位置值分别进行更新。

式(A-1)定义了粒子的速度更新公式,更新公式由三项组成,第一项称为记忆项,第二项称为自身认知,第三项称为群体认知。其中,ω 称为惯性因子,其值较大时算法的全局寻优能力强,较小时算法的全局寻优能力弱,但局部搜索能力强,通过调整 ω 的大小可以对算法的全局寻优性能和局部寻优性能进行调整;$v_i^{\tau+1}$ 表示第 i 个粒子更新后的速度值;v_i^{τ} 表示粒子当前速度值;c_1 和 c_2 是两个常数,分别代表粒子的认知系数(即个体自身的影响)与和社会系数(即种群对自身的影响);u_1 和 u_2 都是在 $[0,1]$ 上满足均匀分布的随机数;$p_i^* = \{p_{i1}^*, p_{i2}^*, \cdots, p_{in}^*\}$ 表示粒子 i 的历史最优解;$G^* = \{G_1^*, G_2^*, \cdots, G_n^*\}$ 表示当前全局最优解;x_i^{τ} 为粒子当前的位置值;τ 表示当前迭代的次数。

$$v_i^{\tau+1} = \omega v_i^{\tau} + c_1 u_1 (p_i^* - x_i^{\tau}) + c_2 u_2 (G^* - x_i^{\tau}) \qquad (\text{A-1})$$

式(A-2)定义了粒子的位置更新公式,其中,$x_i^{\tau+1}$ 是第 i 个粒子更新后的位置值;x_i^{τ} 是粒子的当前位置;$v_i^{\tau+1}$ 是粒子更新后的速度值。注意,每次迭代,要先更新粒子的速度再更新粒子的位置,若更新后粒子的速度值大于 $V_{\max}$,则令其值等于 $V_{\max}$,若更新后粒子的速度值小于 $-V_{\max}$,则令其值等于 $-V_{\max}$。同样地,若更新后粒子的位置值大于 $X_{\max}$,则令其值等于 $X_{\max}$,若更新后粒子的位置值小于 0,则令其值等于 0。下面通过例 A-1 说明更新操作具体运算过程。

$$x_i^{\tau+1} = x_i^{\tau} + v_i^{\tau+1} \tag{A-2}$$

例 A-1 考虑一个 $n=10$ 的更新操作。令 $c_1 = c_2 = 2.0$,$X_{\max} = V_{\max} = 4$,$\omega = 0.5$,假设随机数 $u_1 = 0.2$,$u_2 = 0.3$。第 i 个粒子的当前信息,包括粒子当前位置,粒子历史最优解,当前全局最优解及粒子当前速度如表 A-2 所示。表 A-3 是粒子速度更新的过程。表 A-4 是粒子位置更新的过程。

表 A-2　粒子当前信息

粒子	维度									
	1	2	3	4	5	6	7	8	9	10
x_i^{τ}	2.5	0.7	1.8	1.9	3.6	0.7	0.2	3.5	1.0	1.9
p_{best_i}	2.0	1.3	1.5	2.1	2.9	1.4	0.5	3.2	0.4	1.2
G_{best}	3.3	0.8	1.3	3.0	3.3	0.7	0.3	2.4	0.6	1.5
v_i^{τ}	2.1	-1.4	2.8	2.5	-2.2	-0.5	-0.7	1.4	2.0	-1.8

表 A-3　粒子速度更新过程

粒子	维度									
	1	2	3	4	5	6	7	8	9	10
v_i^{τ}	2.1	-1.4	2.8	2.5	-2.2	-0.5	-0.7	1.4	2.0	-1.8
$p_{\mathrm{best}_i} - x_i^{\tau}$	-0.5	0.6	-0.3	0.2	-0.7	0.7	0.3	-0.3	-0.6	-0.7
$G_{\mathrm{best}} - x_i^{\tau}$	0.8	-0.5	1.1	-0.3	0	0.1	-1.1	-1.1	-0.4	-0.4
$v_i^{\tau+1}$	1.33	-0.76	1.94	1.15	-1.38	0.09	-0.89	-0.08	0.52	-0.92

表 A-4　粒子位置更新过程

粒子	维度									
	1	2	3	4	5	6	7	8	9	10
x_i^{τ}	2.5	0.7	1.8	1.9	3.6	0.7	0.2	3.5	1.0	1.9
$v_i^{\tau+1}$	1.33	-0.76	1.94	1.15	-1.38	0.09	-0.89	-0.08	0.52	-0.92
$x_i^{\tau+1}$	3.83	0	3.74	3.05	2.22	0.79	0	3.42	1.52	0.98

当所有粒子都完成速度和位置的更新后,要计算每个粒子的目标值,若新粒子的目标值小于该粒子的历史最优值,则更新其历史最优解,同时判断全局最优解是否需要更新,若当前例子的目标值小于全局最优解的目标值,则用该

粒子替换当前全局最优解。粒子群优化算法的伪代码如下所示。

伪代码 A-1 PSO 启发式算法伪代码

输入: $\Lambda, \omega, c_1, c_2, X_{\max}, V_{\max}$

输出: G^*

1　开始
2　　$\tau \leftarrow 0$;
3　　**For** $i=1$ **to** Λ
4　　　　初始化第 i 个粒子位置 x_i^τ,速度 v_i^τ 及个体历史最优 p_i^*;
5　　**End for**
6　　初始化全局最优 G^*;
7　　**While** $\tau < T$ **do** //T: 最大迭代次数
8　　　　**For** $i=1$ **to** Λ
9　　　　　　$v_i^{\tau+1} = v_i^\tau + c_1 u_1 (p_i^* - x_i^\tau) + c_2 u_2 (G_i^* - x_i^\tau)$
10　　　　　$x_i^{\tau+1} = x_i^\tau + v_i^{\tau+1}$
11　　　**End for**
12　　　**For** $i=1$ **to** Λ
13　　　　　**If** $F(x_i^{\tau+1}) < F(G^*)$
14　　　　　　　$G^* = x_i^{\tau+1}$
15　　　　　**End if**
16　　　**End for**
17　　　**For** $i=1$ **to** Λ
18　　　　　**If** $F(x_i^{\tau+1}) < F(p_i^*)$
19　　　　　　　$p_i^* = x_i^{\tau+1}$
20　　　　　**End if**
21　　　**End for**
22　　　$\tau \leftarrow \tau + 1$;
23　　**End while**
24　　**Return** G^*
25　结束

A.3　最大完工时间问题和最大送达时间问题正交实验

由于智能优化算法的性能取决于参数设置,因此对不同的智能优化算法分别进行了正交实验来确定该算法的最佳参数组合,问题 2.1 和问题 2.2 的

HDDE 算法正交实验中参数的因子水平如表 A-5 所示。表 A-6 和表 A-7 分别给出了问题 2.1 和问题 2.2 正交实验的实验过程。

表 A-5　问题 2.1 和问题 2.2 的 HDDE 算法因子水平

水平	MP	CP	Λ	θ	φ
1	0.2	0.2	3n	0.2	3
2	0.4	0.4	4n	0.4	5
3	0.6	0.6	5n	0.6	7

表 A-6　问题 2.1HDDE 算法参数校准正交实验

序号	MP	CP	Λ	θ	φ	MRG
1	1	1	1	1	1	31.9076
2	1	1	1	1	2	32.4645
3	1	1	1	1	3	31.7748
4	1	2	2	2	1	32.2269
5	1	2	2	2	2	32.0117
6	1	2	2	2	3	31.7203
7	1	3	3	3	1	31.3525
8	1	3	3	3	2	31.2808
9	1	3	3	3	3	31.7557
10	2	1	2	3	1	31.0744
11	2	1	2	3	2	32.3459
12	2	1	2	3	3	31.3733
13	2	2	3	1	1	31.3339
14	2	2	3	1	2	31.6704
15	2	2	3	1	3	31.4532
16	2	3	1	2	1	32.2594
17	2	3	1	2	2	32.2648
18	2	3	1	2	3	31.7171
19	3	1	3	2	1	31.4904
20	3	1	3	2	2	31.5310
21	3	1	3	2	3	30.9196
22	3	2	1	3	1	31.6638
23	3	2	1	3	2	32.4413

续表

序号	MP	CP	Λ	θ	φ	MRG
24	3	2	1	3	3	31.8667
25	3	3	2	1	1	32.0139
26	3	3	2	1	2	31.7975
27	3	3	2	1	3	31.6325

表 A-7 问题 2.2HDDE 算法参数校准正交实验

序号	MP	CP	Λ	θ	φ	MRG
1	1	1	1	1	1	33.4574
2	1	1	1	1	2	33.5977
3	1	1	1	1	3	33.7086
4	1	2	2	2	1	33.303
5	1	2	2	2	2	33.2737
6	1	2	2	2	3	33.0076
7	1	3	3	3	1	32.9409
8	1	3	3	3	2	32.6748
9	1	3	3	3	3	32.4527
10	2	1	2	3	1	32.7173
11	2	1	2	3	2	32.6866
12	2	1	2	3	3	33.1386
13	2	2	3	1	1	32.2841
14	2	2	3	1	2	32.7361
15	2	2	3	1	3	31.9659
16	2	3	1	2	1	33.6967
17	2	3	1	2	2	33.6086
18	2	3	1	2	3	33.0181
19	3	1	3	2	1	32.4619
20	3	1	3	2	2	32.8361
21	3	1	3	2	3	33.0767
22	3	2	1	3	1	33.8567
23	3	2	1	3	2	33.6033
24	3	2	1	3	3	33.5950
25	3	3	2	1	1	32.8444
26	3	3	2	1	2	33.3140
27	3	3	2	1	3	32.4453

　　根据正交实验,HDDE 算法求解问题 2.1 的参数设置为:种群规模 $\Lambda = 3n$,变异概率 MP=0.4,交叉概率 CP=0.2,局域搜索概率 θ=0.6,扰动步长 φ=3,求解问题 2.2 的参数设置为:$\Lambda = 3n$,变异概率 MP=0.4,交叉概率 CP=0.4,局部搜索概率 θ=0.6,扰动步长 φ=3。

A.4　完工时间 k 次方问题正交实验

　　DDE 算法求解问题 2.3 目标函数平方和以及立方和的参数水平设定为:种群规模 $\Lambda = n$,迭代次数 τ_{max}=300,交叉概率 CP=0.2,变异概率 MP=0.2。DDE 算法正交实验的参数因子水平如表 A-8 所示。表 A-9 和表 A-10 分别给出了问题 2.3 目标函数平方和以及立方和的正交实验过程。

表 A-8　问题 2.3 的 DDE 算法因子水平

水平数	Λ	τ_{max}	CP	MP
1	n	100	0.2	0.2
2	$2n$	200	0.3	0.3
3	$3n$	300	0.4	0.4
4	$4n$	400	0.5	0.5
5	$5n$	500	0.6	0.6

表 A-9　问题 2.3 目标函数平方和的 DDE 算法参数校准正交实验

序号	Λ	τ_{max}	CP	MP	MRG
1	1	1	1	1	62.64
2	1	2	2	2	70.25
3	1	3	3	3	98.42
4	1	4	4	4	59.94
5	1	5	5	5	53.39
6	2	1	2	3	44.64
7	2	2	3	4	54.43
8	2	3	4	5	64.44
9	2	4	5	1	72.43
10	2	5	1	2	90.95
11	3	1	3	5	38.71
12	3	2	4	1	66.67
13	3	3	5	2	66.70

续表

序号	Λ	$\tau_{\max}$	CP	MP	MRG
14	3	4	1	3	76.35
15	3	5	2	4	60.82
16	4	1	4	2	45.80
17	4	2	5	3	45.71
18	4	3	1	4	69.83
19	4	4	2	5	62.45
20	4	5	3	1	83.83
21	5	1	5	4	30.74
22	5	2	1	5	57.89
23	5	3	2	1	76.45
24	5	4	3	2	72.68
25	5	5	4	3	63.41

表 A-10　问题 2.3 目标函数立方和的 DDE 算法参数校准正交实验

序号	Λ	$\tau_{\max}$	CP	MP	MRG
1	1	1	1	1	86.25
2	1	2	2	2	111.88
3	1	3	3	3	113.78
4	1	4	4	4	94.09
5	1	5	5	5	71.38
6	2	1	2	3	78.97
7	2	2	3	4	93.19
8	2	3	4	5	80.57
9	2	4	5	1	114.02
10	2	5	1	2	130.15
11	3	1	3	5	64.18
12	3	2	4	1	105.35
13	3	3	5	2	95.41
14	3	4	1	3	120.97
15	3	5	2	4	110.95
16	4	1	4	2	72.78

续表

序号	Λ	$\tau_{\max}$	CP	MP	MRG
17	4	2	5	3	73.79
18	4	3	1	4	113.87
19	4	4	2	5	96.92
20	4	5	3	1	132.90
21	5	1	5	4	50.49
22	5	2	1	5	94.10
23	5	3	2	1	139.41
24	5	4	3	2	115.55
25	5	5	4	3	96.69

　　PSO 算法求解问题 2.3 目标函数平方和及立方和的参数水平设定为：惯性权重为 0.7，最大速度为 1，最大位置为 4，认知系数为 2.5，社会系数为 1.0。PSO 算法正交实验的参数因子水平如表 A-11 所示。表 A-12 和表 A-13 分别给出了问题 2.3 目标函数平方和及立方和的正交实验过程。

表 A-11　问题 2.3 的 PSO 算法因子水平

水平数	惯性权重	最大速度	最大位置	认知系数	社会系数
1	0.5	1	1	1.0	1.0
2	0.6	2	2	1.5	1.5
3	0.7	3	3	2.0	2.0
4	0.8	4	4	2.5	2.5
5	0.9	5	5	3.0	3.0

表 A-12　问题 2.3 目标函数平方和的 PSO 算法参数校准正交实验

序号	惯性权重	最大速度	最大位置	认知系数	社会系数	MRG
1	1	1	1	1	1	51.61
2	1	2	2	2	2	64.14
3	1	3	3	3	3	70.08
4	1	4	4	4	4	62.38
5	1	5	5	5	5	64.09
6	2	1	2	3	4	67.26
7	2	2	3	4	5	54.00

续表

序号	惯性权重	最大速度	最大位置	认知系数	社会系数	MRG
8	2	3	4	5	1	80.94
9	2	4	5	1	2	51.77
10	2	5	1	2	3	52.29
11	3	1	3	5	2	88.57
12	3	2	4	1	3	65.83
13	3	3	5	2	4	59.49
14	3	4	1	3	5	36.70
15	3	5	2	4	1	81.01
16	4	1	4	2	5	69.01
17	4	2	5	3	1	73.26
18	4	3	1	4	2	57.04
19	4	4	2	5	3	57.34
20	4	5	3	1	4	40.16
21	5	1	5	4	3	79.62
22	5	2	1	5	4	39.09
23	5	3	2	1	5	30.41
24	5	4	3	2	1	45.85
25	5	5	4	3	2	50.91

表 A-13　问题 2.3 目标函数立方和的 PSO 算法参数校准正交实验

序号	惯性权重	最大速度	最大位置	认知系数 c_1	社会系数 c_2	改进量
1	1	1	1	1	1	79.14
2	1	2	2	2	2	109.66
3	1	3	3	3	3	98.20
4	1	4	4	4	4	98.28
5	1	5	5	5	5	80.97
6	2	1	2	3	4	99.17
7	2	2	3	4	5	85.93
8	2	3	4	5	1	141.29
9	2	4	5	1	2	78.58
10	2	5	1	2	3	73.33

续表

序号	惯性权重	最大速度	最大位置	认知系数 c_1	社会系数 c_2	改进量
11	3	1	3	5	2	125.57
12	3	2	4	1	3	121.96
13	3	3	5	2	4	91.24
14	3	4	1	3	5	66.26
15	3	5	2	4	1	111.29
16	4	1	4	2	5	108.86
17	4	2	5	3	1	147.39
18	4	3	1	4	2	82.60
19	4	4	2	5	3	75.12
20	4	5	3	1	4	55.83
21	5	1	5	4	3	123.45
22	5	2	1	5	4	66.26
23	5	3	2	1	5	46.02
24	5	4	3	2	1	74.62
25	5	5	4	3	2	87.99

附　录　B

B.1　交付日期参数设置

交付日期 d_j 表示事先与客户约定好的交付期限。然而,交付日期过早或过晚在实际调度中都是没有意义的,采用 FCFS 调度规则安排任务时,非延迟任务的比例范围是(60%,70%),这个范围是较为合理的。设计统计实验以确定 3.5 小节中引入的参数 R 和 T 的适当值。数值试验中 R 和 T 的因子水平如表 B-1 所示。使用非延迟比的绝对差 $f_{para} = |\omega - 65|\%$ 来评估参数,其中 ω 是给定的非延迟比,65% 是阈值。由于 R 和 T 之间存在交互作用,因此采用正交实验表 $L_9(3^4)$ 来确定参数的组合。对于 R 和 T 值的每种组合随机生成 10 组测试数据。计算每组数据的 f_{para} 值,10 组测试数据的平均值如表 B-2 所示。最终实验结果表明 R 和 T 的最佳参数组合是 $R=0.4, T=-0.1$。

表 B-1　正交试验因子水平

水平	截止日期 R 的范围	延迟因子 T
1	0.4	-0.1
2	0.3	0.1
3	0.5	0

表 B-2　正交试验结果

组号	R	T	Interaction	f_{para}
1	1	1	1	1
2	1	2	2	19
3	1	3	3	11
4	2	1	2	2
5	2	2	3	16
6	2	3	1	8
7	3	1	3	1
8	3	2	1	12
9	3	3	2	16

B.2 HDDE 算法正交实验

由于 HDDE 算法的性能取决于参数设置,即变异因子 MP,交叉因子 CP,种群规模 Λ,局部搜索概率 θ 和破坏长度 φ。因此进行了正交实验来确定 HDDE 算法的最佳参数组合,HDDE 算法的终止条件是迭代次数等于 150。HDDE 算法的正交实验中参数的因子水平如表 B-3 所示,问题 3.1、问题 3.2 和问题 3.3 的正交实验具体过程如表 B-4、表 B-5 和表 B-6 所示。最终确定的问题 3.1～问题 3.3 的算法的参数如表 B-7 所示。

表 B-3 BFS 问题 HDDE 算法的因子水平

水平	MP	CP	Λ	θ	φ
1	0.2	0.2	50	0.2	3
2	0.4	0.4	100	0.4	5
3	0.6	0.6	150	0.6	7

表 B-4 问题 3.1HDDE 算法参数校准正交实验

组号	MP	CP	Λ	θ	φ	MRG
1	1	1	1	1	1	35.313
2	1	1	1	1	2	40.886
3	1	1	1	1	3	39.704
4	1	2	2	2	1	40.803
5	1	2	2	2	2	40.528
6	1	2	2	2	3	42.148
7	1	3	3	3	1	42.561
8	1	3	3	3	2	43.939
9	1	3	3	3	3	41.485
10	2	1	2	3	1	46.277
11	2	1	2	3	2	44.284
12	2	1	2	3	3	42.513
13	2	2	3	1	1	41.953
14	2	2	3	1	2	40.633
15	2	2	3	1	3	42.605
16	2	2	3	1	2	1	42.193

组号	MP	CP	Λ	θ	φ	MRG
17	2	3	1	2	2	42.321
18	2	3	1	2	3	42.639
19	3	1	3	2	1	41.302
20	3	1	3	2	2	44.203
21	3	1	3	2	3	41.305
22	3	2	1	3	1	42.193
23	3	2	1	3	2	41.093
24	3	2	1	3	3	39.171
25	3	3	2	1	1	41.443
26	3	3	2	1	2	41.647
27	3	3	2	1	3	40.391

表 B-5　问题 3.2HDDE 算法参数校准正交实验

组号	MP	CP	Λ	θ	φ	MRG
1	1	1	1	1	1	57.111
2	1	1	1	1	2	56.889
3	1	1	1	1	3	55.333
4	1	2	2	2	1	57.945
5	1	2	2	2	2	57.778
6	1	2	2	2	3	56.222
7	1	3	3	3	1	57.278
8	1	3	3	3	2	57.445
9	1	3	3	3	3	55.889
10	2	1	2	3	1	59.500
11	2	1	2	3	2	59.667
12	2	1	2	3	3	60.167
13	2	2	3	1	1	56.889
14	2	2	3	1	2	57.333
15	2	2	3	1	3	57.778
16	2	3	1	2	1	55.945
17	2	3	1	2	2	58.167

组号	MP	CP	Λ	θ	φ	MRG
18	2	3	1	2	3	54.111
19	3	1	3	2	1	61.611
20	3	1	3	2	2	59.611
21	3	1	3	2	3	60.056
22	3	2	1	3	1	57.833
23	3	2	1	3	2	57.389
24	3	2	1	3	3	56.167
25	3	3	2	1	1	58.500
26	3	3	2	1	2	56.556
27	3	3	2	1	3	57.167

表 B-6　问题 3.3HDDE 算法参数校准正交实验

组号	MP	CP	Λ	θ	φ	MRG
1	1	1	1	1	1	13.740
2	1	1	1	1	2	12.681
3	1	1	1	1	3	13.717
4	1	2	2	2	1	13.085
5	1	2	2	2	2	15.876
6	1	2	2	2	3	14.332
7	1	3	3	3	1	13.141
8	1	3	3	3	2	14.325
9	1	3	3	3	3	12.110
10	2	1	2	3	1	13.279
11	2	1	2	3	2	14.596
12	2	1	2	3	3	13.776
13	2	2	3	1	1	15.838
14	2	2	3	1	2	12.912
15	2	2	3	1	3	13.715
16	2	3	1	2	1	13.764
17	2	3	1	2	2	13.738
18	2	3	1	2	3	14.438

续表

组号	MP	CP	Λ	θ	φ	MRG
19	3	1	3	2	1	15.884
20	3	1	3	2	2	14.678
21	3	1	3	2	3	13.809
22	3	2	1	3	1	13.087
23	3	2	1	3	2	13.755
24	3	2	1	3	3	15.199
25	3	3	2	1	1	14.342
26	3	3	2	1	2	14.549
27	3	3	2	1	3	12.570

表 B-7   HDDE 算法的参数设置

问题	MP	CP	Λ	θ	φ
3.1	0.6	0.2	100	0.4	3
3.2	0.6	0.2	100	0.4	3
3.3	0.6	0.4	100	0.4	5

附　录　C

C.1　带有释放时间的单机学习效应调度模型

在带有释放时间的单机学习效应调度模型中,任务 $j \geqslant 1$ 的正常处理时间 p_j 为非负常数,实际处理时间 $p_{j,v}(j,v=1,2,\cdots,n)$ 为 4.2.2 节中提出的与位置相关的学习效应函数,释放时间 r_j 为该任务最早的可用时间。$C_{[j]}^1(\pi),j=1,2,\cdots,n$ 表示任务 $[j]$ 在可行调度 π 中的完成时间。

分别将多项式时间内可求得最优解的 $1|r_j,\mathrm{le}|C_{\max}$、$1|r_j,\mathrm{le}|\sum C_j^k$ 和 $1|r_j,\mathrm{le}|L_{\max}$ 问题简记为问题 4.4、问题 4.5 和问题 4.6。考虑上述 3 个问题任务允许中断的情况,即在同一台处理机上,其他任务可直接在上一任务中断后进行处理。Schrage (1968)证明了 $1|r_j,\mathrm{pmtn}|\sum C_j$ 问题使用 SRPT 规则可求得问题的最优解。在本附录中,将证明 SRPT 规则对于问题 4.4、问题 4.5 和问题 4.6 也是最优的。SRPT 规则可以描述如下:每当有任务释放或者在任务的完工时刻,优先加工当前具有最小剩余处理时间的可用任务。

定理 C.1　对于问题 4.4 和问题 4.5,SRPT 规则可以求得问题的最优解。

证明　如果一个调度满足 $r_1 \leqslant r_2 \leqslant \cdots \leqslant r_n$ 和 $p_1 \leqslant p_2 \leqslant \cdots p_n$ 并且加工过程不中断,SRPT 规则可以求得问题的最优解。否则,当释放实际处理时间短的任务时,将抢占剩余实际处理时间长的任务。未完成任务的其余部分定义为人工任务。在下一个抢占之前,将根据 SPT 规则调度可用的任务和人工任务。显然,此过程验证了 SRPT 规则的最优性。

Bachman 等(2004)证明了问题 $1|r_j,p_{j,k}=p_j-b_jk|C_{\max}$ 和 $1|r_j,p_{j,k}=p_jk^c|C_{\max}$ 是强 NP-难的。令 $a=1,p_jb=b_j$ 可得 $1|r_j,p_{j,k}=p_j(a-bk)|C_{\max} \propto 1|r_j,p_{j,k}=p_j-b_jk|C_{\max}$,这表明前者是强 NP-难的。取 α^{v-1} 的对数,即 $\log_u \alpha^{k-1}=(1-k)\log_u \alpha\ (u>1)$ 并令 $a=b=\log_u \alpha$ 可得 $1|r_j,p_{j,k}=p_j\alpha^{k-1}|C_{\max} \propto 1|r_j,p_{j,k}=p_j(a-bk)|C_{\max}$,这表明前者具有 NP-难性质。关于问题 4.4 和问题 4.5 的复杂性,可通过经典问题 $1|r_j|C_{\max}$ 和 $1|r_j|\sum C_j^k\ (k=1,2)$ 来证明(Bai,2013;Lenstra et al,1977)。这些结果表明,除非 P≠NP,否则不可能在多项式时间内求得问题 4.4 和问题 4.5 的最优解。近似

算法可以在短时间内提供可行的解决方案,例如 SPTA 规则。

SPTA 规则:在处理机出现空闲的时刻,优先加工当前具有最小处理时间的可用任务。

引理 C.1 对于带有释放时间的单机调度模型中的任意任务 j,有

$$C_j^1(\text{SPTA}) - C_j^1(\text{SRPT}) \leqslant P_{\max}$$

式中,$C_j^1(\text{SPTA})$ 和 $C_j^1(\text{SRPT})$ 分别表示任务 j 在 SPTA 和 SRPT 调度中的完工时间;$P_{\max} = \max_j\{p_j\}$,$j = 1, 2, \cdots, n$。

证明 过程可参考 Kaminsky 等(2001)的文献。

定理 C.2 对于问题 4.4 和问题 4.5,如果 $\max_j\{p_j\} < \infty$,可得

$$\lim_{n \to \infty} \frac{Z_k^{\text{OPT}}}{n^k} = \lim_{n \to \infty} \frac{Z_k^{\text{SPTA}}}{n^k} (\text{w. p. } 1)$$

式中,Z_k^{OPT} 和 Z_k^{SPTA} 分别表示最优调度和 SPTA 调度的目标值。当 $k = 3$ 时,假设 $r_j = O(n)$。

证明 SRPT 规则(定理 C.1)的渐近最优性为带有释放时间的单机学习效应调度模型提供了一个下限 LB4.0,可得

$$Z_k^{\text{SPTA}} - Z_k^{\text{OPT}} \leqslant Z_k^{\text{SPTA}} - Z_{4.0}^{\text{LB}}$$

(1) 对于 $k = 1$,有

$$
\begin{aligned}
Z_{4.1}^{\text{SPTA}} - Z_{4.1}^{\text{OPT}} &\leqslant \max_{1 \leqslant j \leqslant n}\{C_{[j]}^1(\text{SPTA})\} - \max_{1 \leqslant j \leqslant n}\{C_{[j]}^1(\text{SRPT})\} \\
&\leqslant \max_{1 \leqslant j \leqslant n}\{C_{[j]}^1(\text{SPTA}) - C_{[j]}^1(\text{SRPT})\} \\
&\leqslant g(1) \times \max_{1 \leqslant j \leqslant n}\{C_j^1(\text{SPTA}) - C_j^1(\text{SRPT})\} \leqslant g(1)P_{\max}
\end{aligned}
$$

$$(\text{C-1})$$

由定理 4.1 可知,不等式(C-1)的最后一个不等式成立。将不等式(C-1)两端同除以 n 并取极限得

$$0 \leqslant \lim_{n \to \infty} \frac{Z_{4.1}^{\text{SPTA}} - Z_{4.1}^{\text{OPT}}}{n} \leqslant \lim_{n \to \infty} \frac{Z_{4.1}^{\text{SPTA}} - Z_{4.0}^{\text{LB}}}{n} = 0 \qquad (\text{C-2})$$

重新整理不等式(C-2)可得结论。

(2) 对于 $k = 2$,有

$$
\begin{aligned}
Z_{4.2}^{\text{SPTA}} - Z_{4.2}^{\text{OPT}} &\leqslant \sum_{j=1}^{n} C_{[j]}^1(\text{SPTA}) - \sum_{j=1}^{n} C_{[j]}^1(\text{SRPT}) \\
&\leqslant \sum_{j=1}^{n}(C_{[j]}^1(\text{SPTA}) - C_{[j]}^1(\text{SRPT})) \\
&\leqslant g(1)n \times \max_{1 \leqslant j \leqslant n}\{C_j^1(\text{SPTA}) - C_j^1(\text{SRPT})\} \leqslant g(1)P_{\max}n
\end{aligned}
$$

$$(\text{C-3})$$

将不等式(C-3)两端同除以 n^2 并取极限得

$$0 \leqslant \lim_{n \to \infty} \frac{Z_{4.2}^{\mathrm{SPTA}} - Z_{4.2}^{\mathrm{OPT}}}{n^2} \leqslant \lim_{n \to \infty} \frac{Z_{4.2}^{\mathrm{SPTA}} - Z_{4.0}^{\mathrm{LB}}}{n^2} = 0 \tag{C-4}$$

重新整理不等式(C-4)可得结论。

（3）对于 $k=3$，不失一般性，假设 $\max r_j = \lambda n$，其中 $\lambda > 0$ 是一个常数。可得

$$\begin{aligned}
Z_{4.3}^{\mathrm{SPTA}} - Z_{4.3}^{\mathrm{OPT}} &\leqslant \sum_{j=1}^{n} (C_{[j]}^1(\mathrm{SPTA}))^2 - \sum_{j=1}^{n} (C_{[j]}^1(\mathrm{SRPT}))^2 \\
&\leqslant \sum_{j=1}^{n} (C_{[j]}^1(\mathrm{SPTA}) - C_{[j]}^1(\mathrm{SRPT}))^2 + \\
&\quad 2\sum_{j=1}^{n} C_{[j]}^1(\mathrm{SRPT})(C_{[j]}^1(\mathrm{SPTA}) - C_{[j]}^1(\mathrm{SRPT})) \\
&\leqslant (g(1)P_{\max})^2 n + 2\left(\lambda n^2 + \frac{n(n+1)}{2}g(1)P_{\max}\right)(g(1)P_{\max}) \\
&\leqslant [2\lambda g(1)P_{\max} + (g(1)P_{\max})^2]n^2 + 2(g(1)P_{\max})^2 n
\end{aligned} \tag{C-5}$$

将不等式(C-5)两端同除以 n^3 并取极限可得

$$0 \leqslant \lim_{n \to \infty} \frac{Z_{4.3}^{\mathrm{SPTA}} - Z_{4.3}^{\mathrm{OPT}}}{n^3} \leqslant \lim_{n \to \infty} \frac{Z_{4.3}^{\mathrm{SPTA}} - Z_{4.0}^{\mathrm{LB}}}{n^3} = 0 \tag{C-6}$$

重新整理不等式(C-6)可得结论。

定理 C.3　对于问题 4.5，SPT 为最优排序规则。

对于带有释放时间的问题，也就是问题 4.5($k>2$)问题，可以由问题 4.5($k=2$)推导出此问题具有 NP-难性质。然而当任务在加工过程中可以被其他任务打断时，该问题就表达为 $1|r_j, \mathrm{prmp}, \mathrm{le}| \sum C_j^k$ 并且可以利用 SRPT 规则求的最优解。也就是说对于未完工的任务，那些当前时刻可用的，且剩余加工时间最短的任务优先排列。发生了中断的任务在学习效应函数中的位置定义为任务首次出现的位置。

定理 C.4　对于 $1|r_j, \mathrm{prmp}, \mathrm{le}| \sum C_j^k$（$k \geqslant 2$）问题，SRPT 为最优排序规则。

证明　详见 Bai 等（2018）关于假设 1 的证明。

定理 C.5　对于 $1|r_j, \mathrm{prmp}, \mathrm{le}| \sum C_j^k$（$k \geqslant 2$）问题，如果 $p_{\max} < \infty$ 且 $r_j = O(n)$，那么，

$$\lim_{n \to \infty} (Z^{\mathrm{SPTA}}/n^{k+1}) = \lim_{n \to \infty} (Z^{\mathrm{OPT}}/n^{k+1})$$

证明 Z^{SPTA} 和 Z^{OPT} 表示 SPTA 启发式和最有调度的最优解,假设 $\max\limits_{1\leqslant j\leqslant n}(r_j)=\alpha n$,对于给定序列有

$$Z^{\text{SPTA}}-Z^{\text{OPT}}$$

$$\leqslant Z^{\text{SPTA}}-Z^{\text{SRPT}}$$

$$=\sum_{j=1}^{n}(C_j^{\text{SPTA}})^k-\sum_{j=1}^{n}(C_j^{\text{SRPT}})^k$$

$$=\sum_{j=1}^{n}(C_j^{\text{SPTA}}-C_j^{\text{SRPT}})\left[(C_j^{\text{SPTA}})^{k-1}+(C_j^{\text{SPTA}})^{k-2}(C_j^{\text{SRPT}})+\cdots+\right.$$

$$\left.(C_j^{\text{SPTA}})(C_j^{\text{SRPT}})^{k-2}+(C_j^{\text{SRPT}})^{k-1}\right]$$

$$\leqslant\sum_{j=1}^{n}k(C_j^{\text{SPTA}})^{k-1}(C_j^{\text{SPTA}}-C_j^{\text{SRPT}})$$

$$<k(\alpha+p_{\max}f(1))^{k-1}\sum_{j=1}^{n}n^{k-1}(C_j^{\text{SPTA}}-C_j^{\text{3RPT}})$$

$$<kp_{\max}(f(1)-f(n))(\alpha+f(1)p_{\max})^{k-1}n^k \qquad\qquad \text{(C-7)}$$

将不等式(C-7)两端同时除以 n^{k+1},可得

$$0<\lim_{n\to\infty}\frac{Z^{\text{SPTA}}-Z^{\text{OPT}}}{n^{k+1}}\leqslant\lim_{n\to\infty}\frac{Z^{\text{SPTA}}-Z^{\text{SRPT}}}{n^{k+1}}=0 \qquad\qquad \text{(C-8)}$$

根据式(C-8)可以看出,当 $n\to\infty$ 时

$$\lim_{n\to\infty}\frac{Z^{\text{SPTA}}-Z^{\text{OPT}}}{n^{k+1}}=0$$

对于 $1|\text{le}|L_{\max}$ 问题,在一致性条件下,即 $p_1\leqslant p_2\leqslant\cdots\leqslant p_n$ 和 $d_1\leqslant d_2\leqslant\cdots\leqslant d_n$ 时,文献(Cheng et al,2000;Lai et al,2011;Wu et al,2011)证明了具有不同学习效应函数的最早交付日期优先(EDD)规则的最优性。但是,一致性条件是一个严格的约束,在实践中基本无法满足,因此在前文中引入了假设6。

定理 C.6 对于 $1|\text{le}|L_{\max}$ 问题,EDD 规则在假设6下是最优的。

证明 假设一个没有采用 EDD 规则的可行调度 π 在假设6下是最优的。在给定的队列中,两个相邻的 $d_j>d_k$ 的任务,其中任务 j 是任务 k 的紧前任务。不失一般性,任务在 t 时刻开始处理。通过交换两个任务获得新的调度 π'。假设其他任务的位置保持不变,则目标值仅受两个互换任务的影响。因此,在调度 π 下任务 j 和 k 的最大延迟为

$$Z_j^{\pi}=t+p_jg(v)-d_j \text{ 和 } Z_k^{\pi}=t+p_jg(v)+p_kg(v+1)-d_k$$

在调度 π' 中任务 j 和 k 的最大延迟为

$$Z_k^{\pi'}=t+p_kg(v)-d_k \text{ 和 } Z_j^{\pi'}=t+p_jg(v)+p_jg(v+1)-d_j$$

在给定 $d_j > d_k$ 和假设 6 下有

$$\max\{Z_j^\pi, Z_k^\pi\} \geqslant \max\{Z_j^{\pi'}, Z_k^{\pi'}\}$$

此时与最佳调度 π 相互矛盾,可得定理 C.6 结论。

同样,$1|r_j,\text{prmp},\text{le}|L_{\max}$ 问题也可以在假设 6 条件下采用 PEDD 规则获得问题的最优解,即选择可用任务中交付日期较小的任务进行加工。

定理 C.7 对于 $1|r_j,\text{prmp},\text{le}|L_{\max}$ 问题,PEDD 规则在假设 6 下是最优的。

证明 在假设 6 条件下,如果给定实例满足 $r_1 \leqslant r_2 \leqslant \cdots \leqslant r_n$ 和 $d_1 \leqslant d_2 \leqslant \cdots \leqslant d_n$ 并且调度过程没有抢占,PEDD 规则显然是最佳的。否则,应优先调度交付日期较小的任务。在下一次中断之前,已释放和未完成的任务将按 EDD 规则进行调度。显然,PEDD 规则在假设 6 下是最优的。

引理 C.2 对于 $1|r_j,\text{le}|L_{\max}$ 问题,在假设 6 条件下有

$$Z^{\text{EDDA}} - Z^{\text{OPT}} \leqslant p_{\max} \tag{C-9}$$

式中,Z^{EDDA} 和 Z^{OPT} 分别表示问题 π 在 EDDA 调度和最优调度中的目标值。

证明 如果 $d_j = -q_j < 0$,则问题 $1|r_j|L_{\max}$ 转换为问题 $1|r_j|Q_{\max}$,其中运送时间 q_j 是任务 j 在运输过程中消耗的时间,$Q_{\max}$ 是最大送达时间。对于后一个问题,Potts(1980)指出:

$$Q_{\max}^{\text{LDTA}} - Q_{\max}^{\text{OPT}} \leqslant p_h \tag{C-10}$$

式中,$Q_{\max}^{\text{LDTA}}$ 和 $Q_{\max}^{\text{OPT}}$ 分别表示在 EDDA 调度和最优调度中的最大送达时间,p_h 是干扰任务的处理时间。结合最大送达时间和最大延误之间的相似性以及不等式(C-10),对于问题 4.6 很容易得到

$$Z^{\text{EDDA}} - Z^{\text{OPT}} \leqslant p_h(g(j) - g(j')) \leqslant p_{\max}(g(1) - g(n)) \leqslant p_{\max}$$

式中,$1 \leqslant j, j' \leqslant n$。

定理 C.8 对于问题 4.6,如果 $p_{\max} < \infty$,可得

$$\lim_{n \to \infty} \frac{Z^{\text{EDDA}}}{n} = \lim_{n \to \infty} \frac{Z^{\text{OPT}}}{n}$$

证明 根据引理 C.1,将不等式(C-9)除以 n 并取极限

$$0 \leqslant \lim_{n \to \infty} \frac{|Z^{\text{EDDA}} - Z^{\text{OPT}}|}{n} \leqslant \lim_{n \to \infty} \frac{p_{\max}}{n} = 0 \tag{C-11}$$

重新整理不等式(C-11)可得定理结论。

C.2　下界的性能分析

基于 SPTA_F 的下界(即 LB4.1、LB4.2 和 LB4.3)的渐近最优性已分别在定理 4.1、定理 4.2 和定理 4.3 中得到证明。但是,这些下界的最坏情况分析并

没有给出。对于例 4-1,LB4.1 的值为 $Z_{4.1}^{\mathrm{LB}} = \varepsilon \sum\limits_{v=1}^{n} g(v)$,可得

$$\lim_{\varepsilon \to 0} \frac{Z_{4.1}^{\mathrm{OPT}}}{Z_{4.1}^{\mathrm{LB}}} = \lim_{\varepsilon \to 0} \frac{g(1) + \left[(m-1)(1+g(1)) + \sum\limits_{v=2}^{m} g(v) \right] \varepsilon}{\varepsilon \sum\limits_{v=1}^{n} g(v)} \to +\infty$$

对于例 4-2,LB4.2 和 LB4.3 分别为

$$Z_{4.2}^{\mathrm{LB}} = \varepsilon \sum_{v=1}^{n} \sum_{h=1}^{v} g(h) \text{ 和 } Z_{4.3}^{\mathrm{LB}} = \varepsilon^2 \sum_{v=1}^{n} \left(\sum_{h=1}^{v} g(h) \right)^2$$

因此,可得

$$\lim_{\varepsilon \to 0} \frac{Z_{4.2}^{\mathrm{OPT}}}{Z_{4.2}^{\mathrm{LB}}} = \lim_{\varepsilon \to 0} \frac{g(n) + \left[m \sum\limits_{v=1}^{n} (v + g(v)) - g(n) \right] \varepsilon}{\varepsilon \sum\limits_{v=1}^{n} \sum\limits_{h=1}^{v} g(h)} \to +\infty$$

$$\lim_{\varepsilon \to 0} \frac{Z_{4.3}^{\mathrm{OPT}}}{Z_{4.3}^{\mathrm{LB}}} = \lim_{\varepsilon \to 0} \frac{g(n)^2 + 2g(n) \left[n + (m-1)g(n) \right] \varepsilon}{\varepsilon^2 \sum\limits_{v=1}^{n} \left(\sum\limits_{h=1}^{v} g(h) \right)^2} +$$

$$\lim_{\varepsilon \to 0} \frac{\left\{ g(n) \left[(1-2m)g(n) - 2n \right] + \sum\limits_{v=1}^{n} (v + mg(v))^2 \right\} \varepsilon^2}{\varepsilon^2 \sum\limits_{v=1}^{n} \left(\sum\limits_{h=1}^{v} g(h) \right)^2} \to +\infty.$$

对于基于 SPTA_A 的下界(即 LB4.4、LB4.5 和 LB4.6)其最坏情况性能的结果如下所示。

定理 C.9 对于问题 4.1 的任意实例,可得

$$\frac{Z_{4.1}^{\mathrm{OPT}}}{Z_{4.4}^{\mathrm{LB}}} \leqslant m$$

该比值为紧界。

证明 任务 $[j]$ 在最优调度中的完工时间为 $C_{[j]}^{\mathrm{OPT}}$,可得

$$C_{[j]}^{\mathrm{OPT}} \leqslant \max_{1 \leqslant x \leqslant j} \left\{ r_x + m \sum_{v=x}^{j} P_h^{\mathrm{SPTA}} g(v) \right\} < m \cdot \max_{1 \leqslant x \leqslant j} \left\{ r_x + \sum_{v=x}^{j} P_h^{\mathrm{SPTA}} g(v) \right\}$$

$$\leqslant m \overline{C}_{[j]}^{\mathrm{SPTA}} \tag{C-12}$$

令 $j=n$ 并重新整理不等式(C-12)可得结论。为了验证上述比值是否为紧界,给出下列实例。考虑在 m 台处理机上执行任务 J_1、J_2,工序 $O_{m,2}$ 的处理时间为 $p_{m,2}=1$。其他工序在处理机上的处理时间为 ε。任务 J_1 和 J_2 的释放

时间分别为 $r_1 = 0, r_2 = \varepsilon$，则最优调度为 $\{J_1, J_2\}$，可得

$$\lim_{\varepsilon \to 0} \frac{Z_{4.1}^{\mathrm{OPT}}}{Z_{4.4}^{\mathrm{LB}}} = \frac{g(2) + mg(1)\varepsilon}{g(2)/m + [g(1) + (m-1)g(2)/m]\varepsilon} \to m$$

定理 C.10　对于问题 4.2 ($k=1$) 的任意实例，有

$$\frac{Z_{4.2}^{\mathrm{OPT}}}{Z_{4.5}^{\mathrm{LB}}} \leqslant m$$

该比值为紧界。

证明　将所有任务的完工时间相加并重新整理不等式(C-12)，可得定理结论。参照定理 C.9 的证明可验证上述比值是否为紧界。对于调度 $\{J_1, J_2\}$，有

$$\lim_{\varepsilon \to 0} \frac{Z_{4.2}^{\mathrm{OPT}}}{Z_{4.5}^{\mathrm{LB}}} = \frac{g(2) + 2mg(1)\varepsilon}{g(2)/m + [2g(1) + (m-1)g(2)/m]\varepsilon} \to m$$

定理 C.11　对于问题 4.2 ($k=2$) 的任何实例，有

$$\frac{Z_{4.3}^{\mathrm{OPT}}}{Z_{4.6}^{\mathrm{LB}}} \leqslant m^2$$

该比值为紧界。

证明　计算所有任务的完工时间平方和并重新整理不等式(C-12)，可得定理结论。参照定理 C.9 的证明可验证上述比值是否为紧界。对于调度 $\{J_1, J_2\}$，有

$$\lim_{\varepsilon \to 0} \frac{Z_{4.3}^{\mathrm{OPT}}}{Z_{4.6}^{\mathrm{LB}}}$$

$$= \frac{g(2)^2 + 2m^2 g(1)^2 \varepsilon^2 + 2mg(1)g(2)\varepsilon}{\left(\frac{g(2)}{m}\right)^2 + \left[g(1)^2 + \left(g(1) + \frac{m-1}{m}g(2)\right)^2\right]\varepsilon^2 + \frac{2(m-1)g(2)}{m}\left(g(1) + \frac{g(2)}{m}\right)\varepsilon}$$

$$\to m^2$$

由于在将流水作业调度模型简化为单机调度模型时省略了某些计算，导致这些下界性能较弱。因此，下面设计了考虑流水作业调度模型属性的下界以提高下界的性能。

对于问题 4.1，下界 LB4.11 的值为

$$Z_{4.11}^{\mathrm{LB}} = \max_{1 \leqslant i \leqslant m} \left\{ \max_{1 \leqslant x \leqslant j} \left\{ r_{i,[x]} + \sum_{j=x}^{n} p_{i,[j]}^{\mathrm{SRPT}} g(j) \right\} + \min_{x \leqslant j \leqslant n} \left\{ \sum_{i'=i+1}^{n} p_{i',[j]}^{\mathrm{SPT}} g(j) \right\} \right\}$$

式中，$p_{i,[j]}^{\mathrm{SRPT}}$ 表示任务在 SRPT 调度中的处理时间。

定理 C.12　在引理 4.2 的假设条件下，可得

$$\lim_{n \to \infty} \frac{Z_{4.11}^{\mathrm{LB}}}{n} = \lim_{n \to \infty} \frac{Z_{4.1}^{\mathrm{OPT}}}{n} \, (\text{w. p. } 1)$$

证明　显然存在：

$$Z_{4.1}^{\mathrm{LB}} \leqslant Z_{4.11}^{\mathrm{LB}} \leqslant Z_{4.1}^{\mathrm{OPT}}$$

结合定理 4.1 可得定理结论。

对于问题 4.2 ($k=1$)调度问题，下界 LB4.12 的值为

$$Z_{4.12}^{\mathrm{LB}} = \max_{1 \leqslant i \leqslant m} \Big\{ \sum_{j=1}^{n} C_{i,[j]}^{\mathrm{SRPT}} + \sum_{j=1}^{n} \sum_{i'=i+1}^{n} p_{i',[j]}^{\mathrm{SPT}} g(j) \Big\}$$

定理 C.13　在引理 4.2 的假设条件下，有

$$\lim_{n \to \infty} \frac{Z_{4.12}^{\mathrm{LB}}}{n^2} = \lim_{n \to \infty} \frac{Z_{4.2}^{\mathrm{OPT}}}{n^2} (\mathrm{w.p.1})$$

证明　显然存在：

$$Z_{4.2}^{\mathrm{LB}} \leqslant Z_{4.12}^{\mathrm{LB}} \leqslant Z_{4.2}^{\mathrm{OPT}}$$

结合定理 4.2 可得定理结论。

对于问题 4.2 ($k=2$)调度问题，下界 LB4.13 的值为

$$Z_{4.13}^{\mathrm{LB}} = \max_{1 \leqslant i \leqslant m} \Big\{ \sum_{j=1}^{n} (C_{i,[j]}^{\mathrm{SRPT}})^2 + 2 \min_{1 \leqslant j \leqslant n} \Big\{ \sum_{i'=i+1}^{m} p_{i',[j]}^{\mathrm{SPT}} g(j) \Big\} \sum_{j=1}^{n} C_{i,[j]}^{\mathrm{SRPT}} +$$

$$\sum_{j=1}^{n} \Big(\sum_{i'=i+1}^{n} p_{i',[j]}^{\mathrm{SPT}} g(j) \Big)^2 \Big\}$$

定理 C.14　在引理 4.2 的假设之下，有

$$\lim_{n \to \infty} \frac{Z_{4.13}^{\mathrm{LB}}}{n^3} = \lim_{n \to \infty} \frac{Z_{4.3}^{\mathrm{OPT}}}{n^3} (\mathrm{w.p.1})$$

证明　显然存在：

$$Z_{4.3}^{\mathrm{LB}} \leqslant Z_{4.13}^{\mathrm{LB}} \leqslant Z_{4.3}^{\mathrm{OPT}}$$

结合定理 4.3 可得定理结论。

附 录 D

D.1 单机双代理调度理论成果

对双代理流水作业调度模型的研究与其单机调度问题密切相关。因此,现将单机调度相关的几个重要的理论结果介绍如下。Agnetis 等(2014)提出可以通过根据 P_k/θ_k 的非降序顺序调度各代理来获得多代理单机调度问题(1 $\parallel$ $\sum \theta_k C_{\max}^k, k>2$)的最优解,其中 $P_k = \sum\limits_{j \in N^k} p_j$,且 N^k 表示属于代理 k 的任务,$1<k \leqslant K$。类似地,相关的双代理版本($1 \parallel C_{\max}^a + \theta C_{\max}^b$)可在多项式时间内按照 DA 规则求解,该规则简明表示为:如果 $\theta \leqslant \sum\limits_{j \in N^b} p_j^b / \sum\limits_{j \in N^a} p_j^a$(或 $\theta > \sum\limits_{j \in N^b} p_j^b /$ $\sum\limits_{j \in N^a} p_j^a$),则首先安排代理 a(或 b),然后再安排代理 b(或 a),其中任务 j($1 \leqslant$ $j \leqslant n$)的处理时间为 p_j^x,N^x 表示属于代理 $x \in \{a,b\}$ 的任务的集合。针对每个作业都有自己的释放时间(即问题 $1 \mid r_j \mid C_{\max}^a + \theta C_{\max}^b$)的情况,Ding 等(2010)提出该问题是 NP-难的,这意味着该问题在多项式时间内找不到最优解,除非 P=NP。松弛带有释放时间的双代理单机调度问题,即 $1 \mid r_j, \mathrm{pmtn} \mid C_{\max}^a +$ $\theta C_{\max}^b$,可以在任何时间中断任务的处理,并在此时处理其他任务。Ding 等(2010)针对可中断的调度问题提出了一种最优算法,即 D&S 规则:

(1) 通过分别赋予代理 a 和 b 优先权来生成两个不存在推迟的调度;

(2) 在生成的两个调度方案中选取目标值最小的作为最优解。

考虑到 $1 \mid r_j \mid C_{\max}^a + \theta C_{\max}^b$ 问题是 NP-难的,此处提出了一种可用的优势代理优先(available dominant agent first,ADA)启发式算法来求近似最优解。下面描述 ADA 规则的过程。

(1) 按照 D&S 规则求得的最优调度中尽早完成的代理被确定为优势代理。

(2) 一旦处理器空闲,首先处理优势代理的任务,而不考虑其他代理的可用任务。

(3) 如果没有可用的任务,则处理器保持空闲状态,直到有任务释放。

显然,通过 D&S 规则获得的最优调度可以作为 $1 \mid r_j \mid C_{\max}^a + \theta C_{\max}^b$ 的下

界。因此,ADA 和 D&S 规则之间的关系如下所示。

引理 D.1 对于具有释放时间的双代理单机调度问题的给定实例,有

$$Z_1^{\text{ADA}} - Z_1^{\text{D\&S}} < \theta^+ p_{\max}$$

式中,Z_1^{ADA} 和 $Z_1^{\text{D\&S}}$ 分别表示采用 ADA 和 D&S 规则获得的目标值;$\theta^+ = \max\{1, \theta\}$;$p_{\max} = \max_j\{p_j^x\}$;且 $x \in \{a, b\}, 1 \leqslant j \leqslant n$。

证明 由于最后一个代理的完工时间是与序列无关的,因此优势代理会导致产生抢占和非抢占之间的差异。干扰任务应该是属于非优势代理的最后一个被抢占的任务。设 x 和 x' 分别为优势和非优势代理,$x, x' \in \{a, b\}$,且 $x \neq x'$。干扰任务表示为 $j^{x'}$。因此,有

$$C_{\max}^x - \ddot{C}_{\max}^x < p_j^{x'} < p_{\max}$$

式中,$\ddot{C}_{\max}^x$ 表示采用 D&S 规则获得的完工时间。对于加权和不加权版本的优势代理目标值,有

$$Z_1^{\text{ADA}} - Z_1^{\text{D\&S}} = \theta^+ (C_{\max}^x - \ddot{C}_{\max}^x) < \theta^+ p_{\max}$$

式中,$\theta^+ = \max\{1, \theta\}$,且 $0 < \theta < \infty$。

定理 D.1 对于 $1|r_j|C_{\max}^a + \theta C_{\max}^b$ 问题,如果 $p_{\max} < \infty$,那么在概率为 1 时,有

$$\lim_{n \to \infty} \frac{Z_1^{\text{D\&S}}}{n} = \lim_{n \to \infty} \frac{Z_1^{\text{OPT}}}{n} = \lim_{n \to \infty} \frac{Z_1^{\text{ADA}}}{n}$$

式中,Z_1^{OPT} 表示最优解的目标值。

证明 D&S 规则的最优性为 $1|r_j|C_{\max}^a + \theta C_{\max}^b$ 问题提供了下界。因此,有

$$Z_1^{\text{ADA}} - Z_1^{\text{OPT}} \leqslant Z_1^{\text{ADA}} - Z_1^{\text{D\&S}} < \theta^+ p_{\max} \tag{D-1}$$

通过引理 D.1 可得式(D-1)最后的不等式。在式(D-1)的两边除以 n 并取极限

$$0 \leqslant \lim_{n \to \infty} \frac{Z_1^{\text{ADA}} - Z_1^{\text{OPT}}}{n} \leqslant \lim_{n \to \infty} \frac{Z_1^{\text{ADA}} - Z_1^{\text{D\&S}}}{n} < \lim_{n \to \infty} \frac{\theta^+ p_{\max}}{n} = 0 \tag{D-2}$$

重新排列极限(D-2)可推得定理的结论。

D.2 DABC 算法参数设置

由于 DABC 算法的性能取决于参数设置,即蜜源数量 SN,邻域解集大小 N,雇佣蜂循环次数 μ,跟随蜂循环次数 τ。因此进行了正交实验来确定 DABC

算法的最佳参数组合。DABC 算法的正交实验中参数的因子水平如表 D-1 所示,正交实验具体过程如表 D-2 所示。最终确定的问题的算法的参数为蜜源数量 SN＝100,邻域解集大小 $N＝100$,雇佣蜂循环次数 $\mu＝200$,跟随蜂循环次数 $\tau＝50$。

表 D-1　双代理流水作业 DABC 算法的因子水平

等级	SN(A)	N(B)	μ(C)	τ(D)
1	50	50	50	50
2	100	100	100	100
3	150	150	150	150
4	200	200	200	200

表 D-2　双代理流水作业 DABC 算法参数正交实验

组号	SN(A)	Limit(B)	μ(C)	τ(D)	MRG
1	1	1	1	1	0.309 021
2	1	1	1	1	0.296 404
3	1	1	1	1	0.204 076
4	1	1	1	1	0.246 817
5	2	2	2	2	0.310 696
6	2	2	2	2	0.330 244
7	2	2	2	2	0.328 917
8	2	2	2	2	0.348 846
9	3	3	3	3	0.273 736
10	3	3	3	3	0.286 099
11	3	3	3	3	0.239 493
12	3	3	3	3	0.223 362
13	4	4	4	4	0.284 404
14	4	4	4	4	0.305 874
15	4	4	4	4	0.314 340
16	4	4	4	4	0.197 569

附 录 E

E.1 DABC算法正交实验

为了找到DABC算法用于求解问题6.1的最好参数组合,采用正交实验进行参数校准。针对算法中的每个参数,表E-1列出了5个因子水平。表E-2为正交实验结果。设计了一种组合标准用于平衡解的质量和迭代时间,$CC = 0.7 \times RDP' + 0.3 \times T' + 1$,其中,$T$表示算法迭代100次的运行时间,$RDP'$和$T'$为标准化后的对应值。结果如图E-1所示。校准结果为$S = 100$,$ON = 100$,$SN = 30$,$Q = 50$,和$p^r = 0.2$。

表 E-1　DABC算法的参数因子水平

因子水平	S	ON	SN	Q	p^r
1	50	50	10	10	0.1
2	100	100	20	20	0.2
3	150	150	30	30	0.3
4	200	200	40	40	0.4
5	250	250	50	50	0.5

表 E-2　DABC算法的正交实验结果

实验组数	S	ON	SN	Q	p^r	RDP′	T'	CC
1	50	50	10	10	0.1	1.9960	−1.5400	1.9352
2	50	100	20	20	0.2	0.6293	−1.1380	1.0991
3	50	150	30	30	0.3	0.4520	−0.5540	1.1502
4	50	200	40	40	0.4	−0.3528	0.2623	0.8317
5	50	250	50	50	0.5	−0.8626	1.2771	0.7793
6	100	50	20	30	0.4	0.3445	−0.8554	0.9845
7	100	100	30	40	0.5	−0.8357	−0.1300	0.3760
8	100	150	40	50	0.1	−1.2279	0.8634	0.3995
9	100	200	50	10	0.2	0.6757	−1.1086	1.1404

续表

实验组数	S	ON	SN	Q	p^r	RDP$'$	T'	CC
10	100	250	10	20	0.3	0.5657	-0.4654	1.2564
11	150	50	30	50	0.2	-1.3418	0.3462	0.1646
12	150	100	40	10	0.3	0.6062	-1.2136	1.0602
13	150	150	50	20	0.4	1.0170	-0.5106	1.5587
14	150	200	10	30	0.5	0.0667	0.0937	1.0748
15	150	250	20	40	0.1	-0.9070	1.2141	0.7293
16	200	50	40	20	0.5	0.3206	-0.7409	1.0022
17	200	100	50	30	0.1	-0.2425	0.1197	0.8661
18	200	150	10	40	0.2	-0.5888	0.9014	0.8582
19	200	200	20	50	0.3	-1.3655	2.0002	0.6442
20	200	250	30	10	0.4	0.7414	-0.8896	1.2521
21	250	50	50	40	0.3	-0.7433	0.6763	0.6825
22	250	100	10	50	0.4	-0.9785	1.3607	0.7232
23	250	150	20	10	0.5	1.5825	-0.9882	1.8113
24	250	200	30	20	0.1	0.7154	-0.0276	1.4925
25	250	250	40	30	0.2	-0.2665	1.0471	1.1276

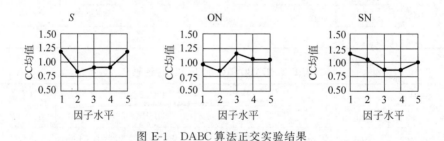

图 E-1　DABC 算法正交实验结果

E.2　HPSO 算法正交实验

HPSO 算法的校准方法和 DABC 一致。其中,由于两种算法均基于群体进化,公平起见,设置 HPSO 算法的种群规模与 DABC 相同。表 E-3 列出了 3 个参数的 5 个因子水平。表 E-4 和图 E-2 为正交实验结果。校准结果为 $\alpha=5$、$\beta=15$ 和 $Q=50$。

表 E-3 HPSO 算法的参数因子水平

因子水平	α	β	Q
1	3	3	10
2	5	5	20
3	10	10	30
4	15	15	40
5	20	20	50

表 E-4 HPSO 算法的正交实验结果

实验组数	α	β	Q	RDP′	T'	CC
1	3	3	10	2.5879	−1.3630	2.4026
2	3	5	20	0.3085	−1.0761	0.8931
3	3	10	30	−0.6213	−0.2731	0.4832
4	3	15	40	−1.0058	0.8445	0.5493
5	3	20	50	−1.1229	2.2042	0.8752
6	5	3	20	−0.0872	−0.9979	0.6396
7	5	5	30	−0.3905	−0.5218	0.5701
8	5	10	40	−1.0524	0.3615	0.3718
9	5	15	50	0.1425	0.8548	1.3562
10	5	20	10	1.0148	−0.2438	1.6372
11	10	3	30	−0.8678	0.0424	0.4052
12	10	5	40	0.6404	−0.8283	1.1998
13	10	10	50	−0.5663	0.2260	0.6714
14	10	15	10	0.4711	−0.2039	1.2686
15	10	20	20	−0.4237	−0.0706	0.6823
16	15	3	40	−0.2229	−0.4631	0.7050
17	15	5	50	−0.7956	−0.2661	0.3633
18	15	10	10	0.4739	−0.1454	1.2881
19	15	15	20	−0.3495	−0.1027	0.7245
20	15	20	30	1.3936	1.2829	2.3604
21	20	3	50	−0.8689	−0.4157	0.2671

续表

实验组数	α	β	Q	RDP'	T'	CC
22	20	5	10	0.4029	-0.6488	1.0874
23	20	10	20	2.0687	-0.9601	2.1601
24	20	15	30	-0.4237	0.0471	0.7176
25	20	20	40	-0.7060	2.7171	1.3209

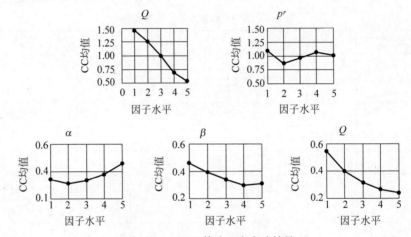

图 E-2　HPSO 算法正交实验结果

附录 F　英汉排序与调度词汇

（2022 年 4 月版）

《排序与调度丛书》编委会

　　20 世纪 50 年代越民义就注意到排序（scheduling）问题的重要性和在理论上的难度。1960 年他编写了国内第一本排序理论讲义。70 年代初，他和韩继业一起研究同顺序流水作业排序问题，开创了中国研究排序论的先河[①]。在他们两位的倡导和带动下，国内排序的理论研究和应用研究有了较大的发展。之后，国内也有文献把 scheduling 译为"调度"[②]。正如 Potts 等指出："排序论的进展是巨大的。这些进展得益于研究人员从不同的学科（例如，数学、运筹学、管理科学、计算机科学、工程学和经济学）所做出的贡献。排序论已经成熟，有许多理论和方法可以处理问题；排序论也是丰富的（例如，有确定性或者随机性的模型、精确的或者近似的解法、面向应用的或者基于理论的）。尽管排序论研究取得了进展，但是在这个令人兴奋并且值得探索的领域，许多挑战仍然存在。"[③]不同学科带来了不同的术语。经过 50 多年的发展，国内排序与调度的术语正在逐步走向统一。这是学科正在成熟的标志，也是学术交流的需要。

　　我们提倡术语要统一，将"scheduling""排序""调度"这三者视为含义完全相同、可以相互替代的 3 个中英文词汇，只不过这三者使用的场合和学科（英语、运筹学、自动化）不同而已。这次的"英汉排序与调度词汇（2022 年 4 月版）"收入 236 条词汇，就考虑到不同学科的不同用法。我们欢迎不同学科的研究者推荐适合本学科的术语，补充进未来的版本中。

---

①　越民义，韩继业. n 个零件在 m 台机床上的加工顺序问题［J］. 中国科学，1975（5）：462-470.

②　周荣生. 汉英综合科学技术词汇［M］. 北京：科学出版社，1983.

③　POTTS C N, STRUSEVICH V A. Fifty years of scheduling: a survey of milestones［J］. Journal of the Operational Research Society，2009，60：S41-S68.

1	activity	活动
2	agent	代理
3	agreeability	一致性
4	agreeable	一致的
5	algorithm	算法
6	approximation algorithm	近似算法
7	arrival time	就绪时间, 到达时间
8	assembly scheduling	装配排序
9	asymmetric linear cost function	非对称线性损失函数, 非对称线性成本函数
10	asymptotic	渐近的
11	asymptotic optimality	渐近最优性
12	availability constraint	可用性约束
13	basic (classical) model	基本 (经典) 模型
14	batching	分批
15	batching machine	批处理机, 批加工机器
16	batching scheduling	分批排序, 批调度
17	bi-agent	双代理
18	bi-criteria	双目标, 双准则
19	block	阻塞, 块
20	classical scheduling	经典排序
21	common due date	共同交付期, 相同交付期
22	competitive ratio	竞争比
23	completion time	完工时间
24	complexity	复杂性
25	continuous sublot	连续子批
26	controllable scheduling	可控排序
27	cooperation	合作, 协作
28	cross-docking	过栈, 中转库, 越库, 交叉理货
29	deadline	截止期 (时间)
30	dedicated machine	专用机, 特定的机器
31	delivery time	送达时间
32	deteriorating job	退化工件, 恶化工件
33	deterioration effect	退化效应, 恶化效应
34	deterministic scheduling	确定性排序
35	discounted rewards	折扣报酬
36	disruption	干扰
37	disruption event	干扰事件
38	disruption management	干扰管理
39	distribution center	配送中心

40	dominance	优势，占优，支配
41	dominance rule	优势规则，占优规则
42	dominant	优势的，占优的
43	dominant set	优势集，占优集
44	doubly constrained resource	双重受限制资源，使用量和消耗量都受限制的资源
45	due date	交付期，应交付期限，交货期
46	due date assignment	交付期指派，与交付期有关的指派（问题）
47	due date scheduling	交付期排序，与交付期有关的排序（问题）
48	due window	交付时间窗，窗时交付期，交货时间窗
49	due window scheduling	窗时交付排序，窗时交货排序，宽容交付排序
50	dummy activity	虚活动，虚拟活动
51	dynamic policy	动态策略
52	dynamic scheduling	动态排序，动态调度
53	earliness	提前
54	early job	非误工工件，提前工件
55	efficient algorithm	有效算法
56	feasible	可行的
57	family	族
58	flow shop	流水作业，流水（生产）车间
59	flow time	流程时间
60	forgetting effect	遗忘效应
61	game	博弈
62	greedy algorithm	贪婪算法，贪心算法
63	group	组，成组，群
64	group technology	成组技术
65	heuristic algorithm	启发式算法
66	identical machine	同型机，同型号机
67	idle time	空闲时间
68	immediate predecessor	紧前工件，紧前工序
69	immediate successor	紧后工件，紧后工序
70	in-bound logistics	内向物流，进站物流，入场物流，入厂物流
71	integrated scheduling	集成排序，集成调度
72	intree (in-tree)	内向树，入树，内收树，内放树
73	inverse scheduling problem	排序反问题，排序逆问题
74	item	项目
75	JIT scheduling	准时排序
76	job	工件，作业，任务
77	job shop	异序作业，作业车间，单件（生产）车间
78	late job	误期工件

79	late work	误工，误工损失
80	lateness	延迟，迟后，滞后
81	list policy	列表排序策略
82	list scheduling	列表排序
83	logistics scheduling	物流排序，物流调度
84	lot-size	批量
85	lot-sizing	批量化
86	lot-streaming	批量流
87	machine	机器
88	machine scheduling	机器排序，机器调度
89	maintenance	维护，维修
90	major setup	主安装，主要设置，主要准备，主准备
91	makespan	最大完工时间，制造跨度，工期
92	max-npv (NPV) project scheduling	净现值最大项目排序，最大净现值的项目排序
93	maximum	最大，最大的
94	milk run	循环联运，循环取料，循环送货
95	minimum	最小，最小的
96	minor setup	次要准备，次要设置，次要安装，次准备
97	modern scheduling	现代排序
98	multi-criteria	多目标，多准则
99	multi-machine	多台同时加工的机器
100	multi-machine job	多机器加工工件，多台机器同时加工的工件
101	multi-mode project scheduling	多模式项目排序
102	multi-operation machine	多工序机
103	multiprocessor	多台同时加工的机器
104	multiprocessor job	多机器加工工件，多台机器同时加工的工件
105	multipurpose machine	多功能机，多用途机
106	net present value	净现值
107	nonpreemptive	不可中断的
108	nonrecoverable resource	不可恢复（的）资源，消耗性资源
109	nonrenewable resource	不可恢复（的）资源，消耗性资源
110	nonresumable	（工件加工）不可继续的，（工件加工）不可恢复的
111	nonsimultaneous machine	不同时开工的机器
112	nonstorable resource	不可储存（的）资源
113	nowait	（前后两个工序）加工不允许等待
114	NP-complete	NP-完备，NP-完全
115	NP-hard	NP-困难（的），NP-难（的）
116	NP-hard in the ordinary sense	普通 NP-困难（的），普通 NP-难（的）
117	NP-hard in the strong sense	强 NP-困难（的），强 NP-难（的）

118	offline scheduling	离线排序
119	online scheduling	在线排序
120	open problem	未解问题,(复杂性)悬而未决的问题,尚未解决的问题,开放问题,公开问题
121	open shop	自由作业,开放(作业)车间
122	operation	工序,作业
123	optimal	最优的
124	optimality criterion	优化目标,最优化的目标,优化准则
125	ordinarily NP-hard	普通 NP-(困)难的,一般 NP-(困)难的
126	ordinary NP-hard	普通 NP-(困)难,一般 NP-(困)难
127	out-bound logistics	外向物流
128	outsourcing	外包
129	outtree(out-tree)	外向树,出树,外放树
130	parallel batch	并行批,平行批
131	parallel machine	并行机,平行机,并联机
132	parallel scheduling	并行排序,并行调度
133	partial rescheduling	部分重排序,部分重调度
134	partition	划分
135	peer scheduling	对等排序
136	performance	性能
137	permutation flow shop	同顺序流水作业,同序作业,置换流水车间,置换流水作业
138	PERT(program evaluation and review technique)	计划评审技术
139	polynomially solvable	多项式时间可解的
140	precedence constraint	前后约束,先后约束,优先约束
141	predecessor	前序工件,前工件,前工序
142	predictive reactive scheduling	预案反应式排序,预案反应式调度
143	preempt	中断
144	preempt-repeat	重复(性)中断,中断-重复
145	preempt-resume	可续(性)中断,中断-继续,中断-恢复
146	preemptive	中断的,可中断的
147	preemption	中断
148	preemption schedule	可以中断的排序,可以中断的时间表
149	proactive	前摄的,主动的
150	proactive reactive scheduling	前摄反应式排序,前摄反应式调度
151	processing time	加工时间,工时
152	processor	机器,处理机
153	production scheduling	生产排序,生产调度

154	project scheduling	项目排序，项目调度
155	pseudo-polynomially solvable	伪多项式时间可解的，伪多项式可解的
156	public transit scheduling	公共交通调度
157	quasi-polynomially	拟多项式时间，拟多项式
158	randomized algorithm	随机化算法
159	re-entrance	重入
160	reactive scheduling	反应式排序，反应式调度
161	ready time	就绪时间，准备完毕时刻，准备时间
162	real-time	实时
163	recoverable resource	可恢复（的）资源
164	reduction	归约
165	regular criterion	正则目标，正则准则
166	related machine	同类机，同类型机
167	release time	就绪时间，释放时间，放行时间
168	renewable resource	可恢复(再生)资源
169	rescheduling	重新排序，重新调度，重调度，再调度，滚动排序
170	resource	资源
171	res-constrained scheduling	资源受限排序，资源受限调度
172	resumable	（工件加工）可继续的,（工件加工）可恢复的
173	robust	鲁棒的
174	schedule	时间表，调度表，调度方案，进度表，作业计划
175	schedule length	时间表长度，作业计划期
176	scheduling	排序，调度，排序与调度，安排时间表，编排进度，编制作业计划
177	scheduling a batching machine	批处理机排序
178	scheduling game	排序博弈
179	scheduling multiprocessor jobs	多台机器同时对工件进行加工的排序
180	scheduling with an availability constraint	机器可用受限的排序问题
181	scheduling with batching	分批排序，批处理排序
182	scheduling with batching and lot-sizing	分批批量排序，成组分批排序
183	scheduling with deterioration effects	退化效应排序
184	scheduling with learning effects	学习效应排序
185	scheduling with lot-sizing	批量排序
186	scheduling with multipurpose machine	多功能机排序，多用途机器排序
187	scheduling with non-negative time-lags	（前后工件结束加工和开始加工之间）带非负时间滞差的排序

188	scheduling with nonsimultaneous machine available time	机器不同时开工排序
189	scheduling with outsourcing	可外包排序
190	scheduling with rejection	可拒绝排序
191	scheduling with time windows	窗时交付期排序, 带有时间窗的排序
192	scheduling with transportation delays	考虑运输延误的排序
193	selfish	自利的
194	semi-online scheduling	半在线排序
195	semi-resumable	(工件加工) 半可继续的,(工件加工) 半可恢复的
196	sequence	次序, 序列, 顺序
197	sequence dependent	与次序有关
198	sequence independent	与次序无关
199	sequencing	安排次序
200	sequencing games	排序博弈
201	serial batch	串行批, 继列批
202	setup cost	安装费用, 设置费用, 调整费用, 准备费用
203	setup time	安装时间, 设置时间, 调整时间, 准备时间
204	shop machine	串行机, 多工序机器
205	shop scheduling	车间调度, 串行排序, 多工序排序, 多工序调度, 串行调度
206	single machine	单台机器, 单机
207	sorting	数据排序, 整序
208	splitting	拆分的
209	static policy	静态排法, 静态策略
210	stochastic scheduling	随机排序, 随机调度
211	storable resource	可储存 (的) 资源
212	strong NP-hard	强 NP- (困) 难
213	strongly NP-hard	强 NP- (困) 难的
214	sublot	子批
215	successor	后继工件, 后工件, 后工序
216	tardiness	延误, 拖期
217	tardiness problem i.e. scheduling to minimize total tardiness	总延误排序问题, 总延误最小排序问题, 总延迟时间最小化问题
218	tardy job	延误工件, 误工工件
219	task	工件, 任务
220	the number of early jobs	提前完工工件数, 不误工工件数
221	the number of tardy jobs	误工工件数, 误工数, 误工件数
222	time window	时间窗
223	time varying scheduling	时变排序

224	time/cost trade-off	时间／费用权衡
225	timetable	时间表，时刻表
226	timetabling	编制时刻表，安排时间表
227	total rescheduling	完全重排序，完全再排序，完全重调度，完全再调度
228	tri-agent	三代理
229	two-agent	双代理
230	unit penalty	误工计数，单位罚金
231	uniform machine	同类机，同类别机
232	unrelated machine	非同类型机，非同类机
233	waiting time	等待时间
234	weight	权，权值，权重
235	worst-case analysis	最坏情况分析
236	worst-case (performance) ratio	最坏（情况的）（性能）比

索　引